suhrkamp taschenbuch 1144

Wolfgang Bartke, wissenschaftlicher Referent am Institut für Asienkunde in Hamburg, ist einer der wenigen Spezialisten auf dem Gebiet chinesischer Biographien. Unter seinen zahlreichen Publikationen sind vor allem zu nennen: *Chinaköpfe* (1966), *China's Economic Aid* (1975), *Oil in the People's Republic of China* (1977), *Who 's Who in the People's Republic of China* (1981) und *China's New Party Leadership* (1985, Co-Autor Peter Schier). Wolfgang Bartke zeigt, daß der Weg Chinas in die Moderne, der vom Sturz der Qing-Dynastie (1912) zur Ausrufung der Republik und zur Gründung der Volksrepublik (1949) führte, nicht von abstrakten Kräften bestimmt wurde, sondern von lebendigen Menschen. Politiker und Militärs, Wissenschaftler und Literaten, Maler und Philosophen: zusammen ergeben ihre Biographien ein facettenartiges Bild von der Vielfalt der Charaktere, Talente, Überzeugungen und Schicksale, die auf ganz unterschiedliche Weise und doch gemeinsam dazu beigetragen haben, daß China heute eine politische Weltmacht ist. Jeder Kurzbiographie ist ein Foto der betreffenden Persönlichkeit beigefügt. In einem Glossar erläutert der Autor im Anhang zudem 30 zum Verständnis der neueren chinesischen Geschichte wichtige Begriffe.

Inhalt

Vorwort

Die Chinesen sind mit weit über einer Milliarde Menschen das zahlenmäßig größte Volk der Erde. Die Volksrepublik China ist neben der Sowjetunion und den Vereinigten Staaten eine politische Weltmacht. Das ist allgemein bekannt.
Kaum bekannt jedoch ist, wer die Führer dieses Volkes sind, wer dieses nach der UdSSR und Kanada flächenmäßig größte Land der Erde zur Weltmacht gemacht hat. Gerne griff ich daher den Vorschlag des Insel Verlages auf, ein Lexikon mit Kurzbiographien bedeutender Persönlichkeiten Chinas im 20. Jahrhundert zu schreiben.

Bei der Lösung dieser Aufgabe stellten sich jedoch eine Reihe von Problemen:
Die Auswahl: Der Beschränkung auf 100 Biographien wegen mußten einerseits zahlreiche wichtige Persönlichkeiten unberücksichtigt bleiben, während andererseits die schließlich getroffene Auswahl kaum uneingeschränkte Zustimmung finden dürfte. Es gibt aber nun einmal keine objektiven Auswahlkriterien.
Mein Ziel war es, jene historischen Gestalten zu berücksichtigen, welche für die Entwicklung Chinas im 20. Jahrhundert exemplarisch waren und sie prägend mitgestaltet haben. So hielt ich es beispielsweise für geboten, Chen Yonggui aufzunehmen, den »Bauern von Dazhai«, obwohl er eigentlich nur Propagandainstrument einer bestimmten Politik gewesen ist, oder den Maler Liu Haisu, da er der Begründer der modernen Kunsterziehung in China war.
Da in China neben den sogenannten Han-Chinesen mehr als 50 nationale Minderheiten leben, wurden auch Angehörige dieser Völkerschaften aufgenommen.
Die Kürze: Durch den vom Verlag vorgegebenen Gesamtumfang des Bandes war ich, wie schon bei früheren Publikationen, gezwungen, mich auf das Notwendigste zu beschränken. Auch für die Entscheidung darüber, was dieses Notwendigste ist, gibt es keine objektiven Kriterien.
Die Umschrift: Für die Schreibung chinesischer Namen und Begriffe mit lateinischen Buchstaben wählte ich das von der Volksrepublik China entwickelte Pinyin-System, da es sich international immer mehr durchsetzt. Ausnahmen machte ich allerdings, wo diese Umschrift mit dem Chinesischen unvertraute Leser nicht mehr hätte erkennen lassen, wer oder was gemeint ist. Beispielsweise schien es mir unsinnig, Chiang Kaishek als Jiang Jieshi erscheinen zu lassen oder Peking als Beijing.
Die Quellen: Neben Standardwerken wie dem *Biographical Dictionary of Republican China* von Howard L. Boorman (Columbia University

Press, New York und London 1970) und dem *Biographic Dictionary of Chinese Communism* von Donald W. Klein und Anne Clark (Harvard University Press, Mass. 1971) und dem *Who's Who in Communist China* (Union Research Institute, Hongkong 1969) benutzte ich zahlreiche andere Quellen, die im einzelnen aufzuführen ganz unmöglich ist. Bei der Erarbeitung des Anhangs erwies sich zudem das *China-Handbuch* (hg. von Brunhild Staiger und Wolfgang Franke, Bertelsmann Universitätsverlag, Düsseldorf 1974) als besonders hilfreich. Das Material für die Volksrepublik China nach 1955 entstammt ausschließlich meiner aus chinesischen Veröffentlichungen erarbeiteten, 60000 Personen erfassenden Kartei.
Die Abbildungen: Die Fotos stammen, von wenigen Ausnahmen abgesehen, aus meinem eigenen, 3000 Persönlichkeiten erfassenden Bildarchiv, das vornehmlich aus Publikationen der Volksrepublik China zusammengestellt ist. Die unzulängliche Qualität einiger Bilder ist darauf zurückzuführen, daß gelegentlich winzige Vorlagen vergrößert werden mußten. Ich ging indessen davon aus, daß eine schlechte Abbildung besser ist als gar keine.

Natürlich bin ich mir bewußt, daß ein aus Tausenden von Einzeldaten und Hunderten von Quellen erarbeitetes Lexikon trotz aller Sorgfalt nicht fehlerfrei sein kann. Allen Gutwilligen wäre ich daher dankbar, wenn sie mich auf eventuelle Fehler hinweisen würden, damit diese in einer zweiten Auflage korrigiert werden können.

Wertvolle Unterstützung bei der Erarbeitung der vorliegenden Kurzbiographien wurde mir durch meine Kollegen am Institut für Asienkunde zuteil. Hier möchte ich vor allem Brunhild Staiger für ihre Hilfe bei den Schriftsteller- und Hans-Jürgen Cwik bei den Künstler-Biographien danken sowie Rüdiger Machetzki und Wolfgang Kubin vom Ostasiatischen Seminar der Freien Universität Berlin für die Durchsicht des gesamten Manuskripts.
Waltraut Jarke besorgte nicht nur die Abschrift des Manuskripts, sondern hat auch wesentlichen Anteil an der Korrektur der ersten Fassung der Texte.
Besonderer Dank gilt auch Ruth Keen, Berlin, für ihre Mitarbeit bei der Auswahl der bedeutendsten Veröffentlichungen der chinesischen Schriftsteller.

Fischerhude, den 10. März 1985 Wolfgang Bartke

Kurzbiographien

Ai Qing 1910- 艾青

1929

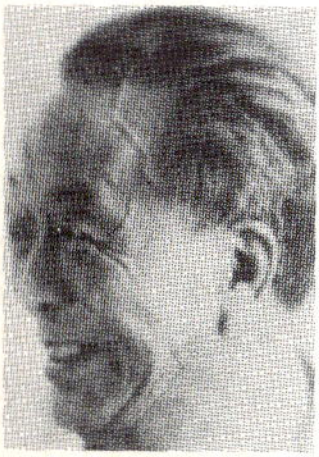

1980

1983

Ai Qing ist der wohl bedeutendste Lyriker Chinas in diesem Jahrhundert. Unter der Guomindang drei Jahre lang eingekerkert und in der Volksrepublik China zwei Jahrzehnte zum Schweigen verurteilt, wird ihm erst seit 1979 offizielle Ehrung zuteil.

Ai Qing wurde 1910 unter dem Namen Jiang Haicheng in Jinhua, Provinz Zhejiang, geboren. Nach dem Besuch der Mittelschule studierte er Malerei am Westsee-Nationalinstitut für Bildende Kunst in Hangzhou, der Hauptstadt seiner Heimatprovinz. Diese Stadt gilt wegen ihrer reizvollen landschaftlichen Lage als eine der schönsten Chinas. 1929 begab sich Ai Qing zur Fortsetzung seiner Studien nach Paris. Anfangs von seiner Familie unterstützt, war er bald genötigt, sich seinen Lebensunterhalt in einer Lackwarenfabrik zu verdienen, die ein Landsmann betrieb. Ai Qing blieb drei Jahre lang in Frankreich. Er sagt über diese Zeit, daß er damals die »Freiheit des Geistes« erlebt habe. Während seines Frankreichaufenthaltes verfaßte er mit »Versammlung« sein erstes Gedicht.

1932 nach China zurückgekehrt, schloß sich Ai Qing in Shanghai der »Liga der linksgerichteten chinesischen Schriftsteller« an und gründete überdies mit Freunden die »Kunstgesellschaft Frühlingserde«. Als diese ihre erste Ausstellung veranstaltete, wurde er von Agenten der chinesischen Polizeistation in der französischen Konzession Shanghais verhaftet und anschließend unter fadenscheinigen Anschuldigungen drei Jahre lang eingekerkert.

Es spricht für den Drang Ai Qings, sich künstlerisch auszudrücken, daß er sich im Gefängnis, wo an Malen nicht zu denken war, der Poesie zuwandte. Gewiß wäre es übertrieben zu behaupten, es hätte den Lyriker Ai Qing nicht gegeben, wenn er damals nicht eine Gefängnishaft hätte erdulden müssen – immerhin aber bedingte sie seine neue künstlerische Ausdrucksform in dieser Zeit. Als erstes Gedicht entstand im Gefängnis »Die Schilfrohrflöte«. Darin hat er zwei Gedichtzeilen von Apollinaire übernommen: »Damals besaß ich eine Schilfrohrflöte; ich hätt' sie nicht hergegeben für den französischen Generalstab.« Damit erweist er nicht nur dem Dichter seine Reverenz, sondern bringt seine eigene Geisteshaltung zum Ausdruck: Die Kunst darf sich der Macht

1957: Mit Ehefrau

nicht beugen – ein stolzes Bekenntnis. Ein zweites Langgedicht, »Dayan-Fluß – meine Amme«, ebenso wie das erste aus dem Gefängnis herausgeschmuggelt und in der Zeitschrift »Frühlingslicht« publiziert, begründete seinen Ruf als Lyriker. Für dieses benutzte er erstmals sein Pseudonym Ai Qing. Aus der Haft entlassen, unterrichtete er eine Zeitlang an einer Frauen-Lehrerbildungsanstalt in Changzhou. Gleichzeitig veröffentlichte er seinen ersten Gedichtband mit dem Titel *Dayan-Fluß*, dem bis 1936 acht weitere folgen sollten. 1940 übernahm Ai Qing eine neue Professur an der Lehrerbildungsanstalt in Hengshan in der Provinz Hunan. Ende des Jahres traf er in Chongqing, dem damaligen Sitz der chinesischen Nationalregierung, erstmals mit → Zhou Enlai zusammen, der ihn offenbar davon überzeugte, daß kritische Poeten wie er besser zur kommunistischen Seite gehören sollten. Jedenfalls ging Ai Qing 1941 nach Yan'an, dem Zentrum der Kommunisten nach dem Langen Marsch, wo er bis 1945 blieb. Er nutzte diese Jahre zu ausgedehnten Reisen in die von den Kommunisten besetzten Gebiete.

Wie kein anderer Dichter des modernen China hat Ai Qing das Mitleiden mit den Erniedrigten zu gestalten vermocht. Mit der Hinwendung zu den Kommunisten ließ er sich davon überzeugen, daß die Kunst der Ideologie zu dienen habe. Kenner der modernen chinesischen Lyrik meinen, im Werk Ai Qings seither eine Minderung seiner lyrischen Aussagekraft feststellen zu müssen.

Nach der Kapitulation der Japaner 1945 übernahm Ai Qing den Posten des Stellvertretenden Leiters des Literatur- und Kunst-Colleges an der Vereinigten Nordchina-Universität in Zhangjiakou. Irgendwann danach muß er in der Volksbefreiungsarmee gedient haben. Nur so jedenfalls ist es zu erklären, daß er 1949 in Peking als deren Vertreter die Zentrale Kunstakademie übernahm.

Bemerkenswert ist, daß Ai Qing mit Gründung der Volksrepublik China – im Gegensatz zu anderen namhaften Literaten – keine offizielle Position erhielt. Den außenstehenden Beobachter muß dies um so mehr verwundern, als sich doch auch → Mao Zedong auf seine Gedichte einiges zugute hielt. Man kann daraus nur folgern, daß zwischen beiden Spannungen bestanden haben müssen.

Immerhin durfte Ai Qing 1950 eine viermonatige Reise in die Sowjetunion unternehmen und 1954 Chile und Brasilien bereisen sowie 1957 den chilenischen Dichter Pablo Neruda und den brasilianischen Jorge Amado auf einer Reise durch China begleiten. Aber nur wenige Wochen später wurde er im Rahmen der »Hundert-Blumen-Kampagne« als Rechtsabweichler abgestempelt. Nachdem diese ursprünglich den Literaten das Zugeständnis auf Freiraum in künstlerischer Gestaltung gemacht hatte, wurde sie nun umfunktioniert und zur Kampagne gegen Rechtsabweichler erklärt. Ebenso wie → Ding Ling wurde er auf ein Staatsgut in der Provinz Heilongjiang im äußersten Norden Chinas verbannt, die weit nach Sibirien hineinragt. Zwei Jahre später wurde Ai Qing zum Arbeitseinsatz in Xinjiang (Sinkiang) gezwungen. Die schlimmste Tortur aber stand ihm noch bevor. In der Kulturrevolution wurde er von jugendlichen Roten Garden mehrfach öffentlich angeprangert, als Schandmal durch die Straßen getrieben und eines großen Teils seiner literarischen Manuskripte beraubt. 1973 erhielt er – inzwischen auf einem Auge erblindet – die Erlaubnis, sich in Peking behandeln zu lassen.

Zwei Jahre nach dem Tod Mao Zedongs und dem Sturz der »Viererbande« durfte Ai Qing 1978 nach Peking zurückkehren und es wurde ihm wieder erlaubt, zu publizieren. Seit seiner Verurteilung als »Rechtsabweichler« waren 21 Jahre vergangen.

Im hohen Alter erfuhr Ai Qing schließlich doch noch die offizielle Anerkennung. 1980 wurde er zum Stellvertretenden Vorsitzenden des Chinesischen Schriftstellerverbandes und zum Vizepräsidenten des Chinesischen PEN-Zentrums gewählt. 1983 zog er als Abgeordneter seiner Heimatprovinz in den Nationalen Volkskongreß ein, der ihn überdies zum Mitglied seines Ständigen Komitees wählte. Im Rahmen staatlicher Wiedergutmachung durfte Ai Qing seit 1979 die Bundesrepublik Deutschland, Österreich, Italien, Frankreich, Japan und Singapur bereisen.

1984 erschien das erste Kapitel seines ersten Romans *Notizen über die Oase* in der Literaturzeitschrift »Oase« in der Autonomen Region Xinjiang. Der vollständige Text erschien Ende 1984 im Volksverlag der Provinz Sichuan. Im März 1985 zeichnete ihn der französische Staatspräsident mit dem Orden für »Kunst und Literatur« aus.

Das Schicksal Ai Qings zeigt die engen Grenzen auf, in denen sich Literatur in der Volksrepublik China bewegt.

Schriften (Auswahl):

1932: Die Schilfrohrflöte; 1933: *Dayan-Fluß – meine Amme* (Gedichte); 1936: *Dayan-Fluß* (Gedichte); 1939: Er stirbt zum zweiten Mal; 1940: *Wildnis* (Gedichte), Über Dichtung (Essay); 1941: *Die Fackel* (Gedichte); 1942: *Norden* (Gedichte), Versteht die Schriftsteller, achtet die

Schriftsteller (Essay); 1945: *Gedichte, einem Dorf gewidmet;* 1947: *Der Sonne entgegen* (Gedichte); 1950: *Willkommen* (Gedichte); 1951: *Ausgewählte Gedichte Ai Qings;* 1953: *Der rote Stern – ein Juwel* (Gedichte); 1954: Auf eine chilenische Zigarettenschachtel; 1955: *Der schwarze Aal* (Gedichte); 1956: *Frühling* (Gedichte); 1957: *Auf dem Riff* (Gedichte); 1978: Rote Fahne; 1979: Die Mauer (gemeint ist die Berliner Mauer, die Ai besuchte), Das Kolosseum in Rom; 1980: *Gedichte eines Heimkehrers,* 60 Jahre chinesischer Poesie (Essay), Paris und anderes (Essay); 1984: *Notizen über die Oase* (Roman).

Aisin Giorro Puyi 1906-1967 爱新觉罗·溥仪

1917

1922

1922: Ehefrau

1961

Puyi war der letzte Kaiser Chinas. Beim Sturz der Qing-Dynastie 1912 dankte er ab. 1934 setzten ihn die Japaner als Kaiser ihres Marionettenstaates Manzhouguo ein. Nach der Kapitulation Japans verbrachte er viele Jahre in Haft. Danach arbeitete er als Gärtner und schrieb seine Memoiren.

Aisin Giorro Puyi wurde am 7. Februar 1906 in Peking geboren. Er war der letzte Kaiser der Qing-Dynastie.

Die Qing-Dynastie wurde 1644 offiziell begründet. Vorangegangen war die Eroberung Chinas durch die Mandschu. Diese hatten bis dahin als Nomaden in der Mandschurei gelebt. Sie sind mit den Chinesen auch sprachlich nicht verwandt (das Mandschurische ist eine Untergruppe des Tungusischen und gehört wie etwa Finnisch, Türkisch und Mongolisch zur altaischen Sprachfamilie). Die mandschurischen Eroberer gehörten dem Fürstengeschlecht der Aisin Giorro an, dem Puyi als dessen zehnter Kaiser von China in direkter Linie entstammt. Hatten die Mandschu-Fürsten, solange sie noch Nomaden waren, jeweils dem fähigsten ihrer Söhne das Herrschaftserbe übertragen, so übernahmen sie nach Erringung der Macht in China die chinesische Praxis der Primogenitur. Nach schlechten Erfahrungen damit kehrten sie jedoch im 18. Jahrhundert zu ihrem ursprünglichen Erbfolgesystem zurück, wenn auch in veränderter Form. Seither bestimmte wieder der Herrscher den Nachfolger aus dem Kreis seiner Söhne, doch blieb dessen Name bis zum Tode des Kaisers geheim. In der Endphase der Mandschu-Dynastie (Qing-Dynastie) wurde die gerade Linie der Erbfolge durch die Einbeziehung von Adoptivsöhnen durchbrochen, die indessen ebenfalls Prinzen aus dem Geschlecht der Aisin Giorro sein mußten.

Zwei Tage vor ihrem Tod setzte die Kaiserinwitwe → Ci Xi am 13. November 1908 den damals knapp dreijährigen Puyi zum Thronerben und seinen Vater, einen Bruder des Guang Xu-Kaisers, zum Prinzregenten ein. Puyi herrschte unter der Devise Xuan Tong bis 1912.

1908: Zur Zeit der Thronbesteigung

Bei Puyis Inthronisation war die Position der Qing-Dynastie bereits schwer erschüttert. Der von verschiedenen Seiten vorgetragenen Forderung, die absolute in eine konstitutionelle Monarchie umzuwandeln, begegnete der Kaiserhof mit einer Verzögerungstaktik, die sich als verderblich erweisen sollte. Hungersnöte, die allein im Jahr 1910 zu achtzig Aufständen führten, heizten die prekäre Lage überdies an. Ein eher zufälliger Militäraufstand 1911 in Wuchang leitete schließlich den Untergang der Qing-Dynastie ein.

Am 12. Februar 1912 wurde Puyi zur Abdankung gezwungen. Die neue und erste republikanische Regierung Chinas erließ daraufhin ein Edikt zur »Wohlwollenden Behandlung des Kaisers der Großen Qing-Dynastie«. Es besagte u.a., daß der Kaiser Titel und Würden behalten und im Kaiserpalast wohnen bleiben darf sowie eine jährliche Rente von vier Millionen Yuan erhält. Am persönlichen Schicksal des Kind-Kaisers änderte sich damit nichts. Er erhielt weiterhin die gleiche Erziehung, wie sie vor Jahrhunderten von der Hofetikette bestimmt worden war.

In den politischen Wirren der folgenden Jahre gab es auch Bestrebungen zur Wiedereinführung der Monarchie. Diese führten im Juli 1917 zur Wiedereinsetzung Puyis als regierender Kaiser, doch dauerte diese Herrschaft nur 13 Tage. 1924 hob der Peking beherrschende Warlord → Feng Yuxiang das Edikt zur »Wohlwollenden Behandlung des Kaisers« auf und vertrieb binnen wenigen Stunden den Kaiser mit seinem Hofstaat aus dem Palast. Dieser suchte Zuflucht in der japanischen Konzession in Tianjin. Japan – selbst eine Monarchie und in China imperialistische Ziele verfolgend – behandelte den Flüchtling ehrenvoll. Bis zu diesem Zeitpunkt hatte Puyi keinerlei Einfluß auf das politische Geschehen gehabt. Er sollte sieben Jahre unter japanischem Schutz in Tianjin verbringen.

1929 erfuhr er vom Angriff japanischer Truppen auf Mukden (Shenyang), die Hauptstadt der Mandschurei, und von der Unfähigkeit Chinas, diesem Angriff zu widerstehen. In den folgenden Jahren wurde er zum

Mit Kollegen im Botanischen Garten von Peking

politischen Spielball in den Händen der Japaner, die 1932 den Marionettenstaat Manzhouguo (Mandschu-Reich) gründeten und zwei Jahre später Puyi als erblichen Kaiser einsetzten. (Manzhouguo wurde lediglich von Deutschland, El Salvador, Italien, Japan, Polen, Spanien, Ungarn und dem Vatikan diplomatisch anerkannt.) Die Macht in diesem Staat jedoch lag beim Ministerpräsidenten, einem japanischen Staatsbeamten. 1935 besuchte Puyi Japan, wo er auch von Kaiser Hirohito empfangen wurde.

Die Kapitulation Japans am 14. August 1945 bedeutete auch das Ende von Manzhouguo. Puyi entließ seinen Hofstaat, den er zum Abschied mit Kunstschätzen reich beschenkte. Die Beschenkten gingen zumeist ins Ausland, während Puyi von Truppen der Sowjetunion, die noch am 9. August Japan den Krieg erklärt hatte, daran gehindert wurde. Bis 1950 saß er dann in Gefängnissen in Chita und Chabarowsk. Im August 1946 sagte er in Tokyo im Prozeß gegen die japanischen Kriegsverbrecher aus. Im August 1950 übergaben die Sowjets ihn den Behörden der Volksrepublik China, die ihn weitere neun Jahre lang in der Mandschurei einkerkerten.

Auf Anordnung → Mao Zedongs wurde Puyi schließlich Ende 1959 amnestiert und aus dem Gefängnis entlassen. Bis 1963 arbeitete er im Botanischen Garten von Peking. Danach wurde ihm gestattet, seine Lebenserinnerungen zu schreiben. Seine endgültige Rehabilitierung erhielt er 1964, als ihn die Politische Konsultativkonferenz des Chinesischen Volkes zum Mitglied ihres Nationalkomitees wählte.

Puyi starb am 11. Oktober 1967.

Schriften: 1964: *Die erste Hälfte meines Lebens*

Ba Jin 1904-

巴金

1960

1980

1980

Ba Jin ist einer der bekanntesten lebenden Schriftsteller der Volksrepublik China. In der Kulturrevolution geschmäht, leitet er seit 1980 das Chinesische PEN-Zentrum und seit 1981 den Chinesischen Schriftstellerverband.

Ba Jin wurde 1904 unter dem Namen Li Yaotang in Chengdu, Provinz Sichuan, als Sohn einer wohlhabenden Gentry-Familie geboren. Nach dem Besuch einer Mittelschule, die der Südwest-Universität seiner Heimatstadt angeschlossen war, studierte er an einer Fremdsprachenschule. In dieser Zeit begann er sein literarisches Schaffen mit Artikeln in lokalen Zeitschriften. 1926 ging Ba Jin zur Fortsetzung seiner Ausbildung nach Frankreich. Neben literarischen Studien befaßte er sich u.a. auch mit dem Anarchismus und der Bewegung der russischen Populisten. Wie sehr ihn vor allem die anarchistischen Ideen bewegten, ist daraus zu ersehen, daß er für seinen ersten Roman *Verfall*, den er in Frankreich verfaßte, das Pseudonym Ba Jin wählte: Es setzt sich zusammen aus der ersten und der letzten Silbe der Namen der russischen Anarchisten *Ba*kunin und Kropot*kin*. Da er sehr bald unter diesem Namen literarisch bekannt wurde, behielt er ihn bei.

1928 nach China zurückgekehrt, war Ba Jin fortan ausschließlich als Schriftsteller tätig. In zahlreichen Zeitschriften, die damals bei der jungen Intelligenz Chinas großen Zuspruch fanden, wirkte er an der Seite anderer namhafter Literaten mit, so bei der »Monatszeitschrift für Erzählkunst«, der Monatsschrift »Gegenwart« und der »Literarischen Vierteljahresschrift«. All dies war aber lediglich Nebenbeschäftigung: In rastlosem Schaffen schrieb er von 1928 bis 1945 nicht weniger als zwanzig Romane. Sein literarischer Durchbruch erfolgte 1931 mit *Die Familie*, einem Roman mit weitgehend autobiographischen Zügen, der den sozialen Umbruch von der konfuzianisch geprägten alten zur modernen Welt am Schicksal einer Familie zeigt.

Ba Jin heiratete 1944 Xiao Shan, die einige Werke von Turgenjew und Puschkin ins Chinesische übersetzt hatte. Aus dieser Ehe gingen eine Tochter und ein Sohn hervor.

Nach Gründung der Volksrepublik China wurde Ba Jin, der niemals ein

politisches, geschweige denn ein parteipolitisches Bekenntnis abgelegt hatte, gleichwohl von der neuen kommunistischen Führung freundlich aufgenommen, die zu Anfang dankbar war für jede bekannte Persönlichkeit, die sich ihr zuwandte. 1950 berief sie Ba Jin zum Mitglied des Kultur- und Erziehungsrates der Regierung (bis 1954), 1953 erfolgte seine Wahl zum Stellvertretenden Vorsitzenden des Chinesischen Schriftstellerverbandes.
Es ist erstaunlich, daß Ba Jin die 1956 gestartete »Hundert-Blumen-Kampagne« ohne Angriffe überstand. Sie war von → Mao Zedong im Gefühl der ideologischen Überlegenheit der kommunistischen Bewegung mit dem Ziel gestartet worden, vor allem im literarischen Bereich Freiräume zu schaffen. Sehr bald führte dies jedoch zur Kritik am sozialistischen System, was zahlreiche Schriftsteller schließlich mit der Verbannung zu büßen hatten. Ba Jin blieb verschont, obwohl sein gesamtes literarisches Werk ganz und gar nicht der Parteilinie entsprach – ist es doch von einem Subjektivismus geprägt und mit romantischen Gefühlen beladen. Zwar mußte Ba Jin 1958 den Posten des Chefredakteurs der Zeitschrift »Volksliteratur« abgeben, doch erfuhr er danach zahlreiche Ehrungen wie die Wahl zum Stellvertretenden Vorsitzenden des Verbandes für Literatur- und Kunstkreise und die Nominierung zum Chefredakteur der Shanghaier Monatsschrift »Literatur«.
Erst in der Kulturrevolution wurde Ba Jin 1967 als »Konterrevolutionär«, »Klassenfeind« und »Literaturdespot« gebrandmarkt, auf »Anprangerungsversammlungen« öffentlich zur Schau gestellt und nach eigenem Zeugnis gezwungen, »Nieder mit Ba Jin!« zu rufen. Seine Werke wurden verbrannt, die politischen Rechte wurden ihm entzogen, und außerdem erhielt er Schreibverbot. Seine Frau wurde mißhandelt und sein Sohn im Rahmen der üblichen Sippenhaftung zur Arbeit in einem Gebirgsort verurteilt. In dem folgenden Jahrzehnt entwürdigender Erniedrigung trug sich Ba Jin mehrfach mit Selbstmordabsichten.
Ba Jin überstand diese schmachvolle Zeit. Nach dem Tode Mao Zedongs und dem im Monat darauf erfolgten Sturz der »Viererbande« tauchte er erstmals im Juli 1977 wieder auf, um schließlich eine Alterskarriere zu beginnen, die als Ehrung seines literarischen Werkes durch die neuen Führer verstanden werden muß. 1978 wurde er zum Mitglied des Ständigen Komitees des Nationalen Volkskongresses gewählt, dem er bis 1983 angehörte, sowie erneut zum Stellvertretenden Vorsitzenden des Verbandes für Literatur- und Kunstkreise ernannt. 1980 wurde er Präsident des chinesischen PEN-Zentrums und im Jahr darauf Vorsitzender des Chinesischen Schriftstellerverbandes. Mit dieser nationalen Würdigung ging die internationale einher: 1982 sprach ihm Italien für seine Trilogie *Die Familie*, *Frühling* und *Herbst* den Internationalen Dante-Preis zu, 1983 zeichnete ihn der französische Staatspräsident Mitterand mit dem Titel eines »Kommandeurs der Ehrenlegion« aus und

im Oktober 1984 verlieh ihm die Chinesische Universität von Hongkong die Würde eines Ehrendoktors.
Am Anfang seiner literarischen Laufbahn von der Jugend Chinas geliebt, an ihrem Ende schließlich von den politischen Führern der Volksrepublik China geehrt, vollendete Ba Jin 1983 seinen bisher letzten Roman, *Ein wunderschönes Augenpaar*, der dem Andenken an seine in der Zeit der Kulturrevolution verstorbenen Ehefrau gewidmet ist.

Schriften (Auswahl):
1929: *Verfall* (Roman); 1931: *Die Familie* (Teil 1 der Romantrilogie *Reißende Strömung*); 1932: *Meerestraum* (Novelle), *Herbst im Frühling* (Novelle), *Neues Leben* (Roman), *Shading* (Erzählung); 1935: *Licht* (Erzählungen); 1936: *Geschichte der nihilistischen Bewegung*, *Trilogie der Liebe: Nebel* (1922), *Regen* (1933), *Blitz* (1935); 1937: *Frühling* (Teil 2 der Romantrilogie *Reißende Strömung*); 1940–1945: *Feuer* (Romantrilogie); 1940: *Herbst* (Teil 3 der Romantrilogie *Reißende Strömung*); 1944: *Garten der Ruhe* (Novelle); 1945: *Krankenstation Nr. 4* (Novelle); 1947: *Kalte Nächte* (Roman); 1953: *Leben unter Helden* (Essays, Reportage); 1958–1962: *Ba Jins Werke* (14 Bände); 1983: *Ein wunderschönes Augenpaar* (Roman, Veröffentlichung in Vorbereitung)

Übersetzungen (Auswahl):
1943–1944: Turgenjew, *Väter und Söhne, Neuland;* 1940: Kropotkin, *Brot und Freiheit* u.a.; 1949: Herzen, *Erlebtes und Gedachtes*

Cai Chang 1900- 蔡暢

1919

1939

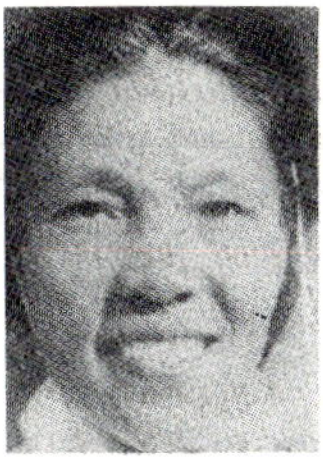
1955

1979

Cai Chang ist die prominenteste Frauenführerin der Volksrepublik China. Sie gehörte dem Zentralkomitee der Kommunistischen Partei Chinas in ununterbrochener Folge 54 Jahre lang an. 1982 schied sie aus der Politik aus. Sie lebt heute hochgeehrt in Peking.

Cai Chang wurde im Jahr 1900 als Tochter eines verarmten Grundbesitzers im Kreis Xiangxiang, Provinz Hunan, geboren. Xiangxiang liegt 70 km südwestlich der Provinzhauptstadt Changsha im fruchtbaren Tal des Flusses Lianshui. Im Gegensatz zum Vater war die Mutter aufgeschlossen für alle modernen Regungen ihrer Kinder, die sie insbesondere nach dem Tod des Vaters tatkräftig unterstützte. Als der Vater Cai Chang im Jahre 1913 für 500 Silberdollar an einen Landlord verheiraten wollte, floh die Mutter mit ihr und einer anderen Tochter nach Changsha, wo sie beiden durch den Verkauf ihrer Juwelen den Besuch der modernen Zhounan-Mädchenschule ermöglichte. Ihre Wohnung war ein beliebter Treffpunkt fortschrittlicher Jugendlicher, zu denen auch → Mao Zedong gehörte. Als dieser 1918 die »Neue Volksstudiengesellschaft« gründete, gehörte sie zu deren ersten Mitgliedern.

Im folgenden Jahr ging Cai Chang mit 1500 anderen jugendlichen Chinesen zum Studium nach Europa, nachdem zwischen Frankreich und China eine Vereinbarung für Werkstudien getroffen worden war. Die Mehrheit der Studenten hatte keine wissenschaftlichen Ambitionen, sondern war angezogen von der Möglichkeit, kostenlos dem als eng empfundenen eigenen Lebenskreis zu entkommen, sich westliches Ideengut anzueignen und den Blick zu weiten. Cai Chang studierte und arbeitete zunächst in Lyon. 1923 wurde sie Mitglied der KPCh und heiratete Li Fuchun. Li, aus Changsha gebürtig, hatte sie bereits vor ihrer Abreise nach Frankreich gekannt; er sollte später zum Mitglied des Politbüros der KPCh und zum Stellvertretenden Ministerpräsidenten aufsteigen. Im Herbst 1924 begab sich Cai Chang auf die Heimreise, die sie für vier Monate in Moskau unterbrach, um einen Kursus an einer Hochschule zu belegen.

1925 nach China zurückgekehrt, wurde Cai Chang als stellvertretende Leiterin des Frauenkomitees der Partei für die Provinzen Guangdong und Guangxi eingesetzt. Zwei Jahre zuvor waren Guomindang und KPCh eine Einheitsfront eingegangen, die es Mitgliedern der letzteren gestattete, auch Posten in der ersteren zu bekleiden. Im Zuge dieser Entwicklung richtete die Guomindang 1926 in Guangzhou (Kanton) ein Institut der Frauenbewegung ein, in das Cai als stellvertretende Leiterin berufen wurde. Gleichzeitig war sie Sekretärin der Frauenabteilung im Zentralkomitee der Guomindang. Beide Posten bekleidete sie unter He Xiangning, der Witwe des 1925 ermordeten engsten Vertrauten Sun Yatsens, Liao Zhongkai. Als 1926 der Nord-Feldzug begann, arbeitete Cai Chang als eine der wenigen Frauen in der Politabteilung der Nationalen Armee. Zwar waren alle ihre Posten, die sie sehr bald nach der Rückkehr aus Frankreich innehatte, von untergeordneter Bedeutung, doch verschafften sie ihr als Frau im Alter von nur 25 Jahren eine gewisse Prominenz, zumal politisch aktive Frauen zu jener Zeit in China absoluten Seltenheitswert besaßen.
Nachdem 1927 Chiang Kai-shek die Einheitsfront mit der KPCh durch ein Massaker unter den Kommunisten in Shanghai und Guangzhou zerstört hatte, ging Cai Chang in den kommunistischen Untergrund. Ein Jahr zuvor war ihr Bruder Cai Linzheng während eines Generalstreiks in Hongkong ums Leben gekommen. Ihr zweiter Bruder, Cai Hesen, einer der Führer der KPCh in deren Frühphase, wurde 1931, seine Frau, Xiang Jingyu, mit Cai Chang seit den Jugendjahren freundschaftlich verbunden, bereits 1928 exekutiert.
Der Schlag Chiang Kai-sheks gegen die Kommunisten hatte weitreichende Folgen. Nicht nur, daß die Mitgliederzahl der KPCh von 1927 bis 1928 um 18000 auf 40000 zurückging – die Partei sah sich überdies außerstande, den dadurch dringend notwendig gewordenen 6. Parteikongreß im eigenen Lande abzuhalten. Statt dessen fand er 1928 in Moskau statt: unter Kontrolle der Komintern. An diesem Kongreß, der sie zum Mitglied seines Zentralkomitees wählte, nahm auch Cai Chang als Delegierte der Provinz Jiangxi teil. Sie war die dritte Frau, die in der Geschichte der KPCh in dieses Führungsorgan aufgenommen wurde. Alle weiteren Kongresse bis zum 11. bestätigten sie auf diesem Posten. Ihre 54 Jahre währende Mitgliedschaft im ZK wird nur durch eine Handvoll männlicher Funktionäre übertroffen.
Bis 1932 verblieb Cai in der Sowjetunion, vornehmlich mit Aufgaben im Rahmen der Komintern betraut. Danach ging sie in den Jiangxi-Sowjet. Anfang 1934 wurde sie – wie auch ihr Ehemann – zum Mitglied des Exekutivrates der Chinesischen Sowjetrepublik gewählt, die danach nur noch ein halbes Jahr fortbestand. Der Lange Marsch setzte diesem mit Idealismus gegründeten sozialistischen Staat ein Ende. Cai Chang gehörte zu den wenigen Frauen, die diesen 10000 km langen Marsch

überstanden. Doch danach war sie so erschöpft, daß sie für ein Jahr zur Erholung in die Sowjetunion geschickt wurde.
Nach ihrer Rückkehr begann Cai Changs Karriere als führende Frauenfunktionärin der KPCh, indem sie mit der Leitung der Abteilung für Frauenarbeit im ZK der KPCh betraut wurde. Eine amerikanische Korrespondentin, die zu den ganz wenigen Ausländern gehörte, die 1936 das Zentrum der Kommunisten in der Provinz Shaanxi aufsuchten, hat Cai Chang als »Rosa Luxemburg Chinas« bezeichnet. Nach dem Ende des Chinesisch-Japanischen Krieges wurde sie 1945 in die Mandschurei beordert, wo sie zur Gründung des Chinesischen Frauenverbandes Vorbereitungen traf. Zwei Jahre später wurde sie zur Vizepräsidentin des Internationalen Demokratischen Frauenverbandes gewählt. Mit der Etablierung des Demokratischen Frauenverbandes der Volksrepublik China im Jahr 1949 übernahm Cai Chang dessen Vorsitz und behielt ihn auch nach seiner Umbenennung in »Chinesischer Frauenverband« im Jahre 1957 bei, bis sie 1978 zur Ehrenvorsitzenden gewählt wurde. Daneben wurde sie mit zahlreichen anderen bedeutenden Posten außerhalb der Partei betraut, deren wichtigster der der Stellvertretenden Vorsitzenden des Nationalen Volkskongresses von 1975 bis 1980 war.
Seit 1982 bekleidet sie kein offizielles Amt mehr. Bei Staatsfeiertagen wird ihrer jedoch stets ehrend gedacht.

Cao Yu 1910- 曹禺

1964

Um 1978

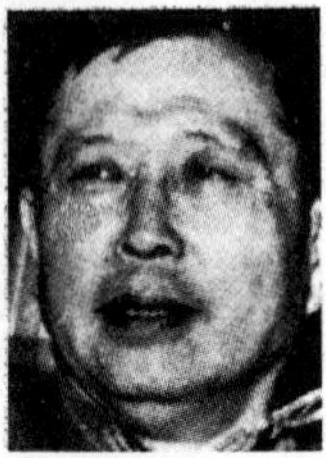

Um 1980

Cao Yu ist ein weit über die Grenzen Chinas hinaus bekannter Dramatiker. Mit 23 Jahren schrieb er das Drama Gewitter, *das ihn berühmt machte. Wie die meisten Literaten der Volksrepublik China wurde er in der Kulturrevolution geschmäht, erfuhr aber danach offizielle Ehrungen.*

Cao Yu wurde 1910 in Qianjiang geboren, einer Stadt am Han-Fluß in der fruchtbaren Ebene 150 km östlich von Wuhan, Provinz Hubei. Sein Vater, ein hoher Staatsbeamter, war nach seinen eigenen Aussagen »sagenhaft reich«. Cao Yus Mutter starb drei Tage nach seiner Geburt. Er besuchte die Nankai-Mittelschule in Tianjin, die ein Jahrzehnt vor ihm → Zhou Enlai absolviert hatte. An dieser Schule trat er einer Schauspielgruppe bei und wirkte in zahlreichen Dramen mit, darunter auch in Gerhart Hauptmanns *Die Weber*. Danach studierte er kurze Zeit Politökonomie an der Nankai-Universität, wechselte aber schon bald zur Pekinger Qinghua-Universität, wo er sich dem Studium westlicher Sprachen und Literatur widmete. Nach eigenem Zeugnis besuchte er hier keine Vorlesungen, sondern las Dramen und Romane, vor allem beeindruckt von den griechischen Dramatikern, unter denen Sophokles und Euripides seine Lieblingsautoren waren.

Cao Yu schloß seine Studien 1933 ab und wurde Lehrer an einer Mittelschule in Baoding. Im gleichen Jahr erschien sein erstes Drama *Gewitter*, das den 23jährigen mit einem Schlag berühmt machte. Die Uraufführung erfolgte in Japan. In Peking erlebte es, obzwar vom Publikum begeistert aufgenommen, nur wenige Aufführungen, da die Guomindang es für »sittenverderbend« erklärte und die Absetzung vom Spielplan erzwang. Cao Yu und sieben Schauspieler wurden eine Woche lang inhaftiert. Beanstandet wurde vor allem das unmoralische Verhalten eines Sohnes, der in Liebe zu seiner Stiefmutter entbrennt.

Die Reaktion der »Obrigkeit« war bezeichnend: Sie war zutiefst beunruhigt über das Aufbegehren der aufgeklärten Jugend, die im Begriff war, sich von den als Fesseln empfundenen Wertvorstellungen einer jahrtausendealten Kultur zu lösen. Es war schließlich ja nicht nur Cao Yu, es waren vielmehr alle modernen jungen Literaten, die eine

gnadenlose Kritik am überkommenen sozialen System zum Inhalt ihrer Dramen, Romane, Gedichte und Erzählungen machten. Nicht politische Parteien bewirkten Chinas Aufbruch zur Moderne – es waren die Schriftsteller, die in den zwanziger und dreißiger Jahren eine aufgeschlossene Jugend für die soziale Revolution begeisterten. Sie pflügten den Boden, den danach Politiker nicht unbedingt mehr in Übereinstimmung mit den Schriftstellern bestellten.
Kurz bevor Cao Yu an der Frauen-Lehrerbildungsanstalt in Tianjin Lehrer wurde, erschien sein zweites Drama *Sonnenaufgang*, das den halbkolonialen Status Chinas mit seinen negativen Einwirkungen auf die Gesellschaft zum Thema hat. 1936 erhielt er den Literaturpreis einer der führenden Zeitungen Chinas, der »Dagong«, für sein erstes Drama *Gewitter*. 1937 gehörte er zu den Mitbegründern der Chinesischen Drama-Gesellschaft. Im gleichen Jahr begann der Chinesisch-Japanische Krieg, in dessen Folge die chinesische Regierung ihren Sitz in die Provinz Sichuan im Südwesten des Landes verlegte. Auch Cao Yu ging dorthin und erhielt eine Professur an der Nationalen Dramaschule. Das Jahr 1940 erwies sich als sein schaffensreichstes. In diesem schrieb er seine einzige, einaktige Komödie *Eben mal denken* sowie die Dramen *Die Metamorphose* und *Der Peking-Mensch*. In den folgenden Jahren entstanden weitere Stücke. Auch übersetzte er Shakespeares *Romeo und Julia* ins Chinesische.
Wie angesehen Cao Yu in der literarischen Welt Chinas schon damals war, zeigt seine Einladung, zusammen mit → Lao She, zu einer einjährigen Vortragsreise in die USA bereits ein Jahr nach der Kapitulation Japans 1945. Nach seinen eigenen Aussagen beeindruckten ihn auf dieser Reise am meisten zwei Begegnungen mit Bertolt Brecht in New York und Hollywood. Zwei sozialkritische Dramatiker aus verschiedenen Kulturkreisen trafen sich und fanden sich vereint in dem gemeinsamen Bemühen, den Menschen aus der Knechtschaft in die Freiheit zu führen.
1948 kehrte Cao Yu über Hongkong nach China zurück. Im gleichen Jahr verfaßte er in Shanghai das Drehbuch für den Film *Heller Tag*. Im September 1949 erhielt er von den Kommunisten die Einladung, an der 1. Politischen Konsultativkonferenz des Chinesischen Volkes teilzunehmen, einem Vorläufer der Regierung der Volksrepublik China. Als diese einen Monat später offiziell ausgerufen wurde, verzichtete Cao Yu im Gegensatz zu → Guo Moruo und Lao She auf die Übernahme einer offiziellen Funktion.
Im Dezember 1949 wurde Cao Yu zum stellvertretenden Direktor des Zentralen Drama-Instituts beim Ministerium für Kultur ernannt (bis 1956), 1953 zum Direktor des Pekinger Volkstheaters (bis 1955) und 1956 zum Direktor des Pekinger Kunst- und Drama-Instituts. Im gleichen Jahr trat er in die KP Chinas ein und wurde zum Sekretär des

Chinesischen Schriftstellerverbandes gewählt. 1960 wurde er stellvertretender Vorsitzender der Dramatiker-Gesellschaft und im folgenden Jahr Präsident der Akademie für Dramatische Künste.
Cao Yu hatte die »Hundert-Blumen-Kampagne« (1955–1957) ohne Anfechtung überstanden. Wie alle anderen Literaten der Volksrepublik China außer Guo Moruo war auch er in der Kulturrevolution Verfolgungen ausgesetzt. In ihrem Verlauf wurde er 1966 öffentlich als Konterrevolutionär geschmäht. Die neuen Hüter der Moral prangerten die Dekadenz in *Gewitter* und pornographische Elemente in *Sonnenaufgang* an.
Über das folgende Jahrzehnt im Leben Cao Yus wissen wir nichts Sicheres, aber es ist zu vermuten, daß auch er es in einem Arbeitslager verbrachte. 1975 wurde er rehabilitiert, 1978 zum Mitglied des Nationalen Volkskongresses gewählt, womit er erstmals einen prominenten Posten im Staatsapparat erhielt. 1979 wurde ihm die Leitung des Pekinger Volkstheaters übertragen sowie der Vorsitz in der Dramatiker-Gesellschaft. 1982 wurde Cao Yu schließlich zu einem der zwölf Vizepräsidenten des Chinesischen PEN-Zentrums gewählt.
Einst von der Jugend seines Landes geliebt, wurde Cao Yu im Alter staatliche Ehrung zuteil.

Dramen (Auswahl):
1934: *Gewitter;* 1936: *Sonnenaufgang, Wildnis;* 1940: *Eben mal denken* (Komödie), *Die Metamorphose, Der Peking-Mensch;* 1942: *Die Familie* (Dramatisierung des gleichnamigen Romans von Ba Jin); 1948: *Heller Tag* (Film-Drehbuch); 1956: *Himmel ohne Wolken;* 1961: *Galle und Schwert;* 1978: *Wang Zhaojun*

Übersetzung:
1945: Shakespeare, *Romeo und Julia*

Chen Boda 1904- 陈伯达

1965

1980: Vor Gericht

Einst politischer Sekretär Mao Zedongs, wurde Chen Boda später einer der führenden Ideologen der Kommunistischen Partei Chinas. Obwohl er in dieser Position einer der Organisatoren der Kulturrevolution war, fiel er bereits 1970 einer »Säuberung« zum Opfer.

Chen wurde 1904 als Sohn einer Beamtenfamilie im Kreis Huian, Provinz Fujian, geboren. Er besuchte eine Mittelschule in Xiamen (Amoy) und anschließend die Arbeiteruniversität in Shanghai. Als erstes Zeugnis seiner Hinwendung zu philosophischen Gedanken gilt sein mit 20 Jahren verfaßter Artikel »Der ursprüngliche Wille«, in dem er sich als dem konfuzianischen Denken verhaftet darstellt. Um 1924 trat er in eine Lokalarmee ein und wurde bald darauf persönlicher Sekretär des Kommandeurs dieser Einheit. Zur gleichen Zeit wurde er auch Mitglied der KPCh und als solches bald darauf zu einer mehrjährigen Gefängnisstrafe verurteilt.

1927 freigelassen, begab sich Chen nach Moskau, um an der dortigen Sun Yat-sen-Universität zu studieren. Vier Jahre später kehrte er nach China zurück, nahm eine Lehrerstelle an, widmete sich dem Studium kommunistischer Theorien und leitete gleichzeitig als Kader des Nordbüros im Zentralkomitee der KPCh Untergrundarbeiten im Raum von Tianjin. Nach Ausbruch des Chinesisch-Japanischen Krieges im Jahre 1937 ging er – wie viele andere Intellektuelle – nach Yan'an, dem Zentrum der kommunistischen Bewegung nach dem Langen Marsch. Bis 1945 wirkte er dort als Lehrer an der Zentralen Parteischule, als Leiter der Forschungssektion unter der Propagandaabteilung des ZK der KPCh und eine Zeitlang auch als politischer Sekretär Mao Zedongs. Dem persönlichen Kontakt zu Mao verdankte es Chen, daß ihn 1945 der 7. Parteikongreß zum Kandidaten des Zentralkomitees der KPCh wählte. Ein Jahr später – nach dem Tod von Wang Ruofei – rückte er zu dessen Mitglied nach. Mit den Schriften *Das Pachtsystem in China* (1947) und *Stalin und die Chinesische Revolution* (1949) begründete Chen seinen Ruf als Fachmann für Agrarfragen und Theoretiker für Probleme der kommunistischen Ideologie.

Nach Gründung der Volksrepublik China im Jahre 1949 wurde Chen Stellvertretender Direktor der Propagandaabteilung im ZK der KPCh, Vizepräsident der Akademie der Wissenschaften und Stellvertretender Vorsitzender des Kultur- und Erziehungsrates im Regierungs-Verwaltungsrat – durchweg Stellungen außerhalb des Rampenlichts, aber doch Startpositionen für einen weiteren Aufstieg. Daß dieser nicht ausbleiben würde, wurde offenbar, als Chen im Dezember 1949 zur Delegation Mao Zedongs gehörte, die zu Verhandlungen mit Stalin nach Moskau fuhr. Der Aufstieg erfolgte in kleinen Schritten: 1955 übernahm Chen den stellvertretenden Vorsitz in der Abteilung für Landarbeit im ZK der KPCh und sprach in dieser Eigenschaft im Oktober 1955 vor einem Parteigremium über »Entscheidungen in bezug auf eine kollektivierte Landwirtschaft«, ganz sicher in Absprache mit Mao, der eine stufenweise Kollektivierung mit dem Ziel der Einrichtung von Volkskommunen anstrebte. 1956 wählte der 8. Parteikongreß Chen zum Kandidaten des Politbüros.

Im folgenden Jahr begleitete er Mao Zedong zu den Feiern des 40. Jahrestages der Oktoberrevolution nach Moskau. 1958 schuf sich die KPCh mit der Zeitschrift »Rote Fahne« ihr Organ für theoretische Fragen, zu deren Chefredakteur Chen bestellt wurde. Im gleichen Jahr unternahm es Chen, in einem Grundsatzartikel die Notwendigkeit von Volkskommunen zu propagieren, die kurze Zeit später landesweit eingerichtet wurden. 1962 wurde er Stellvertretender Vorsitzender der Staatlichen Planungskommission.

Der Aufstieg Chens gründete in dem Vertrauen Mao Zedongs, der ihn dazu benützte, seine in eine kommunistische Zukunft weisende Landwirtschaftspolitik zu propagieren. Als Anerkennung wurde er 1966 zum Mitglied des Politbüros und sogar zum Mitglied des Ständigen Komitees des Politbüros, des höchsten Parteiorgans, gewählt. Zu dieser Zeit hatte die Kulturrevolution begonnen, in deren Verlauf Chen mit der Leitung der Kulturrevolutionsgruppe im ZK der KPCh betraut wurde. Damit war er nach Mao und → Lin Biao zum prominentesten Führungsfunktionär der Partei aufgerückt.

Chen Bodas Karriere fand 1970 ein abruptes Ende. Er verschwand und tauchte erst zehn Jahre später wieder auf, als der »Jiang Qing- und Lin Biao-Clique« der Prozeß gemacht wurde, bei dem er zu einer 18jährigen Haftstrafe verurteilt wurde. Alle gegen ihn vorgebrachten Vorwürfe sind jedoch unglaubwürdig.

Schriften (Auswahl):

1944: *Anmerkungen über Mao Zedongs Bericht über die Untersuchung der Bauernbewegung in Hunan* (Aufsatzsammlung), *Anmerkungen über zehn Jahre Bürgerkrieg, 1927–1936* (Aufsatzsammlung); 1945: *Yuan Shikai, der große Usurpator;* 1947: *Allgemeine Untersuchung über die Bodensteuer im modernen China, Die vier großen Familien Chinas;* 1948: *Chiang Kai-shek, der Volksfeind;* 1953: *Stalin und die chinesische Revolution.*

Chen Duxiu 1879-1942 陈独秀

Um 1923

Um 1927

Chen war, wie es heißt, der erste chinesische Marxist. Er verstand es, eine jugendliche Elite für den Marxismus zu begeistern, darunter auch Mao Zedong. 1921 war er Mitbegründer der Kommunistischen Partei Chinas und als Generalsekretär ihr Führer bis 1927. Er zerbrach an der Politik, die die Komintern der KP Chinas aufzwang.

Chen Duxiu wurde 1879 in Huaining, Provinz Anhui, als Sohn einer Gentry-Familie geboren. Sein Vater, ein Militärbeamter in der Mandschurei, starb, als er noch nicht ein Jahr alt war. Daraufhin übernahm der Großvater die Erziehung des Jungen, der das traditionelle Staatsexamen bestehen und damit die besten Voraussetzungen für eine klassische Beamtenkarriere besitzen sollte.

Chen beschied sich jedoch nicht mit einer solchen Karriere, sondern strebte eine moderne Bildung an, für die um die Jahrhundertwende in China erst wenige Anstalten zur Verfügung standen. Wie sehr sich diese damals als Verkünder einer neuen Welt empfanden, offenbart der Name der »Schule zur Wahrheitssuche« in Hangzhou, in der Chen Schiffbau lernte – ein Fach, das in französischer Sprache gelehrt wurde. Als Student dieser Schule wurde Chen erstmals politisch aktiv mit einer Kritik an der Regierung, in deren Folge er zur Flucht nach Japan gezwungen war, wohin er später noch zweimal entwich. 1903 nach China zurückgekehrt, lehrte Chen im folgenden Jahr an der Anhui-Akademie in Wuhu. Nach einem neuen Zwischenaufenthalt in Japan studierte er von 1907 bis 1910 in Frankreich, wohin ihn die Suche nach den neuen Wahrheiten getrieben hatte, auf der sich die jugendliche Intelligenz Chinas jener Zeit befand und die sie aus den demokratischen Ländern Europas und den Vereinigten Staaten von Amerika bezog. Dieser dreijährige Europa-Aufenthalt hat Chen entscheidend geprägt und vor allem zur Entwicklung seines sozialen Bewußtseins geführt.

Mit der 1915 gegründeten Zeitschrift »Jugend« begann Chen seine politische Karriere. Diese Zeitschrift – ein Jahr später in »Neue Jugend« umbenannt und auf die Propagierung westlicher Ideen ausgerichtet – fand begeisterte Zustimmung unter der jugendlichen Intelligenz Chinas, die nach dem Sturz des Kaiserreiches und in Erkenntnis dessen, daß dieses sich überlebt hatte, dankbar war für den Ausblick zu neuen Ufern. Chens historische Rolle in der Geschichte des modernen China ist an Bedeutung und Wirkung dieser Zeitschrift zu messen. Sie stellt sogar sein späteres Wirken in der KPCh in den Schatten, denn er bewirkte mit ihr eine richtungweisende Sensibilisierung großer Teile der Jugend für die Thematik der künftigen Politik des Landes.

1917 erhielt Chen eine Professur an der Peking-Universität und damit einen neuen Wirkungskreis für seine Ideen. Im gleichen Jahr wandte er sich – nicht zuletzt fasziniert von der Oktoberrevolution in Rußland – dem Marxismus zu. Chinas Jugend, die sich voller Verachtung von den Wertvorstellungen der konfuzianischen Tradition abgekehrt hatte und auf der Suche nach einer neuen sozialen Ordnung war, erlebte gleichsam vor der eigenen Haustür die Umsetzung einer revolutionären Idee in die Praxis staatlicher Organisation. Sie fühlte sich von der Russischen Revolution um so mehr angezogen, als diese Züge aufwies, die Chinesen durchaus geläufig waren, wie etwa die Verneinung des Übersinnlichen oder die Beseitigung des Privateigentums, die bereits um die Mitte des 19. Jahrhunderts von der Taiping-Bewegung in den von ihr besetzten Gebieten durchgeführt worden war.

Im Jahre 1919 gehörte Chen zu den Organisatoren der Bewegung des 4. Mai. Nach den Demonstrationen wurde er drei Monate lang inhaftiert. Im folgenden Jahr gründete er eine Vorläuferin der KPCh, die sich schließlich im Juli 1921 konstituierte und Chen zu ihrem Generalsekretär wählte.

Sowohl an der Gründung der Partei als auch an deren Politik bis 1934 hatte die Komintern wesentlichen Anteil. Hatten die ersten chinesischen Kommunisten zunächst die Hilfestellung der erfolgreichen russischen Revolutionäre dankbar angenommen, so mußten sie sehr bald erfahren, daß die Weisungen der Komintern der Kenntnis der wahren chinesischen Verhältnisse entbehrten. Zwangsläufig erschwerend für die KPCh wirkte sich der Umstand aus, daß Moskau gleichzeitig gute Beziehungen zur Guomindang → Sun Yat-sens pflegte, ja diese als die bei weitem einflußreichere und mächtigere Partei eigentlich vorzog: noch 1925 hatte die KPCh keine tausend Mitglieder. Statt auf die proletarische setzte Moskau also auf die bürgerliche Partei Chinas. Chen Duxiu widersetzte sich dieser Politik von Anfang an, vermochte sich indessen nie durchzusetzen. So wurden die Kommunisten auf Weisung der Komintern sogar gezwungen, 1923 eine Einheitsfront mit der Guomindang zu bilden, was dazu führte, daß nicht wenige Führungskader der KPCh gleichzeitig Führungsposten in der Guomindang bekleideten (darunter auch → Mao Zedong). Dies war vor allem der Profilierung der jungen Partei außerordentlich abträglich. Nach dem Tode Lenins (1924) und Sun Yat-sens (1925) sah sich die KPCh überdies einbezogen in den Machtkampf zwischen Stalin und Trotzki, die im Hinblick auf eine Revolutionsstrategie in China recht unterschiedliche Ansichten vertraten. Während Stalin der Ansicht war, die Guomindang könne eine

Chen Qiaonian

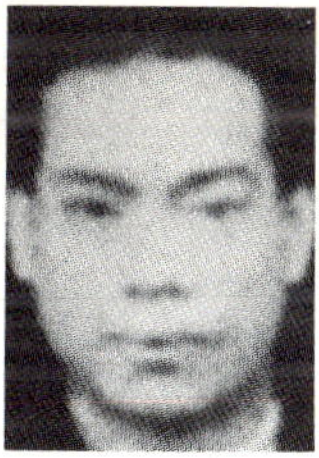
Chen Yannian

Revolution aller Klassen bewirken, forderte Trotzki die sozialistische Revolution durch die KP.
Im Verlauf dieses wenig ruhmreichen Kapitels sowjetrussischer Chinapolitik wurde Chen Duxiu aufgerieben. Der ewige Warner vor der unheilvollen Politik der Komintern resignierte schließlich und trat im Mai 1927 vom Vorsitz der KPCh zurück. 1929 wurde er aus der Partei ausgeschlossen. Von 1932 bis 1937 von der Nationalregierung eingekerkert, starb Chen vereinsamt am 27. Mai 1942 in Jiangjin bei Chongqing.
Indem Stalin um 1930 die Gründung von Sowjet-(Räte-)Republiken in China befürwortete, wandte er sich von seiner bisherigen Chinapolitik ab und bekannte sich zu der Trotzkischen Version, was indessen nicht zur Rehabilitierung Trotzkis, sondern zum Ruhm der »Neuen Strategie« Stalins führte.
Bis heute findet Chen Duxiu in China keine Anerkennung. Und dies, obwohl zwei seiner Söhne – beide Mitglieder der KPCh seit deren Gründung und überdies des 5. Zentralkommitees – ihr Leben für die kommunistische Revolution hingaben: Chen Yannian wurde im Juni 1927 im Alter von 29 Jahren hingerichtet, Chen Qiaonian im Januar 1928 im Alter von 27 Jahren. Noch 1983 wurde Chen Duxiu in einem offiziellen Dokument als »Trotzkist« geschmäht. Er wurde das erste Opfer der ideologischen Richtungskämpfe innerhalb der KPCh.

Chen Shaoyu 1905-1974 陈绍禹

1948?

Chen gehörte der sogenannten Moskaugruppe an, die zu Beginn der dreißiger Jahre die KP Chinas beherrschte. Um 1955 setzte er sich in die Sowjetunion ab. Seither gilt er in der Volksrepublik China als Verräter.

Chen Shaoyu, auch unter dem Namen Wang Ming bekannt, wurde 1905 in Liuan, Provinz Anhui, als Sohn reicher Bauern geboren. Er besuchte die Mittelschule und studierte an den Universitäten in Wuhan und Shanghai. Von 1925 bis 1927 besuchte er die Moskauer Sun Yat-sen-Universität, die vornehmlich chinesischen Studenten vorbehalten und mit der Komintern verbunden war.

Unter Verkennung der Verhältnisse in China verfolgte die Komintern eine Politik, die die Revolution durch das Industrieproletariat herbeiführen wollte. Bis 1933 blieb die KPCh von der Moskauer Zentrale des Weltkommunismus abhängig. Ohne Kominternberater funktionierte in der Partei nichts. In diese Komintern-Strategie wurde auch Chen Shaoyu eingebunden: 1931 löst er → Li Lisan als Generalsekretär der KPCh ab.

Diese scheinbar wichtige Position Chens muß in Beziehung zu einer Entwicklung gesehen werden, die die Partei seit 1927 gespalten hatte. Damals hatte → Mao Zedong damit begonnen, in der Provinz Jiangxi Guerillaverbände aufzustellen. Im Gegensatz zu der von Moskau diktierten Politik, deren einziges Ziel die Gewinnung des städtischen Proletariats war, setzte Mao auf die Revolutionierung der Bauern. Als Chen 1931 als Statthalter Moskaus die Führung der KPCh übernahm, konzentriert auf einen bürokratischen Apparat in Shanghai, hatte sich im Hinterland eine Bewegung etabliert, die sich auf bewaffnete Verbände stützte und 1933 zum Hort der aus Shanghai geflüchteten nominellen Parteiführung werden sollte.

Tatsächlich bekleidete Chen den Posten des Generalsekretärs der Partei nur wenige Monate, denn im Herbst 1931 ging er erneut nach Moskau. Bis 1937 arbeitete er dort in der Komintern, auf deren 7. Kongreß er 1935 zum Präsidiumsmitglied und zum Kandidaten des Komintern-Sekretariats gewählt wurde. Zu dieser Zeit hatte im Januar 1935 die Zunyi-Konferenz stattgefunden, auf der Mao Zedong zu Beginn des Langen Marsches die Parteiführung praktisch übernommen hatte.

Als Chen 1937 nach China zurückkehrte und sich nach Yan'an begab, dem Zentrum der Kommunisten nach dem Langen Marsch, war er nominell noch immer Mitglied des Politbüros der KPCh. Die Parteizentrale betraute ihn mit der Leitung der Abteilung Einheitsfront-Arbeit im

Zentralkomitee (bis 1943) – ganz gewiß aus Rücksicht gegenüber Moskau, war doch die Person Chens mittlerweile zu einem Fremdkörper im Verein der Kämpfer des Langen Marsches geworden. 1938 übernahm Chen das Yangzi-Büro der Partei in Hankou (heute Teil der Stadt Wuhan), über welches die Kontakte zur Nationalregierung liefen, mit der die KPCh im Jahr zuvor eine neue Einheitsfront zur Bekämpfung der japanischen Invasoren eingegangen war. Als kurz darauf die Nationalregierung den Volkspolitrat mit dem Ziel gründete, die eigenen Streitkräfte mit denen der Kommunisten zu koordinieren, gehörte Chen der siebenköpfigen kommunistischen Sektion an. (Die einzige Überlebende dieser Sektion ist heute → Deng Yingchao, die Witwe → Zhou Enlais.) Dieser Volkspolitrat hatte indessen eine nur kurze Lebensdauer, erwiesen sich doch bereits in der Frühphase die Gegensätze zwischen Nationalregierung und Kommunisten als unüberbrückbar.
1939 wurde Chen in das Chongqing-Büro der KPCh beordert. Damit begann sein Abstieg in der Partei. Zum zweiten Male aus der kommunistischen Zentrale in Yan'an abgeschoben, wurde ihm damit die Möglichkeit genommen, sich in Ideologiefragen zu Wort zu melden, wozu ihm bis dahin das führende Parteiorgan zur Verfügung gestanden hatte. Von Mao Zedong in späteren Schriften des »ausländischen Formalismus« geziehen, rangierte Chen 1945 seit dem 7. Parteikongreß unter den neu gewählten 44 Mitgliedern des Zentralkomitees lediglich an vorletzter Stelle, eine Konzession an Moskau. Zwar nahm er nach Gründung der Volksrepublik im Oktober 1949 noch einige scheinbar wichtige Positionen ein – so die des Stellvertretenden Vorsitzenden des Polit- und Gesetzgebungsrats im Regierungs-Verwaltungsrat und eines Mitglieds des Obersten Volksgerichtshofes –, doch spielte er von 1954 an keine politische Rolle mehr.
Als Chen 1956 vom 8. Parteikongreß noch einmal als Mitglied des Zentralkomitees bestätigt wurde – bemerkenswerterweise an letzter Stelle der 97 Mitglieder –, hatte er sich offenbar bereits in die Sowjetunion abgesetzt. Dort starb er am 25. März 1974, von der KPCh nicht mehr beachtet.

Chen Yi 1901-1972 陈毅

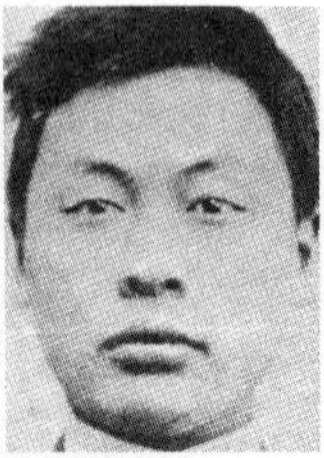
1920

1939

1945

1955

1962

1966

Chen Yi war einer der zehn Marschälle der Volksbefreiungsarmee. Als Kommandeur der Neuen 4. Armee hatte er wesentlichen Anteil am Sieg der kommunistischen Bewegung Chinas. Später wirkte er 14 Jahre lang als Außenminister der Volksrepublik China.

Chen Yi wurde 1901 im Kreis Lezhi, unweit von Chengdu, Provinz Sichuan, als Sohn eines mittleren Beamten geboren. Nach dem Besuch von Grund- und Berufsschule bewarb er sich 1918 um einen Studienplatz in Frankreich. Chen Yi wurde angenommen. 1919 fuhr er nach Frankreich, wo er in St. Germain und Grenoble studierte und seinen Lebensunterhalt als Tellerwäscher und mit anderen Tätigkeiten bestritt. Als die chinesische Regierung zwei Jahre später ihre geringe finanzielle Unterstützung dieser Werkstudenten einstellte, gehörte Chen Yi zu einer Gruppe von Demonstranten, die von der französischen Polizei festgenommen und sofort nach China zurückgeschickt wurde.

1922 arbeitete Chen Yi an der »Neuen Sichuan-Zeitung«. Im Jahr darauf studierte er an der Pekinger Franko-Chinesischen Universität. In dieser Zeit trat er in die Guomindang und in die KP Chinas ein, die ihn mit der Organisation von Jugendverbänden betrauten. Erst 1926 erhielten Chen Yis tastende politische Aktivitäten die lebensbestimmende Richtung. In Guangzhou (Kanton) nahm ihn → Zhou Enlai, der ebenfalls in Frankreich studiert hatte und inzwischen die Politabteilung der Whampoa-Militärakademie leitete, in seinen Stab auf. Anfang 1927 wurde er an die Militärakademie in Wuhan versetzt – eine Zweigstelle der Whampoa-Akademie – und übernahm an dieser das Komitee der KPCh. Bis zu diesem Zeitpunkt bestand zwischen der Guomindang und der KPCh eine Einheitsfront, die auch doppelte Parteimitgliedschaft zuließ. Dies änderte sich im April 1927, nachdem → Chiang Kai-shek in Shanghai Tausende von Kommunisten hatte verhaften und hinrichten lassen. Einige linksgerichtete Truppenführer inszenierten daraufhin im August den Aufstand von Nanchang, an dem auch Chen Yi beteiligt war. Dieser brach indessen nach kurzer Zeit zusammen, und die aufständischen Verbände sahen sich zur Flucht gezwungen. Reste schlugen sich schließlich unter der Führung von → Zhu De, → Lin Biao und Chen Yi Mitte 1928 in die Guerillabasis → Mao Zedongs im Jinggang-Gebirge im Grenzgebiet der Provinzen Jiangxi und Hunan durch. Der Zusammenschluß dieser Streitkräfte führte zur Bildung der 4. Roten Armee, die praktisch den Kern aller künftigen Streitkräfte der Kommunisten bilden sollte. Ihr Kommandeur war Zhu De, Mao Zedong der Politkommissar und Chen Yi der Direktor ihrer Politabteilung. Mit dieser prominenten Position Chen Yis in der Frühphase der kommunistischen Kampfverbände war sein Aufstieg determiniert. Als diese 1934 dem Druck der Streitkräfte der Guomindang nicht standzuhalten vermochten und zum Langen Marsch nach Nordchina aufbrachen, befehligte Chen Yi inzwischen die 22. Rote Armee, welche die schwierige Aufgabe hatte, die Guomindang-Kräfte zu binden und so die Absetzbewegung abzusichern. Es spricht für Chen Yis Standhaftigkeit und die Treue zu den Zielen der kommunistischen Revolution, daß er, obwohl über zwei Jahre ohne den geringsten Kontakt zu den Hauptstreitkräften der Kommunisten, seinen Auftrag erfüllte.

1937 kam es nach Ausbruch des Chinesisch-Japanischen Krieges zu einer neuen Einheitsfront von Guomindang und KPCh, die angesichts der nationalen Bedrohung ihren innenpolitischen Kampf hintanstellten. Die kommunistischen Verbände in Nordchina wurden zur 8. Marscharmee organisiert und nominell dem Oberbefehl der Nationalregierung unterstellt. Gleichzeitig entstand unter denselben Bedingungen in Zentralchina die kommunistische Neue 4. Armee, die → Ye Ting unterstellt wurde und in der Chen Yi eine Division befehligte. Am Beispiel dieser Armee wird deutlich, daß der Pakt Guomindang–KPCh trotz größter beiderseitiger Animositäten geschlossen wurde, wobei keiner dem anderen traute. Im Januar 1941 unternahmen die Streitkräfte der Guomindang einen überraschenden Angriff auf die Neue 4. Armee, bei dem einige tausend Soldaten dieser Einheit ums Leben kamen und Ye Ting gefangengenommen wurde. Die Reste dieser Armee befehligte fortan Chen Yi.

Seine hervorragenden Verdienste wurden 1945 mit der Wahl zum Mitglied des Zentralkomitees der KPCh belohnt. 1947 wurde Chen Yis Neue 4. Armee umbenannt in »Ostchinesische Befreiungsarmee« und ein Jahr später in »3. Feldarmee«, die inzwischen 200000 Soldaten unter ihrer Fahne hatte. Sie trug wesentlich zur Vertreibung der nationalchinesischen Streitkräfte vom chinesischen Festland bei.

Nach Gründung der Volksrepublik China im Oktober 1949 befehligte Chen Yi den Militär- und Verwaltungsrat Ostchina (bis 1954) und wirkte gleichzeitig als Bürgermeister von Shanghai (bis 1958). 1952 war er überdies als 1. Parteisekretär dieser Stadt (bis 1958) eingesetzt worden. 1956 wählte ihn der 8. Parteikongreß zum Mitglied des Politbüros.

Nach der militärischen sollte eine weitere Karriere im Regierungsapparat folgen. Bereits 1954 war er zum Stellvertretenden Ministerpräsidenten (bis 1968[?]) und 1956 zum Minister der Wissenschaftlichen Planungskommission (bis 1957) ernannt worden. 1958 schließlich wurde ihm das Amt des Außenministers übertragen, das bis dahin Ministerpräsident Zhou Enlai in Personalunion ausgeübt hatte. Zur eigenen Entlastung hatte dieser selbst Chen Yi dafür gewählt, mit dem er seit der gemeinsamen Zeit in Frankreich und an der Whampoa-Militärakademie in Freundschaft verbunden war. In diesem neuen Amt hatte Chen Yi wesentlichen Anteil an der Gestaltung der Außenpolitik Chinas, die ihn wie wenige andere in das Rampenlicht der Weltpolitik rückte. Zumeist an der Seite Zhou Enlais unternahm er fast fünfzig Auslandsreisen.

In der Kulturrevolution verlor Chen Yi zwar seinen Sitz im Politbüro, blieb aber im Zentralkomitee. 1969 wurde es still um ihn. Seine Mitarbeit war bei der neuen kulturrevolutionären Führung nicht mehr gewünscht. Als Chen Yi am 6. Januar 1972 starb, gewährte ihm die Parteiführung gleichwohl ein Staatsbegräbnis erster Klasse mit Mao Zedong unter den Trauergästen.

Chen Yonggui 1913- 陈永贵

1971

Chen, der »Bauer von Dazhai«, war in der Kulturrevolution das vielgefeierte Vorbild der Bewegung »Sich auf die eigene Kraft stützen«.

Chen Yonggui wurde 1913 im Kreis Xiyang, Provinz Shanxi, als Sohn eines Landarbeiters geboren. Als er elf Jahre alt war, übersiedelte seine elterliche Familie nach Dazhai, wo auch er eine Stelle als Landarbeiter annahm. Diese Tätigkeit übte er bis zur kommunistischen Machtübernahme im Jahr 1949 aus.

In der Frühphase der Agrarreform stützte sich die Kommunistische Partei Chinas vornehmlich auf besitzlose Landarbeiter vom Typ Chens. So finden wir ihn bereits 1950 als Leiter einer »Gruppe zur gegenseitigen Hilfe«. Als drei Jahre später die landwirtschaftlichen Genossenschaften eingeführt wurden, erhielt Chens Eifer einen Dämpfer: Er wurde als Anhänger eines »utopischen Agrarsozialismus« kritisiert. Dies vermochte indessen seine politische Karriere nicht ernsthaft zu stören, finden wir ihn doch 1963 als Parteisekretär der Dazhai-Produktionsbrigade im Kreis Xiyang – auf einem Posten, den er ein weiteres Jahrzehnt bekleidete, um danach in die Zentrale berufen zu werden. Unter seiner Leitung waren die zuvor unfruchtbaren Hügelgelände der Brigade in jahrelanger harter Arbeit terrassiert und damit landwirtschaftlich nutzbar gemacht worden. Dies entsprach dem Konzept der Agrarpolitik von → Mao Zedong, die auf dem System des »Sich auf die eigene Kraft Stützens« basierte, weshalb Mao auch die Devise ausgab: »In der Landwirtschaft von Dazhai lernen!« Später wurde bekannt, daß diese Landwirtschaftspolitik in der obersten Parteiführung nicht unumstritten war.

Mit der Wahl zum Abgeordneten der Provinz Shanxi für den 3. Nationalen Volkskongreß erhielt Chen Yonggui 1964 seinen ersten Posten in der Zentrale. Ein weiterer folgte im nächsten Jahr, als er zum Ratsmitglied der Chinesischen Sektion des (kommunistischen) Weltfriedensrates gewählt wurde. 1966 besuchte er Albanien – auch das eine Auszeichnung für seine Verdienste. Als zu Beginn der Kulturrevolution die Revolutionskomitees in den Provinzen die bisherigen Volksregierungen ablösten, wurde Chen zum stellvertretenden Vorsitzenden desjenigen in seiner Heimatprovinz Shanxi gewählt. Als die chinesische Regierung 1968 die Devise »Lernen von Dazhai« erneuerte, trug dies zum weiteren Ruhme Chens bei. So war es nur konsequent, daß er im folgenden Jahr vom 9. Parteikongreß zum Mitglied des Zentralkomitees gewählt wurde. Nach weiteren Parteiposten in Shanxi erreichte seine Karriere 1973 schließlich ihren Höhepunkt mit der Wahl zum Mitglied

des Politbüros. Im selben Jahr begann eine rege Reisetätigkeit innerhalb Chinas, eingespannt in die landesweite Propagierung der Arbeitsmethoden von Dazhai. Aber auch in Dazhai selbst führte er diese Methoden zahlreichen in- und auch ausländischen Delegationen vor. Chens Ämterhäufung wurde 1975 mit der Ernennung zum Stellvertretenden Ministerpräsidenten abgerundet. 1975 leitete er eine Freundschaftsdelegation nach Mexiko, drei Jahre später eine weitere nach Kambodscha.
Es versteht sich von selbst, daß die Laufbahn Chens, da sie in so engem Zusammenhang zur Kulturrevolution stand, diese nicht lange überdauern konnte. Wenn er gleichwohl 1977 vom 11. Parteikongreß noch einmal als Mitglied des Politbüros bestätigt wurde, so verdankte er dies dem zum Kompromiß neigenden → Hua Guofeng, der damals Vorsitzender der Partei war. Mit dem Wiederaufstieg → Deng Xiaopings, der 1980 die Parteiführung praktisch übernahm, war Chens Schicksal besiegelt. 1983 verlautete inoffiziell, er wirke als Berater einer Staatsfarm am Stadtrand von Peking. Mittlerweile hieß es auch, die Brigade Dazhai habe keineswegs alles »aus eigener Kraft«, sondern unter Zuhilfenahme moderner Maschinen zustande gebracht, und die Produktionszahlen der Musterbrigade seien geschönt gewesen. Solche Manipulationen, die auch aus anderen sozialistischen Ländern bekannt sind, werden jedoch allgemein als legitimes und wirksames Mittel zur Ankurbelung der Produktion angesehen.
Die Dazhai-Bewegung, die 13 Jahre lang Millionen von Bauern ungeheure Kräfte abverlangte, bleibt mit der Person Chen Yongguis verbunden. Die Parteiführung hatte sich dieses einfachen »Bauern mit dem offenen Gesicht« bedient, der erst mit 43 Jahren lesen und schreiben gelernt hatte und bei dem jeder andere Bauer das Gefühl haben konnte: »Das ist einer von uns.«

Chen Yun 1905- 陈云

1925 1938 1956 1981

Chen Yun ist einer der führenden Wirtschaftsfunktionäre der Volksrepublik China und dienstältestes Mitglied des Zentralkomitees der KP Chinas, dem er in ununterbrochener Folge seit 1934 angehört.

Chen Yun wurde 1905 unter dem Namen Liao Chenyun im Kreis Qingpu, Provinz Jiangsu, geboren (Qingpu gehört heute zu Groß-Shanghai). Über seine soziale Herkunft ist nichts bekannt. Chen Yun wurde im Alter von 16 Jahren Gewerkschaftsfunktionär. Zu dieser Zeit arbeitete er als Schriftsetzer in dem Verlag »The Commercial Press« in Shanghai. 1925 wurde er Mitglied der KPCh. Im selben Jahr gehörte er unter → Li Lisan und → Liu Shaoqi zu den Organisatoren der »Bewegung des 30. Mai«, die aus einer Studentendemonstration gegen die Erschießung eines chinesischen Arbeiters durch Wachtposten einer japanischen Textilfabrik hervorgegangen war. Während der Demonstration kam es zu neuen Zwischenfällen, als britische Soldaten in die Menge der Studenten schossen, einige töteten und viele verletzten. Daraufhin beschloß die noch junge chinesische Arbeiterbewegung am 30. Mai einen Streik, dem sich allein in Shanghai 100000 Arbeiter anschlossen.

Demonstrationen und Streiks waren Ausdruck der politischen Unrast vor allem der jungen Intellektuellen Chinas, die gegen Willkürakte fremder Mächte in ihrem Lande aufbegehrten, aber auch gegen die unmenschlichen Arbeitsbedingungen des Industrieproletariats. Sie waren damit zugleich Zeichen der Identitätssuche in einer Zeit des Umbruchs, zu der die in ihrem Denken noch immer der Kaiserzeit verhaftete ältere Generation keine Orientierung bot.

Es war die 1921 gegründete KPCh – damals noch in Abhängigkeit von der Komintern in Moskau, deren Vorstellungen zufolge der Hebel der Weltrevolution beim städtischen Proletariat anzusetzen war –, welche bei den Streikbewegungen die führende Rolle übernahm. Sie gründete u.a. den »Allgemeinen Shanghaier Gewerkschaftsbund«, in dem sich Chen Yun seine ersten Sporen verdiente. 1927 hielt er sich wahrscheinlich eine Zeitlang in der Sowjetunion auf. Danach tauchte er erst 1931 in der von → Mao Zedong gegründeten Guerillabasis in der Provinz Jiangxi wieder auf. Dort wurde er u. a. als Vorsitzender der Arbeiterbewegung des Zentralen Sowjetgebietes eingesetzt und 1934 vom 5. Plenum des 6. Zentralkomitees der KPCh zum Mitglied gewählt. Als ZK-Mitglied sollte er von allen späteren Parteikongressen bestätigt werden.

Als 1934 die kommunistischen Kampfverbände, dem übermächtig gewordenen Druck der Guomindang-Streitkräfte weichend, zu ihrem Langen Marsch nach Norden aufbrachen, war auch Chen Yun dabei. Auf halbem Wege wurde er indessen beauftragt, die KPCh auf dem im Sommer 1935 stattfindenden 7. Komintern-Kongreß in Moskau als Delegierter zu vertreten. Dort blieb er bis 1937, um danach über Xinjiang nach Yan'an zu gehen, dem Zentrum der Kommunisten nach dem Langen Marsch. Hier wurde Chen Yun alsbald Leiter der Organisationsabteilung des Zentralkomitees, die für die Personalpolitik der Partei zuständig ist. In der Folgezeit lehrte er überdies an der »Antijapanischen Militär- und Politakademie«, wo unter primitivsten äußeren Bedingungen jene militärischen und politischen Kader geschult wurden, die zum Teil bis heute die Geschicke der Partei lenken. 1939 trat Chen Yun mit seiner Schrift »Wie ein Mitglied der KP Chinas beschaffen ist« auch als Parteitheoretiker hervor. Im folgenden Jahr wurde er erstmals mit einem Wirtschaftsposten betraut, als er zum Vorsitzenden des Wirtschaftsrates in der Grenzregion von Shaanxi-Gansu-Ningxia ernannt wurde. Die hervorragenden Verdienste, die er sich in diesem Amt erwarb, indem er sich auf die Selbstversorgung der kommunistischen Kampfverbände konzentrierte, brachten ihm den Ruf eines Wirtschaftsfachmannes ein. Sie wurden belohnt mit der Wahl zum Mitglied des Politbüros der KPCh auf dem 7. Parteikongreß im Juni 1945.

Zwei Monate später erfolgte die Kapitulation der Japaner. Unmittelbar darauf entsandte die Partei einige Führungskader, darunter auch Chen Yun, in die Mandschurei, das »Ruhrgebiet Chinas«. Dort war eine sowjetrussische Armee einmarschiert, nachdem Moskau wenige Tage vor der Kapitulation Japan den Krieg erklärt und die japanischen Streitkräfte entwaffnet hatte. Wesentliche Teile ihrer erbeuteten Waffen übergaben die Sowjetrussen danach ihren chinesischen kommunistischen Brüdern, die drei Jahre später den materiellen Grundstock für deren Sieg über die Streitkräfte der chinesischen Nationalregierung bilden sollten. Chen Yun wirkte während der folgenden Jahre als Vorsitzender des Finanz- und Wirtschaftsrates des Nordost-Verwaltungsrates in der Mandschurei. Als 1948 die Wiederbelebung der kommunistischen Arbeiterbewegung erfolgte, wurde Chen Yun zum Vorsitzenden des neu gegründeten »Arbeiterbundes« gewählt.

Am 1. Oktober 1949 wurde die Volksrepublik China proklamiert. Von diesem Datum an finden wir Chen Yun in der chinesischen Zentrale.

Noch im selben Monat wurde er zum Stellvertretenden Ministerpräsidenten (bis 1972), zum Minister für Schwerindustrie (bis 1950), zum Mitglied des Zentralen Volksregierungsrates sowie zum Vorsitzenden des Finanz- und Wirtschaftsrates im Regierungs-Verwaltungsrat ernannt. Damit war er der führende Wirtschaftsfunktionär der jungen Volksrepublik. In dieser Funktion war er 1953 hauptverantwortlich für die Ausarbeitung des 1. Fünfjahresplanes nach sowjetischem Vorbild. Chen Yuns herausragende Stellung in der Führungshierarchie wurde vom 8. Parteikongreß 1956 bestätigt, der ihn zum Mitglied des neu geschaffenen Ständigen Komitees des Politbüros sowie zum Stellvertretenden Vorsitzenden des Zentralkomitees wählte. Wenige Monate später wurde ihm zusätzlich der Posten des Handelsministers übertragen (bis 1958).
Wenig später kam es in der Parteiführung zu einer Kontroverse über die Wirtschaftspolitik. Mao Zedong strebte ein schnelleres Produktionswachstum an und proklamierte schließlich 1958 den »Großen Sprung Vorwärts« – gegen den Rat Chen Yuns und anderer. Dies kostete Chen Yun seine Position als führender Wirtschaftsfunktionär Chinas. Maos Kampagne erwies sich als katastrophaler Fehlschlag. Im folgenden Jahr auf der Lushan-Konferenz verhielt sich Chen Yun jedoch auffallend still. Dieser Zurückhaltung verdankte er wenige Monate später die Ernennung zum Minister der neugeschaffenen Kommission für Investitionslenkung, die 1963 wieder abgeschafft wurde: Er war als Wirtschaftsfunktionär nicht mehr gefragt.
In der Kulturrevolution wurde es still um Chen Yun. 1969 verlor er seinen Posten im Politbüro, blieb jedoch Mitglied des ZK. Erst nach dem Tode Mao Zedongs wurde er wieder aufgewertet. Seit 1978 ist Chen Yun erneut Mitglied des Politbüros und des Ständigen Komitees dieses Gremiums sowie Leiter der ZK-Kommission für Disziplininspektion, die für die Abrechnung mit den fehlerhaften Parteikadern aus der Zeit der Kulturrevolution zuständig ist. Von 1979 bis 1980 war Chen Yun noch einmal Stellvertretender Ministerpräsident, von 1979 bis 1981 noch einmal führender Wirtschaftsfunktionär des Staates als Minister der Kommission für Finanzen und Wirtschaft. Seither lenkt Chen Yun die Wirtschaftspolitik Chinas kraft seiner Stellung im Politbüro. Diese entspricht seiner Rolle Ende der fünfziger Jahre, bevor er die Verantwortung für die Wirtschaftspolitik abtreten mußte.
Anfang 1984 erschien der erste von drei Bänden der »Ausgewählten Werke Chen Yuns«, der Schriften und Reden aus den Jahren 1926 bis 1949 enthält.

Chiang Ching-kuo 1909-

蒋经国

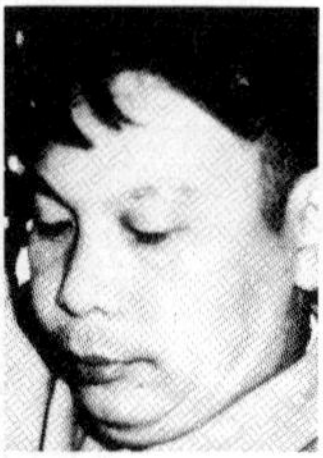
1948

1978

Chiang Ching-kuo ist ein Sohn Chiang Kai-sheks. Er hielt sich fast zwölf Jahre in der Sowjetunion auf. Danach stieg er in der Hierarchie der Guomindang auf und wurde 1978 schließlich Präsident der Republik China auf Taiwan.

Chiang Ching-kuo wurde 1909 in Qikou, Provinz Zhejiang, als Sohn Chiang Kai-sheks aus erster Ehe geboren. Die Großmutter väterlicherseits erzog ihn in buddhistischer Tradition. Nach dem zweijährigen Besuch einer öffentlichen Schule erhielt er ab 1917 Privatunterricht, ging 1921 auf die Longjin-Mittelschule in Fenghua und von 1922 bis 1924 auf die Wanzhu-Schule in Shanghai. Nach einem Jahr wechselte er dort zur Budong-Mittelschule über, die ihn jedoch bald wegen Teilnahme an Studentendemonstrationen relegierte. Daraufhin schickte ihn sein Vater auf eine Schule für Kinder von Guomindang-Beamten in Peking. Auch hier nahm Chiang wieder an Demonstrationen gegen die Regierung in Peking teil, was eine 14tägige Haft zur Folge hatte.

1925 erlangte er die Genehmigung seines Vaters zum Studium in Moskau. Dort trat er im Alter von nur 16 Jahren in die Sun Yat-sen-Universität ein, die soeben für chinesische Studenten eingerichtet worden war. Unmittelbar nach seiner Ankunft wurde er auch Mitglied der Kommunistischen Jugendliga.

1927 zerbrach Chiang Kai-shek die Einheitsfront aus Guomindang und Kommunistischer Partei Chinas. Seinem Sohn Chiang Ching-kuo, der im gleichen Jahr an der Sun Yat-sen-Universität graduierte, verwehrten die sowjetischen Behörden daher die Rückkehr und untersagten ihm den Briefverkehr nach China. Von 1928 bis 1930 besuchte Chiang dann das Zentrale Tolmatschow-Militär- und Politinstitut in Leningrad. Nach seiner Graduierung dort wurde ihm erneut die Heimkehr nach China verwehrt. Nach einem Zusammenstoß mit → Chen Shaoyu, dem Leiter der kommunistischen Delegation Chinas bei der Komintern in Moskau, wurde Chiangs Deportation nach Sibirien verfügt, der er jedoch noch einmal unter Hinweis auf seinen schlechten Gesundheitszustand entging. Statt dessen wurde er in ein Dorf in der Nähe Moskaus verbannt. Auf Intervention der chinesischen Kommunisten bei der Komintern hin wurde Chiang im Januar 1933 schließlich doch zur Arbeit in einer Goldmine im sibirischen Alta deportiert. Im Oktober jedoch begann er als Techniker in der Schwermaschinenfabrik in Swerdlowsk im Ural zu arbeiten, deren stellvertretender Direktor er 1934 wurde. Dort lernte er auch die Russin Faina kennen, die er 1935 heiratete. Im gleichen Jahr wurde ihr Sohn Alan geboren. 1936 wurde er von der Komintern nach Moskau zitiert, wo ihn Chen Shaoyu zwang, seiner Mutter zu schreiben, daß er Kommunist geworden sei und nicht mehr nach China zurückkehren wolle. Obwohl Chiang den Chef des NKWD drängte, diesen Brief zu vernichten, wurde er abgesandt und in China veröffentlicht.

Chiangs unfreiwilliger Aufenthalt in der Sowjetunion fand 1937 sein Ende, da Stalin erneut auf Chiang Kai-shek gesetzt hatte, dem er angesichts des bevorstehenden Chinesisch-Japanischen Krieges gegenüber → Mao Zedong den Vorzug gab. Einen Brief Chiangs, in dem er Stalin bat, ihn nach China zurückkehren zu lassen, beantwortete dieser endlich positiv.

Nach fast zwölfjähriger Abwesenheit kehrte Chiang im April 1937 heim. 1938 trat er in die Regierung der Provinz Jiangxi ein, die ihm bald einen Distrikt unterstellte. In den nächsten Jahren machte er sich dort einen Namen als ein zwar harter, aber gerechter Verwaltungsbeamter, der vor allem soziale Verbesserungen durchzusetzen versuchte.

1943 holte Chiang Kai-shek seinen Sohn schließlich nach Chongqing an den Sitz der Nationalregierung, wo er seine Karriere in der Guomindang begann. Nach dem Ende des Chinesisch-Japanischen Krieges wurde Chiang 1945 Sonderbeauftragter für Auslandsangelegenheiten in der Mandschurei, die kurz vor Kriegsende von der Sowjetunion besetzt worden war. Er konnte nicht verhindern, daß Marschall Malinowski die japanische Kriegsbeute den chinesischen Kommunisten in die Hände spielte.

Im Dezember 1945 ging Chiang als Beauftragter seines Vaters nach Moskau, wo er mit Stalin und Molotow erfolglos über eine künftige Unterstützung Chinas durch die Sowjetunion verhandelte. Danach wurden ihm wieder Posten in der Provinz übertragen. 1948 wurde Chiang beauftragt, in Shanghai die galoppierende Inflation zu bekämpfen. Er griff scharf durch und ließ sogar David Kung, einen Neffen seiner Stiefmutter Soong Mei-ling, inhaftieren. Damit aber war er offenbar zu weit gegangen, denn er mußte den Inhaftierten sogleich wieder freilassen und sogar eine öffentliche Entschuldigung abgeben.

Inzwischen bereitete sich Chiang Kai-shek darauf vor, nach Taiwan ins Exil zu gehen. Anfang 1949 ernannte er daher seinen langjährigen Vertrauten Chen Cheng zum Gouverneur der Insel und seinen Sohn zum Direktor des dortigen Hauptquartiers der Guomindang. Gleichzeitig erhielt Chiang Ching-kuo den Auftrag, den Goldschatz der chinesischen Zentralbank nach Taiwan zu schaffen. Am 10. Dezember 1949 setzte er sich schließlich zusammen mit seinem Vater per Flugzeug nach Taiwan ab.

1950 wurde Chiang zunächst Leiter der Politabteilung im Verteidigungsministerium (bis 1954), wenig später auch Chef der Geheimpolizei. Zudem wurde er Mitglied des neugegründeten 16köpfigen Reformkomitees der Guomindang. Damit war Chiang zu einer der mächtigsten Personen Taiwans geworden. Unter seiner Führung wurden wie in der Volksrepublik China Politoffiziere in die militärische Organisation eingefügt. 1952 wählte der 7. Nationalkongreß der Guomindang Chiang zum Mitglied des Zentralkomitees sowie des Ständigen Komitees des Zentralkomitees.
Nach dem Ende des Koreakrieges reiste Chiang im Herbst 1953 auf Einladung des amerikanischen Verteidigungsministeriums in die USA, wo er auch mit Präsident Eisenhower zusammentraf. 1954 wurde er Stellvertretender Generalsekretär des Nationalen Verteidigungsrates. Als es im Mai 1957 in Taibei, der Hauptstadt Taiwans, zu antiamerikanischen Ausschreitungen kam, wurde deren mangelhafte Bekämpfung Chiang als Sicherheitschef angelastet. Gleichwohl stieg er in der Führung weiter auf und wurde 1958 Minister ohne Geschäftsbereich. In den folgenden Jahren widmete er sich auch der Arbeitsbeschaffung für aus dem Militärdienst entlassene Soldaten und leitete Kommandounternehmen auf dem chinesischen Festland.
Im Herbst 1963 unternahm Chiang auf Einladung des amerikanischen Außenministeriums seine zweite Reise in die USA, wo er mit Präsident Kennedy zusammentraf. Im folgenden Jahr wurde er Stellvertretender Verteidigungsminister und 1965 Minister desselben Ressorts (bis 1969). Als solcher wurde er vom amerikanischen Verteidigungsminister McNamara zu einem dritten Besuch in die USA eingeladen. 1969 wurde Chiang Stellvertretender Ministerpräsident. Während seines vierten Besuchs in den USA wurde am 24. April 1970 in New York ein Attentat auf ihn verübt, bei dem er jedoch unverletzt blieb. Zwei Jahre später trat Chiang das Amt des Ministerpräsidenten an. In dieser Zeit war Chiang Kai-shek durch Krankheit und Alter bereits so geschwächt, daß Chiang praktisch die politische Entscheidungsgewalt ausübte.
Nur drei Wochen nach dem Tod des Vaters wählte die Guomindang Chiang Ching-kuo am 28. April 1975 zu ihrem Vorsitzenden. Am 21. März 1978 wurde er schließlich zum Staatspräsidenten gewählt. Im ersten Jahr seiner Präsidentschaft erfolgte der Abbruch der diplomatischen Beziehungen durch die USA, was indessen den weiteren Wirtschaftsaufschwung der Republik China nicht beeinträchtigte.
Seit 1984 ist Chiang, der mehrere Augenoperationen hinter sich hat und an Diabetes leidet, nicht mehr im Vollbesitz seiner Kräfte.
Chiang hat drei Söhne (Alan, Edgar und Alexander) und eine Tochter (Amy), die auf Veranlassung ihres Großvaters Chiang Kai-shek auch die chinesischen Namen Xiaowen, Xiaowu, Xiaoyong und Xiaozhang

erhielten. Das in allen vier Namen enthaltene Zeichen »Xiao« bedeutet Pietät.

Schriften:
1947: *Mein Leben;* 1956: *Mein Vater;* 1960: *Ich trug die Last ein langes Stück Weges*

Chiang Kai-shek 1887-1975 蔣介石

1958

Chiang folgte Sun Yat-sen als Führer der Guomindang. Er bemühte sich vergeblich, die Kommunisten auszuschalten. 1949 vertrieben sie ihn vom Festland. Danach war er bis zu seinem Tode Präsident der Republik China auf Taiwan.

Chiang Kai-shek wurde 1887 in Qikou, Provinz Zhejiang, geboren. Seine Vorfahren waren Bauern, bis sein Großvater Salzkaufmann wurde. Chiangs Vater brachte dieses Geschäft jedoch in Schwierigkeiten, so daß die Familie nach seinem Tod 1896 in Not geriet. 1906 ging Chiang nach Tokyo, um an der dortigen Militärakademie zu studieren. Er wurde jedoch abgewiesen, da er kein staatliches Stipendium besaß. Daraufhin kehrte er nach China zurück und trat in die Militärschule in Baoding, südlich von Peking, ein. Nach einjähriger Bewährung dort erhielt er schließlich das erstrebte Stipendium zum Studium in Japan. Von 1908 bis 1910 besuchte er zunächst die Shimbu Gakko, eine Militärschule in Tokyo, die für chinesische Studenten eingerichtet worden war, um sie für das Studium an der Militärakademie vorzubereiten, auf die Chiang anschließend bis 1911 ging. 1908 trat Chiang auch in die Tongmenghui ein, eine Vorläuferin der Guomindang, die → Sun Yat-sen gegründet hatte. Mit diesem traf er 1910 erstmals zusammen.

Nach Ausbruch des Aufstandes in Wuchang im Oktober 1911, der den Sturz der Qing-Dynastie einläutete, kehrte Chiang mit anderen chinesischen Offiziersschülern sofort nach China zurück, wo ihn der Militärgouverneur von Shanghai alsbald mit der Führung eines Regiments auf seiten der Republikaner betraute. Im folgenden Rivalitätskampf zwischen Sun Yat-sen und → Yuan Shikai trat Chiang auf die Seite Suns. Nach Suns Entmachtung hielt sich Chiang bis 1914 vorwiegend in Japan auf. 1918 erhielt er das Kommando über eine Kolonne der Guangdong-Armee, die sich hinter Sun Yat-sen gestellt hatte.

Eine engere Beziehung zwischen Sun und Chiang entstand erst 1921, nachdem Sun in Guangzhou (Kanton) eine Gegenregierung zur Regierung in Peking gegründet hatte. 1922 entging Sun einem Anschlag durch die Flucht auf einem britischen Schiff, auf das ihn Chiang begleitete. In den folgenden sechs Wochen, die sie gemeinsam auf dem Schiff verbrachten, entstand zwischen Sun und Chiang ein enges Vertrauensverhältnis.

1923 errichtete Sun in Guangzhou eine Regierung und setzte Chiang als Stabschef seines Hauptquartiers ein. Ende des Jahres schickte er ihn an der Spitze einer Studienkommission für drei Monate nach Moskau. Die

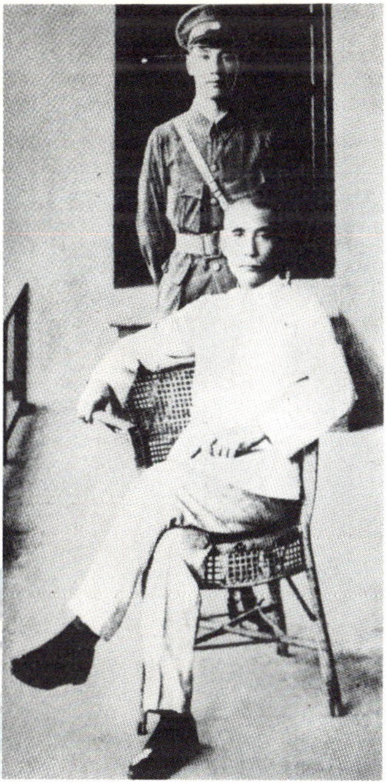
1925: Mit Sun Yat-sen

Kommission interessierte sich vornehmlich für organisatorische Fragen, kaufte aber auch Waffen. In Moskau traf Chiang auch mit Trotzki zusammen.
1924 wurde er in den Militärrat der Guomindang gewählt und zum Kommandanten der neu gegründeten Whampoa-Militärakademie ernannt. In drei Lehrgängen bildete er dort 2000 Offiziere aus, von denen viele später teils in der Guomindang, teils in der Roten Armee in höchste Kommandopositionen aufsteigen sollten. Ende 1924 bis Anfang 1925 war Chiang maßgeblich am Sieg über den Warlord Chen Jiongming beteiligt, der Sun Yat-sen in Guangzhou die Macht streitig machte.
Mit dem Tode Suns im März 1925 hatte die Guomindang ihren Führer verloren. Im Kampf um die Nachfolge hatte Chiang als Kommandant der Whampoa-Militärakademie und Kommandeur der Garnison Guangzhou eine gute Ausgangsposition, obwohl er nicht zu den Veteranen der Guomindang gehörte.
Nachdem der engste Vertraute Suns, Liao Zhongkai, im August 1925 ermordet worden war und andere Anwärter auf die Nachfolge ausgeschaltet waren, blieb schließlich neben Chiang nurmehr → Wang Jingwei übrig. Beide setzten zunächst die von Sun auf Anraten sowjetrussischer Berater begonnene Politik der Einheitsfront mit der KPCh fort. Chiang kündigte diese jedoch schon im März 1926 auf: Er benutzte ein vermeintliches Komplott, in das angeblich auch der Kommandant eines Kanonenboots verstrickt gewesen war, zur Verhaftung der sowjetrussischen Berater und zahlreicher Kommunisten. In seiner Autobiographie rechtfertigt sich Chiang damit, daß die sowjetrussischen Berater die Kommunisten zur Unterwanderung der Guomindang mit dem Ziel benutzt hätten, aus China einen kommunistischen Staat zu machen. Obschon er damit die Politik der Komintern richtig beschrieb, übertrieb er doch die Bedeutung der KPCh, die 1925 noch keine tausend Mitglieder zählte.

Konferenz von Kairo, November 1943. Von links: Chiang Kai-shek, Roosevelt, Churchill, Soong Mei-ling

Obwohl Chiang erst 1926 vom 2. Kongreß der Guomindang in den Zentralen Exekutivrat gewählt worden war, stieß er sofort in die Führungsspitze der Partei vor. Als Mitte 1926 der Nord-Feldzug begann, wurde er als Oberbefehlshaber der Nationalen Revolutionsarmee eingesetzt. Ziel des noch von Sun Yat-sen geplanten Feldzugs war es, die Macht der Warlords zu brechen und China zu einen. In rascher Folge schaltete die Revolutionsarmee die Warlords in den Provinzen Hunan, Hubei, Jiangxi, Fujian, Zhejiang und Jiangsu aus. Diese Erfolge – zumeist mit zahlenmäßig unterlegenen Kräften erfochten – waren in erster Linie das Verdienst Chiangs, der damit seine Führungsrolle in der Guomindang wesentlich zu stärken vermochte.
In dem Bestreben, den Einfluß der KPCh ein für allemal zu brechen, ließ Chiang Kai-shek im April 1927 in Shanghai und kurz darauf in Guangzhou Tausende von Kommunisten ermorden und verhaften. Noch im selben Monat organisierte Chiang zusammen mit anderen in Nanjing eine neue Nationalregierung, die nun der einen Monat zuvor gegründeten Regierung in Wuhan gegenüberstand. Beide waren von Guomindang-Politikern ins Leben gerufen worden und verstanden sich jeweils als Gegenregierung zu der Regierung in Peking.
Wenig später gelang es Chiang, den nordchinesischen Warlord → Feng Yuxiang für die Guomindang zu gewinnen. Nach diesem Erfolg erlitt er seine erste militärische Niederlage, als er die Stadt Xuzhou den vereinten

Kräften zweier Warlords überlassen mußte. Daraufhin zog sich Chiang für kurze Zeit aus dem politischen Geschehen zurück.

Am 1. Dezember 1927 heiratete er Soong Mei-ling aus der einflußreichen Familie Soong. Sie war die Schwester von → Soong Ching Ling, der Witwe Sun Yat-sens. Diese auf Verlangen der Familie Soong auch christlich vollzogene Eheschließung brachte Chiang Kritik ein, weil er sich nicht zuvor von seiner ersten Frau hatte scheiden lassen. (Aus seiner ersten Ehe war Chiangs Sohn → Chiang Ching-kuo hervorgegangen; Soong Mei-ling brachte eine Tochter in die Ehe mit.) Die Kritik sollte erst verstummen, nachdem Chiang Kai-shek sich 1930 hatte taufen lassen. Die Bindung an die mächtige Familie Soong brachte ihm einen unschätzbaren Gewinn an politischem Einfluß ein, weil er sich damit der Bourgeoisie der mit ausländischen Interessen in Verbindung stehenden Großkaufleute von Shanghai verbunden hatte.

Anfang 1928 wurde Chiang als Oberkommandierender der Guomindang-Streitkräfte bestätigt, die kurz darauf den Nord-Feldzug fortsetzten. In dessen Verlauf wurde im Juni Peking erobert. Damit war die Macht der Warlords gebrochen. Der erfolgreiche Abschluß des Nord-Feldzugs führte im Oktober zur Gründung der Nationalregierung in Nanjing, deren Vorsitzender Chiang wurde.

Seit dem Sturz der Qing-Dynastie im Jahre 1911 war China jetzt erstmals wieder vereint. Das Verdienst dafür wurde Chiang Kai-shek zugeschrieben. In Wirklichkeit aber konnte von einer Einigung nicht die Rede sein. Sie wurde zum einen von Japan gefährdet, das die Provinz Shandong sowie die Mandschurei kontrollierte und 1932 dort den Marionettenstaat Manzhouguo ausrufen sollte. Zum anderen hatten chinesische Kommunisten vornehmlich in Zentralchina Guerillabasen errichtet. Zudem versuchten einige Militärführer, Chiang die Macht streitig zu machen, allen voran Feng Yuxiang, der sich mit Wang Jingwei verbündete, um in Peking eine Gegenregierung zu gründen, was jedoch fehlschlug. Selbst aus den Reihen der Guomindang kam es zum Widerstand gegen Chiang, was ihn Ende 1931 zu einem zweiten kurzen Rückzug aus der Politik veranlaßte. Das Hauptargument der Widersacher Chiangs war dessen unzulänglicher Kampf gegen die japanische Bedrohung.

Chiang schien die kommunistische Herausforderung im eigenen Land wichtiger als die Gefahr, die aus Japan drohte. Ab 1930 unternahm er daher fünf »Vernichtungsfeldzüge« gegen die Kommunisten, die ihre Basen in Zentral- und Südchina errichtet hatten. Diese Feldzüge wurden ab 1934 mit deutscher Hilfe durchgeführt, denn er hatte deutsche Offiziere ins Land gerufen, um seine Truppen von diesen zunächst ein Jahr lang schulen zu lassen. Der bedeutendste der deutschen Militärberater war Generaloberst von Seeckt, der Stabschef der Reichswehr. Hauptmann Stennes bildete Chiangs Leibgarde aus. Von 1935 bis 1938

war General von Falkenhausen mit der Modernisierung und Reorganisation der chinesischen Armee betraut.
Der fünfte »Vernichtungsfeldzug« zwang die kommunistischen Guerillaverbände im Herbst 1934 schließlich, ihre Basen in Zentral- und Südchina aufzugeben. Sie brachen zum Langen Marsch auf, um ein Jahr später im Norden Chinas ihr neues Zentrum aufzubauen.
1935 wurde Chiang zum Präsidenten des Gesetzgebungs-Yuan gewählt – ein Posten, den zuvor Wang Jingwei bekleidet hatte. Alle Widersacher in der Guomindang waren zum Verstummen gebracht.
Im Dezember 1936 kam es auf einer Inspektionsreise durch Nordchina zu einem unerwarteten Zwischenfall, als Chiang von dem ihm untergebenen General Zhang Xueliang in Xi'an festgenommen wurde. Damit wollte Zhang seinen Oberbefehlshaber zwingen, die Verfolgung der Kommunisten im Lande einzustellen und statt dessen mit allen Mitteln den Aggressor Japan zu bekämpfen. Zu den Verhandlungen zur Lösung dieses »Zwischenfalls von Xi'an« wurde auch → Zhou Enlai hinzugezogen, dem zuvor von Stalin mitgeteilt worden war, daß Chiang der Führer Chinas bleiben müsse. Das Ergebnis war eine neue Einheitsfront zwischen Guomindang und KPCh.
Im Sommer 1937 brach der Chinesisch-Japanische Krieg aus. Bis zum Ende des Jahres eroberten die Japaner Peking, Shanghai und Wuhan. Die Nationalregierung verlegte ihren Sitz von Nanjing nach Chongqing in der Provinz Sichuan. In den nun folgenden ersten Kriegsjahren konnte Chiang seine Führungsrolle in der Guomindang weiter ausbauen und übte überdies als Vorsitzender der Militärkommission einen entscheidenden Einfluß auf die Regierung aus. 1939 wurde dann der Oberste Nationale Verteidigungsrat mit Chiang als Vorsitzendem eingerichtet.
Hatte die Sowjetunion China bisher mit Waffen versorgt, so änderte sich das 1939 mit Ausbruch des 2. Weltkrieges. 1940 gewährten die USA China zwar einen Kredit von 100 Millionen Dollar, eine Waffenbrüderschaft zwischen China und den USA entwickelte sich jedoch erst nach dem Kriegseintritt der USA im Dezember 1941. Zu diesem Zeitpunkt bestand das chinesische Reich nur noch aus den Inlandsprovinzen, während Japan die Küstenbereiche bis zum Golf von Tongking besetzt hielt.
1941 kam es überdies zum »Zwischenfall der Neuen 4. Armee«. Diese kommunistische Armee operierte unter dem nominellen Oberbefehl der nationalchinesischen Regierung in Zentralchina. Auf Befehl Chiang Kai-sheks wurden wesentliche Teile der Armee in einem Überraschungsangriff vernichtet und deren Kommandeur → Ye Ting gefangengenommen. Damit hatte Chiang die Einheitsfront mit den Kommunisten zum zweiten Mal zerstört.
1942 wurde Chiang nach Verhandlungen mit den USA und Großbritannien zum Oberkommandierenden der chinesischen Kriegszone einge

setzt, die auch Indochina und Thailand umfaßte. Gleichzeitig gewährten die USA China einen neuen 500-Millionen-Dollar-Kredit sowie Großbritannien einen Kredit von 50 Millionen Pfund Sterling.

1943 starb Staatspräsident Lin Sen, und Chiang wurde sein Nachfolger. In der Moskauer Deklaration vom Oktober des gleichen Jahres erschien China neben den USA, der Sowjetunion und Großbritannien als eine der vier Großmächte. Obwohl man noch mitten im Krieg gegen Japan stand, empfanden die Intellektuellen Chinas diese internationale Anerkennung ihres Landes als Großmacht als Ende der schmachvollen Demütigung, die hundert Jahre zuvor mit den Opiumkriegen begonnen und das Land in halbkoloniale Abhängigkeit gebracht hatte.

1944 erlitt Chiangs Ansehen indessen eine erhebliche Einbuße, als seine Streitkräfte sich als unfähig erwiesen, einer neuen Offensive der Japaner Einhalt zu gebieten, als diese in die Provinzen Henan, Hunan und Guangxi einfielen. Amerikanische Beobachter beklagten vor allem die mangelnde Moral der chinesischen Truppen und die Gleichgültigkeit von Offizieren und Staatsbeamten.

Dennoch wurde China mit Gründung der Vereinten Nationen in San Francisco im Frühjahr 1945 Ständiges Mitglied des Sicherheitsrats. Wenige Monate später endete der 2. Weltkrieg. Der japanische Oberbefehlshaber in China, General Okamura, unterzeichnete am 9. September die Kapitulationsurkunde.

Während des Chinesisch-Japanischen Krieges war der offene Konflikt zwischen Guomindang und KPCh nur mühsam verdeckt worden. Die Kommunisten hatten diese Zeit vor allem auch dazu genutzt, ihre Kampfstärke von 10000 Mann im Jahre 1935 auf 900000 im Jahre 1945 zu erhöhen. Allein dies deutete darauf hin, daß es zwischen den beiden Kontrahenten zu bewaffneten Auseinandersetzungen kommen würde. Zwar bemühten sich die Amerikaner um eine Vermittlung und brachten dabei am 29. August 1945 erstmals auch Chiang Kai-shek und → Mao Zedong an einen Tisch, doch ohne Erfolg.

Ende 1946 berief die Guomindang in Nanjing eine Nationalversammlung ein, die eine neue Verfassung entwarf und am 1. Januar 1947 eine neue Regierung einsetzte. Im April wurde Zhang Qun zum Ministerpräsidenten und im März 1948 Chiang Kai-shek zum Staatspräsidenten gewählt. Angesichts des Bürgerkrieges wurde Chiang mit weitgehenden Vollmachten ausgestattet, die es ihm erlaubten, Entscheidungen auch ohne vorherige Konsultierung der Nationalversammlung zu treffen.

Im Bürgerkrieg konzentrierte sich die Guomindang darauf, die wichtigsten Städte und Verkehrsverbindungen zu kontrollieren. Diese Strategie, deren sich auch die Japaner bedient hatten, war jedoch der Strategie Mao Zedongs unterlegen, der vor allem die Massen der unzufriedenen Bauern mobilisierte. Hinzu kam die mangelnde Kampfmoral der Soldaten der Guomindang.

Angesichts der sich abzeichnenden Niederlage trat Chiang am 21. Januar 1949 als Staatspräsident zurück. Über seinen Sohn Chiang Ching-kuo, der inzwischen Generalstabschef geworden war, übte er indessen weiterhin entscheidenden Einfluß aus. Im Sommer 1949 flog er auf die Philippinen und nach Südkorea, deren Präsidenten seinen Kampf gegen den Kommunismus mit Deklarationen unterstützten. Zugleich bereitete er seinen Rückzug nach Taiwan vor, wohin er sich mit großen Teilen der Guomindang am 10. Dezember 1949 absetzte.

Die Flüchtlinge vom Festland waren auf Taiwan, das von 1879 bis 1945 japanische Kolonie gewesen war, keineswegs willkommen, hatte doch der erste dort nach dem Abzug der Japaner eingesetzte bevollmächtigte Vertreter der chinesischen Nationalregierung, Chen Yi, einen Aufstand mit einem Massaker an Tausenden von Taiwanesen niedergeschlagen.

Chiang, der Teile seiner Armeen sowie den Staatsschatz rechtzeitig nach Taiwan verbracht hatte, ergriff sofort die Kontrolle über die Insel. Er machte Wu Guozhen zum Gouverneur der Provinz Taiwan und sich selbst am 1. März 1950 wieder zum Präsidenten der Republik China, was er bis zu seinem Tode bleiben sollte. Mit der Trennung der Provinz Taiwan und der Republik China auf Taiwan wurde und wird die Fiktion des Anspruchs aufrechterhalten, ganz China zu vertreten. Dasselbe tut umgekehrt auch die Volksrepublik China, die ebenfalls Taiwan als eine ihrer Provinzen betrachtet.

Die Vertreibung der Guomindang vom Festland führte dazu, daß die USA zunächst ihre Hilfe an Chiang einstellten. Als jedoch im Juni 1950 der Korea-Krieg ausbrach und Taiwan plötzlich wieder strategische Bedeutung gewann, verlegten die USA ihre 7. Flotte in die Straße von Taiwan. Nach dem Eingreifen der Volksrepublik China auf dem koreanischen Kriegsschauplatz im Oktober 1950 beschloß Washington dann ein umfangreiches Militär- und Wirtschaftshilfeprogramm für die Republik China. Chiang war damit wieder Verbündeter der USA, die sich mit einem Beistandspakt 1954 verpflichteten, im Falle eines Angriffs Taiwan zu verteidigen.

Unter dem Schutz der USA konnte Chiang seine Macht stabilisieren Für sein politisches Hauptziel indessen, die Rückeroberung des Festlandes, an dem er bis zu seinem Tode festhielt, vermochte er die USA nicht zu gewinnen.

Mit der Wirtschaftshilfe, die die Republik China von den USA erhielt begann 1955 ein Wirtschaftsaufschwung, der den Staat noch zu Lebzeiten Chiangs zur zweitgrößten Industrienation Asiens nach Japan werden ließ. Das Bruttosozialprodukt pro Kopf der Bevölkerung war 1975 in der Republik China etwa fünfmal größer als in der Volksrepublik China.

Chiang Kai-shek starb am 5. April 1975.

Ci Xi 1835-1908 慈禧

1905?

Ci Xi hat als Kaiserinwitwe die letzten Jahrzehnte der Qing-Dynastie entscheidend bestimmt. Als Konkubine des Kaisers Xian Feng, der unter der Devise Cheng Feng regierte, riß sie nach dessen Ableben die Macht an sich, die sie bis zu ihrem Tode rücksichtslos ausübte.

Ci Xi wurde 1835 in Peking als Tochter des mandschurischen Bannermannes Chao geboren. Da ihre Eltern früh starben, wurde sie im Hause ihres Onkels Muyunga erzogen, der ebenfalls Bannermann war. Im Alter von 17 Jahren wurde sie vom Kaiser Xian Feng zur Konkubine auserwählt und erhielt den Namen Yihonala. Konkubinen wurden meist zugezogen, wenn die Frau des Kaisers keinen Sohn gebar. Dies war auch hier der Fall. Bereits während der Schwangerschaft wurde Yihonala nach den Gesetzen des Hofes zur »Kaiserlichen Nebenfrau Zweiten Grades« erhoben. 1855 wurde der Sohn Zai Chun geboren. Mit dem Tod von Kaiser Xian Feng 1861 stieg Yihonala in der höfischen Hierarchie zur »Kaiserinwitwe« auf. Da es auf diese Weise zwei Kaiserinwitwen gab – Niuhulu, die angetraute Frau des Kaisers, und Yihonala, die Konkubine, die den Thronfolger geboren hatte –, erhielt erstere den Titel »Kaiserinwitwe Ci An«, letztere den Titel »Kaiserinwitwe Ci Xi«. Ci An wurde später die Östliche, Ci Xi die Westliche Kaiserinwitwe genannt. Im Gegensatz zu Ci An jedoch war Ci Xi machthungrig und skrupellos.

Ci Xis Sohn Zai Chun war sieben Jahre alt, als er dem Vater 1862 auf dem Thron folgte. Er regierte unter der Devise Tong Zhi. Ci Xi verstand es, indem sie die Mitglieder des eingesetzten Regentschaftsrates gegeneinander ausspielte, diesen bald ganz auszuschalten und die absolute Macht im Kaiserreich an sich zu reißen, die sie bis zu ihrem Tode behielt.

Nach dem frühen Tod ihres Sohnes im Jahr 1875 gelang es Ci Xi, den zweiten Sohn von Yu Huan, des Ersten Prinzen Chun, ihres Schwagers, im Alter von vier Jahren zum Kaiser proklamieren zu lassen, indem sie diesen – ihren Neffen also – als Sohn adoptierte. Allerdings umging sie damit das mandschurische Gesetz, wonach der Thronerbe einer jüngeren Generation angehören muß. Der neue Kaiser Zai Tian regierte unter der Devise Guang Xu.

1889 wurde der Guang Xu-Kaiser volljährig. Sein Ziel war es, Ci Xi auszuschalten. Hierzu hatte er sich der Unterstützung durch die Führer der Reformbewegung um → Kang Youwei versichert. Die politischen Ziele dieser Reformbewegung, die die Umwandlung des autokratisch regierten Kaiserreichs in eine konstitutionelle Monarchie anstrebte,

1905?

interessierten sie nicht. Unglücklicherweise ließen deren Führer sich jedoch in die Hofintrigen einspannen, und ihr übereiltes Handeln, bei dem sie glaubten sich auf den Kaiser stützen zu können, machten es Ci Xi und der sie unterstützenden Gruppe leicht, die Gefährdung ihrer absoluten Machtstellung abzuwehren, indem sie mit Hilfe → Yuan Shikais, des Befehlshabers der Beiyang-Armee, der damals als einzige modern ausgerüsteten und ausgebildeten Streitmacht Chinas, einen Staatsstreich inszenierte. Yuan war erst im letzten Moment von den Reformern auf die Seite Ci Xis übergewechselt, weil er sich dort größere Vorteile versprach. So erhielt die Reformbewegung einen Schlag, von dem sie sich so bald nicht wieder erholte. Der Guang Xu-Kaiser aber wurde zum Gefangenen Ci Xis: In einem Haus auf einer kleinen Insel im weitläufigen Gelände des Kaiserpalastes mußte er zwangsweise die restlichen 19 Jahre seines Lebens in Isolation verbringen. Ci Xi regierte hinfort in seinem Namen, ohne ihn jedoch je zu konsultieren.

Ein weiteres Mal bewies Ci Xi beim Boxeraufstand ihr taktisches Geschick, als sie zunächst die Boxer im Kampf gegen die Ausländer ermunterte. Am 19. Juni 1900 wurden die ausländischen Gesandten aufgefordert, Peking sofort zu verlassen. Am folgenden Tag wurde der deutsche Gesandte von Ketteler auf dem Weg zum Kaiserpalast ermordet, und Ci Xi erteilte den Boxern den Befehl, die ausländischen Gesandtschaften anzugreifen. Am 21. Juni veranlaßte sie eine offizielle Kriegserklärung und nannte die Boxer gleichzeitig »treue Gefolgsleute«. Als die europäischen Alliierten jedoch am 14. Juli Tianjin und einen Monat später auch Peking zurückeroberten und es ihren Soldaten drei Tage lang zur Plünderung freigaben, war Ci Xi mit ihrem Gefolge kurz zuvor nach Xi'an geflohen. Nun nannte sie die Boxer plötzlich »Banditen«, befahl, sie zu verfolgen und schob ihnen alle Schuld an den Kämpfen gegen die ausländischen Mächte in die Schuhe. Zum Beweis ihrer persönlichen Unschuld an den Vorgängen ließ sie einen ihrer Würdenträger hinrichten und andere verbannen. Im Januar 1902 kehrte sie nach Peking zurück.

Am 13. November 1908 setzte Ci Xi → Aisin Giorro Puyi zum Thronerben ein und bestimmte dessen Vater, einen Bruder des Kaisers, zum Prinzregenten. Der Guang Xu-Kaiser starb einen Tag später – vermutlich durch Gift.

Ci Xi selbst starb unmittelbar danach, am 15. November 1908.

Dalai Lama 1935- 达賴喇嘛

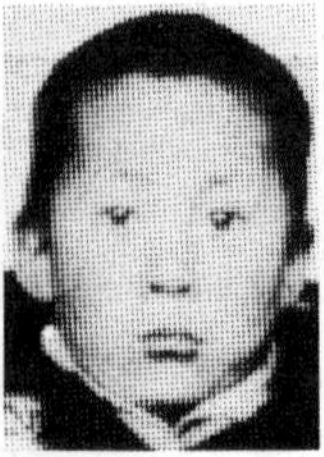

1942

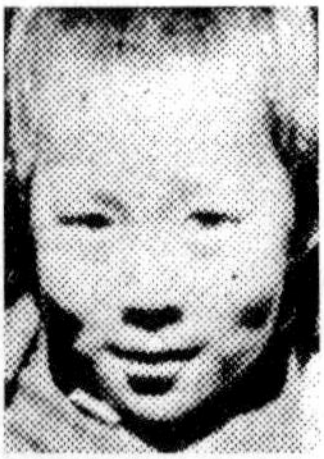

1942

1956

Nach tibetischer Vorstellung ist der Dalai Lama eine Reinkarnation des Boddhisattva Avalokiteshvara. Als »Gott-König« des tibetischen Volkes sah er sich durch die chinesische Tibetpolitik 1959 zur Flucht nach Indien gezwungen, wo er seither im Exil lebt.

Der Dalai Lama wurde 1935 unter dem Namen Lhama Tondrup im Laji-Gebirge südlich von Xining, der heutigen Hauptstadt der Provinz Qinghai, geboren. Zwei Jahre später wurde er als Reinkarnation des 13. Dalai Lama entdeckt und 1940 als 14. Dalai Lama inthronisiert.

Nach der offiziellen tibetischen Genealogie geht die Reihe der Dalai Lamas auf Gentun Drypa zurück, einen Angehörigen der im 15. Jahrhundert von Tsongkhapa gegründeten buddhistischen Gelbmützensekte. Unter Gentun waren die Klöster Tashi und Drepung errichtet worden. Es war dann Sonam Gyamtsho, die 3. Reinkarnation des Dalai Lama, der schließlich die Fundamente auch der weltlichen Macht dieser Sekte zu legen vermochte. Ihm war es 1587 gelungen, den König der Ordos-Mongolen, Altan, der weite Teile Tibets unter seine Kontrolle gebracht hatte, zum Buddhismus zu bekehren. Aus Dank verlieh ihm dieser den Titel »Vajradhara Dalai Lama« (Inhaber des Blitzes, Lama der Ozeane) und verschaffte ihm eine Position, die der eines Statthalters über Tibet gleichkam. Dies ist der Grund dafür, daß sich das mongolische Wort für Ozean, nämlich »Dalai« (statt des tibetischen »Gyamtsho«), in der Bezeichnung der tibetischen Gottkönige bis heute erhalten hat.

Als die Rote Armee Chinas 1950 Tibet besetzte, war der 14. Dalai erst 15 Jahre alt, und die Regierung Tibets lag im wesentlichen noch in den Händen eines Regentschaftsrates. Dieser sah sich vor außerordentliche Entscheidungen gestellt, die zwangsläufig eine Neueinschätzung des seit dem 13. Jahrhundert bestehenden chinesisch-tibetischen Verhältnisses geboten, das sich auf die vereinfachte Formel bringen läßt: War die Zentralregierung in Peking stark, kontrollierten die Chinesen Tibet; war sie schwach, lockerte sich die Kontrolle oder schwand ganz. Zu Bestrebungen, einen wirklich unabhängigen tibetischen Staat zu bilden, kam es erst nach dem Zusammenbruch der Qing-Dynastie im Jahre 1911, wobei Tibet darauf bestand, daß Abhängigkeiten von der kaiserli-

1952: Erste Begegnung zwischen Dalai (r.) und Panchen Lama

chen Regierung nicht auf ihre republikanische Nachfolgerin übertragbar seien, was letztere natürlich bestritt. Hinzu kamen (bis 1917) russische und britische Versuche, Einfluß zu gewinnen, was die tibetische Führung 1947 veranlaßte, sich an die kurz zuvor gegründeten Vereinten Nationen zu wenden mit der Bitte, ihre Unabhängigkeitsbestrebungen zu unterstützen.

Mit dem Einmarsch der chinesischen Truppen waren diese Bestrebungen gescheitert. Da die Regierenden in Tibet wußten, daß sie mit ihren wenigen und überdies mittelalterlich ausgerüsteten Soldaten gegen die modernen Streitkräfte Chinas auf Dauer nichts würden ausrichten können, waren sie gezwungen, sich aufs Verhandeln zu verlegen. Im Vertrauen darauf, daß die Chinesen wüßten, wie schwierig es sein würde, Tibet ohne den Dalai Lama zu regieren, inszenierten sie dessen Flucht bis kurz vor die Grenze nach Sikkim. Sie glaubten wohl, damit bei den anstehenden Verhandlungen ein Faustpfand zu besitzen, denn innerhalb weniger Stunden konnten sie so aus der von den Chinesen geplanten »Befreiung« in den Augen der Weltöffentlichkeit eine Besetzung werden lassen – einen Akt der Aggression.

Zunächst zahlte sich dieser Schachzug aus. Der im Mai 1951 ausgehandelte Vertrag zwischen Peking und einer tibetischen Delegation enthielt die Klausel, daß das bestehende politische System Tibets unangetastet bleiben sollte. Daraufhin kehrte der Dalai Lama nach Lhasa zurück, wo er alsbald von den Chinesen umworben wurde. Noch Ende 1951 wurde er zum Mitglied des Nationalkomitees der Politischen Konsultativkonferenz des Chinesischen Volkes gewählt, ein Organ für angesehene Persönlichkeiten außerhalb der KP Chinas, dem indessen keine politische Bedeutung zukommt. 1953 wurde ihm der Ehrenvorsitz der Buddhistischen Gesellschaft Chinas übertragen. Ein Jahr später wurde er zunächst Abgeordneter Tibets für den Nationalen Volkskongreß und anschließend dessen Stellvertretender Vorsitzender. Ebenfalls 1954 erfolgte die Wahl zum Ratsmitglied der Chinesisch-Sowjetischen Freundschaftsgesellschaft. Dies war als weiterer Ehrenposten gedacht, doch offenbarten die Chinesen damit ihr mangelndes Verständnis Tibets, erklärten sie doch damit die Reinkarnation eines Gottes zum Freund eines erklärtermaßen atheistischen Staates.

Im November 1956 reiste der Dalai Lama nach Indien. Er blieb dort ein halbes Jahr. Über den Inhalt seiner Gespräche mit Nehru wurde offiziell nichts bekannt.

Trotz der vertraglichen Zusage, Tibets politisches System nicht anzutasten, baute Peking dort jedoch wie in anderen Provinzen des Landes einen Parteiapparat auf, der allein die Macht ausübte. Der Widerstand konnte nicht ausbleiben. Er kulminierte schließlich im Aufstand von 1959, bei dem nach Angaben des Dalai Lama 200000 Tibeter umkamen. Die darauf folgende Flucht des Dalai Lama war keine bloß taktische Maßnahme mehr.

War die Niederschlagung des Aufstandes von 1959 schon mit äußerster Härte erfolgt, so wurde diese noch übertroffen von den Vorgängen in der Zeit der Kulturrevolution: Rote Garden zerstörten systematisch fast alle Zeugnisse der tibetischen Kultur, darunter nahezu 3000 Klöster.

Das Asyl in Indien erlegt dem Dalai Lama politische Beschränkungen auf, die nicht zuletzt durch das gespannte Verhältnis zwischen China und Indien bedingt sind. Indien gestattet ihm lediglich geistige Aktivitäten, wendet sich hingegen nicht gegen Auslandsreisen. So konnte der Dalai Lama in dem Vierteljahrhundert seines Exils zahlreiche Reisen nach Europa, in die USA und nach Japan unternehmen. In der Schweiz, Großbritannien und New York konnte er mit »Tibet-Ämtern« quasi diplomatische Vertretungen einrichten.

Welche Bedeutung der Dalai Lama noch immer für die tibetische Bevölkerung hat, wurde der Führung Chinas bewußt, als sie dessen Bruder 1980 im Auftrag des Dalai Lama eine Reise durch Tibet gestattete: Die tiefe religiöse Verehrung, die ihm entgegengebracht wurde, erlaubt keinen Zweifel daran, daß die Tibet-Politik Chinas gescheitert ist. Seit 1981 bemüht sich die neue Führung in Peking darum, den Dalai Lama zur Rückkehr zu bewegen, und eine Art Wiedergutmachungspolitik soll die Wunden der Vergangenheit heilen helfen. Solange sie dem Dalai Lama jedoch nur die Rückkehr nach China, nicht aber nach Tibet gestattet, wie sie noch 1984 erklärte, wird diese Politik Stückwerk bleiben.

Deng Xiaoping 1904- 邓小平

1924

1945

1956

1963

1964

1982

Deng Xiaoping ging aus einer Revolutionsarmee der Kommunisten hervor. Nach Gründung der Volksrepublik China wurde er bald die rechte Hand von Regierungschef → Zhou Enlai. In der Kulturrevolution gehörte er zu deren prominentesten Opfern. 1980 übernahm er praktisch die Führung der Kommunistischen Partei Chinas, ohne jedoch als deren Vorsitzender zu wirken.

Deng Xiaoping wurde 1904 in Guang'an, Provinz Sichuan, geboren. Dieser Ort liegt 100 km nördlich von der Provinzhauptstadt Chengdu am Ostrand des fruchtbaren Beckens von Sichuan. Sein Vater war ein Landbesitzer, der ihm den Besuch einer modernen Mittelschule ermöglichen konnte. 1920 schloß sich Deng einer Gruppe von Studenten zu einem Werkstudium in Frankreich an.

Deng kehrte 1926 über die Sowjetunion nach China zurück und arbeitete während der folgenden Jahre in der Shanghaier Zentrale der KPCh. 1929 stellte er gemeinsam mit anderen in der Provinz Guangxi eine Guerillaeinheit auf, die 7. Rote Armee genannt wurde und in der er als Politkommissar wirkte. Schon im Jahr darauf zog diese Einheit in die von → Mao Zedong gegründete Guerillabasis in der Provinz Jiangxi und wurde in deren Verbände eingegliedert. Danach arbeitete Deng als Politkader in Militärverbänden, als Herausgeber einer Militärzeitung sowie als Instrukteur der Militärschule.

Während des Langen Marsches (1934 bis 1935) gehörte Deng zu der Mao Zedong unterstehenden Kolonne, die den Weg aus der Provinz Jiangxi nach Nordchina in die Provinz Shaanxi binnen Jahresfrist zurücklegte. Nach Ausbruch des Chinesisch-Japanischen Krieges einigten sich Guomindang und KPCh 1937 auf einen »gemeinsamen« Kampf gegen die

1963: In Moskau mit Chruschtschow und Koslow

Japaner. Zu den Vereinbarungen gehörte, daß die kommunistischen Streitkräfte in Nordchina als 8. Marscharmee dem Oberbefehl der Nationalchinesischen Armee unterstellt werden sollten, was jedoch nur formale Bedeutung hatte. Die 8. Marscharmee wurde in drei Divisionen unterteilt. In einer von ihnen, der 129. unter Führung von → Liu Bocheng, wurde Deng als Politkommissar eingesetzt. Er blieb bis 1949 auf diesem Posten. Die Division, die vor allem nach 1945 ständig an personeller Stärke zunahm, wurde mehrfach umbenannt und ermöglichte schließlich als 2. Feldarmee nach der erfolgreichen Schlacht von Huai-Hai den Durchbruch nach Süd- und Südwestchina.

Wie sein Kommandeur Liu Bocheng nahm auch Deng im September 1949 an der Gründungssitzung der Politischen Konsultativkonferenz des Chinesischen Volkes teil. Als einen Monat später die Volksrepublik China ausgerufen wurde, erhielten Liu und Deng – wie alle verdienten Militärführer – nominelle Posten im Regierungsapparat. Tatsächliche besaßen sie dagegen im Militär- und Verwaltungsrat Südwestchina, wohin die 2. Feldarmee in unaufhaltsamem Siegeszug vorgerückt war, d.h. in den Provinzen Sichuan, Guizhou, Xikang und Yunnan. Liu wurde Vorsitzender des Militär- und Verwaltungsrates, Deng Stellvertretender Vorsitzender.

1952 wurde Deng in die Zentrale berufen. Er begann seine Karriere im Regierungsapparat als Stellvertretender Ministerpräsident neben → Dong Biwu, → Guo Moruo, Huang Yanpei und → Chen Yun, die diesen Posten mehr oder weniger ehrenhalber seit Gründung der Volksrepublik bekleideten. Ministerpräsident → Zhou Enlai hatte ihn als seinen Stellvertreter haben wollen. Deng war bis dahin, obwohl er 1945 vom 7. Parteikongreß zum Mitglied des Zentralkomitees gewählt worden war, im Schatten des politischen Geschehens geblieben. Daß Zhou ihn wählte, geschah gewiß wegen Dengs außergewöhnlichen Fähigkeiten, die ihm im folgenden Jahr zusätzlich die Ernennung zum

Finanzminister einbrachten, was er allerdings nur ein Jahr lang blieb. In den ersten fünf Jahren der Volksrepublik war es in China zu einer Machtteilung gekommen. Das Land – aufgeteilt in Militär- und Verwaltungsbezirke – wurde von den Heerführern der Revolutionszeit beherrscht, die alle gleichzeitig auch hohe Posten in der Partei bekleideten. Zur selben Zeit wurden in Peking der Regierungs- und in den Provinzen ein Verwaltungsapparat aufgebaut. Die Führungsposten darin wurden vornehmlich von den einstigen Politkommissaren der Revolutionsarmeen eingenommen. 1954 wurden die Militär- und Verwaltungsbezirke aufgelöst, und ihre Führer sahen sich, was Macht und Einfluß betraf, von den beiden neuen Machtsäulen überrundet. Die einstigen Untergebenen der Militärführer, ihre Politkommissare, bekleideten plötzlich bedeutendere Positionen als sie selbst. Hieraus entwickelte sich eine Rivalität, die in der Kulturrevolution eine Umkehrung zur Folge haben sollte, als das Militär alle bedeutenden Positionen an sich riß.

Deng Xiaoping gehörte zu Beginn der fünfziger Jahre zu den großen Nutznießern, indem er zum zweitwichtigsten Regierungskader nach Zhou Enlai aufstieg. 1955 wurde er zum Mitglied des Politbüros nachgewählt und ein Jahr später vom 8. Parteikongreß sogar in das Ständige Komitee des Politbüros aufgenommen. In den folgenden Jahren wirkte Deng nicht nur als Hauptredner bei wichtigen Parteikonferenzen, sondern hatte auch wesentlichen Anteil bei den ideologischen Gesprächen mit Moskau, die schließlich zum Bruch mit der Sowjetunion führten.

Zu Beginn der Kulturrevolution wurde Deng im Oktober 1966 entmachtet. Er selbst überlebte die Kulturrevolution, ohne persönlich Schaden zu nehmen, doch wurde sein damals 20jähriger ältester Sohn Pufang von Roten Garden so schwer mißhandelt, daß er eine Querschnittslähmung davontrug.

1973 setzte Ministerpräsident Zhou Enlai bei Mao die Rehabilitierung wichtiger, in der Kulturrevolution entmachteter Führungskader durch. Auch Deng wurde so erneut Vizepremier und Mitglied des Politbüros. Zhou war zu dieser Zeit bereits unheilbar an Krebs erkrankt, so daß Dengs Wiedereinsetzung als Zhous Stellvertreter wohl so gedeutet werden muß, daß Zhou ihn zu seinem Nachfolger bestimmt hatte. Im April 1974 hielt Deng eine Rede vor der UNO in New York, und im Mai des folgenden Jahres leitete er eine Regierungsdelegation nach Frankreich.

Im Januar 1976 starb Zhou Enlai. Auch Mao Zedong war zu diesem Zeitpunkt bereits vom Tod gezeichnet. → Jiang Qing gelang es so, nur drei Monate nach Zhou Enlais Tod, Deng zum zweiten Mal zu entmachten – diesmal indessen nur für kurze Zeit. Am 6. Oktober 1976, einen Monat nach Maos Tod, wurde die »Viererbande« verhaftet. Erst im Juli 1977 tauchte Deng wieder auf – nur wenige Tage vor Beginn des

11. Parteitages, auf den er somit keinen Einfluß mehr nehmen konnte. Erst auf dem 3. Plenum des 11. Zentralkomitees im Dezember 1978 gelang es ihm daher, → Hua Guofeng praktisch zu entmachten und selbst die Führung der Partei zu übernehmen. Dabei zeugt es für Dengs Pragmatismus, daß er den Parteivorsitz nicht für sich selbst anstrebte. Seine Politik zielt nicht zuletzt darauf, seine Nachfolge noch zu Lebzeiten zu regeln. In einem geschickten Schachzug ließ er → Hu Yaobang vom 3. Plenum des 11. ZK zum Generalsekretär der Partei wählen, so daß dieser plötzlich neben dem Parteivorsitzenden Hua Guofeng stand und keiner mehr so recht wußte, wer nun eigentlich die Partei führte. Erst 1981, als der Posten des Parteivorsitzenden abgeschafft und der Generalsekretär zum Führer der Partei bestimmt wurde, waren die Machtverhältnisse auch nach außen hin wieder klar.
Auf ähnliche Weise regelte Deng die Nachfolge im Regierungsapparat, indem er → Zhao Ziyang 1980 als Ministerpräsidenten durchsetzte.
Deng ist der erste Führer eines sozialistischen Staates, der die höchsten Partei- und Regierungsposten an Vertraute abtrat, wenngleich er ohne Frage auch weiterhin mächtigster Politiker Chinas ist. Eine gewisse Absicherung hat er insofern vorgenommen, als er den Posten des Vorsitzenden der Militärkommission im ZK der KPCh für sich in Anspruch nahm, der zuvor stets mit dem des Parteiführers gekoppelt war.
Nach seiner zweiten Rehabilitierung leitete Deng Regierungsdelegationen nach Burma, Nepal, Nordkorea, Thailand, Malaysia und Singapur. Seine letzte Reise führte ihn 1979 in die USA.
Die Politik der Annäherung an die USA, ohne die Dengs Programm der Modernisierung Chinas undurchführbar wäre, ist – ebenso wie die Schaffung der Besonderen Wirtschaftszonen – in der chinesischen Führung bis heute nicht unumstritten.

Schriften (Auswahl):
1984: *Ausgewählte Werke Deng Xiaopings* (1975–1982)

Deng Yingchao 1904- 邓颖超

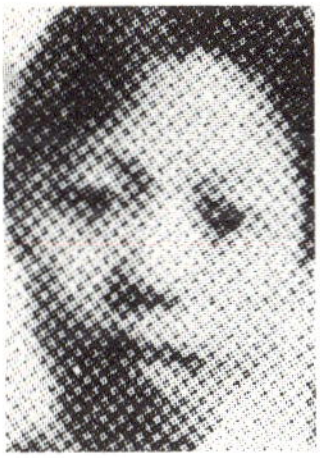
1919

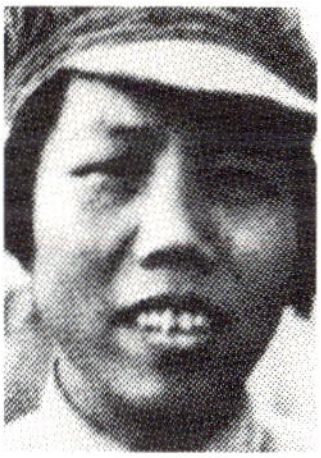
1935

1960

1982

Deng ist eine der wenigen prominenten Frauen der kommunistischen Revolutionsbewegung. 1925 heiratete sie Zhou Enlai. Nach dessen Tod wurde sie ins Politbüro der Kommunistischen Partei Chinas gewählt.

Deng Yingchao wurde 1904 unter dem Namen Deng Wenshu im Kreis Guangshan, Provinz Henan, als Tochter eines verarmten Landlords geboren. Guangshan liegt im Tal des Huai-Flusses im Süden Henans, unweit der Grenze zu den Provinzen Hubei und Anhui. Ihr Vater starb, als sie etwa drei Jahre alt war. Nach dem Besuch der Grundschule in Peking studierte sie an der Frauen-Lehrerbildungsanstalt in Tianjin (Tientsin), an der sie 1920 graduierte. Während ihrer Studentenzeit erlebte sie 1919 die »Bewegung 4. Mai«, die zu Beginn ein studentischer Protest gegen das Vorhaben der in Versailles tagenden Siegermächte des 1. Weltkrieges gewesen war, die ehemals deutsche Kolonie Qingdao (Tsingtao) den Japanern zu übereignen. Dieses Ereignis erweckte ihr politisches Bewußtsein und veranlaßte sie, an der Gründung des Studentenverbandes von Tianjin mitzuwirken. Während einer Studentendemonstration im selben Jahr begegnete die 15jährige Deng erstmals dem damals 21jährigen → Zhou Enlai. Wenig später gehörten beide zu den Mitbegründern der »Erweckungs-Gesellschaft«, die sich die Politisierung der Studenten zum Ziel gesetzt hatte.

In den folgenden Jahren arbeitete Deng als Lehrerin in Tianjin und entwickelte daneben weitere politische Aktivitäten. Nachdem sie sich zwei modernen Frauenorganisationen angeschlossen hatte, gründete sie 1923 die »Gesellschaft fortschrittlicher Frauen«, die auch eine Zeitschrift herausgab. Damals war sie noch unberührt von kommunistischem Gedankengut. Ihre politische Ausgangsposition ist mithin eigenständig. Erst 1925 trat sie in die KPCh ein, die sie mit der Leitung der Frauenabteilung ihrer Sektion in Tianjin betraute. Im gleichen Jahre wurde sie auch Mitglied der Guomindang, nachdem diese im Jahr zuvor eine Einheitsfront mit der KPCh eingegangen war.

Ende 1925 heiratete Deng in Guangzhou (Kanton) Zhou Enlai nach dessen Rückkehr von einem mehrjährigen Studium in Frankreich. Im folgenden Jahr fand der 2. Kongreß der Guomindang statt. In den Zentralen Exekutivrat dieser Partei wurden auch Mitglieder der KPCh gewählt, und zwar vier als Mitglieder und drei als Kandidaten. Unter diesen drei Kandidaten befanden sich Deng und → Mao Zedong. Sie war die einzige Frau unter den in den Zentralen Exekutivrat der Guomindang aufgenommenen Kommunisten.

Im April 1927 beendete → Chiang Kai-shek die Einheitsfront mit den Kommunisten, indem er in Shanghai und Guangzhou Tausende von Kommunisten hinmetzeln ließ. Zu dieser Zeit befand sich Deng nach einer Fehlgeburt in einem Krankenhaus in Guangzhou. Sie entkam den Kommunistenverfolgungen nur durch glückliche Umstände und – nach eigenen Aussagen – durch die Mithilfe einer christlichen Ärztin. Sie traf ihren Mann in Shanghai wieder. Gemeinsam nahmen sie 1928 am 6. Kongreß der KPCh in Moskau teil, wo sie zur Leiterin der Frauenabteilung der Partei nominiert wurde. Anschließend wirkten beide in der Shanghaier Parteizentrale, die nur im Untergrund tätig sein konnte.

1932 verlagerte die Parteizentrale ihren Sitz von Shanghai in das von Mao Zedong gegründete Guerillagebiet in der Provinz Jiangxi. Dort erhielt Deng wiederum Aufgaben im Bereich der Frauenarbeit. 1934 wählte das 5. Plenum des 6. Zentralkomitees sie zur Kandidatin. Diesem Führungsorgan der KPCh gehört sie seither in ununterbrochener Folge an – 1956 zum Mitglied erhoben und 1978 zum Mitglied des Politbüros erhöht.

Im Herbst 1934 begann der Lange Marsch. Im Jahr zuvor war Deng an Lungentuberkulose erkrankt. Die 10000 km des Marsches legte sie daher zum größten Teil auf einer Tragbahre in einer Abteilung für Verwundete, Kranke und schwangere Frauen zurück.

Auf der letzten Strecke des Langen Marsches wurde ihr Zhou Enlai auf einer Tragbahre zugesellt, den ein schweres Leberleiden ergriffen hatte.

Im Herbst 1935 erreichte die von Mao Zedong geführte Kampfkolonne mit Deng Yingchao den Norden der Provinz Shaanxi, der für das folgende Jahrzehnt zum Zentrum der kommunistischen Bewegung werden sollte. Dort wurde Deng mit Aufgaben in der zentralen Führung betraut. 1936 besserte sich ihre Gesundheit. Dennoch wurde sie Anfang 1937 in ein Pekinger Krankenhaus geschickt, mußte dieses aber sehr bald wieder verlassen, weil die Stadt von den Japanern besetzt wurde. Bei der Flucht aus Peking half ihr der amerikanische Journalist Edgar Snow, den sie von Shaanxi her kannte, wohin er im Jahr zuvor als erster ausländischer Korrespondent gegangen war. (Sein danach geschriebenes Buch *Red Star over China* war das erste anschauliche und glaubwürdige Zeugnis für die Sache der chinesischen Kommunisten, das im Westen publiziert wurde.)

1937 waren Guomindang und KPCh zur gemeinsamen Bekämpfung der japanischen Invasoren erneut eine Einheitsfront eingegangen. Diese machte ein Verbindungsbüro am Sitz der Nationalregierung erforderlich, in das Deng zusammen mit ihrem Mann beordert wurde. Zunächst in Hankou (heute Teil der Stadt Wuhan), bald darauf in Chongqing (Chungking) blieb sie die folgenden Jahre in dieser Position – mit einer mehrmonatigen Unterbrechung lediglich im Jahr 1939, als sie sich zu einer medizinischen Behandlung in der Sowjetunion aufhielt. Als die Nationalregierung 1938 im Rahmen der neuen Einheitsfrontpolitik den Volkspolitrat als gemeinsames Organ gründete, gehörte Deng zu den sieben Kommunisten, die in ihn berufen wurden. Sie behielt ihren Sitz bis 1946, obwohl der Volkspolitrat ab 1941 nur mehr nominell bestand, nachdem die alte Feindschaft zwischen Guomindang und KPCh wieder offen ausgebrochen war.

1946 kehrte Deng nach Shaanxi zurück. Im gleichen Jahr fand sie mit der Wahl zum Ratsmitglied des politisch von Moskau gelenkten Internationalen Demokratischen Frauenverbandes erstmals auch international Anerkennung. Als im Frühjahr 1949 der Demokratische Frauenverband Chinas gegründet wurde, erhielt sie den Posten einer Stellvertretenden Vorsitzenden, den sie bis 1972 bekleidete (1957 wurde die Organisation in Frauenverband umbenannt). Damit ist einer der Schwerpunkte ihrer politischen Arbeit in der Volksrepublik China bestimmt. Weitere kamen hinzu, von denen hier nur die wichtigsten genannt sein sollen: Von 1954 bis 1976 war Deng Mitglied des Ständigen Komitees des Nationalen Volkskongresses, anschließend (bis 1983) Stellvertretende Vorsitzende (Stellvertretende Parlamentspräsidentin); von 1957 bis 1967 war sie 2. Sekretärin der Abteilung Frauenarbeit im ZK der KPCh und von 1978 bis 1982 2. Sekretärin der Kommission für Disziplininspektion. Den Höhepunkt erreichte ihre Karriere 1978, als sie zum Mitglied des Politbüros gewählt wurde.

Deng hat ihren politischen Weg zwar an der Seite ihres Mannes gemacht, doch gründete er in einer eigenständigen politischen Ausgangsposition. Anders als die meisten anderen Ehepaare unter den frühen Revolutionsführern, die bis in die Zeit der Volksrepublik hinein überlebten, blieben Zhou Enlai und Deng Yingchao zudem zeitlebens verbunden.

Ding Ling 1904- 丁玲

1980

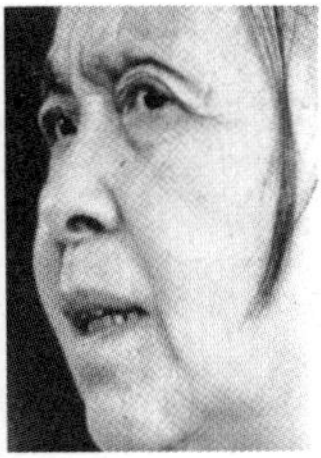

1981

Ding Ling war nur 23 Jahre alt, als sie mit der Erzählung Das Tagebuch der Sophia *berühmt wurde. Sie wandte sich den Kommunisten zu und erhielt 1951 den Stalinpreis. Ihren späteren Nonkonformismus büßte sie mit zwei Jahrzehnten Lager- und Gefängnishaft.*

Ding Ling wurde 1904 im Kreis Linli, Provinz Hunan, unter dem Namen Jiang Bingzhi als Tochter von Großgrundbesitzern geboren. Ihr Vater starb, als sie vier Jahre alt war. Die Mutter zog mit ihr zunächst nach Changde, wo sie die Grundschule besuchte, und danach nach Changsha, der Hauptstadt ihrer Heimatprovinz, wo sie eine Mädchenschule absolvierte. In jungen Jahren von chinesischer und westlicher Literatur angezogen, begann Ding Ling schon im Alter von 16 Jahren mit ersten literarischen Versuchen: Die Tageszeitung »Xiangjiang« druckte ihre ersten Gedichte und Erzählungen. Nach weiteren zwei Jahren an einer von Kommunisten eingerichteten Mädchenschule in Shanghai ging sie 1924 nach Peking, um sich an der Peking-Universität zu immatrikulieren. Dies wurde ihr indessen versagt, was sie jedoch nicht hinderte, auch ohne formale Zulassung die folgenden drei Jahre Vorlesungen zu besuchen.

In Peking lernte Ding Ling den Schriftsteller Hu Yepin kennen. Nichts kennzeichnet ihren starken Willen und ihren Emanzipationsdrang deutlicher als ihr Entschluß, mit Hu ohne formale Eheschließung zusammenzuleben. In jener Zeit, in der die chinesische Gesellschaft noch weitgehend vom Konfuzianismus geprägt war, war dies ein mutiger Schritt. Später heirateten sie.

In Peking begann auch Ding Lings literarische Karriere. 1927 erschien die Erzählung *Das Tagebuch der Sophia*, die sie mit einem Schlage berühmt machte und ihr den Weg öffnete zu einem vertrauten Verhältnis zu → Lu Xun. 1928 ging sie zusammen mit Hu nach Shanghai und schloß sich dem von Lu Xun gegründeten »Bund linksgerichteter Schriftsteller« an, dessen Zeitschrift »Der große Bär« (gemeint ist das Sternbild) sie einige Jahre lang als Chefredakteurin leitete.

1931 wurde Ding Lings Ehemann, Hu Yepin, zusammen mit vier anderen linksgerichteten Schriftstellern verhaftet und hingerichtet. Ding Ling sah sich daraufhin gezwungen, ihren drei Monate alten Sohn zu ihrer Mutter nach Hunan zu bringen, die den eigenwilligen Lebensstil ihrer Tochter nicht nur gebilligt, sondern auch unterstützt hatte. Nach

1925: Mit Mutter

Shanghai zurückgekehrt, veröffentlichte Ding Ling die Novelle *Fluten*, die vor dem Hintergrund der Überschwemmungskatastrophe von 1931 spielt, als der Gelbe Fluß sich ein neues Bett suchte und 16 Provinzen Chinas überflutete. 1933 wurde Ding Ling von der Guomindang verhaftet, zwei Jahre lang eingekerkert und anschließend unter Hausarrest gestellt.

1936 gelang es ihr zu fliehen. Sie brach auf nach Yan'an im Norden der Provinz Shaanxi, dem Zentrum der chinesischen Kommunisten nach dem Langen Marsch, das zahlreiche idealistische, linksorientierte jugendliche Intellektuelle Chinas anzog. Als bekannte und von vielen geliebte Schriftstellerin wurde sie dort mit offenen Armen empfangen und alsbald mit verschiedenen Aufgaben betraut, deren wichtigste die Redaktion der Literaturseite der Tageszeitung »Befreiung« war. Es spricht für die Eigenständigkeit Ding Lings, daß sie in dieser Stellung die KP Chinas kritisierte, wobei sie im wesentlichen deren Bürokratismus geißelte. Sie glaubte das Recht zu konstruktiver Kritik zu haben, nachdem sie 1932 Mitglied der Partei geworden war. 1942 hielt → Mao Zedong in Yan'an seine berühmt gewordenen »Reden über Literatur und Kunst«, die bis heute richtungweisend für die Kulturpolitik der Volksre-

1938

publik China sind. Auf Betreiben von → Zhou Yang, des damals einflußreichsten Kulturfunktionärs, wurde sie daraufhin als Redakteurin der Zeitung »Befreiung« abgesetzt. In der auf Maos Reden folgenden »Berichtigungsbewegung« wurde Ding Ling jedoch nur indirekt angegriffen.

Inzwischen hatte sie 1937 den Schauspieler und Schriftsteller Chen Ming geheiratet. Zudem waren zwei Bände ihrer Erzählungen unter den Titeln *Eine nicht abgefeuerte Patrone* und *Als ich im Xia-Dorf war* veröffentlicht worden.

Wenige Monate vor Ausrufung der Volksrepublik China im Oktober 1949 wurde Ding Ling mit der Leitung der Unterabteilung Literatur und Kunst der Propagandaabteilung des Zentralkomitees der KPCh betraut, möglicherweise in Anerkennung ihres im Jahr zuvor erschienenen Romans *Sonne über dem Sanggan,* der die Bodenreformbewegung in einem Dorf beschreibt. Für diesen Roman erhielt sie 1951 den Stalinpreis.

Mit Gründung der VR China wurde Ding Ling Mitglied des Kultur- und Erziehungsrates unter dem Regierungs-Verwaltungsrat und bald darauf Leiterin des Zentralen Literaturinstituts, das sozialistische Schriftsteller ausbilden sollte. Wenig später, 1951, wurde ihr intern vorgeworfen, die Richtlinien der Kulturpolitik der Partei nicht zu beachten. Zwar wurde sie noch 1953 zur Stellvertretenden Vorsitzenden des Chinesischen Schriftstellerverbandes gewählt, doch schon zwei Jahre später wurde sie offiziell bezichtigt, »Anführerin einer parteifeindlichen Clique« und eine »Verräterin« zu sein. Als 1957 Mao

Zedongs »Hundert-Blumen-Kampagne« scheiterte, stand Ding Ling im Zentrum der Kritik, die erneut von Zhou Yang vorgetragen wurde, der inzwischen zum Stellvertretenden Kulturminister und Kandidaten des ZK der KPCh aufgestiegen war. Von Zhou Yang zur Selbstkritik aufgerufen, weigerte sie sich standhaft – ein weiteres Beispiel für ihren Mut. Allerdings verschwand Ding Ling daraufhin.

Mehr als zwei Jahrzehnte lang blieb sie verschollen. Erst nach ihrer Rehabilitierung im Jahr 1979 erfuhr man, daß sie 1958 in das unwirtliche Grenzgebiet zur Sowjetunion in die Mandschurei verbannt worden war. Auf einem Staatsgut, das zur Urbarmachung von Steppengebieten gegründet worden war, arbeitete sie bis 1970 in der Schweine- und Hühnerzucht. Zu Beginn der Kulturrevolution hatten zudem Rote Garden ihr 100000 Schriftzeichen umfassendes Manuskript für einen neuen Roman sowie ihre Tagebücher vernichtet. Die Jahre von 1970 bis 1975 saß Ding Ling in einem Gefängnis in der Nähe von Peking. Danach wurde sie erneut verbannt, diesmal in ein Bergdorf in der Provinz Shanxi. Erst 1978, zwei Jahre nach dem Sturz der »Viererbande«, wurde ihr die Rückkehr nach Peking gestattet.

Nunmehr rehabilitiert, wurde sie 1980 Stellvertretende Vorsitzende des Chinesischen Schriftstellerverbandes – neben sich Zhou Yang, der inzwischen Mitglied des ZK der KPCh und Vorsitzender des Verbandes für Literatur- und Kunstkreise geworden war. Mit der Gründung des Chinesischen PEN-Zentrums im April 1980 wurde Ding Ling eine von dessen sieben Vizepräsidenten. 1981 besuchte sie die USA und 1983 Frankreich.

Schriften (Auswahl):
1927: *Mengke* (Erzählung), *Das Tagebuch der Sophia* (Erzählung); 1928: *In der Finsternis* (Erzählungen); 1929: *Tagebuch eines Selbstmords* (Erzählungen); 1930: *Weihu* (Novelle), *Eine Frau* (Erzählungen); 1931: *Fluten* (Novelle); 1933: *Mutter* (Novelle), *Nächtliche Versammlung* (Erzählungen); 1930: *Weihhu* (Novelle), *Eine Frau* (Erzählungen); 1931: 1940: Die Nacht (Erzählung); 1941: *Als ich im Xia-Dorf war* (Erzählungen); 1942: Im Krankenhaus (Erzählung), Gedanken zum 8. März (Essay); 1948: *Sonne über dem Sanggan* (Roman); 1965: *Du Wanxiang* (Erzählung; 1976 überarbeitet); 1983: Veröffentlichung der *Gesammelten Werke Ding Lings* in 5 Bänden beim Volksverlag der Provinz Hunan.

Dong Biwu 1886-1975 董必武

1920

1965

Dong begann seine Laufbahn als marxistischer Idealist. 1921 gehörte er zu den Mitbegründern der Kommunistischen Partei Chinas, die er an prominenter Stelle mitprägen sollte. Er stieg in höchste Partei- und Staatsämter auf und befürwortete im hohen Alter die Geschehnisse der Kulturrevolution.

Dong Biwu wurde 1886 im Kreis Huang'an, Provinz Hubei, in eine Gentry-Familie geboren, also in jene soziale Schicht, die, zumeist mit Grundbesitz ausgestattet, vor allem die untere Beamtenschaft stellte. Zunächst erhielt er eine klassische chinesische Ausbildung, die er 1901 mit dem ersten Staatsexamen (*xiucai*) abschloß. Anschließend besuchte er weitere fünf Jahre eine moderne Mittelschule in Wuchang. Eine Laufbahn als Mittelschullehrer beendete er 1911, unmittelbar nach dem Sturz der Qing-Dynastie. Statt dessen nahm er eine Stellung bei der neu etablierten Militärregierung in Wuchang an und trat → Sun Yat-sens »Revolutionsbund« (*Tongmenghui*) bei, dem Vorläufer der späteren Guomindang. Dieses erste politische Engagement Dongs fand nur ein Jahr später sein Ende, als er sich der Unterdrückung der neuen Partei wegen zur Flucht nach Japan gezwungen sah, wo er in Tokyo ein Jurastudium begann und in engen Kontakt mit Sun Yat-sen kam. Dieser veranlaßte ihn 1915, in seine Heimatprovinz zurückzukehren, um den Widerstand gegen → Yuan Shikai zu organisieren. Aber auch dieses politische Engagement Dongs dauerte nicht lange, denn er wurde inhaftiert und erst nach dem Tode Yuans 1916 wieder freigelassen. Nach einem weiteren Jahr in Japan kehrte Dong 1917 endgültig nach China zurück, um Verwaltungsposten in der Provinz Hubei zu übernehmen.

1919 finden wir Dong in Shanghai, wo er erstmals mit marxistischen Gruppierungen in Kontakt kam, die nach der Oktoberrevolution von 1917 vornehmlich in studentischen Kreisen Chinas entstanden waren. Angezogen von marxistischem Gedankengut, mehr noch aber von dessen politischer Umsetzung in Rußland, gründete Dong 1920 unter Mithilfe gleichgesinnter junger Lehrer eine Mittelschule mit dem Ziel, revolutionäre Ideen zu lehren. Im Rückblick auf jene Zeit stellt sich Dong Biwu als Idealist dar, der die Gabe hatte, Ideen unmittelbar in Realität umzusetzen.

Als im Juli 1921 in Shanghai die Kommunistische Partei gebildet wurde, gehörte Dong zu den Gründungsmitgliedern. Neben → Mao Zedong sollte er von diesen der einzige bleiben, der die knapp drei Jahrzehnte später ausgerufene Volksrepublik China als Führungskader der Partei erlebte. In seiner Heimatprovinz baute er danach eine starke Zelle der jungen Partei auf, was sein Ansehen nicht unwesentlich steigerte. Gleichwohl war Dong in den folgenden Jahren bis 1927 eher in der Guomindang engagiert als in der KPCh. Dies erklärt sich daraus, daß beide Parteien eine Einheitsfront eingegangen waren, die ausdrücklich die doppelte Parteimitgliedschaft zuließ. Das änderte sich erst 1927, nachdem → Chiang Kai-shek den linken Flügel der von ihm geführten Guomindang auszuschalten vermochte und Tausende von Kommunisten in Shanghai verhaften und hinmetzeln ließ.

Es gelang Dong, den Kommunistenverfolgungen zu entkommen. Nach einem Zwischenhalt in Japan begab er sich Ende 1928 in die Sowjetunion, wo er bis 1931 an der der Komintern unterstellten Lenin-Schule tätig war. 1932 traf er schließlich in der von Mao Zedong gegründeten Guerillabasis in der Provinz Jiangxi ein, wo er alsbald zum Leiter der Parteischule berufen wurde. Zwei Jahre später wählte ihn das 5. Plenum der KPCh zum Kandidaten des Zentralkomitees. Wenig später schloß er sich den Hauptkräften der kommunistischen Kampfverbände auf dem Langen Marsch an. Mit 48 Jahren war Dong einer der ältesten Teilnehmern des Langen Marsches.

In der Provinz Shaanxi, dem neuen Zentrum der Kommunisten nach dem Langen Marsch, übernahm Dong wieder die Leitung der Parteischule. Nachdem es 1937 nach Ausbruch des Chinesisch-Japanischen Krieges zu einer neuen Einheitsfront zwischen Guomindang und KPCh gekommen war, wurde er 1938 an den Sitz der Nationalregierung in Chongqing (Chungking) delegiert, wo er unter → Zhou Enlai Hauptvertreter der KPCh war. In dieser Eigenschaft wurde er im selben Jahr neben anderen Kommunisten in den Volkspolitrat der Nationalregierung gewählt. Im gleichen Jahr wählte ihn das 6. Plenum des 6. Zentralkomitees zum Mitglied des Politbüros, ein Posten, den er bis zu seinem Tod bekleidete.

1943 ging Zhou Enlai nach Yan'an, dem Zentrum der KPCh. Fortan wirkte Dong als ihr führender Repräsentant bei der Nationalregierung, die ihn 1945 als ihren einzigen kommunistischen Vertreter zur Gründung der Vereinten Nationen in San Francisco mitnahm.

Nach der Kapitulation Japans im August 1945 setzten sich die USA, die im Zweiten Weltkrieg an der Seite Chinas gegen Japan gekämpft hatten, für einen Ausgleich zwischen Guomindang und KPCh ein. Als deren Vermittler wirkte George C. Marshall, der seine Bemühungen in China jedoch 1946 abbrach in der klaren Erkenntnis, daß beide Seiten zu einem Konsens nicht gewillt waren. Bei diesen Verhandlungen war auch Dong wieder unter der Führung Zhou Enlais beteiligt.

1948 wurde Dong Vorsitzender der »Volksregierung Nordchina«, die

die inzwischen von den Kommunisten eroberten Gebiete beherrschte. Sie war die Vorläuferin der nach Vertreibung der nationalchinesischen Streitkräfte am 1. Oktober 1949 ausgerufenen Volksrepublik China. Als einer der wenigen Funktionäre der kommunistischen Bewegung Chinas der ersten Stunde wurde er zum Stellvertretenden Ministerpräsidenten und zum Vorsitzenden des Politischen und Gesetzgebenden Rates berufen. Beide Posten hatte er bis 1954 inne. Von 1954 bis 1959 leitete Dong den Obersten Volksgerichtshof. Von 1955 bis zur Kulturrevolution war er überdies Chef der Zentralen Kontrollkommission des ZK der KPCh, die für Disziplinarverfahren gegen Parteimitglieder zuständig war. 1959 erfolgte seine Wahl zum Stellvertretenden Staatspräsidenten, was er bis zur Kulturrevolution blieb. Im Alter von 78 Jahren wählte ihn der 10. Parteikongreß 1973 zum Mitglied des Ständigen Komitees des Politbüros.
Dong verstarb zwei Jahre später am 2. April 1975.

Fan Wenlan 1893-1969 范文澜

1950?

Fan war der erste marxistische Historiker Chinas und einer der wenigen Intellektuellen, die Eingang in das Zentralkomitee der KP Chinas fanden. Aus kommunistischer Sicht kommt ihm das Verdienst zu, eine materialistische Geschichtsauffassung an die Stelle der idealistischen gesetzt zu haben.

Fan Wenlan wurde 1893 im Kreis Shaoxing, Provinz Zhejiang, geboren. Shaoxing liegt 40 km südöstlich der Provinzhauptstadt Hangzhou, unweit der Mündung des Fuchun-Flusses ins Gelbe Meer. Nach dem Besuch einer Mittelschule in Shanghai studierte er chinesische Literatur an der Peking-Universität. Anschließend setzte er seine Studien in Japan fort. Dort kam er erstmals mit marxistischen Ideen in Berührung. Besonders beeindruckten ihn die marxistischen Intellektuellen Hajime Kawakami und Makino Nara.

1921 kehrte Fan nach China zurück. In den folgenden Jahren wirkte er als Professor an der Nankai-Universität in Tianjin, an der Peking-Universität, der Pekinger Lehreruniversität, der Furen-Universität sowie an der Sino-Französischen Universität. Eine Zeitlang leitete er überdies ein Frauen-College für Kunst und Wissenschaft. Neben diesen Tätigkeiten entstanden zahlreiche wissenschaftliche Arbeiten. Deren erste, seine *Moderne Geschichte Chinas*, erschien 1925. Da er in seinen Publikationen marxistische Ansichten vertrat, konnte es nicht ausbleiben, daß Fan den Aufpassern der Nationalregierung unliebsam auffiel, die ihn 1935 inhaftieren ließ. Dank der Fürsprache namhafter Persönlichkeiten kam er jedoch bald wieder frei.

Für Fan war diese Erfahrung Grund genug, Ende 1935 in das neue Zentrum der chinesischen Kommunisten nach dem Langen Marsch in Yan'an, Provinz Shaanxi, zu gehen, das zu dieser Zeit zahlreiche linksgerichtete Intellektuelle anzog. Die KPCh beauftragte ihn mit der Gründung des »Zentralen Forschungsinstituts«, das mit der Aufgabe betraut wurde, Führungskader in marxistischer Ideologie zu unterweisen. Mit dieser ehrenvollen Ernennung wurde Fan gleichsam Chefideologe. Es ist zu vermuten, daß Fan in der Folgezeit in engem Kontakt zu → Mao Zedong gestanden und gemeinsam mit diesem die spezifisch chinesische Interpretation des Marxismus entwickelt hat, die ein Vierteljahrhundert später in Widerspruch zu Moskau geriet und mit der Loslösung von dessen Primat eine neue Konstellation der Weltmächte herbeiführen sollte.

In dieser Position war Fan mit Sicherheit auch an der Durchführung von Maos ideologischer »Berichtigungsbewegung« beteiligt, die vor allem darauf abzielte, die in Yan'an weilenden Literaten auf eine einheitliche Linie zu verpflichten. Inzwischen hatte sich nämlich eine literarische Vielfalt entwickelt, die der Parteilinie nur selten entsprach. Mit dieser Zhengfeng-(Berichtigungs-)Kampagne erhob die KPCh erstmals den Anspruch, alles geistige Geschehen in ihrem Machtbereich zu bestimmen.

Etwa zur gleichen Zeit entstand unter der Federführung Fan Wenlans *Ein kurzer Abriß der Geschichte Chinas*. Dieses Werk stellt die Geschichte Chinas bis zum Opiumkrieg (1840) dar und setzt an die Stelle der bis dahin üblichen Geschichtsauffassung eine materialistische, zu der vor allem die marxistische Interpretation des Feudalismus gehört. Fan erwarb sich damit den Ruf eines führenden marxistischen Historikers Chinas, was ihm 1946 das Rektorat der von den Kommunisten gegründeten Nord-Universität verschaffte. Zwei Jahre später wurde diese mit einer anderen Universität zur Nordchina-Universität vereinigt, in der er Prorektor wurde. 1947 erschien Fans *Neue Geschichte Chinas*, die die Zeit von 1840 bis 1905 umfaßt. Als die Kommunisten 1948 die Volksrepublik Nordchina ausriefen, war es nur natürlich, daß er als einer ihrer führenden Ideologen in den Regierungsrat berufen wurde. Nach der Gründung der Volksrepublik China im Oktober 1949 wurde er vorerst nur in das Komitee zur Reform der Schriftsprache berufen, übernahm dann aber in Anerkennung seiner Verdienste um eine neue Geschichtsschreibung 1950 die Leitung des Instituts für Moderne Geschichte an der Akademie der Wissenschaften, die er bis zu seinem Tod innehatte. Außerdem bekleidete er zahlreiche weitere Positionen vornehmlich in Massenorganisationen, die der Pflege von Auslandskontakten dienten. Im wesentlichen konzentrierte sich Fan jedoch auf seine wissenschaftliche Arbeit. 1955 erschien auf seine Initiative hin erstmals die bedeutende Zeitschrift »Historische Forschung«. Außerdem hatte er Anteil an den Zeitschriften »Neuer Aufbau« und »Journal der Archäologie«.

Es fällt auf, daß Fan in kein Regierungsamt berufen wurde, wie es seinem Ansehen durchaus entsprochen hätte. Wir können nur vermuten, daß er deswegen von sich aus darauf verzichtete, weil er sich nicht von seiner wissenschaftlichen Arbeit ablenken lassen wollte. Wie sehr er von der neuen Führung Chinas geachtet wurde, ist aus seiner Nominierung zum Kandidaten des Zentralkomitees der KPCh auf dem 8. Parteikongreß 1956 zu ersehen. 1965 wurde er in das Ständige Komitee des Nationalen Volkskongresses berufen und im April 1969 vom 9. Parteikongreß zum Mitglied des ZK gewählt.

Fan Wenlan starb am 29. Juli 1969.

Fan ist der Begründer der marxistischen Geschichtsschreibung Chinas, die sich vor allem mit der Periodisierung schwertat. Dies betraf vor allem den Übergang von der Sklavenhalter- zur Feudalgesellschaft sowie die Frage nach dem Ursprung des Kapitalismus in China.

Schriften (Auswahl):
1925: *Moderne Geschichte Chinas;* 1929: Allgemeine Bemerkungen zu den Landschaftsbeschreibungen im Shui Jin Zhu; 1933: Kommentare zur echten Geschichte, Kommentare zu den klassischen Schriften; 1944: Das Leben des Verräters Zeng Guofan; 1947: *Neue Geschichte Chinas;* 1948: *Die revolutionäre Bewegung des himmlischen Taiping-Königreiches;* 1957: *Kurzer Abriß der Geschichte Chinas.*

Fei Xiaotong 1910- 費孝通

1978

Fei ist einer der namhaftesten Soziologen Chinas. Mit anthropologischen Forschungen vornehmlich über in Südwest-China lebende Minderheiten errang er internationale Anerkennung.

Fei Xiaotong wurde 1910 im Kreis Wujiang, Provinz Jiangsu, geboren. Wujiang liegt 20 km südlich von Suzhou unweit des Tai-Sees und 50 km westlich von Shanghai. 1933 graduierte er an der Pekinger Yanjing-(Yenching-)Universität im Fachbereich Sozialwissenschaften. Anschließend arbeitete er an der Qinghua-(Tsinghua-)Universität unter Professor Schirokogoroff. 1935 heiratete er die Soziologiestudentin Wang Tonghui und ging mit ihr zu Feldforschungen über die soziale Organisation der Yao-Minorität in die Provinz Guangxi. Nur vier Monate nach der Heirat ertrank dort seine Frau in einem Bergfluß, als sie Hilfe für ihn herbeiholen wollte, nachdem er in eine Tigerfalle geraten und verletzt worden war. Die gemeinsamen Forschungen führten zu Feis erstem, 1936 veröffentlichtem Buch *Die soziale Organisation des Hualan-Stammes der Yao.*
Zur Fortsetzung seiner anthropologischen Studien ging Fei 1936 nach England, wo er zwei Jahre später an der London School of Economics unter Professor Bronislaw Malinowski mit der Dissertation »Peasant Life in China« promovierte. Diese basiert auf einer in seinem Heimatdorf Kaixuangong vorgenommenen eingehenden anthropologischen und soziologischen Untersuchung und wurde noch 1938 in England gedruckt und erfuhr vier Neuauflagen. Die besondere Bedeutung dieser Arbeit liegt darin, daß in ihr erstmals die Anthropologie Eingang fand in das Studium des ländlichen China. Fei wurde damit zum »Vater« der chinesischen Anthropologie.
1939 kehrte er nach China zurück. Zwei Jahre zuvor hatte der Chinesisch-Japanische Krieg begonnen, der u.a. die Verlegung aller Universitäten aus Nord-, Ost- und Zentralchina in die südwestchinesischen Provinzen Yunnan und Sichuan zur Folge hatte. Fei erhielt an der Nationalen Yunnan-Universität eine Professur für Soziale Anthropologie. In den folgenden Jahren unternahm er umfangreiche Studien bei den Minoritäten in Yunnan. 1943 folgte er einer Einladung der Regierung der USA zu Lehrveranstaltungen an der Harvard-Universität, der Universität von Chicago und dem New Yorker Institut für Pazifische Beziehungen. 1945 nach China zurückgekehrt, geriet er in Konflikt mit der chinesischen Nationalregierung, der ihn 1946 veranlaßte, im amerikanischen Konsulat in Kunming (Hauptstadt der Provinz Yunnan) um Asyl nachzusuchen. Durch dessen Vermittlung konnte Fei nach England

ausreisen, wo er von der London School of Economics mit Forschungen über das bäuerliche Leben in Oxfordshire betraut wurde.
Mit Gründung der Volksrepublik China im Oktober 1949 erhielt Fei als einer der wenigen damals international anerkannten chinesischen Wissenschaftler sofort Eingang in den Regierungsapparat. Noch im Gründungsmonat der VR China wurde Fei Mitglied des Kultur- und Erziehungsrates des Regierungsrates sowie Ratsmitglied des Instituts für Auslandsangelegenheiten. Damit war sein Aufstieg in der neuen Wissenschaftshierarchie determiniert.
Aus der Vielzahl der Positionen, die Fei danach bekleidete, seien im folgenden nur die wichtigsten genannt: Mitglied der Kommission für Minderheitenangelegenheiten (1951–1954); Vizepräsident des Zentralinstituts für Nationale Minderheiten (1951–1966?); Mitglied des Zentralkomitees der Demokratischen Liga Chinas – eine der nichtkommunistischen Parteien Chinas (1956–1958); Vizeminister der Kommission für Minderheitenangelegenheiten (1957–1958).
War Fei schon 1957 in der »Hundert-Blumen-Bewegung« der Rechtsabweichung geziehen und zur Selbstkritik gezwungen worden, so verschwand er – wie zahlreiche andere Wissenschaftler – während der Kulturrevolution. Über die Zeit zwischen 1967 und seiner Rehabilitierung im Jahre 1972 liegen keine Dokumente vor. Seine wissenschaftlichen Leistungen wurden erst nach dem Tod → Mao Zedongs und dem Sturz der »Viererbande« wieder gewürdigt: 1978 wurde er Präsident der Gesellschaft für Soziologie, 1979 Stellvertretender Vorsitzender der Demokratischen Liga Chinas, 1980 Stellvertretender Direktor des Nationalitäten-Instituts der Akademie für Sozialwissenschaften sowie Direktor des Instituts für Soziologie bei dieser Akademie, 1983 Stellvertretender Vorsitzender der 6. Politischen Konsultativkonferenz des Chinesischen Volkes. Mit dieser nationalen Anerkennung ging die internationale einher. 1980 wurde ihm der Ehrenpreis der Internationalen Anthropologischen Gesellschaft zuerkannt; im folgenden Jahr erhielt er die Huxley-Gedächtnismedaille des Königlichen Anthropologischen Instituts von Großbritannien und Irland, 1983 ernannte ihn die London School of Economics and Political Science zu ihrem Ehrenmitglied. 1982 begann Fei neue Feldstudien über Kleinstädte in China unter besonderer Berücksichtigung der gesellschaftlichen und wirtschaftlichen Entwicklung.

Schriften (Auswahl):
1936: *Die soziale Organisation des Hualan-Stammes der Yao;* 1938: *Peasant Life in China;* 1945: *Erdgebundenes China;* 1947: *Systeme der Kindererziehung, Das ländliche China;* 1948: *Wiederaufbau der Landwirtschaft, Gentrymacht und kaiserliche Macht;* 1953: *Chinas Gentry;* 1981: Für eine Volksanthropologie.

Feng Youlan 1891- 冯友兰

1960

1973

Feng gehört zu den namhaftesten Philosophen Chinas in diesem Jahrhundert. Mit seiner Geschichte der chinesischen Philosophie *errang er Weltruhm. Als Idealist hatte er Schwierigkeiten, sich mit der materialistischen Lehre des Marxismus anzufreunden.*

Feng Youlan wurde 1891 im Kreis Tanghe im Süden der Provinz Henan, unweit der Grenze zur Provinz Hubei, als Sohn eines reichen Grundbesitzers geboren. Tanghe liegt an dem gleichnamigen Fluß, der sein Wasser dem Yangtse zuführt. Dank eines ausgezeichneten Mittelschulexamens gewährte ihm die Regierung seiner Heimatprovinz 1915 ein Stipendium zum Studium der Philosophie an der Peking-Universität, das er drei Jahre später abschloß. Anschließend übernahm er eine Professur an der Zhongzhou-Universität in Kaifeng, damals Hauptstadt seiner Heimatprovinz. Von 1919 bis 1923 studierte Feng unter den Professoren John Dewey und Frederick J. E. Woodbridge an der Columbia University in New York. Er promovierte mit der Arbeit *Eine vergleichende Studie über das Ideal der Menschen.*

1923 kehrte Feng nach China zurück und erhielt eine Professur für Philosophie an der Zhongshan-Universität in Guangzhou (Kanton). Im folgenden Jahr veröffentlichte er seine Dissertation unter dem veränderten Titel »Die Philosophie des Lebens« sowie ein Buch mit dem Titel *Eine Art Lebensausblick.* 1927 erhielt er einen Ruf an die Pekinger Qinghua-Universität, die ihn 1933 zum Direktor ihrer Philosophie-Abteilung ernannte. 1930 hatte er den ersten Band seines Werkes *Geschichte der chinesischen Philosophie* veröffentlicht, dem 1933 der zweite folgte. Das Werk erfuhr mehrere Übersetzungen und wurde zu einem weltberühmten Standardwerk. Feng verdankte diesen Erfolg der profunden Kenntnis sowohl der eigenen als auch der westlichen Philosophie, die zu Formen des Ausdrucks führte, die weltweite Aufmerksamkeit fanden. Sein junger Ruhm führte ihn 1934 – damals 43jährig – zu Gastvorlesungen nach England.

Hatte Feng bereits 1933 eine philosophische Zeitschrift gegründet, so gehörte er zwei Jahre später zu den Mitbegründern der Philosophischen Gesellschaft Chinas. Nach Ausbruch des Chinesisch-Japanischen Krieges 1937 wurden zahlreiche Universitäten aus den Kampfzonen ins Landesinnere verlagert. Daher lehrte Feng ab 1938 an der Vereinigten Südwest-Universität in Kunming in der Provinz Yunnan. Die Kriegs-

wirren minderten seine Schaffenskraft keineswegs. In diese Zeit fällt vielmehr seine intensivste Schaffensperiode.
Nach Kriegsende übernahm Feng seinen alten Posten als Direktor der Philosophie-Abteilung der Qinghua-Universität. 1946 folgte er einem Ruf der Rockefeller-Stiftung zu Gastvorlesungen an der Universität von Pennsylvania. Anschließend lehrte er bis 1948 an der Universität von Hawaii.
Feng war in Peking, als dort am 1. Oktober 1949 die Volksrepublik China ausgerufen wurde. Als Wissenschaftler von internationalem Ruf war er der neuen Führung zunächst willkommen, wenn auch der Konflikt zwischen dem idealistischen Philosophen und den Marxisten unausweichlich schien. Fürs erste aber war das Verhältnis ungestört: Feng behielt seine Professur an der Qinghua-Universität und bezeugte seinen guten Willen gegenüber dem neuen Regime, indem er 1950 mit Fakultätsangehörigen und Studenten zur Teilnahme an der Landreform in ein Dorf in der Nähe Pekings ging. 1951 gehörte er einer Kulturdelegation an, die Indien und Burma bereiste. Im gleichen Jahr verlieh ihm die Universität von Neu-Delhi die Ehrendoktorwürde. 1953 erfolgte die Ernennung zum Leiter der Forschungssektion der Abteilung für Geschichte der chinesischen Philosophie an der Peking-Universität, zwei Jahre darauf die Berufung als Mitglied der Abteilung für Philosophie und Sozialwissenschaften in der Akademie der Wissenschaften. 1956 besuchte Feng kulturelle Konferenzen in Genf und Venedig.
Obschon ihm in der Wissenschaftshierarchie führende Positionen vorenthalten wurden, wie er sie vor 1949 bekleidet hatte, sah es doch so aus, als könne sich Feng mit dem neuen Regime arrangieren. Dieser Eindruck verstärkte sich noch, als er 1955 zum ersten Mal ideologisch Stellung bezog: Als es darum ging, die bis dahin noch immer herrschenden Lehrmeinungen → Hu Shis offiziell zu verurteilen, zieh er Hu eines Pragmatismus, der den Widerspruch zwischen Idealismus und Materialismus nicht kenne. Zwei Jahre später aber geriet Feng selbst in die Schußlinie, indem ihm ein revisionistischer Standpunkt in Fragen der Philosophie unterstellt wurde. In den Jahren bis 1958 verschärften sich die Angriffe auf Feng, denen er sich mit bewundernswertem Mut entgegensetzte. Es ist bemerkenswert, daß dieser Streit in aller Öffentlichkeit ausgefochten wurde, indem Angriffe und Erwiderungen nicht nur in der philosophischen Fachzeitschrift, sondern auch in der Tagespresse publiziert wurden. Dieser Kampf wurde von Feng mit Geist und Witz geführt, indem er beispielsweise die Forderung nach einem »Parteilichen Charakter der Philosophie« mit Zitaten von Mao Zedong oder Stalin ad absurdum führte, seine neueste Selbstkritik als die 136. seit 1949 bezeichnete oder dem Parteiideologen Yang Xianzhen auf dessen Feststellung: »Die Führer der Parteikomitees auf allen Ebenen sind die wahren Philosophen« lapidar antwortete: »Dann gibt es keinen vernünf-

tigen Grund mehr, eine Philosophie-Abteilung (an einer Universität) zu unterhalten.«

Zwar gab Feng in diesem intellektuellen Duell immer mehr Positionen seiner früheren philosophischen Meinung auf, doch vermochte er sich seine Eigenständigkeit zu bewahren. Wohl hat die Schärfe seines Geistes selbst → Mao Zedong beeindruckt, der sich auch als Philosoph verstand. Nur so scheint es jedenfalls erklärbar zu sein, daß Feng trotz massivster Anwürfe nicht nur seine Professur behielt, sondern 1962 sogar eine *Überarbeitete Neuauflage der Geschichte der chinesischen Philosophie* veröffentlichen konnte.

Das änderte sich mit Beginn der Kulturrevolution: 1968 wurde Feng als »konterrevolutionärer Geheimagent« geschmäht und verschwand. Wir wissen nichts über sein Schicksal in den folgenden Jahren und können nur im Vergleich mit ähnlichen Fällen vermuten, daß er entwürdigend behandelt wurde. Feng tauchte erstmals wieder auf, als 1972 Richard Nixon als erster Präsident der USA die Volksrepublik China besuchte, was wohl auf das Bemühen amerikanischer Wissenschaftler zurückzuführen ist, Feng Youlan weiterer Verfolgung zu entziehen.

1974 verfaßte Feng einen Artikel, in dem er die »reaktionären Lehren des Konfuzius« kritisierte, womit er sich auf die Linie der »Viererbande« begab. Sein Widerstand war erloschen. Er war damals 83 Jahre alt. Doch dies brachte ihm nach dem Sturz der »Viererbande« neues Unheil: Er verschwand erneut. Erst die Verleihung der Ehrendoktorwürde im Jahre 1982 durch die Columbia University, an der er einst studiert hatte, erinnerte die nachkulturrevolutionäre Führung offenbar daran, daß in ihrem Land ein international anerkannter Philosoph lebt: 1983 – im Alter von 92 Jahren – wählten sie ihn zum Mitglied des Ständigen Komitees der Politischen Konsultativkonferenz des Chinesischen Volkes.

Schriften (Auswahl):

1924: *Die Philosophie des Lebens, Eine Art Lebensausblick;* 1930: *Geschichte der chinesischen Philosophie,* Band 1; 1933: *Geschichte der chinesischen Philosophie,* Band 2; 1936: Ergänzungen zur *Geschichte der chinesischen Philosophie;* 1939: *Neuer Neo-Konfuzianismus;* 1940: *Neue Kultur und Gesellschaft;* 1942: *Der neue Mensch;* 1944: *Neue Philosophie;* 1946: *Neue Wissenschaftlichkeit;* 1948: *Neues Verständnis der Sprache, Eine Kurzgeschichte der chinesischen Philosophie* (Koautor: Derk Bodde); 1958: *Essays zur Geschichte der chinesischen Philosophie;* 1962: Überarbeitete Neuausgabe der *Geschichte der chinesischen Philosophie.*

Feng Yuxiang 1882-1948

馮玉祥

Um 1930

Um 1940

Feng wurde bekannt als »christlicher General«. Er war einer der Warlords, die in den zwanziger Jahren große Teile Chinas beherrschten. Später verbündete er sich mit Chiang Kai-shek, ließ sich aber in dessen Politik nur kurzfristig einbinden.

Feng Yuxiang wurde 1882 unter dem Namen Feng Jishan als Sohn eines Stabsoffiziers in Xingji, Provinz Zhili (heute Hebei), geboren. Von 1894 bis 1896 nahm er an der Seite seines Vaters an militärischen Operationen gegen japanische Verbände teil. 1896 wurde er in die Huai-Armee eingezogen. Obwohl er zuvor nur ein Jahr lang die Schule besucht hatte, lernte er im Selbststudium als junger Soldat schreiben.

1902 trat er in das Wachregiment von → Yuan Shikai ein. Um 1907 heiratete er die Nichte eines höheren Offiziers seines Regiments, der ihn hinfort protegierte. 1911 beteiligte er sich an Umsturzplänen gegen die Qing-Dynastie. Im folgenden Jahr erhielt er den Befehl über ein Bataillon der Beiyang-Armee, dem damals ersten modern ausgerüsteten Heer Chinas. Schon 1913 befehligte er ein Regiment, das 1914 zur Unabhängigen 16. Brigade umorganisiert und unmittelbar der Zentralregierung unterstellt wurde. Im gleichen Jahr trat er zum Christentum über, was ihm später die Bezeichnung »christlicher General« eintragen sollte.

In den nächsten Jahren war Fengs Brigade an verschiedenen Orten im Einsatz. 1916 erklärte er sich mit dem Gouverneur der Provinz Sichuan solidarisch in dem Bestreben, die Pläne Yuan Shikais, sich zum Kaiser zu machen, zu vereiteln, obwohl er Order hatte, gegen den Gouverneur vorzugehen. Bei den Wirren nach dem Tode Yuans wurde Feng mit seiner Brigade in die Hauptstadt gerufen, wo er oft nicht wußte, wessen Befehle er befolgen sollte. 1918 wurde Feng zum Verteidigungskommissar von Changde in der Provinz Hunan ernannt, wo er die folgenden zwei Jahre mit seiner Brigade stationiert war. Er nutzte diese Zeit für eine intensive Schulung seiner Truppen, zu der neben der militärischen Ausbildung auch sportliches Training gehörte. Er duldete keine Korruption, ernannte die Offiziere ausschließlich aufgrund ihrer Verdienste und verpflichtete sie, in jeder Lage das Los der Soldaten zu teilen.

Das war neu in China, wo der Soldat stets auf der untersten Stufe der sozialen Hierarchie gestanden hatte. Es zeichnete Feng gleichzeitig als modernen Truppenführer aus, der Impulse zur Erneuerung alter Institu-

1948: In New York bei einer Rede gegen Chiang Kai-shek

tionen zu geben vermochte, bei denen das preußische Vorbild Pate gestanden haben dürfte. Sein christlicher Glaube leitete ihn, als er als Militärkommandeur und zugleich als Zivilverwalter von Changde Spielhöllen, Prostitution, den Genuß von Opium und das Einbinden der Füße verbot sowie Waisenhäuser, Hilfsstationen für Bettler und sogar Entziehungsanstalten für Drogensüchtige einrichten ließ.

1920 wurde Feng mit seiner Brigade in die Provinz Henan, im folgenden Jahr in die Provinz Shaanxi versetzt, und zwar mit dem Befehl, dem neu ernannten Militärgouverneur Yan Xiangwen beim Kampf gegen den bisherigen Gouverneur zu unterstützen, der sich weigerte, zurückzutreten. Nach dem erfolgreichen Abschluß dieses Unternehmens wurde Fengs Brigade zur Division ernannt. Wenige Tage später beging Yan Selbstmord, und Feng wurde an seiner Stelle Militärgouverneur von Shaanxi. Im Alter von 29 Jahren war Feng damit nicht mehr nur Befehlsempfänger, sondern besaß nun selbst politische und militärische Macht.

1922 hatten Teile von Fengs Division entscheidenden Anteil an den Kämpfen gegen den Warlord → Zhang Zuolin. Gemeinsam mit anderen schlug er einen Aufstand des Militärgouverneurs der Provinz Henan nieder und übernahm danach dessen Posten. Aber schon ein halbes Jahr später wurde er als Inspekteur der Armee in die Hauptstadt berufen. Dieses hohe Amt beraubte ihn jedoch seiner angestammten Machtbasis, was auch beabsichtigt war.

1923 starb Fengs Frau. Im Jahr darauf heiratete er Li Dechuan, eine praktizierende Christin mit Hochschulbildung. (Sie sollte von 1949 bis 1964 Gesundheitsministerin der Volksrepublik China werden.)
1924 gelang es Feng, den mächtigsten Warlord in Nordchina, Wu Peifu, der einen bestimmenden Einfluß auf die Regierung besaß, zu überspielen und Peking zu besetzen. Dabei halfen ihm andere Militärführer. Deren gesamte Streitkräfte wurden reorganisiert, und Feng wurde Kommandeur dieser »Volksarmee«. In dieser Eigenschaft zwang er Staatspräsident Cao Kun zur Abdankung und → Aisin Giorro Puyi zum Verlassen des Kaiserpalastes.
Das Jahr 1925 war gekennzeichnet durch Kämpfe unter den Warlords, die sich gegenseitig die Macht streitig machten. Außer Feng herrschten im Norden Chinas Zhang Zuolin und Wu Peifu. Anfang 1926 gelang es diesem, Feng in die Provinz Suiyuan abzudrängen. Zur Konsolidierung der Lage hatte bereits Anfang 1925 → Sun Yat-sen eine Übereinkunft mit Feng angestrebt, die indessen durch Suns unerwarteten Tod am 12. März nicht zustande kam. Erst ein Jahr später fanden in Urga (heute Ulan Bator) Verhandlungen zwischen Feng und dem prominenten Guomindang-Mitglied Xu Qian statt, an denen auch der sowjetrussische Berater Borodin teilnahm. Die Verhandlungen endeten mit Fengs Eintritt in die Guomindang. Feng und Xu fuhren danach für einige Monate nach Moskau, wo sie u.a. über Waffenlieferungen verhandelten.
Als Feng im Herbst 1926 aus der Sowjetunion zurückkehrte und wieder den Befehl über die »Volksarmee« übernahm, hatte inzwischen der Nord-Feldzug begonnen, der die Macht der Warlords brechen sollte. Am Erfolg des Feldzugs hatte der Übertritt Fengs auf die Seite der Guomindang einen nicht geringen Anteil, brachte er doch 30 Divisionen mit. Diese Streitmacht – inzwischen zur 2. Armeegruppe mit Feng als Kommandeur reorganisiert – trug dann 1928 wesentlich zur Einnahme Pekings bei. Die Guomindang machte Feng daraufhin in der neuen Nationalregierung zum Kriegsminister und Stellvertretenden Vorsitzenden des Gesetzgebungs-Yuan. Gleichzeitig behielt er die militärische Kontrolle über die Provinzen Shaanxi, Gansu, Henan und Teile von Shandong.
Bald aber kam es zum Streit zwischen Feng und → Chiang Kai-shek, der Fengs militärische Macht beschneiden wollte. Deshalb sagte sich dieser 1929 von der Nationalregierung los. Damit verlor er seine Regierungsämter. Eine neuerliche Spaltung Chinas zeichnete sich ab. Feng verbündete sich mit anderen Armeeführern sowie der Fraktion der Reorganisatoren in der Guomindang unter → Wang Jingwei und gründete in Peking eine Gegenregierung. Diese hatte jedoch vor allem deshalb nur eine kurze Lebensdauer, weil die erhoffte Unterstützung durch → Zhang Xueliang ausblieb, den Kommandeur der in der Mandschurei stationier-

ten Truppen. Chiang Kai-sheks Verbände erwiesen sich als die stärkeren und zwangen 1930 die Gegenregierung zum Aufgeben.
Damit war Fengs militärische Macht gebrochen. Die Nationalregierung betraute ihn erneut mit Regierungsämtern, zuletzt 1932 mit dem Amt des Innenministers, von dem er jedoch nach zwei Monaten zurücktrat. Er ging nach Zhangjiakou (Kalgan), wo er im folgenden Jahr nach der Besetzung der Provinz Rehe (Jehol) durch japanische Truppen einen letzten Versuch unternahm, Militärführer zu werden: Er stellte die »Vereinigte Antijapanische Volksarmee« auf und zieh gleichzeitig die Nationalregierung mangelnder Aktivität gegen die japanischen Invasoren. Er mußte jedoch bald von seinen Plänen ablassen, weil die Nationalregierung sie nicht duldete.
Trotz seiner Unbotmäßigkeit ernannte die Nationalregierung ihn 1936 zum Stellvertretenden Vorsitzenden ihrer Kommission für Militärangelegenheiten. Nach Ausbruch des Chinesisch-Japanischen Krieges 1937 wurde Feng Mitglied des Obersten Nationalen Verteidigungsrates und schließlich Minister für Wasserwirtschaft. In dieser Eigenschaft sandte ihn die Regierung 1946 auf eine Studienreise in die USA. Dort bezeichnete er im folgenden Jahr Chiang Kai-shek in Reden als Hauptverantwortlichen für das Chaos in China, was seine sofortige Rückbeorderung zur Folge hatte.
Anfang 1948 gründete Li Jishen, ein einstiger Guomindang-General und wie Feng seit langem in Opposition zu Chiang Kai-shek, in Hongkong das »Revolutionskomitee der Guomindang«, eine Gegenpartei, die Feng sofort in ihr Zentralkomitee wählte, was seinen Ausschluß aus der Guomindang und die Entlassung aus allen Regierungsämtern nach sich zog.
Im Juli 1948 schiffte sich Feng in New York auf einem russischen Dampfer nach Odessa ein. Kurz vor dem Erreichen des Zielhafens brach am 1. September an Bord ein Feuer aus, in dem Feng umkam.

Fu Zuoyi 1895-1974 傅作义

1953

Fu Zuoyi ging im Januar 1949 mit seiner Guomindang-Armee zu den Kommunisten über, die daher Peking kampflos einnehmen konnten. In der neugegründeten Volksrepublik erhielt Fu dafür ein Ministeramt, das er fast zwei Jahrzehnte bekleidete.

Fu wurde 1895 im Kreis Linyi, Provinz Shanxi, geboren. Er begann seine militärische Ausbildung an einer lokalen Militärschule in Taiyuan, der Hauptstadt seiner Heimatprovinz. Bald aber wechselte er an die moderne Militärakademie in Baoding, hundert Kilometer südlich von Peking. 1925 graduierte er in der 6. Schulungsklasse dieser Akademie.

Danach trat Fu in die Armee des Warlords von Shanxi, Yan Xishan, ein, in der er in kurzer Zeit zum Kommandeur eines Regiments avancierte. 1926 wurde er erstmals bekannt, als er einen Angriff von Truppen des Warlords Feng Yuxiang auf Tianzhen in der Provinz Shaanxi zurückschlug. Fu wurde daraufhin zum General ernannt.

Hatte er bislang in Söldnerarmeen gedient, so erklärte er 1927 der Guomindang, die im Jahr zuvor den Nord-Feldzug begonnen hatte, seine Loyalität. Unmittelbar darauf nahm er mit seiner Division die ummauerte Stadt Zhuo auf halbem Wege zwischen Peking und Baoding ein, die er danach gegen den Warlord Zhang Xueliang zu verteidigen vermochte. Zhuo war von militärischer Bedeutung, weil die Stadt 50 Kilometer südlich von Peking an der wichtigen Eisenbahnlinie nach Nanjing liegt, die damit abgeschnitten wurde.

Kaum älter als dreißig Jahre, hatte Fu damit zum zweiten Mal militärischen Ruhm erworben, so daß ihm nicht nur die junge Guomindang-Armee, sondern auch die Nationalregierung Ehrungen zuteil werden ließ. Noch 1927 wurde er Mitglied der Militärkommission der Regierung und im folgenden Jahr Kommandeur der Garnison Tianjin sowie Kommandeur der 12. Division. 1929 erhielt er den Befehl über die 10. Armee, mit der er im folgenden Jahr Jinan besetzte.

Im China jener Zeit war es üblich, verdiente Militärführer auch mit zivilen Ämtern zu betrauen. So setzte ihn die Nationalregierung 1931 zum Gouverneur der Provinz Suiyuan ein und ernannte ihn zum Kommandeur der dort stationierten 7. Armee. Im gleichen Jahr besetzte Japan die Mandschurei und rief im folgenden den Marionettenstaat Manzhouguo aus. Von dort aus unternahmen japanische Truppen Vorstöße nach Nordchina und in die Innere Mongolei. Wiederum zeichnete sich Fu aus, als er 1933 einen solchen Vorstoß zurückwies. 1937, bei Ausbruch des Chinesisch-Japanischen Krieges, war Fu bereits einer der profiliertesten chinesischen Armeegeneräle. Während des Krieges war er in Nordchina stationiert. Als Stellvertretender Komman- deur der 8. Kriegszone und Kommandeur der 7. Armeegruppe zeichne- te er sich 1939 erneut durch ein erfolgreiches Unternehmen gegen di Japaner im Westen der Provinz Suiyuan aus.

Nach dem Ende des Chinesisch-Japanischen Krieges schaltete Fu ir Suiyuan die kommunistischen Streitkräfte unter → He Long aus un wurde zum Kommandeur der 12. Kriegszone ernannt. 1946 vernichtet er eine kommunistische Armee bei Zhangjiakou (Kalgan). Daraufhir erhielt er zusätzlich zu Suiyuan die Provinz Chahar als Gouverneur 1947 wurden die 11. und 12. Kriegszone zum »Nordchina-Hauptquar- tier zur Bekämpfung der Banditen« reorganisiert (mit »Banditen« warer die Kommunisten gemeint). Fu wurde zum Kommandeur ernannt un in Peking stationiert. Im Dezember 1948 erlitten seine Streitkräft erstmals eine Niederlage durch kommunistische Kampfverbände.

Zu dieser Zeit war der Sieg der Kommunisten absehbar geworden. Einen Monat später ging Fu zu ihnen über und übergab ihnen Pekin kampflos. Sein Frontwechsel öffnete den kommunistischen Truppen die von der Mandschurei aufgebrochen waren, den Weg nach Zentral Südchina.

Zum Dank erhielt Fu mit der Gründung der Volksrepublik China im Oktober 1949 das Ministerium für Wasserwirtschaft, das er bis 197 behalten sollte, nachdem es in Ministerium für Wasserwirtschaft un Energie umbenannt worden war. Hinzu kamen weitere Ämter. 196 wurde Fu Stellvertretender Vorsitzender der Politischen Konsultativ konferenz des Chinesischen Volkes. Fu überstand sogar die Kulturrevo- lution unbeschadet.

Fu starb am 19. April 1974. Seine Frau Liu Yunsheng wurde noch 198 als Abgeordnete der Stadt Tianjin zum 6. Nationalen Volkskongre wiedergewählt.

Guo Moruo 1892-1978 郭沫若

910

912

Jm 1965

Guo gehört zur ersten Schriftstellergeneration des modernen China. Als einziger Schriftsteller der Volksrepublik China stieg er in hohe Partei- und Regierungsämter auf, unangefochten selbst in der Zeit der Kulturrevolution.

Guo Moruo wurde 1892 unter dem Namen Guo Kaizhen im Kreis Leshan, Provinz Sichuan, am Fuße des Gebirgsmassivs geboren, das den Ostrand des Himalaja bildet. Sein Vater war Großgrundbesitzer und Kaufmann. Als Kind erhielt Guo Moruo zunächst eine klassische chinesische Ausbildung. Von 1906 bis 1913 besuchte er dann vier Schulen in seiner Heimatprovinz. Eine von seinen Eltern 1912 arrangierte Heirat hatte nur eine Woche lang Bestand. 1914 ging Guo zur Fortsetzung seiner Studien nach Japan und beendete diese 1923 an der Kaiserlichen Kyushu-Universität mit einem medizinischen Examen, ohne danach jemals als Arzt zu wirken. Daneben erlernte Guo die englische und deutsche Sprache und befaßte sich zudem mit dem Lateinischen. 1916 ging er mit der japanischen Krankenschwester Satō Komiko eine Verbindung ein, die bis 1937 bestand und aus der fünf Kinder hervorgingen.

Guos vielseitiges literarisches Schaffen begann 1917 mit Übersetzungen von Gedichten des von ihm verehrten indischen Dichters Rabindranath Tagore. 1919 erschien seine erste Erzählung, der sehr bald eine Vielzahl weiterer Publikationen folgte, zumeist Lyrik. Seine 1921 erschienene Gedichtsammlung *Göttinnen* machte ihn in der literarischen Welt des damali-
;en China über Nacht berühmt als führenden Vertreter der modernen
.yrik – vielleicht weil in ihr u.a. eine Symbiose vollzogen wurde
,wischen chinesischer Mythologie und der Romantik westlicher Dich-
er, deren gestaltete Gefühlswelt die fortschrittliche Intelligenz Chinas
aszinierte, die auf der Suche nach der eigenen Existenz war. *Göttinnen*
rschien in der Publikationsreihe der »Schöpfungsgesellschaft«, die Guo
nit einigen anderen in Japan lebenden chinesischen Schriftstellern
egründet hatte, darunter auch → Yu Dafu.

'olitisches Engagement entwickelte Guo relativ spät. Ein dandyhaftes
.eben führend, das er sich aufgrund des Reichtums seiner Sippe leisten
.onnte, hatte er sich anfangs um das politische Schicksal seines Landes

1927: Während des Nord-Feldzugs

kaum gekümmert. Dies änderte sich erst 1924, als er sich dem Marxismus zuwandte – von ihm selbst als Wendepunkt seines Lebens bezeichnet. 1925 erschienen erste Artikel von ihm, die Dokumente marxistischen Bekenntnisses sind.

In der Zeit seines Studienaufenthalts in Japan hat Guo mehrfach seine Heimat besucht. 1925 schloß er sich der Guomindang an, die ihn im folgenden Jahr während des Nord-Feldzugs als Politoffizier einer Armee bestellte. Nach dem Bruch zwischen Guomindang und KP Chinas kam es 1927 zum Nanchang-Aufstand, bei dem sich linksorientierte Truppenführer mit ihren Streitkräften gegen die Truppen der Guomindang stellten. Guo traf zu diesem Aufstand verspätet ein. Bezeichnend jedoch ist, daß er in Abwesenheit in das von den Aufständischen geschaffene Revolutionskomitee nominiert wurde. Der Nanchang-Aufstand scheiterte zwar, doch war er für Guo Anlaß für seinen Beitritt zur KPCh. (Wahrscheinlich entsagte er wenig später dieser Mitgliedschaft und wurde erst 1958 wieder aufgenommen.) Schon Anfang 1928 jedoch zog sich Guo enttäuscht nach Japan zurück, wo er ein Jahrzehnt bleiben sollte – das wissenschaftlich reichste seines Lebens.

Nach Ausbruch des Chinesisch-Japanischen Krieges im Jahre 1937 kehrte Guo sofort nach China zurück und stellte sich in den Dienst der geistigen Abwehrfront gegen die japanische Aggression. Zusammen mit → Mao Dun und 40 ande-

1932: Mit seiner Frau und deren Kindern

ren Schriftstellern gründete er die »Widerstandsgesellschaft der Kunst- und Literaturschaffenden«. Zur gleichen Zeit stellte ihn die Nationalregierung als Direktor der Unterabteilung Propaganda in der Abteilung für Politische Ausbildung ein, die dem nationalen Militärrat untergeordnet war und ab Ende 1938 ihren Sitz in Chongqing (Chungking), Provinz Sichuan, hatte. Zwar war es 1937 zwischen der Guomindang und den Kommunisten zur gemeinsamen Bekämpfung der Japaner zu einer Einheitsfront gekommen, doch kühlte sich diese Gemeinsamkeit sehr bald ab. Im gleichen Maße schwächte sich zwangsläufig die Position des linksorientierten Guo Moruo: 1940 verlor er seinen Posten in der Unterabteilung Propaganda und wurde zum Leiter des weit weniger einflußreichen Komitees für Kulturarbeit nominiert – eine Position, die ihm weitgehenden Freiraum für das eigene literarische Schaffen bot. Inzwischen hatte er auch Yu Liqun geheiratet, mit der er wiederum vier Kinder haben sollte.

Nach der Kapitulation Japans 1945 setzte sich Guo intensiv, wenn auch erfolglos, für einen Ausgleich zwischen der Nationalregierung und den Kommunisten ein. Wie andere Linksintellektuelle sah sich auch Guo in zunehmendem Maße Repressionen der Nationalregierung ausgesetzt, die ihn Ende 1947 zwangen, sich nach Hongkong abzusetzen. Ein Jahr später, nachdem die kommunistischen Kampfverbände von ihrer Ausgangsbasis in der Mandschurei zur Vernichtung der Guomindang aufgebrochen waren, begab Guo sich dorthin. Damals war am Sieg der Kommunisten schon nicht mehr zu zweifeln.

Guos Aufstieg unter dem neuen Regime vollzog sich kometenhaft: Mit Gründung der Volksrepublik im Oktober 1949 wurde er Stellvertretender Ministerpräsident und Vorsitzender des Kultur- und Erziehungsrates der Regierung (bis 1954), nachdem er kurz zuvor bereits den Vorsitz im Verband der Literatur- und Kunstkreise erhalten hatte, den er zeitlebens behalten sollte. Im November 1949 wurde Guo zum Präsidenten der Akademie der Wissenschaften ernannt – eine Position, die er ebenfalls bis zu seinem Tod bekleidete. Aus der Vielzahl seiner weiteren Funktionen seien nur die wichtigsten genannt: 1950: Vorsitzender der chinesischen Sektion des Weltfriedensrates; 1954: Stellvertretender Vorsitzender des Nationalen Volkskongresses, was er ebenfalls zeitlebens blieb; 1955: Stellvertretender Vorsitzender des Weltfriedensrates (bis 1962); 1958: Präsident der neugegründeten Pekinger Wissenschaftlich-Technischen Universität (bis 1964). Seine prominente Position in der chinesischen Führung spiegelt sich auch darin wider, daß er bis 1964 rund vierzig Delegationen ins Ausland leitete. Der Höhepunkt seiner politischen Laufbahn war 1969 seine Wahl zum Mitglied des Zentralkomitees der KPCh. Auch diese Position behielt er bis zu seinem Tode bei.

Einer der Gründe dafür, daß Guo Moruo als einziger der ersten Schriftstellergeneration des modernen China nicht nur die Kulturrevolution unbeschadet überstand, sondern überdies in das ZK der KPCh aufgenommen wurde, mag seine Beziehung zu seinem Dichterkollegen → Mao Zedong sein: In den Jahren 1961–1963 war es zwischen Mao und Guo zu einem Austausch von aufeinander bezugnehmenden Gedichten gekommen, dem die Medien große Aufmerksamkeit widmeten – ein Vorgang, der das Eingebundensein auch der modernen chinesischen Literatur in klassische Traditionen aufzeigt. Ein weiterer Grund mag darin liegen, daß Guo zu Beginn der Kulturrevolution → Jiang Qing, die Frau Mao Zedongs, in einem Gedicht ein hervorragendes und zur Nachfolge zu empfehlendes Vorbild nannte. Überdies forderte er selbst die Verbrennung seines gesamten Œuvre, weil es »nicht den Ideen Mao Zedongs« entspreche.

Nach dem Sturz der »Viererbande«, an deren Spitze Jiang Qing stand, bezeichnete er diese dann allerdings 1976 in einem neuen Gedicht als »politischen Banditen«, die 10000 Tode erleiden solle.

So blieb Guo Moruo über den Tod hinaus offiziell hoch geehrt.

Er starb am 12. Juni 1978.

Schriften (Auswahl):

1921: *Göttinnen* (Gedichtsammlung); 1923: *Sternenhimmel* (Gedichtsammlung); 1926: *Die Olive* (autobiographische Erzählungen), *Abgefallene Blätter* (Briefroman), *Turm* (Erzählungen), *Drei rebellische Frauen* (Drama); 1927: *Die Vase* (Gedichtsammlung); 1929: *Kindheit;* 1930: *Untersuchungen zur Geschichte des alten China, Die schwarze Katze* (Autobiographie); 1938: *Stimme des Krieges* (Gedichte); 1942: *Qu Yuan* (Drama); 1943: *Auf dem Nord-Feldzug* (Autobiographie); 1947: *Unterirdisches Gelächter* (Erzählungen); 1948: *Lied der Wellen* (Autobiographie), *Zikaden* (Gedichte); 1953: *Zur Ehre des neuen China* (Gedichtsammlung); 1957: *Hundert Blumen blühen* (Gedichte); 1959: *Cai Wenji* (Drama); seit 1982 erscheinen die ersten Bände seines Gesamtwerks, das einen Umfang von 38 Bänden haben wird.

Übersetzungen:
Goethe, *Die Leiden des jungen Werther* (1922), 13 Gedichte (1927), *Faust 1. Teil* (1928; wiederholt überarbeitet), *Faust 2. Teil* (1953; unvollständig); Schiller, *Wallenstein* (1926), 2 Gedichte; Heine, 3 Gedichte; Klopstock, *Die Frühlingsfeier;* Storm, *Immensee* (1921), Gedichte; Hauptmann, *Der Ketzer von Soana* (1926); Nietzsche, *Also sprach Zarathustra* (1928; teilweise); Marx, *Kritik der Politischen Ökonomie* (1931) u. a.; Engels, verschiedene Werke; Kawakami, *Sozialorganisation und Sozialrevolution;* Turgenjew, *Jungfräuliche Erde;* Galsworthy, *Hader;* Sinclair, *König Kohle* (1928), *Der Sumpf* (1929), *Petroleum* (1930); Tolstoi, *Krieg und Frieden* (1931).

He Long 1896-1969 賀龙

1924

1936

1958

1966

Unter den zehn Marschällen der Volksbefreiungsarmee war He Long der Typ des Haudegens. Trotz seiner Verdienste in der Revolutionszeit wurde er in der Kulturrevolution verstoßen und starb 1969, ohne daß sein Tod offiziell angezeigt wurde.

He Long wurde 1896 im Dorf Hongjiaguan des Kreises Sangzhi, Provinz Hunan, geboren. Sein Vater, ein niederer Berufsoffizier, gehörte der Geheimgesellschaft der »Älteren Brüder« (Gelao hui) an, deren Gründung in die Anfangszeit der Qing-Dynastie zurückreicht. He Long erhielt keine schulische Ausbildung. Nach unbestätigten Meldungen wurde einer seiner Onkel 1916 von einem Magistratsbeamten wegen Steuervergehens getötet. Um den Onkel zu rächen, ermordete He Long diesen Beamten. Solchermaßen geächtet, scharte er eine Banditengruppe um sich – ein in der chinesischen Geschichte nicht seltener Vorgang, wobei sich diese Banditen vom Typ Robin Hoods hohen Ansehens beim niederen Volk erfreuten.

Einige Jahre später gelang es He Long, seine »Bande« in eine in seiner Heimatprovinz stationierte Armee einzubringen, in der er bald zum Kommandeur einer Division avancierte und 1925 eine kleine Garnison befehligte. In dieser Zeit kam He Long erstmals in Verbindung zur Kommunistischen Partei Chinas und zur Guomindang. Er trat in die Nationale Revolutionäre Armee ein und befehligte zu Beginn des Nord-Feldzugs, mit dem die Nationalregierung den Einfluß der Warlords in Nordchina brechen wollte, im Alter von 30 Jahren deren 20. Armee. Diese bildete danach im Jahr 1927 die Hauptstreitmacht jener Verbände, deren kommunistische Führer den Nanchang-Aufstand gegen die von → Chiang Kai-shek befehligten Nationalen Streitkräfte inszenierten. Nach dem Scheitern dieses Aufstandes und weiteren Niederlagen während der folgenden Absetzbewegung sah sich He Long – zusammen mit → Liu Bocheng – Ende 1927 zur Flucht nach Hongkong gezwungen. Im folgenden Jahr beorderte ihn die Partei in die Provinz Hubei, wo es ihm binnen zweier Jahre gelang, von einem kleinen Häuflein Soldaten ausgehend das 2. Rote Armeekorps aufzustellen.

Während die Hauptkräfte der Kommunisten im Herbst 1934 zum Langen Marsch aufzubrechen gezwungen waren, vermochte sich He Long noch ein Jahr in den Provinzen Guizhou und Hunan zu halten. Inzwischen war sein Korps durch andere Einheiten, die zu ihm gestoßen waren, verstärkt und zur 2. Frontarmee umgebildet worden. Diese Armee von 40000 Mann brach ein Jahr nach den Hauptkräften zum Langen Marsch auf und vereinigte sich mit ihnen 1936 in der Provinz Shaanxi.

Nach Ausbruch des Chinesisch-Japanischen Krieges 1937 kam es zu einer Einheitsfront zwischen den kommunistischen und den nationalchinesischen Streitkräften, bei der die in Nordchina stationierten kommunistischen Verbände als 8. Marscharmee nominell dem Oberbefehl der letzteren unterstellt wurden. Diese Armee war in drei Divisionen unterteilt, von denen eine, die 120., von He Long befehligt, ein Jahr später in der Schlacht von Chenzhuang einen damals sehr beachteten Sieg davontrug.

Im »Befreiungskrieg«, wie die Kämpfe gegen die Nationalregierung heute in der Volksrepublik China offiziell genannt werden, befehligte He Long anfangs die Militärregion Nordwest-China. 1949 wurden seine dort stationierten Streitkräfte in 1. Feldarmee umbenannt, die im Verlaufe der folgenden Kampfhandlungen bis nach Südwest-China vorstieß. 1950 wurde He Long Kommandeur der Militärregion Südwest-China und damit Statthalter über die Provinzen Sichuan, Guizhou und Yunnan. Aus dem einstigen Banditenführer war einer der mächtigsten Militärs Chinas geworden. Im gleichen Jahr organisierte er auch die Besetzung Tibets.

Waren He Longs militärische Verdienste schon dadurch ausgezeichnet worden, daß ihn der 7. Parteikongreß 1945 zum Mitglied des Zentralkomitees gewählt hatte, so fanden sie mit seiner Wahl zum Mitglied des Politbüros des 8. ZK 1956 eine weitere Würdigung, nachdem er ein Jahr zuvor überdies zu einem der zehn Marschälle der Volksbefreiungsarmee ernannt worden war. 1954 gab er seine militärischen Posten ab, als er zum Stellvertretenden Ministerpräsidenten und zum Minister der Kommission für Körperkultur und Sport ernannt wurde. Beides war er bis zur Kulturrevolution, der er zum Opfer fallen sollte.

Das Ende dieses verdienten Heerführers der kommunistischen Revolution kann schmählicher kaum gedacht werden: Nach Aussagen seiner Witwe wurden ihm, dem Diabetiker, die Medikamente entzogen. Er selbst sagte dazu: »Das ist ein Mord ohne Blutvergießen.« Am 9. Juni 1969 starb er einsam und unbeachtet von der Öffentlichkeit. 1974 wurde er durch ein Dekret des Zentralkomitees der KPCh offiziell rehabilitiert.

Hu Feng 1903- 胡风

1945?

1983

Hu Feng war ein namhafter Lyriker, Essayist und Literaturkritiker, der in den dreißiger Jahren eng mit Lu Xun zusammenarbeitete. Als nonkonformistischer Marxist wurde er 1955 von der KP Chinas zum Konterrevolutionär erklärt und während des folgenden Vierteljahrhunderts eingekerkert. 1981 wurde er rehabilitiert.

Hu Feng wurde 1903 im Kreis Yidu, Provinz Hubei, unter dem Namen Zhang Gufei geboren, wuchs jedoch im Kreis Qichun im Ostzipfel derselben Provinz auf. Sein Vater war ein ungelernter Arbeiter, der jedoch immerhin so viel verdiente, daß er ihm eine späte Schulausbildung ermöglichen konnte. 1924 trat Hu Feng in die Kommunistische Jugendliga ein. Im folgenden Jahr nahm er an den Demonstrationen am 30. Mai teil. 1928 ging er nach Japan. Dort begann er, Artikel zu politischen und sozialen Themen zu schreiben. Nach der Teilnahme an kommunistischen Demonstrationen wurde er 1933 des Landes verwiesen.

1934 schloß sich Hu Feng in Shanghai der zwei Jahre zuvor gegründeten Liga linksgerichteter Schriftsteller an. Zu dieser Zeit war in der Liga ein heftiger Richtungskampf entbrannt. Auf der einen Seite standen um → Lu Xun – und damit auch Hu Feng– die Schriftsteller, die ästhetische Werte und individuelle Kreativität zum Wesen der Literatur erhoben, auf der anderen jene Theoretiker, nach deren Meinung Literatur Mittel des Klassenkampfes zu sein hatte und deren vehementester Repräsentant → Zhou Yang war. Tatsächlich aber ging es um Grundsatzfragen: Die Sowjetunion war damals für die chinesischen Kommunisten Vorbild. Bemerkenswert ist nur, daß kein Dichter jener Zeit diese Auffassung teilte. Sie wurde ausschließlich von Literaturkritikern vertreten, von Leuten also, die – ohne selbst literarische Kunstwerke zu schaffen – dennoch das Schicksal der Literatur und der Literaten bestimmen sollten.

Nach Ausbruch des Chinesisch-Japanischen Krieges, in dessen Anfangsphase Shanghai besetzt wurde, ging Hu Feng nach Chongqing (Chungking), dem neuen Sitz der Nationalregierung. Dort gründete er 1945 die Zeitschrift »Hoffnung«. Inzwischen hatte → Mao Zedong seine richtungweisenden *Reden über Literatur und Kunst* veröffentlicht, die unmißverständlich den Primat der Politik behaupteten. Hu Feng benutzte seine Zeitschrift nicht zuletzt als Instrument, seine Auffassung der Lehre Maos entgegenzustellen. Schon das erste Heft enthielt einen Artikel mit dem Titel »Über den Subjektivismus«, der für seine Thesen warb.

Hu Feng betrachtete seine Auseinandersetzung mit der offiziellen Parteidoktrin zunächst als geistigen Wettstreit. Er polemisierte nicht, sondern versuchte zu überzeugen, wobei er davor warnte, dem Beispiel der Sowjetunion zu folgen, wo gerade Majakowski und Mandelstam ausgeschaltet worden waren.

Trotz seiner durchaus nicht parteikonformen Haltung wurde Hu Feng wenige Monate vor der Gründung der Volksrepublik China zum Mitglied des Ständigen Komitees des Verbandes für Literatur- und Kunstkreise gewählt. 1950 wurde er sogar – wenn auch in untergeordneter Funktion – zum Mitglied des Militär- und Verwaltungsrates für Ostchina und dessen Kultur- und Erziehungsrates in den Verwaltungsapparat des Landes ernannt.

Doch obwohl er in mehreren Gedichten Mao Zedong gerühmt hatte, begannen 1951 die ersten Angriffe gegen Hu Feng. Als er schließlich im Juli 1954 in einem Schreiben an das Zentralkomitee der KPCh deren Literaturpolitik als steril bezeichnete und sich für eine Änderung einsetzte, besiegelte er damit gleichsam selbst sein Schicksal. Anfang 1955 sah er sich im Mittelpunkt einer Kampagne, deren Wortführer wiederum Zhou Yang war. Im Mai wurde er im Parteiorgan »Volkszeitung« als Konterrevolutionär bezeichnet. Hu Feng begriff, daß er damit als Verbrecher abgestempelt war und schrieb sofort eine Selbstkritik, die indessen von der Partei nicht angenommen wurde. Im Juli 1955 wurde er aller Posten enthoben und inhaftiert. Die nächsten zwölf Jahre verbrachte er im Gefängnis, weitere zwölf danach in einem Arbeitslager in der Provinz Sichuan.

Erst 1979 – drei Jahre nach dem Tode Mao Zedongs und dem Sturz der »Viererbande« – wurde er wieder befreit. 1981 offiziell rehabilitiert, wurde er noch im gleichen Jahr zum Mitglied des Ständigen Komitees der Politischen Konsultativkonferenz des Chinesischen Volkes und zum Berater des Schriftstellerverbandes gewählt. Ein Jahr später wurde er Mitglied des Verbandes für Literatur- und Kunstkreise, dessen Vorsitzender zu dieser Zeit erneut Zhou Yang war. Aber die Rehabilitierung war ohnehin bloß nominell: Hu Feng war aus der Haft als Geistesgestörter zurückgekehrt.

Hu Qiaomu 1912- 胡乔木

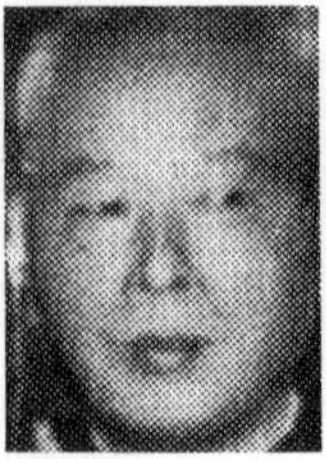

1961

1980

Hu Qiaomu gehört zu den profiliertesten Kultur- und Propagandafunktionären der Kommunistischen Partei Chinas. Seit 1982 ist er Mitglied des Politbüros.

Hu wurde 1912 im Kreis Yancheng, Provinz Jiangsu, geboren. Sein Vater, ein reicher Landbesitzer, war eine Zeitlang Mitglied des Parlaments in Peking. Nach dem Besuch der Mittelschule studierte Hu von 1930 bis 1932 Physik an der Pekinger Qinghua-Universität. Danach besuchte er ein weiteres Jahr lang die Zhejiang-Universität in Hangzhou. Ohne Studienabschluß schloß er sich 1935 der KPCh an, die zu dieser Zeit noch immer teilweise im Untergrund von Shanghai tätig war.

1937, nach Ausbruch des Chinesisch-Japanischen Krieges, ging Hu nach Yan'an, dem Zentrum der Kommunisten nach dem Langen Marsch. Hier wurde er mit Aufgaben im Bereich der Jugendarbeit betraut. In den kommenden Jahren wirkte er sowohl an der Kaderschule für Jugendliche als auch als Schriftleiter der Zeitung »Chinesische Jugend«. Um 1942 erfuhr seine Karriere eine entscheidende Wende: Er wurde Politischer Sekretär → Mao Zedongs.

Im Sommer 1949 wurden die Führungsmannschaften der beiden kommunistischen Jugendorganisationen, der Neudemokratischen Jugendliga und des Demokratischen Jugendverbandes, neu bestimmt. In der ersteren erhielt Hu, damals 27 Jahre alt, einen Sitz im Zentralkomitee, im letzteren einen Sitz im Nationalkomitee. Noch wichtiger aber war seine Wahl zum Vorsitzenden des Vorbereitenden Komitees für den Journalistenverband. Damit war der Schwerpunkt seiner Tätigkeit in den kommenden Jahren bestimmt. Mit Gründung der Volksrepublik China im Oktober 1949 erfolgte seine Ernennung zum Mitglied und Generalsekretär des Kultur- und Erziehungsrates beim Regierungs-Verwaltungsrat sowie zum Direktor der Presseverwaltung. Für wenigstens ein Jahr war er danach hauptverantwortlich für das Parteiorgan, die Pekinger »Volkszeitung«, sowie für das Regierungsorgan, die Nachrichtenagentur Xinhua. Zugleich wurde er Stellvertretender Direktor der Propagandaabteilung im Zentralkomitee der KPCh.

1951 veröffentlichte Hu das Buch *Dreißig Jahre Kommunistische Partei Chinas*, von dem innerhalb eines Jahres fast drei Millionen Exemplare verkauft wurden. Zwar ist es ein parteiisches Buch, in dem etwa Parteiführer der Frühzeit wie → Chen Duxiu und → Li Lisan als

Abweichler von einer Parteilinie hingestellt werden, die in Wirklichkeit erst später verbindlich festgelegt worden war, aber zur Zeit seines Erscheinens mußte das Buch schon deshalb zum Bestseller werden, weil die Mehrheit der Bevölkerung Chinas über die Geschichte der Partei nur wenig wußte und ein großes Bedürfnis hatte, die neuen Führer kennenzulernen.

Zwar war Hu in den folgenden Jahren auch an der Ausschaltung mißliebiger Personen beteiligt, doch widmete er sich vornehmlich der Reform der chinesischen Schrift. Schon vor Gründung der Volksrepublik hatten sich führende Köpfe Chinas mit diesem Problem befaßt: Die Radikalen strebten eine Latinisierung der chinesischen Schrift an, die Konservativen begnügten sich mit einer Vereinfachung der Schriftzeichen. Die Regierung der Volksrepublik China gründete mehrere Organe, die sich mit diesem Problem befaßten. In allen wirkte Hu mit.

Der 8. Kongreß der KPCh wählte Hu 1956 zum Mitglied des Zentralkomitees sowie zum Kandidaten des ZK-Sekretariats. In den folgenden Jahren war er vornehmlich mit der Wahrnehmung der Kontakte zu den kommunistischen Bruderparteien beauftragt. In dieser Funktion begleitete Hu 1957 Mao Zedong und 1960 → Liu Shaoqi in die Sowjetunion.

Wie die meisten anderen Funktionäre des Propaganda- und Kulturapparates wurde Hu während der Kulturrevolution in einer öffentlichen »Kritikdemonstration« im Januar 1967 zum Konterrevolutionär erklärt und aller Posten enthoben. Über sein Schicksal während der folgenden Jahre ist offiziell nichts bekannt.

Hu tauchte 1974 erstmals wieder auf; erst nach dem Sturz der »Viererbande« wurde er jedoch wieder mit Führungsaufgaben betraut: 1978 wurde er Mitglied des Ständigen Komitees des Nationalen Volkskongresses (bis 1983) sowie Präsident der Akademie für Sozialwissenschaften (bis 1982). Im gleichen Jahr erfolgte seine Nachwahl zum Mitglied des Zentralkomitees der KPCh. Kaum rehabilitiert, hielt Hu bereits im Juli 1978 eine richtungweisende Rede vor dem Staatsrat über das Thema »Nach den wirtschaftlichen Gesetzmäßigkeiten vorgehen, die Vier Modernisierungen schneller verwirklichen«, obwohl → Deng Xiaoping erst fünf Monate später auf dem 3. Plenum des 11. Zentralkomitees die Führung der Partei übernahm.

1980 wurde Hu Mitglied des Sekretariats der Partei (bis 1982) und 1982 schließlich Mitglied des Politbüros, wo er seitdem für Fragen der Ideologie zuständig ist.

Schriften (Auswahl):
1951: *Dreißig Jahre Kommunistische Partei Chinas*

Hu Shi 1891-1962

胡适

Um 1935

Um 1945

Hu Shi war einer der großen geistigen Führer der revolutionären Intellektuellen, die Chinas Weg in die Moderne entscheidend mitbestimmten. Er widersetzte sich mehrfachen Aufrufen zur Annahme politischer Ämter. 1948 verließ er China und emigrierte in die USA. 1958 ging er nach Taiwan, wo er 1962 starb.

Hu Shi wurde 1891 in Shanghai geboren. Seine früheste Kindheit verbrachte er in Taiwan, wohin sein Vater als Staatsbeamter versetzt worden war. Nach dessen Tod 1895 und der Rückkehr aufs Festland übernahm ein Onkel am Familiensitz im Kreis Zhixi, Provinz Anhui, Hu Shis Erziehung. Nach eigenen Angaben war er sehr lernbegierig: Schon ehe im Alter von vier Jahren seine klassische Ausbildung begann, beherrschte Hu Shi tausend chinesische Schriftzeichen. Von 1904 bis 1908 besuchte er dann verschiedene moderne Schulen in Shanghai. Seine inzwischen verarmte Familie konnte schließlich für seine Ausbildung nicht mehr aufkommen, so daß er sich gezwungen sah, seinen Lebensunterhalt mit Englischunterricht zu verdienen. 1910 bewarb er sich um ein »Boxer-Schadensersatz-Stipendium«, zu dem sich die Regierung Chinas ein Jahrzehnt zuvor verpflichtet hatte. Hu Shi bestand das Ausleseverfahren und ging in die USA.

Dort studierte er zunächst am Landwirtschafts-College der Cornell-Universität. 1912 wechselte er zum College für Kunst und Wissenschaft über, wo er Philosophie als Hauptfach belegte. Zwei Jahre später bestand er die Magisterprüfung. Angezogen von den Schriften John Deweys, ging Hu Shi 1915 an die Columbia-Universität in New York und gewann John Dewey als Doktorvater für seine Dissertation mit dem Thema *Die Entwicklung der logischen Methode im alten China,* mit der er 1917 promovierte. Danach kehrte Hu Shi nach China zurück.

Hatte Hu Shi bereits vor seinem Aufenthalt in den USA durch die Lektüre verschiedener Werke von Huxley, Mill und Montesquieu der konfuzianischen Ethik gegenüber eine gewisse Skepsis entwickelt, so bewirkte sein Studium die endgültige Abkehr von dieser Tradition. Bemerkenswert ist, daß er sich schon als Student gegen jedweden politischen Radikalismus wandte. Er erlebte den Ersten Weltkrieg in den Vereinigten Staaten. Selbst die damaligen Machenschaften eines → Yuan Shikai vermochten seine zutiefst pazifistische Grundhaltung nicht zu erschüttern. Damit war er unter seinen gleichaltrigen Zeitgenossen, die meist radikale Lösungen zur Verbesserung des Schicksals ihres Volkes anstrebten, eine Ausnahme. Überzeugt von der experimentalistischen Philosophie Deweys, glaubte Hu Shi in ihr ein Rezept auch für die kulturelle und soziale Erneuerung seines Landes gefunden zu haben. Er wollte niemals Kämpfer, sondern Werber für Ideen werden. Deshalb stieß ihn beispielsweise die Russische Oktoberrevolution eher ab. Schon 1919 verwarf er den Marxismus als dogmatisch und unhaltbar, weil dieser seiner Ansicht nach auf Annahmen basierte, die einer kritischen Prüfung nicht standhalten.

Hu Shi war der erste Chinese, der begann, Gedichte in der Umgangssprache zu schreiben. Damit läutete er 1916 die literarische Revolution ein. Im gleichen Jahr – damals war er noch immer Student in den USA – entwickelte er seine Thesen für eine neue Literatur. Ihnen zufolge sollte sich diese u.a. durch einfache und verständliche Formen und einen originellen Inhalt auszeichnen. Damit beeinflußte Hu Shi die erste Generation der modernen Literaten seines Landes und wurde so zum eigentlichen Schöpfer einer volkssprachlichen chinesischen Literatur.

Von 1917 bis 1926 lehrte er an der Peking-Universität Philosophie. Im ersten Jahr seiner Lehrtätigkeit veröffentlichte Hu Shi seine bereits in den USA verfaßten Thesen unter dem Titel »Vorschläge für eine literarische Reform«. Sie erschienen in → Chen Duxius Zeitschrift »Neue Jugend« und fanden ein breites Echo. Bald folgten »Über die historische Literaturauffassung« und »Über eine konstruktive Revolution in der Literatur«. 1920 veröffentlichte er mit *Experimente* einen Gedichtband in der Umgangssprache, der junge Literaten zur Nachahmung anspornte.

Mit der Peking-Universität als Zentrum entwickelte sich eine Avantgarde revolutionärer Intellektueller, für die die Revolution in der Literatur lediglich Teil der Abkehr von der konfuzianischen Tradition war. Zu dieser fortschrittlichen Gruppe gehörten neben Hu Shi → Li Dazhao, Chen Duxiu, den Brüdern Zhou Zuoren und Zhou Shuren (→ Lu Xun) u.a. auch Qian Xuantong.

1919 kam John Dewey zu einer zweijährigen Lehrtätigkeit nach China. Hu Shi, sein inzwischen berühmter Schüler, assistierte ihm dabei und diente ihm als Dolmetscher. Einen besseren konnte Dewey nicht finden, war Hu Shi doch ein überzeugter Anhänger seiner experimentalistischen Philosophie. 1922 brachte Hu Shi mit anderen die Zeitschrift »Bestreben« heraus, die sich vornehmlich für politische Reformen einsetzte. Aber schon nach einem Jahr stellte sie ihr Erscheinen ein, weil sich die Herausgeber zerstritten hatten.

1926 folgte Hu Shi einer Einladung zu Gastvorlesungen in Großbritannien und den USA. Dorthin reiste er über die Sowjetunion. Was er dort sah, bestärkte ihn in seiner Ablehnung des Marxismus. 1927 kehrte er nach China zurück und lehrte während der nächsten drei Jahre Philosophie an der Guanghua-Universität in Shanghai. 1930 wurde Hu Shi Leiter des Büros für Kompilation und Übersetzungen bei der Stiftung zur Förderung von Kultur und Erziehung, einer staatlichen Einrichtung in Peking. Im folgenden Jahr übernahm er die Leitung des College für Geisteswissenschaften an der Peking-Universität, die er bis 1937 behielt. Danach ging er erneut zu Gastvorlesungen in die USA und nach Europa.

Zwei Jahrzehnte lang hatte Hu Shi damit das Geistesleben Chinas bereits entscheidend mitbestimmt, doch von nun an verlief die politische Entwicklung in einer Richtung, die nicht seinen humanistisch-pazifistischen Vorstellungen entsprach: Der Befürworter einer politischen Evolution wurde von den Revolutionären beiseite geschoben und geriet so ins Abseits.

Seine Ernennung zum Botschafter Chinas in den USA, die ihn 1938 in Frankreich erreichte, entsprach, so ehrenvoll sie auch war, gewiß nicht seinen Intentionen. Nach dem Ausbruch des Chinesisch-Japanischen Krieges 1937 versicherte sich die chinesische Regierung auf diese Weise jedoch seiner als eines anerkannten Wissenschaftlers und Befürworters westlicher Ideen, um einen Fürsprecher in Washington zu haben. Hu Shi blieb bis 1942 Botschafter. Danach wirkte er bis 1946 als Berater der chinesischen Regierung in Washington, eine Zeit, die er auch zur Forschung und Lehre nutzte.

Mitte 1945 wurde Hu Shi zum Präsidenten der Peking-Universität ernannt, doch kehrte er erst ein Jahr später nach Peking zurück. Dies offenbart sein ambivalentes Verhältnis zur Nationalregierung. Schon 1927 hatte er die Guomindang reaktionär genannt. An seiner Einstellung hatte sich inzwischen nichts geändert. Es widersprach Hu Shis Einstellung, einer politischen Partei beizutreten oder Regierungsämter anzunehmen. (Der Botschafterposten in den USA war eine Ausnahme, die er in Kauf nahm, weil er sich im Krieg einer vaterländischen Pflicht nicht entziehen wollte.) Als Hu Shi 1948 von → Chiang Kai-shek aufgefordert wurde, sich als Kandidat für die Wahl des Staatspräsidenten zur Verfügung zu stellen, lehnte er ebenso ab wie einige Monate später, als man ihm anbot, Ministerpräsident zu werden.

Wenig später wurde Peking von den Kommunisten erobert. Mit diesen verband Hu Shi noch weniger als mit der Guomindang. Kurz zuvor war er daher in die USA ins Exil gegangen. Er lebte fortan in New York. Gelegentlich verfaßte er Beiträge für die amerikanische Zeitschrift »Foreign Affairs«, in denen er über die stalinistische Herrschaft in seinem Heimatland klagte.

1958 folgte Hu Shi schließlich einem Ruf der Republik China auf Taiwan, die Präsidentschaft der Academia Sinica zu übernehmen. Am 24. Februar 1962 starb er auf einem Empfang der Akademie an einem Herzschlag.

Schriften (Auswahl):
1917: Vorschläge für eine literarische Reform (Essay), Über die historische Literaturauffassung (Essay); 1918: Über eine konstruktive Revolution der Literatur (Essay); 1919: *Abriß der Geschichte der chinesischen Philosophie*, Band 1 (weitere Bände erschienen nicht); 1920: *Experimente* (Sammlung von Gedichten in Umgangssprache); 1931: Meine eigenen Gedanken (Vorwort zu *Hu Shis Ausgewählten Werken*); 1928: *Geschichte der Baihua-Literatur;* 1940: *Hu Shis gesammelte Essays (1921 bis 1930);* 1943: Vorwort zum Band 1 von *Bedeutende Chinesen der Qing-Zeit*

Hu Yaobang 1915- 胡耀邦

1955

1965

1979

1982

Hu Yaobang leitete vor der Kulturrevolution die Kommunistische Jugendliga und ist seit 1982 Generalsekretär der KP Chinas – eine Karriere ähnlich der Erich Honeckers in der DDR.

Hu wurde nach offiziellen Angaben 1915 in Liuyang, Provinz Hunan, geboren. Während des kommunistischen »Herbsternte-Aufstandes« 1927 in seiner Heimatprovinz schloß er sich einem »Kinderkorps« an. Danach tauchte er erst wieder 1933 auf, als er in dem von → Mao Zedong gegründeten Jiangxi-Sowjet mit Jugendaufgaben betraut war. 1934/1935 nahm er am legendären Langen Marsch teil, um anschließend die Leitung der Organisationsabteilung der Kommunistischen Jugendliga (KJL) zu übernehmen. Nach einem Studium an der Anti-Japanischen Militär- und Politakademie in Yan'an, dem Zentrum der Kommunisten nach dem Langen Marsch in Nordchina, arbeitete er an dieser ab 1937 als stellvertretender Leiter der Politabteilung. 1941 übernahm er die Leitung der Organisationsabteilung unter der Politischen Hauptverwaltung der Militärkommission des Zentralkomitees der KP Chinas.

Erst nach Beendigung des Chinesisch-Japanischen Krieges wurde er Kampfverbänden zugeteilt, um während des »Befreiungskrieges«, wie die Periode des Kampfes gegen die Streitkräfte der Nationalregierung offiziell heißt, zum Direktor der Politabteilung einer Armeegruppe in der von dem späteren Marschall → Liu Bocheng geführten 2. Feldarmee aufzusteigen, in der auch → Deng Xiaoping als Politkommissar tätig war. Als im Frühjahr 1949 die Neudemokratische Jugendliga (NDJ) gegründet wurde, fand Hu Eingang in das Zentralkomitee dieser Organisation, obwohl er noch immer der 2. Feldarmee angehörte, deren Siegeszug, in Nordchina beginnend, erst in der Provinz Sichuan im Südwesten Chinas enden sollte. Dort bekleidete er bis 1952 Verwaltungsposten.

In jenem Jahr wurde Hu nach Peking berufen, um die Führung der Jugendorganisation NDJ der KPCh zu übernehmen, die 1957 wieder in KJL umbenannt wurde. Als einziger aus dem Kreis der Nachfolgeorganisation der Partei wurde er 1956 vom 8. Parteikongreß der KPCh zum Mitglied des Zentralkomitees gewählt und war damals mit 41 Jahren dessen jüngstes Mitglied. Dies muß als besonderer Vertrauensbeweis der damaligen Führung gewertet werden, der natürlich auf anerkannten Verdiensten beruhte.

Während der Jahre bis 1964, als Hu von der Leitung der KJL abberufen wurde, bekleidete er zahlreiche andere Posten, von denen hier nur der eines Vizevorsitzenden in dem von Moskau gesteuerten Weltbund der Demokratischen Jugend genannt werden soll, ein Posten, den er bis zum Bruch zwischen China und der Sowjetunion innehatte.

Die Abberufung aus der Jugendliga erfolgte gewiß aus Altersgründen, denn Hu war damals bereits 49 Jahre alt. Danach wurde er 1965 als 1. Parteisekretär in der Provinz Shaanxi eingesetzt. Doch durch die Kulturrevolution wurde diese neue Karriere bereits 1967 wieder beendet, als Hu als »Anti-Partei-Element« diffamiert wurde und verschwand.

1972 tauchte er als Mitglied des Ständigen Komitees des Nationalen Volkskongresses wieder auf, dem er vor der Kulturrevolution seit 1954 angehört hatte. Doch begann seine dritte Karriere richtig erst 1977, als ihn der 11. Parteikongreß wieder zum Mitglied des ZK der KPCh wählte. Es folgten: 1978 die Nachwahl zum Mitglied des Politbüros durch das 3. Plenum des 11. Zentralkomitees, auf dem Deng Xiaoping praktisch die Führung der Partei übernahm; 1979 die Einsetzung als Direktor der Propagandaabteilung des ZK (bis 1980); 1980 die Nachwahl zum Mitglied des Ständigen Komitees des Politbüros und die Wahl zum Generalsekretär der Partei, sowie 1981 die Wahl zum Vorsitzenden des ZK der KPCh (bis 1982, als dieser Posten vom 12. Parteikongreß abgeschafft wurde).

Seit 1980 ist Hu Yaobang nominell der Führer der KP Chinas. Er ist der Vertrauensmann Deng Xiaopings, des eigentlichen Führers der Partei, der damit zumindest formal im Hintergrund bleibt.

Hua Guofeng 1921- 华国锋

1941

1973

1977

Hua stieg in der Kulturrevolution vom unbedeutenden Provinzfunktionär zum Vorsitzenden der Kommunistischen Partei Chinas auf. Sein Niedergang begann daher schon bald nach Maos Tod. Seit 1982 besitzt er keinen politischen Einfluß mehr.

Hua Guofeng wurde 1921 im Kreis Jiaocheng, Provinz Shanxi, als Sohn eines armen Bauern geboren. Jiaocheng liegt 50 km südwestlich von Taiyuan, der Hauptstadt von Shanxi, im Guandi-Gebirge. Hua war noch ein kleines Kind, als seine Eltern infolge einer Naturkatastrophe Jiaocheng verlassen mußten und sich im Norden der Nachbarprovinz Shaanxi ansiedelten, in jenem Gebiet also, welches das Zentrum der Kommunisten nach deren Langem Marsch werden sollte. So darf es fast als zwangsläufig angesehen werden, daß Hua nach dem Besuch der Grundschule im Alter von nur 15 Jahren in die Rote Armee eintrat.

In der Folgezeit kämpfte Hua wohl in den unteren Rängen der kommunistischen Kampfverbände gegen die Japaner und ab 1947 gegen die Guomindang und tauchte schließlich 1949 als Parteisekretär eines Landkreises in der Provinz Hunan wieder auf. 1955 machte er erstmals von sich reden, als er im Rahmen der Bewegung zur Gründung landwirtschaftlicher Genossenschaften allein in seinem Landkreis Xiangtan fast die Hälfte aller Genossenschaften in der Provinz Hunan errichtete. In diesem Landkreis liegt Shaoshan, der Geburtsort → Mao Zedongs. Hua wollte zudem mit der Wahl gerade dieses Ortes für ein Großprojekt, durch das nach Fertigstellung 66000 ha Ackerland künstlich bewässert wurde, dem Parteivorsitzenden gefallen. Die Folge war, daß er schon 1956 in der Parteihierarchie die nächste wichtige Sprosse von der Basis in die Provinzführung erklomm: Er wurde zum Mitglied des Ständigen Komitees der KP Hunan sowie zum Direktor des Kultur- und Erziehungsbüros der Provinzregierung von Hunan ernannt. Zwei Jahre später wurde er Vizegouverneur von Hunan und 1959 »auf Empfehlung« Mao Zedongs zum Parteisekretär der Provinz gewählt. Taktisch klug besichtigte er dann 1964 offiziell den Kreis Ling, in dem der Shuikou-Paß liegt, den Maos Guerillaverbände 1927 dreimal besetzt hatten. Im selben Jahr erhielt Hua daraufhin mit der Wahl zum

Abgeordneten der Provinz Hunan für den 3. Nationalen Volkskongreß seinen ersten Posten in der Zentrale in Peking.
Mit Beginn der Kulturrevolution 1966 beschleunigte sich der Aufstieg Huas. 1968 wurden die Provinzverwaltungen mit einem Gouverneur an der Spitze abgeschafft. An deren Stelle traten Revolutionskomitees mit einem Vorsitzenden als Leiter. Hua wurde Stellvertretender Vorsitzender des Revolutionskomitees von Hunan. Nur ein Jahr später erfolgte sein Durchbruch in die Führungselite: Der 9. Parteikongreß wählte ihn zum Mitglied seines Zentralkomitees. Unmittelbar darauf ließ er ein Mausoleum für Yang Kaihui errichten, die erste Frau Mao Zedongs, die 1930 von der Guomindang hingerichtet worden war. 1970 wurde Hua zum 1. Parteisekretär der Provinz Hunan gewählt.
1970 wurde Hua in die Zentrale berufen und mit der Untersuchung der Affaire um → Lin Biao beauftragt. 1973 wählte ihn der 10. Parteikongreß ins Politbüro. 1975 erfolgte Huas Ernennung zum Stellvertretenden Ministerpräsidenten und zum Minister für Öffentliche Sicherheit.
Im Januar 1976 starb → Zhou Enlai. Drei Monate später trat Hua dessen Nachfolge als Ministerpräsident an. Gleichzeitig wurde er zum 1. Stellvertretenden Parteivorsitzenden ernannt und damit fünf Monate vor dessen Tod designierter Nachfolger Mao Zedongs. Daß er dabei von → Jiang Qing gefördert wurde, steht außer Zweifel.
Dennoch wurde einen Monat nach Maos Tod die »Viererbande« unter entscheidender Mithilfe Huas verhaftet, der noch im gleichen Monat zum Parteivorsitzenden nominiert und 1977 vom 11. Parteikongreß auf diesem Posten bestätigt wurde. Der Kongreß pries ihn als den »weisen Führer«, der China von dem Übel der »Viererbande« befreite, obwohl er dieser in Wahrheit seinen Aufstieg zu verdanken hatte.
Damit wird der Widerspruch deutlich, mit dem Hua hinfort zu leben gezwungen war und der ihm schließlich das politische Aus bescherte. Auf dem 11. Parteikongreß konnte er sich noch im Gefühl der Macht als Erretter aus der schlimmen Zeit der »Kulturrevolution« verstehen. Als solcher bemühte er sich um einen Ausgleich zwischen deren Gewinnern und Opfern, ohne gewahr zu werden, daß Kompromisse, wenn Ideologiefragen berührt sind, nicht herbeizuführen sind.
Dieser Widerspruch sollte schließlich zu Huas Entmachtung führen. Indem er sich nämlich auf dem 11. Parteikongreß noch als Retter aus der schlimmen Zeit der Kulturrevolution verstand und sich als solcher um einen Ausgleich zwischen deren Gewinnern und Opfern bemühte, ließ er es zu, daß Deng Xiaoping wieder in die Parteiführung aufgenommen wurde. Damit hatte er seinen politischen Totengräber bestellt, denn Deng war es, der dafür sorgen sollte, daß Hua 1981 als Parteivorsitzender abgesetzt und 1982 vom 12. Parteikongreß aus den Führungsämtern der Partei entfernt wurde. Er durfte lediglich Scheinmitglied des Zentralkomitees bleiben, d.h. ohne Posten außerhalb dieses Organs, das

normalerweise die Voraussetzung für den Erwerb von Machtpositionen in Partei, Regierung, Militär und Provinzverwaltung ist. Hua besaß 1984 keinerlei politischen Einfluß mehr.

Huang Binhong 1864-1955 黃賓虹

1940?

Huang zählt neben Qi Baishi, mit dem er befreundet war, zu den bedeutendsten Malern Chinas im ausgehenden 19. und in der ersten Hälfte des 20. Jahrhunderts. Durch eine mehr als 50jährige Lehrtätigkeit übte er einen nachhaltigen Einfluß auf die zeitgenössische chinesische Malerei aus.

Huang Binhong wurde 1864 im Kreis Jinhua, Provinz Zhejiang, geboren. Jinhua liegt im fruchtbaren Tal des gleichnamigen Flusses in den Ausläufern des Longmen-Gebirges. Sein Vater war ein wohlhabender Kaufmann, der ihm die damals übliche klassische Bildung zuteil werden lassen konnte, die er 1887 mit der ersten Staatsprüfung abschloß. Bereits früh erkannte der den Künsten aufgeschlossene Vater die Begabung des Sohnes und ermöglichte ihm vom zehnten Lebensjahr an überdies den Unterricht bei namhaften Malern.

Obwohl Huang mit der Staatsprüfung das Recht erworben hatte, Beamter zu werden, wandte er sich doch danach ganz der Malerei zu. Bis 1890 studierte er in Yangzhou in der Provinz Jiangsu bei den Malern Zheng Shan und Chen Chongkuang. Danach ging er zum Stammsitz der väterlichen Sippe in der Provinz Anhui, wo er eine Malschule eröffnete. Aber schon bald mußte er seine neue Tätigkeit wieder aufgeben, da gegen ihn wegen Zugehörigkeit zu einer revolutionären Partei ein Haftbefehl ergangen war, dem er sich durch die Flucht nach Shanghai entzog. Dort sollte er die nächsten drei Jahrzehnte verbringen.

Huang hatte sich der klassischen Landschaftsmalerei zugewandt, die sich – verallgemeinernd gesagt – jahrhundertelang in der getreuen Nachahmung des Stils früherer Meister erschöpft hatte. Dabei waren die dargestellten Landschaften längst reine Kunstlandschaften geworden, zu deren realen Vorbildern kaum mehr Bezug bestand. Huang dagegen wollte die Landschaft selbst erleben. Von Shanghai aus unternahm er daher zahlreiche ausgedehnte Reisen, wobei ihn die markanten Gebirge der Provinz Guizhou und die Gelben Berge in Anhui – seit langem klassische Motive der Landschaftsmalerei – besonders anzogen. Auf diesen Reisen entstanden jedoch nur Skizzen. Diese waren Gedächtnisstützen für die Bilder, die dann im Atelier ausgeführt wurden.

Ab 1895 lehrte Huang zunächst in Shanghai, dann auch an Kunstschulen, u.a. in Jinan. Eine Zeitlang war er überdies Chefredakteur des Shanghaier Verlages »The Commercial Press«. Von 1937 bis 1948 lehrte Huang an der Kunstakademie in Peking, danach bis zu seinem Tode an der Kunstakademie in Hangzhou, der Hauptstadt seiner Heimatprovinz.

Berge in Sichuan

Nach der Gründung der Volksrepublik China im Oktober 1949 wurde er Vorstandsmitglied des Künstlerverbandes und Leiter des Instituts für Volkskunst an der Zentralen Kunstakademie in Peking. Er erhielt zudem zahlreiche Ehrenämter. Zu seinem 90. Geburtstag wurde er mit dem Titel »Verdienter Künstler des Volkes« ausgezeichnet.
Huang starb am 25. März 1955. Seine eigenen sowie seine umfangreiche Sammlung alter chinesischer Bilder vermachte er dem Staat.
Huang Binhong, der auch einige Gedichtsammlungen veröffentlichte, hat die traditionelle chinesische Landschaftsmalerei neu belebt. Durch seine persönliche Erfahrung der Natur – auf Zehntausenden von Skizzen eingefangen – löste er sich von den oft sterilen Vorbildern und schuf dramatisch gestimmte Szenerien, die sich durch Vielfalt im Detail auszeichnen und oft plastisch wirken. Huang hat zeitlebens an der Technik der klassischen Malerei Chinas festgehalten.

Jiang Qing 1913- 江青

1933

1938

1947

1969

1973

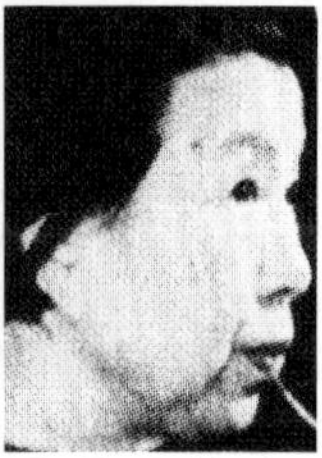
1980: Vor Gericht

Jiang Qing war die letzte Ehefrau Mao Zedongs. Sie gewann entscheidenden politischen Einfluß während der Kulturrevolution. Nach deren Ende wurde sie zum Tode verurteilt, zwei Jahre später jedoch zu lebenslanger Haft begnadigt.

Jiang Qing wurde 1913 unter dem Namen Li Yunhe in Zhucheng, Provinz Shandong, als Tochter eines armen Stellmachers geboren. Nachdem die Ehe ihrer Eltern zerbrochen war, zog sie mit der Mutter in die Provinzhauptstadt Jinan. Dort besuchte sie die Grundschule. 1929 trat sie im 50 km von Jinan entfernten Taian in eine Schauspielschule ein. Diese gewährte ihren Schülern freie Ausbildung und überdies unentgeltliche Mahlzeiten – ein Hinweis auf die äußerste Armut Jiang Qings. Wenig später ging sie mit dem Leiter der Schule eine Verbindung ein und folgte ihm nach Qingdao (Tsingtao), als dieser an der dortigen Universität eine Professur erhielt. Dort wandte sie sich Huang Jing zu, dem Bruder einer der bekanntesten damaligen Schauspielerinnen, der im kommunistischen Untergrund tätig war und Jiang Qing bewogen haben soll, 1931 der KP Chinas beizutreten. Aber auch diese Verbindung war nur von kurzer Dauer. Nach Jinan zurückgekehrt, heiratete Jiang Qing 1934 den Filmkritiker und Schauspieler Tang Na. In den folgenden drei Jahren spielte sie unter dem Künstlernamen Lan Ping (Blauer Apfel) in untergeordneten Rollen in verschiedenen Filmen, die in Shanghai gedreht wurden. Nach eigenem Zeugnis, für das es indessen keine anderweitigen Belege gibt, hat Jiang Qing u. a. die Rolle der Nora in Ibsens gleichnamigem Drama auf der Bühne gespielt. Nach einer Affäre mit einem Filmdirektor kam es 1937 zur Scheidung von Tang Na, der später in die USA auswanderte und Ende der sechziger

Um 1936: Auf einem Filmposter

Jahre Besitzer eines China-Restaurants in Paris war.
Nach Ausbruch des Chinesisch-Japanischen Krieges ging Jiang Qing zusammen mit Huang Jing in die von den Kommunisten nach dem Langen Marsch etablierte neue Machtbasis in Yan'an im Norden Chinas. Dort traf sie 1938 ein und wurde dem Lu Xun-Kunstinstitut zugewiesen. Binnen Jahresfrist heiratete sie → Mao Zedong, den damals schon mächtigsten kommunistischen Führer. Jiang Qing war eine der wenigen Frauen in Yan'an und gewiß die attraktivste von ihnen. Da Mao damals jedoch noch mit He Zizhen verheiratet war, die an seiner Seite den Langen Marsch mitgemacht hatte und 1937 zur Erholung in die Sowjetunion geschickt worden war, erhob die KPCh zunächst Bedenken gegen die Verbindung mit Jiang Qing, stimmte der Eheschließung aber schließlich mit der Auflage zu, daß sich Jiang Qing auf die Rolle der Ehe- und Hausfrau beschränken müsse und politisch nicht aktiv werden dürfe.
Trotz dieser Auflage gewann Jiang Qing doch bald in ihrer Funktion als persönliche Sekretärin Mao Zedongs einen nicht zu übersehenden Einfluß: Wer von Mao etwas wollte, konnte sie nicht übergehen. Diesen Posten behielt sie bis zur Gründung der Volksrepublik China im Jahre 1949 bei.
Ihr erster Ausbruch aus der ihr von der Partei auferlegten Beschränkung auf die Rolle als Ehefrau Maos erfolgte 1950, als sie als Mitglied des Filmbüros beim Kulturministerium gleichsam durch die Hintertür Eingang in den Regierungsapparat fand, wenn auch auf unterster Stufe. In dieser Funktion leitete sie mit ausdrücklicher Billigung Maos aus ihrer kleinen Filmkarriere das Recht ab, die klassische Peking-Oper zu reformieren, d.h. sie unter Beibehaltung der klassischen Form mit revolutionärem Inhalt zu füllen.
Inzwischen war die Machtstellung Mao Zedongs so gefestigt, daß er die seinerzeit seiner Frau auferlegten Beschränkungen außer acht lassen konnte. Als sich das Politbüro jedoch Anfang der sechziger Jahre in zwei widerstreitende Fraktionen spaltete, wodurch er seine Position ernsthaft gefährdet sah, bediente sich Mao der Kulturpolitik zur Rückeroberung seiner uneingeschränkten Führungsposition. Jiang Qing sollte dabei eine besondere Aufgabe zukommen. Zunächst wurde sie 1964 zur Abgeordneten des Volkskongresses gewählt. Ein Jahr später, im November 1965, begann die Kulturrevolution, in der Jiang Qing die Schlüsselrolle spielte. Sie wurde zur Einpeitscherin der Roten Garden, die Tod und Schmach über viele Millionen Menschen brachten.
Die Kulturrevolution brachte Mao die alleinige Macht zurück. Der 9. Parteikongreß im Jahre 1969 sah den inzwischen 76jährigen Mao

erneut als unumschränkten Führer Chinas. Derselbe Kongreß wählte Jiang Qing zum Mitglied des Politbüros, in das sie als erste Frau in der Geschichte der KPCh aufstieg.

Als Mao am 9. September 1976 starb, war Jiang Qings Macht schlagartig gebrochen. Nur einen Monat nach dem Tod ihres Mannes wurde sie zusammen mit drei weiteren Hauptverantwortlichen der Kulturrevolution (→ Wang Hongwen, → Yao Wenyuan, → Zhang Chunqiao) verhaftet.

Dieser »Viererbande«, wie man sie nun nannte, wurde 1980 der Prozeß gemacht. Als einzige der vier blieb Jiang Qing unbeugsam, wobei sie sich in den meisten Anklagepunkten auf Mao Zedong berief. Als echte Schauspielerin verstand sie es, ihren letzten Auftritt dramatisch zu gestalten. 1981 wurde sie zum Tode verurteilt und zwei Jahre später zu lebenslanger Haft begnadigt.

Kang Sheng 1898-1975 康生

1961

1966

Kang Sheng leitete lange den Geheimdienst der Kommunistischen Partei Chinas. Er stieg früh ins Politbüro auf und verband sich später mit der »Viererbande«. Deshalb wurde er noch fünf Jahre nach seinem Tod aus der Partei ausgestoßen.

Kang Sheng wurde 1898 unter dem Namen Zhao Yun im Kreis Jiaonan, Provinz Shandong, geboren. Jiaonan ist ein Küstenort, 40 Kilometer von Qingdao (Tsingtao) entfernt. Sein Vater war ein reicher Landlord. Nach dem Besuch der heimatlichen Grundschule studierte er an der Mittelschule, die der Universität von Shanghai angegliedert war.

1925 trat er in die KPCh ein. Zunächst arbeitete er unter → Li Lisan in Shanghai in der Arbeiterbewegung, wobei er sich an zahlreichen Streikbewegungen beteiligte. 1928 wurde er Generalsekretär und Leiter der Organisationsabteilung der Partei in der Provinz Jiangsu. In dieser Zeit erscheint er erstmals im Zusammenhang mit den Sicherheitsorganen der Partei, aus denen sich später der Geheimdienst entwickeln sollte. 1930 wurde er für kurze Zeit verhaftet. Um 1931 übernahm er die Leitung der Organisationsabteilung der KPCh, die für Personalbelange zuständig ist. Er war in der inneren Führungsspitze der Partei, die seit 1927 im Untergrund wirkte.

1933 wurde Kang Sheng in die Sowjetunion geschickt, um Geheimdienstpraktiken zu studieren und als Delegierter der KPCh in der Komintern zu arbeiten. Als 1934 in der Guerillabasis → Mao Zedongs in der Provinz Jiangxi die Chinesische Sowjetrepublik gegründet wurde, wurde Kang Sheng in Abwesenheit in deren Zentralen Exekutivrat gewählt. Gleichzeitig wurde dort die 5. Plenarsitzung des 6. Zentralkomitees der KPCh abgehalten, die ihn sowohl zum Mitglied des ZK als auch des Politbüros nominierte. In Moskau trat er mehrfach als Redner vor der Komintern auf, die ihn auf ihrem 7. Kongreß im August 1935 zum Kandidaten ihres Exekutivrates wählte.

1937 kehrte Kang Sheng zusammen mit → Chen Shaoyu über Xinjiang nach China zurück und begab sich nach Yan'an, der Zentrale der Kommunisten nach dem Langen Marsch. Dort arbeitete er zunächst als Mitglied des Sekretariats im Zentralkomitee, als Präsident der Parteischule sowie als Leiter des Komitees für die Bauernbewegung im ZK. Um 1939 wurde er Direktor der Abteilung für Sozialangelegenheiten, der auch der Geheimdienst angegliedert war. Das erklärt auch, daß Kang

Sheng in der Folgezeit weitgehend im Hintergrund blieb. Zu den wenigen Anlässen, bei denen er von nun an öffentlich in Erscheinung trat, gehört die Kaderkonferenz am 8. Februar 1942 in Yan'an, auf der er Maos kurz zuvor erschienene Schrift *Gegen den Parteischematismus* erläuterte. Am Ende des Chinesisch-Japanischen Krieges wurde Kang Sheng zusätzlich noch Direktor der Informationsabteilung im ZK sowie Stellvertretender Vorsitzender des Allgemeinen Studienkomitees im ZK. Wie kein anderer Führungsfunktionär war Kang Sheng damals mit den inneren Parteivorgängen vertraut.

Erst Ende 1948 verließ Kang Sheng die Parteizentrale. Zunächst wurde er Sekretär des Unterbüros für Shandong im Ost-Büro des ZK, im folgenden Jahr Gouverneur und Parteisekretär seiner Heimatprovinz. Bei der Gründung der Volksrepublik China am 1. Oktober 1949 wurde er überdies Mitglied des Zentralen Volksregierungsrats. 1950 verschwand Kang Sheng dann für vier Jahre aus der Öffentlichkeit.

Nach seiner Wahl zum Stellvertretenden Vorsitzenden der Politischen Konsultativkonferenz des Chinesischen Volkes 1954 (bis 1964) und seiner Abberufung von seinem Posten in Shandong 1955 stufte ihn der 8. Parteikongreß 1956 jedoch vom Mitglied zum Kandidaten des Politbüros zurück, womit er sein Stimmrecht im höchsten Führungsorgan der Partei verlor. Die Gründe für diese Zurückstufung blieben verborgen.

In den folgenden Jahren bis zur Kulturrevolution konzentrierte sich seine Aktivität vornehmlich auf die Kontaktpflege zu den Kommunistischen Parteien des Ostblocks. In diesem Zusammenhang reiste er je einmal in die DDR, nach Polen, Rumänien und Nordkorea sowie fünfmal in die Sowjetunion. In dem sich in dieser Zeit anbahnenden Zerwürfnis mit Moskau spielte Kang Sheng auf Auslandskonferenzen mehrfach die Rolle des Scharfmachers. 1965 wählte ihn der Nationale Volkskongreß zu einem seiner Stellvertretenden Vorsitzenden, ein Posten, den er bis zu seinem Tode behalten sollte.

Die Kulturrevolution brachte den ehemaligen Geheimdienstchef in die Parteispitze. Kang Sheng wurde im August 1966 vom 11. Plenum des 8. Zentralkomitees nicht nur zum Mitglied des Politbüros, sondern auch zum Mitglied des Ständigen Komitees dieses Gremiums gewählt. Außerdem wurde er Berater in der Kulturrevolutionsgruppe des Zentralkomitees, Stellvertretender Vorsitzender des Komitees für die Veröffentlichung der *Ausgewählten Werke Mao Zedongs* sowie Direktor sowohl der Propaganda- als auch der Organisationsabteilung des ZK.

Kang Sheng starb am 16. Dezember 1975. Er erhielt ein seiner Stellung entsprechendes Staatsbegräbnis 1. Klasse.

Neun Monate nach ihm starb Mao Zedong. Nach der Verhaftung der »Viererbande« beschuldigten die neuen Führer Kang Sheng postum, von 839 Führungskadern – darunter 153 Mitglieder und Kandidaten des ZK – durch Folterungen Geständnisse erpreßt zu haben. Aus der Vielzahl

weiterer postumer Anschuldigungen sei hier nur eine erwähnt: In der Inneren Mongolei habe er 340000 Menschen verfolgen lassen, von denen 16222 ums Leben gekommen seien.
Ein Parteierlaß stieß Kang Sheng im Oktober 1980 aus der Partei aus, nachdem seine Asche bereits im Jahr zuvor vom Prominentenfriedhof Babaoshan entfernt worden war.

Kang Youwei 1858-1927 康有為

Um 1905

Kang war der Führer einer Reformbewegung des ausgehenden 19. Jahrhunderts. Obwohl sie scheiterte, hatten ihre Ideen bedeutenden Einfluß auf die künftigen Revolutionäre.

Kang Youwei wurde 1858 unweit von Guangzhou (Kanton), Provinz Guangdong, als Nachkomme hoher Staatsbeamter geboren. Er erhielt eine klassische Ausbildung durch den Großvater, mehrere Onkel und einen bekannten Gelehrten. Im Alter von 20 Jahren erlebte er eine Krise, gab das Studium der Klassiker auf und zog sich mehrere Monate in ein Kloster zurück. Die neue Begegnung mit buddhistischen und daoistischen Schriften sowie meditative Erfahrungen bewirkten eine Veränderung seines Lebens. Von nun an wollte er einen Beitrag zur Verbesserung der Welt leisten.

Zunächst wandte er sich dem Studium der Geschichte, Geographie und des Buddhismus zu. 1879 besuchte er Hongkong und drei Jahre später die europäischen Konzessionen in Shanghai. 1884 begann er, sein Weltutopia gedanklich zu fixieren. 1888 richtete er seine erste Denkschrift an den Kaiser und die Kaiserinwitwe → Ci Xi, die die Adressaten indessen nicht erreichte, weil sie von den Staatsbeamten zurückgehalten wurde. Darin beklagte Kang die Ohnmacht Chinas gegenüber den fremden Mächten und forderte administrative Änderungen. Mit diesem mutigen Schritt gewann er die Sympathie hochgestellter Beamter.

Enttäuscht über den Mißerfolg mit seiner Denkschrift, zog sich Kang zurück. 1891 veröffentlichte er seine *Studien über die Fälschung der Klassiker durch die Gelehrten der Wang Mang-Periode*, mit denen er den Nachweis zu erbringen versuchte, daß es sich bei der Mehrzahl der klassischen Texte des Konfuzianismus um Fälschungen handelt, die dem kaiserlichen Bibliothekar Liu Xin gegen Ende der Früheren Han-Zeit (206 v. Chr. bis 23 n. Chr.) anzulasten sind. Mit dieser These rief er unter den klassischen Gelehrten einen Sturm der Entrüstung hervor, die ihr Weltbild geschändet wähnten und schließlich ein Publikationsverbot für dieses Buch durchsetzten. Tatsächlich aber leitete Kangs Kritik den Auflösungsprozeß der konfuzianischen Ideologie ein, hatte er doch Zweifel an deren absolutem Wahrheitsgehalt geweckt.

1895 erwarb Kang im klassischen Prüfungssystem den Titel eines Jinshi, der die Berechtigung zur Bekleidung höchster Staatsämter einschloß. Er benutzte diese Auszeichnung sofort, eine zweite Denkschrift von den rund 2000 Mitbewerbern der Jinshi-Prüfung unterzeichnen zu lassen. Darin protestierte er gegen den Friedensvertrag von Shimonoseki, in dem China Taiwan an Japan abtreten mußte und überdies seine Vormachtstellung in Korea an Japan verlor. Daneben forderte Kang grundlegende Reformen im Staats- und Verwaltungsapparat. Aber auch diese Denkschrift erreichte den Kaiser nicht. Kangs Sympathisanten am Kaiserhof setzten daraufhin jedoch seine Ernennung zum Sekretär im Ministerium für öffentliche Arbeiten durch. Zu dieser Zeit gründete Kang zudem die Gesellschaft zum Studium der Selbststärkung, die bald in vielen Provinzen Zweigstellen errichtete und in ganz China eine Zeitschrift vertrieb. Im gleichen Maße, wie seine Reformideen bei der jungen Intelligenz Zustimmung fanden, riefen sie den Widerstand der konservativen Staatsführung hervor. Diese setzte nach einem Jahr das Verbot der Gesellschaft wie der Zeitschrift durch. Kang mußte um sein Leben fürchten und setzte sich daher in seine südchinesische Heimat ab.

Das Bewußtsein nationaler Ohnmacht wuchs, als Deutschland 1897 die Bucht von Jiaozhou in der Provinz Shandong und ein Jahr später Japan die mandschurischen Küstenstädte Lüshun und Dalian (Port Arthur und Dairen) besetzten. Erneut richtete Kang Eingaben an den Kaiser, in denen er Vorschläge zu Reformen unterbreitete, die nicht nur die politischen Institutionen betrafen, sondern auch Landwirtschaft, Bergbau, Handel und Industrie. Jetzt endlich fand er hochgestellte Fürsprecher, die im Juni 1898 eine Audienz beim Kaiser für ihn erwirkten. Dieser hatte ein offenes Ohr für Reformen und machte Kang und einige von dessen Freunden zu seinen Ratgebern. In rascher Folge erließ der Kaiser zahlreiche Edikte, u.a. zur Reform der Verwaltung, zur Modernisierung der Beamtenprüfungen, zur Einrichtung eines Wirtschaftsministeriums und zur Veröffentlichung des Staatshaushalts. Alles schien gutzugehen, hatte Kang sich doch → Yuan Shikais versichert, des Kommandeurs der wenigen modern ausgerüsteten Truppen.

Die Reformeuphorie des Kaisers brach jedoch bereits nach hundert Tagen, am 21. September 1898, zusammen. Der Hauptgrund dafür war, daß Yuan Shikai sich von ihm abgewandt hatte und ins Lager der Kaiserinwitwe Ci Xi übergegangen war. Diese schaltete durch einen Staatsstreich den Kaiser aus, der für den Rest seines Lebens am Kaiserhof praktisch als Gefangener gehalten wurde. (Er starb zehn Jahre später nur wenige Tage vor Ci Xi.) Sechs führende Reformer wurden hingerichtet, darunter ein Bruder Kang Youweis. Ihm selbst gelang es, auf einem ausländischen Schiff nach Japan zu fliehen. Kang war gescheitert. Unvertraut mit den Hofintrigen, war er übereilt vorgegangen.

Von Japan ging Kang nach Großbritannien und von dort wenig später nach Kanada, wo er 1899 eine Gesellschaft zum Schutz des Kaisers ins Leben rief, die unter den Auslandschinesen der ganzen Welt ein großes Echo fand. Ende des Jahres begab er sich nach Hongkong, von wo aus er im Jahr 1900 einen Anschlag auf Ci Xi leitete, der indessen scheiterte.

Danach hielt sich Kang in Indonesien und Indien auf, kehrte aber 1903 erneut nach Hongkong zurück. In verschiedenen Schriften setzte er sich für eine Reorganisation des chinesischen Staatssystems nach dem Vorbild der konstitutionellen Monarchie Großbritanniens ein. Als Monarchist war Kang ein erbitterter Gegner → Sun Yat-sens, der eine Republik anstrebte und ihn als Neuerer bald überflügelte. Kang geriet ins Abseits, weil es angesichts der immer offenkundiger werdenden Unfähigkeit der kaiserlichen Regierung in China immer weniger Befürworter eines monarchistischen Systems gab.

In den folgenden Jahren unternahm Kang ausgedehnte Reisen durch Europa. Als 1911 in China die Revolution ausbrach, befand er sich in Japan. Von dort aus rief er erneut zur Erhaltung der Monarchie auf. Nach 15jähriger Abwesenheit kehrte er 1913 nach China zurück. 1916 widersetzte er sich den Bemühungen Yuan Shikais, sich selbst zum Kaiser Chinas zu erheben, weil er nach wie vor an der Legitimität der Herrschaft → Aisin Giorro Puyis festhielt. Nach dem Tode Yuans war Kang maßgeblich an dessen Wiedereinsetzung als Kaiser beteiligt, die indessen nur 13 Tage dauern sollte. Einer drohenden Verhaftung entzog sich Kang durch die Flucht in die Botschaft der USA, von wo er im folgenden Jahr dank einer Amnestie wieder freikam. Kang hatte die Zeichen der neuen Zeit noch immer nicht erkannt. 1923 versuchte er noch einmal vergeblich, Befürworter einer Wiedererrichtung der Qing-Dynastie zu finden. Schließlich zog er sich nach Shanghai zurück, wo er die restlichen Jahre seines Lebens schreibend und lehrend im kleinen Kreis seiner Anhänger verbrachte. Dort starb er am 31. Mai 1927.

Kang war angetreten als Reformer des monarchistischen Staates. Mit utopischen Ideen mystischer Tendenz und einer Kritik am Wahrheitsgehalt der konfuzianischen Ideologie hat er seine Zeitgenossen bewegt wie kein anderer. Mit seinem Lebenswerk, dem *Buch von der großen Gemeinschaft,* in dem er die Welt als große Kommune konzipierte, war er seiner Zeit vorausgeeilt. Dem Höhenflug seiner Ideen stand das Unvermögen gegenüber, die politischen Realitäten seiner Zeit zu erkennen. Gleichwohl waren seine Ideen der zündende Funke für die chinesische Revolution, die zur Gründung der Volksrepublik China führen sollte.

Schriften (Auswahl):

1891: *Studien über die Fälschung der Klassiker durch die Gelehrten der Wang Mang-Periode;* 1897: Studien über Konfuzius als Reformer; 1903: Über das Regierungssystem (Artikel); 1904: Reiseaufzeichnungen aus elf europäischen Ländern; 1905: Nationales Heil durch Wirtschaftsaufbau (Artikel); 1935: *Buch von der großen Gemeinschaft* (1897 verfaßt, durch testamentarische Bestimmung erst nach Kangs Tod publiziert); daneben schrieb Kang mehrere literarische Werke.

Lao She 1899-1966 老舍

1959

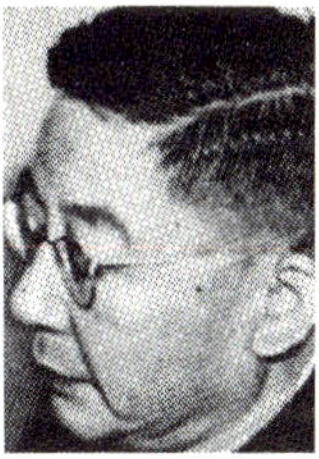
1964

Lao She gehört zu der Generation chinesischer Schriftsteller, deren Verdienst es ist, die Umgangssprache literaturfähig gemacht zu haben. Er ist nach Lu Xun im Ausland wohl der bekannteste chinesische Dichter dieses Jahrhunderts.

Lao She wurde 1899 unter dem Namen Shu Qingchun in Peking geboren. Er entstammte einer Familie, die der Minorität der Mandschu angehörte. Sein Vater kam als Wächter des Kaiserpalastes ums Leben, als dieser während des Boxeraufstandes im Jahre 1900 von Soldaten einer vereinigten ausländischen Armee gestürmt wurde. Nachdem er 1918 sein Studium an einer Pekinger Lehrerbildungsanstalt beendet hatte, unterrichtete er in den folgenden Jahren an Mittelschulen in Peking und Tianjin. Durch Vermittlung eines britischen Professors, der an der Pekinger Yanjing-Universität lehrte, erhielt er 1924 einen Lehrauftrag für Chinesisch an der School of Oriental Studies der Universität von London.

In dieser Zeit begann sein literarisches Schaffen. Mit *Philosophie des Alten Zhang* erschien 1926 sein erster Roman, veröffentlicht unter dem Pseudonym Lao She, unter dem hinfort alle weiteren Werke erscheinen sollten. Lao She gehörte zur ersten Generation jener chinesischen Schriftsteller, die die chinesische Umgangssprache (baihua) zur Literatursprache erhoben, nachdem bis dahin ausschließlich das klassische Chinesisch (wenyan) als literaturfähig gegolten hatte – ein für die chinesische Geistesgeschichte revolutionärer Vorgang.

Während seines Englandaufenthaltes, der bis 1929 dauerte, entstanden überdies die Romane *Zhao Ziyue* und *Die beiden Ma.* Nach seiner Rückkehr nach China und Zwischenaufenthalten in Shanghai und Peking übernahm Lao She 1930 eine Professur an der Literaturabteilung der Qilu-Universität in Jinan. Im darauffolgenden Jahr heiratete er Hu Jieqing, ebenfalls eine Mandschu. Aus dieser Ehe gingen von 1931 bis 1937 zwei Töchter und ein Sohn hervor.

Das erste Werk, das Lao She Weltruhm bringen sollte, war der 1936 erschienene *Rikschakuli,* der vor allem in den USA zum Bestseller wurde. Nach Beginn des Chinesisch-Japanischen Krieges im folgenden Jahr war Lao She gezwungen, Nordchina zu verlassen. Die allgemeine Empörung über die Invasion Japans ließ zahlreiche Zirkel auch des geistigen Widerstandes entstehen, darunter den »Verband der Chinesischen Kunstarbeiter für den Kampf gegen den Feind« in Wuhan, zu

1928: In London

dessen Mitglied des Ständigen Komitees sowie zum Direktor deren Allgemeiner Verwaltung Lao She gewählt wurde. 1940 wurde Wuhan Kriegszone. Lao She ging daher nach Chongqing in der Provinz Sichuan, wo er bis zum Ende des Krieges blieb. Ein langer Beitrag mit dem Titel »Wind und Regen«, der seine persönlichen Erfahrungen während des Krieges schildert, erschien 1946 in Fortsetzungen in der »Neuen Volkszeitung«.

1943 hatte Lao She mit der Arbeit an seinem längsten Roman begonnen, der Trilogie *Vier Generationen unter einem Dach*. Die beiden ersten Teile, *Die Verwirrten und Ängstlichen* und *Die niedrige Existenz*, waren vollendet, als er 1945 zusammen mit → Cao Yu einer Einladung der amerikanischen Regierung zu einer Lehrtätigkeit in den USA Folge leistete. Diese dauerte bis 1949. Es spricht für die ungeheure Schaffenskraft Lao Shes, daß er in diesen vier Jahren nicht nur den dritten Teil seiner Trilogie mit dem Titel *Hungersnot* schrieb, sondern dazu noch den Roman *Die Balladensänger*, die sofort ins Englische übersetzt wurden und in den USA erschienen.

Als Lao She im Dezember 1949 nach China zurückkehrte, war die Volksrepublik China gerade zwei Monate alt. Sie nahm ihn als einen der wenigen im Ausland anerkannten Literaten mit offenen Armen auf und ernannte ihn sofort zum Mitglied des Kultur- und Erziehungsrates im Regierungs-Verwaltungsrat. Wenig später wurde er in die Pekinger Volksregierung berufen und 1951 zum Exekutivsekretär der Chinesisch-Sowjetischen Freundschafts-Gesellschaft gewählt. Im folgenden Jahr wurde er Ratsmitglied der Chinesisch-Indischen Freundschafts-Gesellschaft und 1953 Stellvertretender Vorsitzender des Chinesischen Schriftstellerverbandes, was er bis zu seinem Tode blieb. 1954 erfolgte seine Nominierung zum Mitglied des Ständigen Komitees des Verbandes für Kulturelle Beziehungen mit dem Ausland, eines Organs, das hauptverantwortlich war für außerhalb von Partei und Regierung stattfindende Kontakte mit dem Ausland im Kulturbereich. Im gleichen Jahre wurde er überdies zum Abgeordneten für Peking zum 1. Nationalen Volkskongreß gewählt, um 1958 und 1964 vom 2. und 3. Nationalen Volkskongreß auf diesem Posten bestätigt zu werden. 1958 wurde er in das Ständige Komitee der chinesischen Sektion des Welt-Friedensrates

1931: Heirat mit Hu Jieqing

gewählt sowie zum stellvertretenden Vorsitzenden der China-Nordkorea-Freundschaftsgesellschaft. Im folgenden Jahr fand Lao She Eingang in das Ständige Komitee der 3. Politischen Konsultativkonferenz des Chinesischen Volkes, die ihn 1965 auf ihrer 4. Konferenz in diesem Amt bestätigte. Seine letzte Ernennung erfolgte 1960 mit der Nominierung zum Stellvertretenden Vorsitzenden des Verbandes der Chinesischen Literatur- und Kunstkreise. All diese Posten weisen Lao She als geehrtes und geachtetes Mitglied der Kunstszene des jungen sozialistischen Regimes in China aus. Daß er in der »Hundert-Blumen-Kampagne« von 1957 unangetastet blieb, läßt auf seine besondere Wertschätzung in der obersten Parteiführung schließen. Trotz aller öffentlichen Verpflichtungen war Lao She in diesen Jahren weiter literarisch tätig, wobei er sich vor allem erfolgreich dem Schauspiel zuwandte: 1951 erschien sein *Drachenbartgraben,* 1957 *Das Teehaus* und 1961 *Das kostbare Brot.*

Zu Beginn der Kulturrevolution wendete sich das Blatt. Am 24. August 1966 wurde Lao She zusammen mit anderen Schriftstellern von Roten Garden geschlagen und schwer verletzt. Am darauffolgenden Tage beging er Selbstmord. In den Händen des Toten befand sich als Zeugnis ohnmächtiger Anklage ein Band mit den Gedichten Mao Zedongs.

Schriften (Auswahl):
1926: *Die Philosophie des Alten Zhang* (Roman); 1927: *Zhao Ziyue* (Roman); 1931: *Die beiden Ma* (Roman); 1932–1933: *Aufzeichnungen aus der Stadt der Katzen;* 1933: *Scheidung* (Roman); 1934: *In Eile geschrieben* (Geschichten); 1936: *Das Leben des Niu Tianci* (Roman); 1937: *Rikschakuli* (Roman); 1939: *Der letzte Zug* (Erzählungen); 1941: *Ehrenfrage* (Roman); 1943: *Rückkehr* (Drama); 1946: *Verwirrung* (1. Band der Trilogie *Vier Generationen unter einem Dach*), *Die niedrige Existenz* (2. Band der Trilogie *Vier Generationen unter einem Dach*); 1947: *Die Balladensänger* (Roman), *Dieses mein Leben* (Erzählung); 1948: *Die Mondsichel* (Erzählungen); 1950–1951: *Hungersnot* (3. Band der Trilogie *Vier Generationen unter einem Dach*); 1951: *Drachenbart-*

graben (Drama); 1956: *Blick westwärts nach Chang'an, Ausgewählte Erzählungen Lao Shes;* 1957: *Das Teehaus* (Drama); 1961: *Das kostbare Brot* (Drama); 1980: *Unter dem leuchtendroten Banner* (postum veröffentlichte unvollendete Autobiographie).

Li Dazhao 1889-1927 李大釗

1924

Li Dazhao war einer der ersten Marxisten Chinas und 1921 Mitbegründer der Kommunistischen Partei Chinas, deren Frühphase er entscheidend mitbestimmte. Er wurde 1927 hingerichtet.

Li wurde 1889 bei Leting, Provinz Hebei, als Sohn eines Kleinbauern geboren. Da der Vater kurz vor und die Mutter bald nach seiner Geburt starben, wurde Li von seinem Großvater erzogen. Dieser ermöglichte ihm eine vierjährige klassische Ausbildung an einer Dorfschule und danach den Besuch einer modernen Mittelschule. Mit 16 Jahren verkaufte Li nach dem Tod des Großvaters den einzigen Familienbesitz, ein Stück Land von der Größe eines Ar. Mit dem Erlös finanzierte er ein weiteres Studium am Beiyang-College für Politische Wissenschaften in Tianjin, wo er 1913 im Fach Politökonomie graduierte. Gegen Ende desselben Jahres ging er nach Japan, um an der Abteilung für Politökonomie der Waseda-Universität in Tokyo zu studieren.

Hier kam Li erstmals in Kontakt mit marxistischem Gedankengut und wurde politisch aktiv. Verbittert über das Bestreben → Yuan Shikais, sich mit japanischer Unterstützung zum neuen Kaiser Chinas zu erheben, gründete Li 1915 unter den zahlreichen chinesischen Studenten in Japan die »Chinesische Studiengesellschaft« und publizierte einen Band mit Essays unter dem Titel *Zur Gemahnung an die nationale Schande* sowie die Schrift *Ein offener Brief an meine Landsleute*, in denen er Yuan Shikai und die Rolle Japans in China anprangerte. Diese politischen Aktivitäten hielten Li von einem ordentlichen Studium ab, so daß ihn die Waseda-Universität Anfang 1916 exmatrikulierte.

Wenige Wochen später kehrte Li nach China zurück, wo er zunächst Sekretär von Tang Hualong wurde, einem der Führer der Fortschrittspartei. Gleichzeitig war er Chefredakteur des Organs dieser Partei, »Morgengeläut«, das der Verbreitung demokratischer Ideen diente. 1918 erhielt Li eine Stelle als Bibliothekar an der Peking-Universität. Dort arbeiteten unter ihm einige Hilfsbibliothekare, darunter auch → Mao Zedong. Nur zwei Jahre später gewährte ihm die Universität eine Professorenstelle und ernannte ihn zum Sekretär des Universitätskanzlers. In dieser neuen Stellung kam Li alsbald die Rolle des Hauptförderers jener radikalen Studenten zu, die sich westlichen Ideen geöffnet hatten.

Inzwischen hatte 1917 in Rußland die Oktoberrevolution stattgefunden, was auf die idealistische jugendliche Elite Chinas, die unter der Ohnmacht ihres Vaterlandes litt, eine tiefe Faszination ausübte. Eine

Vor der Hinrichtung

Vielzahl junger Chinesen hatte seit dem ausgehenden 19. Jahrhundert an europäischen, amerikanischen und japanischen Universitäten studiert und war erfüllt von westlichen Ideen in die Heimat zurückgekehrt, wo sie dem alten politischen System des Kaiserreichs eine endgültige Absage erteilten.

Li Dazhao war einer der ersten Förderer einer kommunistischen Bewegung in China. 1918 veranstaltete er an der Peking-Universität eine Vorlesung über *Das Kapital* von Karl Marx. Im gleichen Jahr organisierte er Zirkel, die sich mit dem Studium marxistischer Literatur befaßten, aus denen später so prominente Kommunisten wie → Mao Zedong, → Zhang Guotao und → Qu Qiubai hervorgehen sollten.

1919 gehörte Li zu den Hauptorganisatoren der »Bewegung des 4. Mai«, bei der gegen die Absicht der chinesischen Regierung protestiert wurde, den Vertrag von Versailles anzuerkennen, der die deutsche Kolonie Qingdao (Tsingtao) Japan übertrug.

Mittlerweile war es zu Kontakten der chinesischen Kommunisten mit der Komintern in Moskau gekommen. Diese entsandte 1920 Gregori Woitinsky als Berater nach China, wo unter maßgeblicher Beteiligung Li Dazhaos im Juli 1921 die KP Chinas gegründet wurde. Der 1. Parteikongreß setzte Li als Sekretär für Nordchina ein. Erst der im folgenden Jahr stattfindende 2. Parteikongreß richtete nach sowjetrussischem Vorbild ein Zentralkomitee ein, zu dessen fünf Mitgliedern wiederum Li gehörte. Er behielt den Posten eines ZK-Mitgliedes bis zu seinem Tode bei. 1924 wurde Li als Delegierter der KPCh zum 5. Kongreß der Komintern nach Moskau entsandt. Anschließend lehrte er ein halbes Jahr an der Moskauer Ost-Universität.

Nach neuen, von Li organisierten Studentendemonstrationen gegen die

Japaner und deren Machenschaften in China sah er sich im Dezember 1926 gezwungen, in der Pekinger Botschaft der UdSSR Zuflucht zu suchen. Dort wurde er am 6. April 1927 von Gendarmen des Warlords → Zhang Zuolin verhaftet und am 28. April durch den Strang hingerichtet.
Obzwar spätere chinesische Ideologen manches an Lis Schriften auszusetzen hatten und ihn als »bürgerlichen Gelehrten« schmähten, wurde auf Beschluß der KPCh 1983 für ihn eine 2 200 Quadratmeter umfassende Grabanlage am Fuße der Yuquan-Hügel im Westen Pekings geschaffen.

Li Keran 1907- 李可染

1980

Li gehört zu den beliebtesten chinesischen Malern der Gegenwart. Dies verdankt er vor allem seiner Darstellung von Wasserbüffeln – meist im Verein mit Kindern. Doch er gilt auch als Neuerer der chinesischen Landschaftsmalerei.

Li Keran wurde 1907 in Xuzhou, Provinz Jiangsu, geboren. Sein Vater war ein armer Bauer ohne Landbesitz, der in Lis früher Kindheit Fischer wurde. Schließlich konnte er einen Gemüsegarten erwerben, dessen Erzeugnisse Lis Mutter auf dem Markt verkaufte.

1923 ging Li nach Shanghai und studierte an der von → Liu Haisu gegründeten Kunstschule. Zu seinen Lehrern gehörte hier auch der Maler Qian Shichi. 1929 wechselte Li zur am Westsee gelegenen Staatlichen Kunstakademie von Hangzhou, wo er sich vornehmlich der westlichen Ölmalerei zuwandte. Im gleichen Jahr schloß er sich der von → Lu Xun mitbegründeten Fortschrittlichen Künstlergesellschaft an.

Nach Ausbruch des Chinesisch-Japanischen Krieges 1937 arbeitete er unter → Guo Moruo in der Politabteilung des Militärrats der Nationalregierung, die 1938 ihren Sitz nach Chongqing in der Provinz Sichuan verlegte. Dort erhielt er bald auch einen Lehrauftrag am Nationalinstitut für Schöne Künste.

In diesen Jahren wohnte Li in einem Bauernhaus am Stadtrand von Chongqing. Nur eine Wand trennte seine Wohnung vom Stall eines Wasserbüffels. Diesem wandte Li bald sein künstlerisches Interesse zu und skizzierte ihn viele hundert Male. 1942 fand in einer Ausstellung zeitgenössischer Maler sein Bild »Büffelhüten« große Bewunderung: Der Maler → Xu Beihong wollte es kaufen, Guo Moruo widmete ihm die »Ode an einen Büffel«, in der es heißt: »Er opferte sich im Leben und im Tod, er lebt und stirbt für das Volk«, und → Lao She pries es in einem Artikel. Einer der Gründe dafür mag gewesen sein, daß der Wasserbüffel seit der Demütigung Chinas im 19. Jahrhundert zum Symbol geworden war, in dem sich Unterwerfung und Kraft vereinigen. So liebte es Lu Xun beispielsweise, sich mit dem Büffel zu vergleichen, »der Gras frißt und Milch und Blut gibt«, und schrieb: »Mit gesenktem Kopf, willig wie ein Büffel, diene ich Kindern.«

Bilder von Wasserbüffeln haben in der chinesischen Malerei eine lange Tradition. Diese hat Li Keran mit tiefsinnigem Humor neu belebt: Kinder lenken oder leiten das Sinnbild der Kraft in immer neuen Varianten.

Nach dem Ende des 2. Weltkrieges wurden Li Professuren an den Kunstakademien von Hangzhou und Peking angeboten. Er wählte

Li Keran und sein Lehrer Qi Baishi

Peking, weil dort → Qi Baishi und → Huang Binhong wirkten, von denen er lernen wollte. Beide nahmen ihn als Schüler an. In dieser Zeit begann Li, Landschaftsbilder im traditionellen Stil nach der Natur zu malen, eine Revolutionierung der chinesischen Landschaftsmalerei. Zudem zog ihn nicht mehr das Wechselspiel von bemalter und leerer Fläche an, sondern die lückenlose Darstellung, wobei er sich besonders von den europäischen Impressionisten inspirieren ließ. Deren Auffassung setzte er in die traditionelle chinesische Malerei um. Zwar vermochten zahlreiche moderne Maler Chinas traditionell chinesisch und westlich zu malen, doch gelang erst Li eine wirkliche Synthese.

Von 1954 bis 1959 unternahm Li ausgedehnte Studienreisen durch Südchina, die seine Landschaftsmalerei befruchteten.

In der Zeit der Kulturrevolution – so ein offizielles Dokument – wurde Li »aufs schlimmste verfolgt«. Doch er überlebte und wurde 1982 Präsident der Akademie für Traditionelle Malerei in Peking und Vizepräsident des Künstlerverbandes. 1983 war er Ehrengast bei einer Ausstellung seiner Bilder in Tokyo.

Nach der Kulturrevolution ließ sich Li zwei Siegel schneiden, die die Inschriften tragen: »Mit 70 Jahren erkenne ich erst meine Unwissenheit« und »Ergrauter Schüler«. Damals sagte er auch: »Mein Erfolg ist bloß der gewissenhaften Übernahme der Tradition der klassischen Malkunst, der Beobachtung des Lebens und einer unermüdlichen Praxis zu verdanken. Ich bin kein Genie, sondern lerne unermüdlich mein Leben lang.« Sein Wohnhaus in Peking trägt den Namen »Halle des Meisters der Büffel«.

Ein widerspenstiger Büffel

Li Lisan 1899-1967 李立三

1949

Li war der prominenteste Arbeiterführer in der Frühzeit der Kommunistischen Bewegung Chinas. Kurze Zeit war er Generalsekretär der KPCh, wurde aber 1930 als »Abweichler« angegriffen und ging daraufhin für 16 Jahre nach Moskau ins Exil. Nach seiner Rückkehr bekleidete er nurmehr zweitrangige Posten. Er starb 1967 zu Beginn der Kulturrevolution.

Li Lisan wurde 1899 im Kreis Liling, Provinz Hunan, als Sohn eines Lehrers geboren. Liling liegt 75 km südöstlich der Provinzhauptstadt Changsha an der Grenze zur Provinz Jiangxi. Bis 1914 besuchte er Mittelschulen in Liling und Changsha. Als → Mao Zedong 1917 die »Neue Volksstudiengesellschaft« gründete, gehörte Li zu den Mitgliedern. 1919 ging Li als Werkstudent nach Frankreich. In den folgenden beiden Jahren studierte er am Collège de Montargis bei Paris sowie in St. Charmond bei Lyon. 1921 beteiligte er sich mit → Chen Yi und anderen Studenten an Demonstrationen, was die französische Polizei zum Anlaß nahm, die rebellischen Chinesen des Landes zu verweisen.

Ende 1921 war Li wieder in China und trat in die wenige Monate zuvor gegründete KP Chinas ein, die ihn alsbald zur Organisation von Arbeiterverbänden in das Kohlerevier von Anyuan entsandte, das sich 100 km von Changsha entfernt in der Provinz Jiangxi befindet. Dank seines hervorragenden rhetorischen Talents entwickelte sich Li zum führenden Agitator des Reviers. In Zusammenarbeit mit → Liu Shaoqi gelang es ihm binnen Jahresfrist, einen der ersten großen Arbeiterstreiks in China zu organisieren, mit dem gegen die katastrophalen Arbeitsbedingungen demonstriert wurde. Als 1925 der Chinesische Arbeiterbund ins Leben gerufen wurde, erhielt Li als einer der bedeutendsten Arbeiterführer der Zeit einen Sitz in dessen Exekutivrat.

Wenig später kam es zur »Bewegung des 30. Mai«, deren Anlaß die Ermordung eines chinesischen Arbeiters war und in deren Folge es zu zahlreichen Protesten und schließlich zu dem Zwischenfall kam, bei dem britische Polizisten in Shanghai in die Menge schossen und einige Demonstranten töteten und zahlreiche verletzten. Wiederum gehörte Li zu den Hauptanführern dieser Bewegung in Shanghai. Kurze Zeit darauf wurden die Shanghaier Gewerkschaften mit Li als Vorsitzendem gegründet, denen es innerhalb eines Monats gelang, über 200000 Mitglieder zu werben. Zwar wurden die Gewerkschaften im Herbst 1925 offiziell verboten, doch bestanden sie im Untergrund weiter.

Durch seinen Einsatz als Arbeiterführer war Li in nur vier Jahren einer der prominentesten Führer der KPCh geworden, die ihn deshalb 1925

auf ihrem 4. Parteikongreß zu einem von zehn Mitgliedern des Zentralkomitees machte. Im folgenden Jahr wurde er vom Chinesischen Arbeiterbund auf dessen 3. Kongreß zum Stellvertretenden Vorsitzenden und 1927 vom 5. Kongreß der KPCh zum Mitglied des Politbüros gewählt. Wenig später kam es zum Nanchang-Aufstand gegen die antikommunistische Politik Chiang Kai-sheks, an dem auch Li beteiligt war und nach dessen Niederschlagung er sich zur Flucht nach Hongkong gezwungen sah. Ende 1928 war er wieder am Sitz der Parteizentrale in Shanghai. In jener Zeit wurde die Politik der KPCh noch immer von der Komintern in Moskau bestimmt, die in völliger Unkenntnis der sozialen Verhältnisse Chinas glaubte, die Revolution durch das städtische Proletariat herbeiführen zu können. Im Rahmen dieser Politik trat Li Lisan dafür ein, die inzwischen unter Mao Zedong und anderen Parteiführern entstandenen Guerilla-Verbände zur Unterstützung heranzuziehen. Inzwischen zum Generalsekretär der Partei gewählt, bekam er von der Komintern grünes Licht zum bewaffneten Angriff auf bestimmte Städte. Diese Politik beruhte auf einer Fehleinschätzung des Verhaltens der Arbeiterschaft. Mao, der dies erkannt hatte, folgte nur höchst widerwillig aus Parteidisziplin. Tatsächlich schlug ein Angriff kommunistischer Kampfverbände im Juli 1927 unter → Peng Dehuai auf Changsha fehl und mußte nach wenigen Tagen abgebrochen werden.
Li Lisan, der lediglich die Weisungen der Komintern befolgt hatte, wurde nach dem Fehlschlagen des Changsha-Aufstandes mit der Begründung gemaßregelt, nicht den rechten Zeitpunkt gewählt zu haben. Auf einer Sitzung der KPCh im November 1930, an der Pawel Mif als Vertreter der Komintern teilnahm, verlor Li sowohl seinen Posten als Generalsekretär der Partei als auch den im Politbüro.
In der Folge wurde Li Lisan nach Moskau beordert, wo er sich vor der Komintern rechtfertigen mußte und schließlich gar des »Putschismus« geziehen wurde. Glücklicherweise geriet er jedoch nicht in den Strudel der stalinistischen Verfolgungen der dreißiger Jahre, obwohl er einer inoffiziellen Quelle zufolge von 1936 bis 1938 als Trotzkist inhaftiert war. Die Jahre bis 1946 durfte er dann als Übersetzer an einem Moskauer Fremdsprachenverlag arbeiten. 1946 kehrte er nach China zurück, wo er vornehmlich im Chinesischen Gewerkschaftsbund einige Posten einnahm. In den Jahren des Moskauer Exils hatte Li seine Mitgliedschaft im Zentralkomitee der KPCh behalten und wurde noch 1956 vom 8. Parteikongreß darin bestätigt. Möglicherweise hatte sich Liu Shaoqi, mit dem Li seit den Tagen von Anyuan verbunden war, für ihn eingesetzt.
Mit Liu Shaoqis Sturz in der Kulturrevolution war auch Lis Schicksal besiegelt. Er starb am 22. Juni 1967 »nach grausamen Verfolgungen durch die ›Viererbande‹«, wie es in einem offiziellen Dokument heißt. Lis Frau, die Russin Lisa, blieb nach seinem Tod noch acht Jahre in Haft. Aus ihrer Ehe war eine Tochter hervorgegangen.

Li Siguang 1889-1971 李四光

1960

Li gehört zu den führenden Geologen Chinas. Er erwarb sich besondere Verdienste beim Aufbau wissenschaftlicher Einrichtungen seit den zwanziger Jahren. Im Alter von 80 Jahren wurde er zum Mitglied des Zentralkomitees der Kommunistischen Partei Chinas gewählt.

Li Siguang wurde 1889 im Kreis Huangkang, 50 km östlich von Wuhan, Provinz Hubei, geboren. Er erhielt zunächst eine klassische Schulbildung und besuchte danach die Militärische Kadettenschule seiner Heimatprovinz. Aufgrund seiner guten Leistungen erhielt er ein Stipendium für ein Ingenieurstudium in Japan. Während seiner Studienzeit trat er dem von → Sun Yat-sen gegründeten »Revolutionsbund« (Tongmenghui) bei, einem Vorläufer der späteren Guomindang. Um 1910 kehrte Li nach China zurück und trat eine Lehrerstelle an der Technikschule von Wuchang (heute Teil der Stadt Wuhan) an. Im folgenden Jahr beteiligte er sich an der Revolution, die zum Sturz der Qing-Dynastie führte.

Wenig später ging er nach England, um seine Studien fortzusetzen. An der Universität von Birmingham belegte er die Fächer Geologie, Mathematik, Physik und Astronomie. Nach der Promotion in Geologie kehrte er 1920 nach China zurück und übernahm eine Professur an der Geologischen Abteilung der Peking-Universität.

Eine eigenständige geologische Forschung gab es damals in China erst seit kurzer Zeit, so daß Li einer der ersten chinesischen Wissenschaftler dieses Faches ist, das auf dem 1912 abgeschlossenen, in langjährigen Feldstudien vor Ort entstandenen fünfbändigen geologischen Werk *China* des deutschen Forschers von Richthofen aufbaut. Auch die junge republikanische Regierung Chinas hatte die Bedeutung der Geologie erkannt, vor allem im Hinblick auf die Entdeckung neuer Kohle- und Erzlagerstätten. So wurde Li 1921 im Alter von nur 32 Jahren Leiter des Geologischen Instituts der Akademie der Wissenschaften und im folgenden Jahr Präsident der Geologischen Gesellschaft Chinas.

Die Regierung betraute ihn außerdem mit den Posten eines stellvertretenden Direktors der Nationalen Zentralbibliothek, eines Mitglieds im Beratungsrat für wissenschaftliche Arbeiten sowie mit einigen anderen, weniger wichtigen Ämtern. Daneben hatte Li wesentlichen Anteil am Aufbau eines modernen Wissenschaftsapparates. Beispielsweise erfolgte unter seiner Leitung u.a. die Errichtung eines wissenschaftlichen Laboratoriums an der Wuhan-Universität sowie eines weiteren in Guilin.

Mit seinen wissenschaftlichen Veröffentlichungen erwarb sich Li internationales Ansehen. 1935 wurde er zu Vorlesungen nach England eingeladen, einige Jahre später verlieh ihm die Universität Oslo die Ehrendoktorwürde. Als 1949 die Volksrepublik China ausgerufen wurde, war Li erneut seit einem Jahr in England, wohin er zur Teilnahme am 18. Internationalen Geologenkongreß gereist war. Wenn er danach zunächst nicht nach China zurückging, so deswegen, weil er die innenpolitische Entwicklung in seinem Heimatland abwarten wollte. Erst im Mai 1950 kehrte er nach Peking zurück, obwohl er schon im Oktober 1949 von den neuen Führern Chinas in Abwesenheit zum Vizepräsidenten der Akademie der Wissenschaften sowie zum Mitglied der Kultur- und Erziehungskommission der Regierung ernannt worden war.

Nach seiner Rückkehr wurde Li zusätzlich noch die Leitung des Paläontologischen Instituts der Akademie der Wissenschaften übertragen (bis 1954). Danach folgten zahlreiche weitere Ernennungen, deren bedeutendste 1952 die zum Minister für Geologie war. Er blieb dies bis zu seinem Tode. Aus der Vielzahl seiner weiteren Ämter seien nur die wichtigsten genannt: Vizepräsident des Weltbundes der Wissenschaftsarbeiter, einer von Moskau gesteuerten kommunistischen Organisation (bis 1962); Mitglied des Ständigen Komitees der Abteilung für Biologie und Geologie an der Akademie der Wissenschaften (1954-1971); Abgeordneter seiner Heimatprovinz Hubei für den Nationalen Volkskongreß (1954-1971); Stellvertretender Vorsitzender der Politischen Konsultativkonferenz des chinesischen Volkes (1954-1971); Vorsitzender der Geologischen Gesellschaft (1955-1971); Stellvertretender Minister für wissenschaftliche Planung (1956-1958); Ehrenmitglied der Paläontologischen Gesellschaft der Sowjetunion (1958); Vorsitzender der Gesellschaft für Wissenschaft und Technik (Dachverband aller wissenschaftlichen und technischen Gesellschaften Chinas; 1958-1971).

Im Alter wurde Li Siguang noch eine besondere Ehre zuteil: Der 9. Parteikongreß der KP Chinas wählte ihn 1969 zum Mitglied des Zentralkomitees. Er war damals bereits 80 Jahre alt und damit das bis dahin älteste Mitglied dieses Gremiums zum Zeitpunkt der Wahl.

Li starb keine zwei Jahre später am 29.4.1971. In einem Nachruf anläßlich seines 90. Geburtstages würdigte die chinesische Presse seine Verdienste: Li habe die Wissenschaft der Geomechanik begründet, die eine bedeutende Rolle bei der Entdeckung von Lagerstätten von Kohle, Uran, Chrom, Wolfram u. a. gespielt und sich überdies als richtungweisend für die Vorhersage von Erdbeben erwiesen habe. Außerdem habe er die Quartär-Gletscherforschung begründet.

Schriften (Auswahl):
Eine kurze Geschichte der Veränderungen der Bodenverhältnisse Chinas, Das Alter der Erde, Spindelinsektenfossile in Nordchina, Studie über die Ningzhen-Schichten und Paläontologie.

Li Xiannian 1909-

李先念

1946

1961

1971

1983

Li hat sich während der kommunistischen Revolution in militärischen Verbänden hochgedient. Nach Gründung der Volksrepublik China war er zunächst in der Provinz, ab 1954 in der Zentrale. Über ein Vierteljahrhundert amtierte er als Stellvertretender Ministerpräsident. Seit 1983 ist er Staatspräsident der VR China.

Li Xiannian wurde 1909 im Kreis Huang'an (heute Hongan), Provinz Hubei, als Sohn eines armen Bauern geboren. Huang'an liegt 70 km nördlich von Wuhan in den Ausläufern des Dabie-Mittelgebirges, das die Grenze zu den Provinzen Henan und Anhui bildet. In seiner Jugend arbeitete Li als Zimmermann.

1926 schloß er sich Truppen der Nationalarmee an, als diese im Zuge des Nord-Feldzuges, mit der die Regierung den beherrschenden Einfluß der Warlords in Ost- und Nordchina auszuschalten versuchte, durch seine Heimat zogen. Im folgenden Jahr trat er in die Kommunistische Partei Chinas ein und wurde von ihr beauftragt, in seiner Heimat Bauern zu organisieren. Nach der Niederschlagung des Bauernaufstandes in Huang'an im gleichen Jahr widmete er sich der Organisation von Guerillaverbänden. Wahrscheinlich geschah dies unabhängig von ähnlichen Aktionen → Mao Zedongs in der Provinz Jiangxi, zu einer Zeit, als die Kommunisten von → Chiang Kai-shek praktisch zu Staatsfeinden erklärt worden waren. Die Bildung von Sowjetrepubliken, die 1929 von verschiedenen, noch unabhängig voneinander operierenden Guerillaverbänden ausgerufen wurden, erfolgte indessen aufgrund gegenseitiger Absprachen, wenn auch ohne die Mitwirkung der Parteizentrale, die damals noch immer im Shanghaier Untergrund eine von der Komintern bestimmte Politik verfolgte. Neben dem Sowjet von Jiangxi unter Führung Maos entwickelte sich der von Oyuwan, der im Grenzgebiet der Provinzen Hubei, Henan und Anhui – also in der Heimat Li Xiannians – errichtet worden war, zum militärisch zweitstärksten Sowjet, in dem Lis Guerillaverbände die Hauptkraft bildeten. 1931 wurde → Zhang Guotao von der Partei mit dem Auftrag in dieses Gebiet

entsandt, die unabhängig voneinander kämpfenden Guerillaverbände zur 4. Frontarmee zu koordinieren, deren Huang'an-Abteilung Li befehligte.
Der Druck der Guomindang-Streitkräfte auf diese Armee wurde bald so groß, daß sie sich – ein Jahr, ehe die Hauptkräfte der Kommunisten zum Langen Marsch aufbrachen – zu einer Absetzbewegung gezwungen sah, die 1933 in der Provinz Sichuan endete. Hier wurde Li Politkommissar der 30. Armee, einer der zur 4. Frontarmee gehörenden fünf Armeen. Im Sommer 1935 erreichten die kommunistischen Hauptkräfte unter Mao Zedong und → Zhu De dieses Gebiet, und es kam zu erbitterten Auseinandersetzungen über den künftig einzuschlagenden Weg auf dem Langen Marsch, während deren vor allem die unterschiedlichen Ansichten Maos und Zhang Guotaos aufeinanderprallten.
Da keine Einigung erzielt werden konnte, kam es zur Trennung in zwei Kolonnen. Die erste unter Mao, → Peng Dehuai, → Zhou Enlai und → Lin Biao zog in den Norden der Provinz Shaanxi, die andere unter Zhang Guotao und Zhu De nahm einige Zeit später den weit beschwerlicheren Weg in die Provinz Gansu. Zu letzterer gehörte auch Li Xiannian, dessen militärische Position damals zu unbedeutend war, als daß er in der Diskussion über den Weg hätte entscheidend mitreden können. Seine Kolonne wurde auf dem weiteren Marsch fast völlig aufgerieben. Lediglich kleine Trupps vermochten sich durchzuschlagen, wobei Li mit einem auf einige hundert Mann zusammengeschrumpften Häuflein den längsten und entbehrungsreichsten Weg nahm, der erst an der Grenze zu Xinjiang (Sinkiang) endete. Schließlich aber erreichte auch diese Gruppe im Herbst 1937 Yan'an, das neue Zentrum der Kommunisten in Nordchina – zwei Jahre, nachdem Mao Zedong dort eingetroffen war. Zweifelsohne stellt der Lange Marsch eine bewunderswerte strategische Leistung dar. In der Geschichte der kommunistischen Revolution kommt ihm inzwischen eine legendäre Rolle zu. Von 100000 Mann erreichten nur 10000 das Ziel. Diese sollten dann den harten Kern jener kommunistischen Streitkräfte bilden, die etwas mehr als ein Jahrzehnt später aufbrachen, um die Truppen der Guomindang vom Festland zu vertreiben. Welche Bedeutung diesem Marsch bis in die Gegenwart hinein zukommt, ist daran abzulesen, daß noch 1984 nicht weniger als 15 der insgesamt 24 Mitglieder des Politbüros Veteranen des nunmehr genau ein halbes Jahrhundert zurückliegenden Langen Marsches waren, darunter Li Xiannian.
In Yan'an besuchte Li Xiannian zunächst die Anti-Japanische Militär- und Politakademie, wurde aber bereits 1938 erneut mit dem Auftrag in seine Heimat entsandt, den Widerstand gegen die Japaner zu organisieren, die gerade Wuhan erobert hatten. Die Jahre bis zur Kapitulation der Japaner operierte Li in dem gleichen Gebiet, in dem er bereits vor dem Langen Marsch im Einsatz gewesen war. In dieser Zeit baute er einen

Kampfverband von 22000 Mann auf, der als 5. Division formal der Neuen 4. Armee unterstellt, in Wirklichkeit aber während dieser ganzen Periode auf sich allein gestellt war. Hier konnte Li zum ersten Mal sein strategisches und organisatorisches Geschick entfalten, was die Führung zu honorieren wußte, indem sie ihn 1945 durch den 7. Kongreß der KPCh erstmals zum Mitglied des Zentralkomitees wählen ließ.

In der Zeit des »Befreiungskrieges« (1946-1949), wie der Endkampf der Kommunisten gegen die Streitkräfte der Guomindang in der VR China offiziell heißt, wurden Lis Verbände zunächst zur Befreiungsarmee Zentralebene umorganisiert, die 1948 mit den Verbänden → Liu Bochengs zur Volksbefreiungsarmee Zentralebene zusammengelegt wurde, in der Li unter Liu den Posten des stellvertretenden Kommandeurs erhielt. Anfang 1949 wurde die Armee dann in 2. Feldarmee umbenannt, in der → Deng Xiaoping Politkommissar war. Wenig später erfolgte im Verein mit der von Lin Biao befehligten 4. Feldarmee der Übergang über den Changjiang (Yangtse), mit dem das Schicksal der Guomindang-Streitkräfte besiegelt sein sollte, gab es doch danach für die siegreichen Kommunisten kein Halten mehr.

Während die 2. Feldarmee, deren stellvertretender Kommandeur Li bis dahin war, weiter nach Südwesten vorstieß, wurde er nun stellvertretender Kommandeur der 4. Feldarmee, die im Raum Wuhan blieb. Als Kenner der Region war er für den bevorstehenden Aufbau einer Zivilverwaltung unentbehrlich.

Tatsächlich wurde Li in den folgenden Jahren in seiner Heimatprovinz mit zahlreichen Aufgaben betraut, von denen nur die wichtigsten genannt seien: Kommandeur des Militärdistrikts Hubei (bis 1950), Gouverneur der Provinz Hubei (bis 1954), Parteisekretär von Hubei (bis 1954), Stellvertretender Vorsitzender des Militär- und Verwaltungsrates Zentral-Südchina (1952-1954). In dieser Zeit begann Li, sich in zunehmendem Maße der wirtschaftlichen Entwicklung seiner Heimatprovinz zu widmen.

1954 wurde er in die Zentrale berufen, wo er zunächst Nachfolger Deng Xiaopings als Finanzminister wurde, was er 20 Jahre lang blieb. Wenig später wurde er zum Stellvertretenden Ministerpräsidenten ernannt und blieb dies 26 Jahre lang. 1956 erfolgte seine Wahl zum Mitglied des Politbüros, als welches ihn alle künftigen Parteikongresse bestätigten. In den Jahren nach 1954 wirkte Li als einer der führenden Wirtschaftsfunktionäre der Volksrepublik China sowie in zunehmendem Maße als rechte Hand von Ministerpräsident Zhou Enlai, der ihm mehr und mehr lästige Pflichten, vor allem im Bereich der Außenpolitik, übertrug. Als unermüdlicher Arbeiter hielt sich Li dabei auffallend im Hintergrund. Seine Reiseaktivitäten bis zur Kulturrevolution beschränkten sich ausschließlich auf die sozialistischen Staaten.

Obwohl Li 1967 scharf attackiert wurde, überstand er die Kulturrevolution ohne Machteinbuße. Es ist anzunehmen, daß Zhou Enlai ihn schützte. So war es möglich, daß Li nach Zhous Tod und dem Sturz der »Viererbande« 1977 Mitglied des Ständigen Komitees des Politbüros und 1983 Staatspräsident der Volksrepublik China wurde.

Liao Chengzhi 1908-1983 廖承志

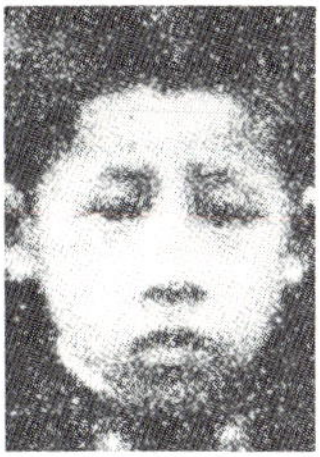
1916

1935

1965

1982

Liaos Eltern waren die engsten Vertrauten Sun Yat-sens. Ein politisches Engagement lag daher nahe. Liao sollte bis in die Führungsspitze der Kommunistischen Partei Chinas aufsteigen.

Liao Chengzhi wurde 1908 in Tokyo geboren, wo sein aus San Francisco gebürtiger Vater seit 1902 zusammen mit seiner Mutter an der Waseda-Universität studierte. Als → Sun Yat-sen 1905 den »Revolutionsbund« (Tongmenghui) gründete, einen Vorläufer der späteren Guomindang, gehörte der Vater zu dessen ersten Mitgliedern und wurde deren Schatzmeister. Liao besuchte in Tokyo eine katholische Schule, an der neben Japanisch auch Chinesisch, Englisch und Französisch gelehrt wurde.

Er war zehn Jahre alt, als er mit den Eltern nach China kam. Ab 1919 besuchte er zunächst eine baptistische Mittelschule, später die Lingnan-Universität in Guangzhou (Kanton). 1924 wurde er Mitglied der Guomindang. Im folgenden Jahr wurde sein Vater ermordet, der damals Finanzminister der Nationalen Revolutionsregierung und Gouverneur der Provinz Guangdong war.

1927 ging Liao zur Fortsetzung seiner Studien erneut nach Japan, wo er sich, wie schon zuvor sein Vater, an der Waseda-Universität immatrikulierte. Im folgenden Jahr wurde er Mitglied der KPCh und kurz darauf aus Japan ausgewiesen, nachdem er sich an Demonstrationen gegen die Ausschreitungen japanischer Truppen in China beteiligt hatte. Nach einem kurzen Zwischenaufenthalt in Shanghai heuerte Liao als Seemann auf einem Schiff nach Europa an. In Marseille, Rotterdam, Antwerpen und Hamburg kämpfte er für die Interessen chinesischer Seeleute, die auf vielen Schiffen wie Arbeitssklaven gehalten wurden. In Deutschland arbeitete er eng mit der KPD zusammen. Diese war es wohl auch, die ihm den Posten eines Parteisekretärs im Internationalen Seemannsclub in Hamburg verschaffte. Es konnte nicht ausbleiben, daß diese Aktivitäten der Obrigkeit der betroffenen Länder mißliebig wurden. Die Folge war eine Verhaftung in Holland mit anschließender Ausweisung und

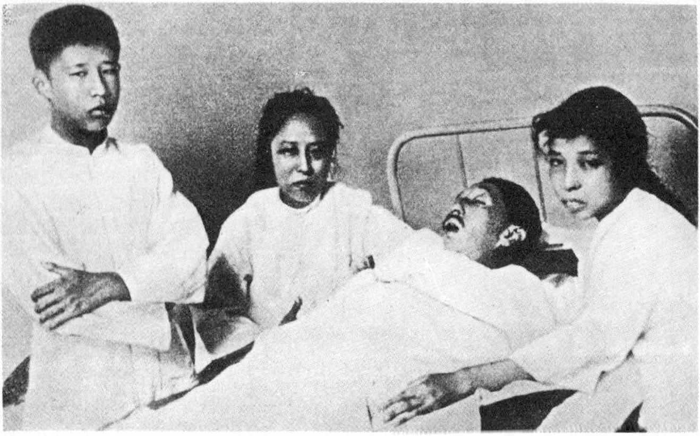

Zusammen mit seiner Mutter He Xiangning und seiner Schwester Liao Mengxing (Cynthia Liao) am Totenbett seines am 20. August 1925 ermordeten Vaters Liao Zhongkai

zwei weitere Verhaftungen in Deutschland, die 1932 zu seiner endgültigen Deportation aus Europa führten.

Vom 20. bis zum 24. Lebensjahr hatte sich Liao also im fernen Ausland seiner entrechteten Landsleute angenommen, während ihm als Sohn seines berühmten Vaters in der Heimat eine bequeme Karriere sicher gewesen wäre. Liao ist damit ein typisches Beispiel für die damalige idealistische junge Elite Chinas, die nichts für sich, sondern alles für das Gemeinwohl des Vaterlandes wollte. Zugleich ist er ein Beispiel für die Hinwendung dieser Elite zum Kommunismus, weil sie die Revolutionsideale der Guomindang durch Chiang Kai-shek verraten sah.

1932 nach China zurückgekehrt, arbeitete er in Shanghai im kommunistischen Untergrund und wurde im folgenden Jahr verhaftet. Dank der Fürsprache seiner Mutter und von → Soong Ching Ling, der Witwe → Sun Yat-sens, bei Chiang Kai-shek wurde er indessen bald wieder freigelassen. Nach seiner Entlassung aus der Haft ging Liao 1934 zu der von → Zhang Guotao befehligten 4. Frontarmee in die Provinz Sichuan, wo er als Generalsekretär der Politabteilung eingesetzt wurde. Im folgenden Jahr stießen die von → Mao Zedong und → Zhu De geführten kommunistischen Streitkräfte auf dem halben Weg des Langen Marsches zu dieser Armee, und Liao schloß sich der Marschkolonne von Mao an, die im Herbst 1935 die Provinz Shaanxi erreichte, wo das neue Machtzentrum der Kommunisten errichtet wurde.

Dort wurde Liao zunächst mit Presseaufgaben betraut, allem voran mit der Leitung des Rundfunkdienstes, dem damals neuesten Propagandainstrument. 1938 beorderte ihn die Partei nach Hongkong, wo er bis zur Besetzung der britischen Kronkolonie durch die Japaner mit Beschaffungsaufgaben für die kommunistischen Streitkräfte beauftragt war. 1941 setzte er sich in die Nachbarprovinz Guangdong ab, wo er 1943 erneut von der Guomindang inhaftiert wurde. Aus dieser Haft kam er jedoch erst 1946 frei, als General George C. Marshall im Auftrag der amerikanischen Regierung eine Versöhnung zwischen Guomindang und KPCh zu erreichen versuchte.

Die KPCh würdigte Liaos Verdienste, indem sie ihn 1945, während er im Gefängnis saß, in Abwesenheit zum Kandidaten des Zentralkomitees wählte. Bereits 1949 wurde er Mitglied des ZK. Bis zur Gründung der Volksrepublik China im Oktober 1949 hielt sich Liao meist in Hongkong auf, von wo aus er als Sekretär des Südchina-Büros des Zentralkomitees die Parteipolitik in der Provinz Guangdong leitete.

Mit Gründung der Volksrepublik erhielt Liao als wichtigste Aufgabe die Leitung des Jugendverbandes (bis 1958). Innerhalb der Partei übernahm er den Posten eines stellvertretenden Direktors der Abteilung Einheitsfrontarbeit im ZK und in der Regierung den eines stellvertretenden Vorsitzenden der Kommission für Auslandschinesen. Daneben fand er auch Eingang in die kommunistische Weltorganisation des Verbandes Demokratischer Jugend, die ihn zu einem ihrer stellvertretenden Vorsitzenden machte. Es waren dann kommunistische Weltorganisationen, in deren chinesischen Sektionen Liao vornehmlich tätig werden sollte, und zwar als Stellvertretender Vorsitzender des Friedensrates (1949-1967) sowie als Vorsitzender des Afro-Asiatischen Solidaritätskomitees (1958-1967). Von den 36 Auslandsreisen, die Liao von 1950 bis zur Kulturrevolution unternahm und die ihn auch international bekannt machten, standen die meisten in Zusammenhang mit Aktivitäten im Rahmen der Arbeit dieser Organisationen.

Die Kulturrevolution beendete zunächst Liaos Karriere. Ihm wurden nicht nur politische Fehler, sondern auch eine luxuriöse Lebensführung vorgeworfen. Mehrfach öffentlich geschmäht und gedemütigt, wurde er schließlich jahrelang eingekerkert, was ihn an den Rand des Todes brachte. Im Rahmen der damals üblichen Sippenhaftung wurde auch seine Frau – mit einer blutenden Kopfwunde – den Massen zur öffentlichen Kritik vorgeführt. Seine Rettung verdankte Liao → Zhou Enlai, der ihn als einen der ersten in der Kulturrevolution gestürzten Funktionäre zurückzuholen vermochte. Bereits 1973 wurde er vom 10. Parteikongreß erneut zum Mitglied des Zentralkomitees, 1978 zum Stellvertretenden Vorsitzenden des Nationalen Volkskongresses und 1982 sogar zum Mitglied des Politbüros gewählt. Seine letzte Ehrung war im Oktober 1982 die Verleihung der Ehrendoktorwürde durch die Waseda-Universität in Tokyo.

Liao starb am 10. Juni 1983 während der ersten Sitzung des 6. Nationalen Volkskongresses, der ihn zur Wahl des Stellvertretenden Staatspräsidenten nominiert hatte.

Lin Biao 1907-1971 林彪

1940

1945

1956

1968

Lin Biao war der jüngste der zehn Marschälle der Volksbefreiungsarmee. Nach offiziellen Angaben unternahm er 1971 den Versuch eines Staatsstreichs, um Mao Zedong zu beseitigen. Eine zweifelsfreie Klärung der Vorgänge gibt es bis heute nicht.

Lin Biao wurde 1907 im Kreis Huanggang, Provinz Hubei, als Sohn eines Fabrikbesitzers geboren. Nach dem Besuch von Grund- und Mittelschule absolvierte er vom Oktober 1925 bis zum Sommer 1926 den vierten Kurs der von → Chiang Kai-shek geleiteten Whampoa-Militärakademie in Guangzhou (Kanton). Anschließend diente er während des sogenannten Nord-Feldzugs, durch den die Nationalregierung die Macht der Warlords im Norden Chinas zu brechen suchte, im Regiment von → Ye Ting. Lin Biao zeigte bereits zu Beginn seiner militärischen Karriere außerordentliche Fähigkeiten und stieg binnen eines Jahres vom Gruppenführer zum Kommandeur eines Bataillons auf.

1927 fand der Nanchang-Aufstand statt, bei dem sich kommunistische Truppenführer – unter ihnen Ye Ting, → Zhou Enlai und → He Long – mit ihren Verbänden gegen die der Guomindang stellten. Der Aufstand begann am 1. August. Dieser Tag wird seit Gründung der Volksrepublik China als »Tag der Volksbefreiungsarmee« begangen. Auch Lin Biao war an diesem Aufstand beteiligt, der indessen sehr bald scheitern sollte. Die versprengten, von Kommunisten geführten Verbände sammelten sich schließlich 1928 in dem kurz zuvor von → Mao Zedong gegründeten Jiangxi-Sowjet, zu dem als Kern aller künftigen kommunistischen Kampfverbände auch die 4. Rote Armee gehörte. In dieser übernahm Lin noch im Jahre 1928 den Befehl über ein Regiment.

Nach dem Vorbild von Jiangxi entstanden in den folgenden Jahren weitere Sowjets, und die Truppenstärke der kommunistischen Verbände stieg auf 100000 Mann. Gleichzeitig sahen sich diese einem immer stärkeren Druck durch Einheiten der Nationalregierung ausgesetzt, dem sie schließlich nicht standzuhalten vermochten und auszuweichen gezwungen waren. Damit begann der legendäre Lange Marsch, der über 10000 Kilometer in die Provinz Shaanxi in Nordchina führte. Lin Biao, der bis dahin wiederholt durch strategische Leistungen hervorgetreten war, befehligte dabei die 1. Frontarmee, eine der drei Heersäulen der kommunistischen Verbände.

Nach Ausbruch des Chinesisch-Japanischen Krieges kam es 1937 zu einer Einheitsfront von Guomindang und Kommunisten. Die in Nordchina stationierten kommunistischen Streitkräfte wurden dabei nominell denen der Guomindang unterstellt und zur 8. Marscharmee reorganisiert, die von → Zhu De befehligt wurde und in drei Divisionen unterteilt war. Lin Biao erhielt den Befehl über die 115. Division, mit der er im September 1937 in der Schlacht am Pingxing-Paß den ersten chinesischen Sieg über die Japaner errang. Wenig später wurde er verwundet und zur Genesung in die Sowjetunion geschickt, wo er anschließend die moderne Kampfführung der dortigen Streitkräfte studierte. Nach unbestätigten Berichten soll er in dieser Zeit auch an der Verteidigung von Leningrad teilgenommen haben. 1942 nach China zurückgekehrt, übernahm Lin Biao u.a. die Leitung der »Anti-Japanischen Militär- und Politakademie«. Im April 1945 wählte ihn der 7. Parteikongreß zum Mitglied des Zentralkomitees. Damals befehligte Lin Biao den Militärbezirk Shandong, dessen Kampfverbände er im August nach der Kapitulation der Japaner in die Mandschurei verlegte, wo sie zur Demokratischen Verbündeten Nordost-Armee umorganisiert wurden, die 1949 zur 4. Feldarmee werden sollte.

Von der Mandschurei aus traten die kommunistischen Streitkräfte 1948 ihren Siegeszug gegen die der Guomindang an, der schließlich zu deren Vertreibung vom Festland und zur Gründung der Volksrepublik China führte. Lin Biaos 4. Feldarmee, die bis nach Südchina vorstieß, hatte daran wesentlichen Anteil. Anfang 1950 wurde Lin Biao dann als Vorsitzender des Militär- und Verwaltungsrates von Zentral-Südchina eingesetzt, d.h. als Statthalter über die Provinzen Henan, Hubei, Hunan, Guangxi und Guangdong. Hervorragende militärische Verdienste in der Revolutionszeit ließen ihn zu einem der geachtetsten Führer des neuen sozialistischen Staates werden, was auch in seiner Nachwahl zum Mitglied des Politbüros durch das 5. Plenum des 7. ZK im April 1955 zum Ausdruck kommt. Etwa zur selben Zeit wurde er zudem mit der Würde eines Marschalls der Volksbefreiungsarmee ausgezeichnet, die außer ihm nur noch neun andere verdiente Militärs erhielten. Mit seiner Wahl zum Stellvertretenden Parteivorsitzenden 1958 und zum Mitglied des Ständigen Komitees des Politbüros war er einer der mächtigsten Männer Chinas, war er doch zugleich seit 1954 einer der zehn Stellvertretenden Ministerpräsidenten und damit Mitglied der Regierung.

Als 1959 Verteidigungsminister → Peng Dehuai gegen die Militärpolitik

Mao Zedongs opponierte und die Modernisierung der Volksbefreiungsarmee verlangte, sich aber nicht durchzusetzen vermochte, wurde er durch Lin Biao ersetzt. Zur gleichen Zeit hatte Mao Zedong seine Kampagne des »Großen Sprungs Vorwärts« mit dem Ziel gestartet, Chinas Wirtschaft durch den Einsatz der Massen sprunghaft voranzutreiben. Diese Politik scheiterte jedoch. Sie führte China an den Rand einer Hungerkatastrophe und seine Wirtschaft ins Chaos. Im Gegensatz zur Faktion um → Liu Shaoqi und → Deng Xiaoping, die einen pragmatischen Kurs steuerten, unterstützte Lin Biao weiterhin die Linie Mao Zedongs. In der Folge kam es zur Spaltung des Politbüros, wobei sich Mao Zedong zusammen mit Lin Biao, dessen Machtbasis die Armee war, als der stärkere erwies, indem er sich mittels der Kulturrevolution seiner Widersacher entledigte. Zum Dank für seine Treue machte Mao Lin Biao 1969 auf dem 9. Parteikongreß zu seinem designierten Nachfolger.

Offizieller Darstellung zufolge versuchte Lin Biao zwei Jahre später einen Staatsstreich, der jedoch scheiterte und ihn zur Flucht in die Sowjetunion zwang. Auf dem Flug dorthin soll sein Flugzeug über der Mongolischen Volksrepublik abgestürzt und Lin Biao zusammen mit seiner Ehefrau Ye Qun ums Leben gekommen sein. Ob diese Darstellung den tatsächlichen Ereignissen entspricht, ist bis heute nicht zweifelsfrei geklärt.

Lin Boqu 1886-1960 林伯渠

Um 1952

Lin begann seine politische Karriere als einer der engen Vertrauten Sun Yat-sens, von denen er als einziger in die Führung der Kommunistischen Partei Chinas aufsteigen sollte.

Lin Boqu wurde 1886 in Lingling im Süden der Provinz Hunan geboren, einem Ort in der fruchtbaren Niederung des Xiang-Flusses nahe der Grenze zur Provinz Guangxi. Sein Vater war ein verarmter Landlord. Von 1900 bis 1904 besuchte er die Lehrerbildungsanstalt in Changde im Norden seiner Heimatprovinz. Ein Regierungsstipendium ermöglichte ihm anschließend die Fortsetzung seiner Studien in Japan. In Tokyo schrieb er sich zunächst an der Lehrerbildungsanstalt und später an der Chuo-Universität ein.

Unter den wenigen Chinesen in Tokyo war → Sun Yat-sen die herausragende Persönlichkeit. Lin fand schnell Verbindung zu ihm. Als Sun 1905 den »Revolutionsbund« (Tongmenghui) gründete, einen Vorläufer der Guomindang, gehörte Lin zu dessen ersten Mitgliedern. Wie sehr er von Sun und dessen Zielen beeindruckt war, ist daraus zu ersehen, daß er sein Studium abbrach, um sich politisch zu betätigen.

Im Auftrag des »Revolutionsbundes« ging er 1906 nach China zurück, um zunächst in der Provinz Jilin und später in seiner Heimatprovinz Hunan unter dem Deckmantel einer Lehrertätigkeit revolutionäre Zellen gegen die herrschende Qing-Dynastie zu organisieren. Nach deren Sturz im Jahre 1911 arbeitete Lin kurze Zeit in der Regierung von Hunan. Die politischen Wirren in China zwangen ihn 1913, wieder nach Japan zu fliehen.

1915 kehrte er erneut nach China zurück. Über seine Tätigkeit in den folgenden Jahren ist wenig bekannt.

Als 1921 die KP Chinas gegründet wurde, zählte Lin zu deren ersten Mitgliedern. Zugleich war er weiterhin ein enger Vertrauter Sun Yat-sens, der ihn 1923 zum stellvertretenden Direktor der Abteilung für Allgemeine Angelegenheiten der Guomindang machte. Lin hat wesentlichen Anteil daran, daß die Guomindang und die KPCh eine Einheitsfront eingingen, was auch die gleichzeitige Mitgliedschaft in beiden Parteien erlaubte. So wurde es möglich, daß in den Zentralen Exekutivrat der Guomindang, den ihr 1. Kongreß im Januar 1924 wählte, von insgesamt 41 Mitgliedern und Kandidaten nicht weniger als zehn Funktionäre der KPCh waren, darunter auch Lin und → Mao Zedong. Lin wurde zudem Leiter der Bauernabteilung der Guomindang. Auf dem 2. Kongreß zwei Jahre später war Lin einer der drei Kommunisten,

die in das neunköpfige Ständige Komitee des Zentralen Exekutivrates gewählt wurden. Im Nordfeldzug, der 1926 begann, wurde er dann Leiter der Politabteilung in der 6. Armee und wenig später Generalsekretär des Militärrates der Guomindang.
Im April 1927 fand die Einheitsfront von Guomindang und KPCh ein Ende, als → Chiang Kai-shek, der neue Führer der Guomindang nach Sun Yat-sens Tod (1925), in Shanghai und Guangzhou (Kanton) in einer Nacht-und-Nebel-Aktion Tausende von Kommunisten ermorden ließ. Damit setzte er sich in Widerspruch zu den Funktionären des linken Flügels der Guomindang, die daraufhin am 1. August 1927 in Nanchang, der Hauptstadt der Provinz Jiangxi, gegen ihn putschten. Zu den Putschisten gehörte auch Lin. Die Niederschlagung des Aufstands zwang Lin ein weiteres Mal zur Flucht nach Japan.
Von Japan ging er 1928 in die Sowjetunion, wo er zunächst am 6. Kongreß der KPCh teilnahm, der in Moskau stattfand. Anschließend besuchte er Kurse an der vornehmlich für Chinesen eingerichteten Moskauer Sun Yat-sen-Universität. 1930 wurde er nach Wladiwostok beordert, um an der dortigen Fernost-Industrieuniversität einen Lehrauftrag zu übernehmen.
Ende 1932 kehrte Lin wiederum nach China zurück und ging in die von Mao Zedong gegründete Guerillabasis in der Provinz Jiangxi, die inzwischen zur »Chinesischen Sowjetrepublik« erklärt worden war. In dieser Republik wurde er 1933 zum Volkskommissar für Wirtschaft und Finanzen ernannt. Ein Jahr später wurde er auch in den Zentralen Exekutivrat der Sowjetrepublik gewählt. Damit war Lin, einst in hoher Stellung bei der Guomindang, ein prominenter Funktionär der KP Chinas geworden.
Im Herbst 1934 begann der Lange Marsch, in dessen Verlauf die Kommunisten zwar stark dezimiert wurden, mit den verbliebenen Resten in Nordchina aber doch eine neue Machtbasis aufzubauen vermochten. Mit fast fünfzig Jahren gehörte Lin zu deren ältesten Teilnehmern.
1937 kam es mit Ausbruch des Chinesisch-Japanischen Krieges erneut zu einer Einheitsfront zwischen Guomindang und KPCh. Nach Absprache mit der Nationalregierung gründeten die Kommunisten in dem von ihnen kontrollierten Gebiet die »Regierung der Grenzregion von Shaanxi-Gansu-Ningxia«. In dieser wurde Lin Vorsitzender, was er bis 1948 blieb, obwohl er mehrfach mit anderen Posten betraut wurde. So wirkte er etwa von 1938 bis 1941 wiederholt in Chongqing (Chungking), dem damaligen Sitz der Nationalregierung, in dem von → Zhou Enlai geleiteten Verbindungsbüro der KPCh. Dort war er vor allem seiner alten Kontakte zur Guomindang wegen unentbehrlich. 1938 wurde Lin erstmals zum Mitglied des Zentralkomitees der KPCh gewählt; 1945 wählte ihn der 7. Parteikongreß zum Mitglied des

Politbüros, ein Posten, den er bis zu seinem Tode am 29. Mai 1960 behielt.
Mit Gründung der Volksrepublik China im Oktober 1949 bekam er durch die Ernennung zum Generalsekretär des Zentralen Volksregierungsrates in der neuen Regierung eine Schlüsselposition. Als 1954 ein Parlament eingerichtet wurde, wählten ihn die Abgeordneten zu dessen Vizepräsident.

Lin Yutang 1895-1976 林語堂

1933

Lin war der erste moderne Schriftsteller Chinas, der im Westen weite Verbreitung finden sollte. Er zog sich Mitte der dreißiger Jahre aus der literarischen Szene Chinas weitgehend zurück und lebte seitdem meist in den USA.

Lin wurde 1895 bei Zhangzhou, Provinz Fujian, als Sohn eines chinesischen presbyterianischen Geistlichen geboren. Nachdem er zunächst eine klassische Ausbildung erhalten hatte, besuchte er ab 1908 eine moderne Mittelschule in Zhangzhou. Von der Familie zum Geistlichen bestimmt, trat er 1910 in das Protestantische College in Xiamen (Amoy) ein. 1911 wechselte er an die St. John's Universität in Shanghai, wo er zwei Jahre Theologie studierte. Im Alter von 18 Jahren erlebte er eine Krise, die seine Abkehr vom Christentum zur Folge hatte. Dennoch durfte er noch 1916 an der Universität, die ihm die perfekte Beherrschung der englischen Sprache testierte, ein Examen ablegen. Danach erhielt er eine Professur für Englisch an der Qinghua-Universität in Peking und heiratete Liao Zuifeng.

1919 beschloß er, seine Studien in den USA fortzusetzen. Nach einem Jahr an der Harvard-Universität erhielt er den Magistertitel. Danach arbeitete er für den Christlichen Verein Junger Männer ein Jahr in Frankreich. 1921 setzte er dann seine Studien in Deutschland fort. Nach einem Semester wechselte er von der Universität Jena an die Universität Leipzig, wo er 1923 über das Thema »Altchinesische Lautlehre« promovierte.

Nach China zurückgekehrt, erhielt Lin eine Professur an der Englisch-Abteilung der Peking-Universität. Gleichzeitig lehrte er an der Pekinger Lehrerhochschule. 1926 übernahm er die Leitung der Englisch-Abteilung an der Lehrerinnen-Hochschule Pekings. Inzwischen hatte er sich einer Gruppe liberaler Dozenten angeschlossen, die den Argwohn der Regierung auf sich zog und deswegen gezwungen wurde, Peking zu verlassen. Lin kehrte in seine Heimat zurück, wo er die Stelle des Dekans am College für Kunst und Literatur der Universität in Xiamen erhielt.

1927 nahm er den einzigen politischen Posten seines Lebens an: Er wurde Sekretär des Außenministers der Nationalregierung in Wuhan. Das war er allerdings nur wenige Monate lang. Unter den Literaten seiner Zeit war er der unpolitischste. Zwar war er bis 1927 – abgesehen von Beiträgen in der Zeitschrift »Wortspinnerei«, die 1924 von Zhou Zuoren, dem Bruder → Lu Xuns, gegründet worden war – noch nicht als Schriftsteller hervorgetreten, doch bereitete er bereits seine Werke vor. Bezeichnend für seine unpolitische Haltung ist, daß er 1927, als → Chiang Kai-shek in Shanghai und Guangzhou (Kanton) Tausende von Kommunisten ermorden und verhaften ließ, die Gesellschaft zur Erforschung des Volksbrauchtums mitbegründete. Bemerkenswert ist zudem, daß er in der damaligen literarischen Diskussion die individualistische Position des Expressionismus vertrat.

Nach 1927 lehrte Lin an der Dongwu-Universität in Suzhou und am Juristischen College in Shanghai. Zugleich schrieb er für mehrere Zeitschriften. 1930 wurde er zum Direktor der Abteilung für Fremdsprachen an der Akademie der Wissenschaften berufen, die ihn überdies mit der Leitung der philologischen Forschung betraute. In den folgenden Jahren entwickelte er u.a. ein System zur Romanisierung der chinesischen Zeichen. Lin ist damit einer der ersten chinesischen Philologen, die sich mit diesem Problem beschäftigten.

1932 gründete Lin eine satirische Halbmonatsschrift. Obwohl von links und rechts angegriffen, erfreute sie sich bald großer Beliebtheit und hielt sich drei Jahre lang. Lins eigene Artikel erschienen jeweils gleichzeitig in »China Critic«, einer in Shanghai publizierten, englischsprachigen Wochenzeitschrift. 1934 ließ er eine weitere Halbmonatszeitschrift folgen, die sich unter dem Titel »Diese menschliche Welt« auf kurze Prosastücke in einfacher Sprache konzentrierte.

1935 erschien in den USA Lins erstes Buch *Mein Land und mein Volk* in englischer Sprache. Es sollte zu einem Verkaufserfolg werden. Zwei Jahre später wurde es ins Französische, 1938 ins Chinesische und 1946 ins Deutsche übersetzt. Damit war Lin der erste Literat des modernen China, der seinen Ruhm nicht im eigenen Land, sondern im Ausland begründete. Dieser Ruhm beruhte darauf, daß erstmals ein Chinese westlichen Lesern das zeitgenössische China mit seinen historischen Wurzeln nahebrachte.

Mit diesem Buch war Lins weiterer Weg vorgezeichnet. Als in den USA erfolgreicher Autor, der finanzielle Unabhängigkeit genoß, geriet sein ohnehin geringes Interesse an den innenpolitischen Auseinandersetzungen in seinem Land noch mehr in den Hintergrund. 1936 ließ er sich daher in New York nieder. Bereits ein Jahr später erschien *Die Bedeutung des Lebens* und 1939 der Roman *Peking – Augenblick und Ewigkeit* sowie *Die Geburt eines neuen China.*

1940 wollte Lin in seine Heimat zurückkehren, wurde jedoch durch eine Krankheit unterwegs zur Umkehr gezwungen. Erst 1943 war er wieder in China, wo er eine Dozentur für chinesische Kultur an der Nationaluniversität in Chongqing erhielt. Sehr bald jedoch geriet er im Streit um die »richtige Literatur« zwischen alle Fronten. Bereits 1944 ging Lin daher wieder in die USA. Er sollte nicht mehr nach China zurückkehren.

1954 wurde ihm angeboten, Rektor der neu zu gründenden Universität in Singapur zu werden. Aber schon nach einem halben Jahr gab er diesen Posten wieder auf, weil die Behörden des Landes seinen Wünschen hinsichtlich der Zusammensetzung des Lehrkörpers nicht entsprachen.

1958 konvertierte Lin wiederum zum Christentum. Er starb am 26. März 1976 in Hongkong. Aus seiner Ehe gingen drei Töchter hervor, die alle schriftstellerisch tätig wurden.

Schriften (Auswahl):
1935: *Mein Land und mein Volk;* 1937: *Weisheit des lächelnden Lebens;* 1939: *Die Geburt eines neuen China;* 1940: *Peking – Augenblick und Ewigkeit* (Roman); 1942: *Blatt im Sturm* (Roman); 1948: *Chinesenstadt* (Roman); 1953: *Leb wohl, Sungamer* (Roman); 1955: *Blick zurück* (Sammlung von Essays); 1957: *Lady Wu, Das ungewöhnliche Leben einer Kaiserin;* 1958: *Der geheime Name* (Sammlung von Essays); 1959(?): *Kontinente des Glaubens;* 1960(?): *Glück des Verstehens;* 1961: *Die rote Peony* (Roman), *Das kaiserliche Peking* (Studie über die Hauptstadt seit der Yuan-Dynastie); 1962: *Die Freuden eines Nonkonformisten* (Sammlung von Essays).

Liu Bocheng 1892- 刘伯承

1926

1945

1955

1977

Liu ist einer der zehn Marschälle der chinesischen Volksbefreiungsarmee. Da er in jungen Jahren in einem Gefecht ein Auge verlor, wurde er verehrungsvoll der »einäugige Drache« genannt. Nach der Revolutionszeit stieg er in höchste Parteiämter auf.

Liu Bocheng wurde 1892 im Kreis Kai, Provinz Sichuan, als Sohn eines Wandermusikanten geboren. Kai liegt am Fuße des Guanmian-Gebirges im Ostzipfel von Sichuan an der Grenze zu den Provinzen Shanxi und Hubei. Obwohl sein Vater der untersten sozialen Schicht angehörte, ermöglichte er seinem Sohn dennoch eine klassische Ausbildung. Liu brachte danach alle Voraussetzungen für das erste Staatsexamen mit, zu dem er jedoch offenbar seiner Herkunft wegen nicht zugelassen wurde. Daraufhin besuchte er die Militärakademie in Chengdu, der Hauptstadt seiner Heimatprovinz. Er beendete seine Ausbildung dort unmittelbar vor der Revolution von 1911.

Liu begann seine militärische Karriere in der Armee eines in Sichuan stationierten Generals, der die zumeist nur mehr ihre eigenen Garnisonen beherrschenden kaiserlichen Truppen bekämpfte. Er zeichnete sich dabei durch Tapferkeit aus, wurde mehrfach verwundet und verlor ein Auge. In dieser Zeit traf er erstmals mit → Zhu De zusammen, der später der führende Militär der Kommunisten werden sollte. In den Wirren dieser Zeit, als nach dem Sturz der Qing-Dynastie China in von sich gegenseitig befehdenden Warlords beherrschte Regionen zerfiel, wandte sich Liu den Kommunisten zu, die für die Einigung des Landes eintraten. 1926 trat er in die KP Chinas ein. Nach verschiedenen Posten in Armeen, die in Sichuan und Hubei stationiert waren, sowie bei den Streitkräften der Guomindang, nahm er im August 1927 am Nanchang-Aufstand teil. Zu diesem kam es, als sich verschiedene linksorientierte Truppenführer der Guomindang gegen ihren Oberkommandierenden → Chiang Kai-shek erhoben. Der Aufstand wurde binnen fünf Tagen niedergeschlagen, und die Insurgenten sahen sich zur Flucht gezwungen. Sie führte Liu nach Hongkong, von wo aus er auf dem Weg über

Shanghai Ende 1927 in die Sowjetunion ging. In Moskau besuchte er zunächst die Infanterieschule und anschließend die Akademie der Roten Armee. Während seines Moskauer Aufenthaltes fand dort im Sommer 1928 der 6. Kongreß der KPCh statt, an dem Liu teilnahm, ohne jedoch in ein Führungsamt gewählt zu werden.

Liu kehrte 1930 nach China zurück und übernahm zunächst Aufgaben in der Parteizentrale in Shanghai. Die Politik der KPCh wurde damals noch immer von der Kommunistischen Internationale (Komintern) bestimmt, die unklugerweise auf das städtische Proletariat setzte, das in China nur eine untergeordnete Rolle spielte. Obwohl diese Politik nur Fehlschläge einbrachte und die Mehrheit der Führung der KPCh sich ihr leidenschaftlich widersetzte, hielt die Komintern an ihr fest.

Als Militär diente auch Liu dieser Politik. Wenige Monate nach seiner Rückkehr aus der Sowjetunion war er an einem Angriff auf Changsha, die Hauptstadt der Provinz Hunan, beteiligt, der keineswegs wie erhofft einen Arbeiteraufstand auslöste. Anfang 1931 begab sich Liu schließlich in das von → Mao Zedong im Süden der Provinz Jiangxi beherrschte Guerillagebiet. Hier wurde er mit offenen Armen empfangen, war er doch nach Zhu De der zweite professionelle Militärführer, der sich Mao zur Verfügung stellte.

Liu wurde sofort Leiter der Militärschule und blieb es bis zum Langen Marsch. Außerdem wurde er Stabschef des Zentralen Revolutionären Militärrates sowie Mitglied des Zentralen Exekutivrates der von Mao Zedong gegründeten Sowjetrepublik.

Im Herbst 1934 sahen sich die kommunistischen Streitkräfte, nachdem sie drei Angriffe der Guomindang zurückgeschlagen hatten, schließlich gezwungen, dem übermächtig gewordenen Druck auszuweichen. So begaben sie sich auf den Langen Marsch, auf dessen erster Hälfte sich Liu mehrfach durch strategische Leistungen auszeichnete. Deren größte war der Übergang über den Fluß Dadu, der den kommunistischen Truppen den letzten Ausweg nach Norden öffnete. Wäre er mißglückt, wären sie in die Gebirge Tibets vertrieben worden. Kurz danach trennte sich die Hauptmarschsäule der kommunistischen Verbände in zwei Kolonnen, die getrennte Wege nahmen. Während die östliche Kolonne unter Führung Maos bereits im Herbst 1935 ihr Ziel in der Provinz Shaanxi erreichte, kam die westliche, zu der Liu gehörte, erst ein Jahr später an.

Nach Ausbruch des Chinesisch-Japanischen Krieges im Juli 1937 kam es zu einer Einheitsfront von Guomindang und KPCh, wobei die kommunistischen Streitkräfte in Nordchina als 8. Marscharmee nominell dem Oberbefehl der Guomindang unterstellt wurden. Diese Armee hatte drei Divisionen, darunter auch die 129., deren Kommandeur Liu wurde. Als Politkommissar dieser Division wurde → Deng Xiaoping bestellt, der ebenso wie Liu aus der Provinz Sichuan stammte. Rückblickend läßt

sich sagen, daß Deng im Schatten von Liu seine politische Karriere begann.
Die 129. Division kämpfte bis zur Kapitulation der Japaner zunächst in den Provinzen Shanxi und Hebei und dehnte später ihr Einsatzgebiet auch auf die Provinzen Henan und Shandong aus. Aufgrund seiner überragenden militärischen Leistungen wählte der 7. Kongreß der KPCh Liu zu einem der 44 Mitglieder seines Zentralkomitees.
Bald darauf kam es zum Bruch zwischen Guomindang und Kommunisten, den auch der amerikanische General George C. Marshal nicht zu verhindern vermochte. 1946 stießen Lius Truppen erstmals über den Gelben Fluß vor, mußten sich jedoch wieder zurückziehen. Erst 1948 kam es daher zum Siegeszug der kommunistischen Kampfverbände. Liu, dessen Truppen mehrfach umorganisiert worden waren und zuletzt die 2. Feldarmee bildeten, hatten daran entscheidenden Anteil. Nach der Eroberung Nanjings stieß die Armee schließlich nach Südwestchina vor. Wenig später wurde die Südwest-Militärregion gegründet, die die Provinzen Sichuan, Guizhou, Xikang und Yunnan umfaßte und als deren Kommandeur Liu eingesetzt wurde. Aus dem erfolgreichen Truppenführer der Revolutionszeit war damit einer der mächtigsten Funktionäre der im Oktober 1949 gegründeten Volksrepublik China geworden.
1951 erfolgte seine Ernennung zum Kommandanten der Militärakademie der Volksbefreiungsarmee. 1954 wurde er in die Zentrale berufen, wo er die Leitung der Ausbildungsabteilung der Volksbefreiungsarmee übernahm. Im folgenden Jahr wurde Liu zu einem der zehn Marschälle Chinas ernannt und 1956 zum Mitglied des Politbüros gewählt (bis 1982). Danach wurde es auffallend still um ihn. Zwar war er von 1959 bis 1980 Stellvertretender Vorsitzender des Nationalen Volkskongresses, doch konzentrierte er seit 1958 seine Tätigkeit auf die Militärkommission im Zentralkomitee der KP Chinas, deren Stellvertretender Vorsitzender er wurde.
Liu Bocheng erfreute sich seines truppennahen Führungsstils wegen besonderer Verehrung. Es heißt, Liu sei seit etwa 1975 erblindet – eine häufige Folgeerscheinung bei Menschen, die ein Auge verloren haben. Nachdem er 1982 sein letztes offizielles Amt abgegeben hatte, wurde er mehrfach durch Besuche von Parteiführern geehrt, zum letzten Mal im Februar 1983. Damals war er 91 Jahre alt.

Liu Haisu 1896- 刘海粟

Um 1960

Liu gehört zu den großen chinesischen Malern der Gegenwart. Er ist überdies einer der Begründer der modernen Kunsterziehung in China.

Liu Haisu wurde 1896 in Changzhou, Provinz Jiangsu, unter dem Namen Pan Jifang als Sohn einer vornehmen Familie geboren. Sein Vater hatte in seiner Jugend am Taiping-Aufstand teilgenommen. Seine Mutter war eine Enkelin von Hong Liangji, einem berühmten Dichter der Qing-Zeit. Liu erhielt zunächst eine klassische Ausbildung. Später studierte er an der Shengzhen-Akademie klassische Literatur und Geschichte. Sein Onkel, der Historiker Tu Ji, übte großen Einfluß auf ihn aus. Durch ihn wurde er zum Gegner der herrschenden Qing-Dynastie.

Früh schon zeigte sich Lius malerische Begabung. 1910 zog es ihn daher nach Shanghai, wo er Förderung zu finden hoffte. Da es damals dort keine Institution gab, die westliche Maltechniken lehrte, die ihn interessierten, trat er in eine private Malschule ein. Der Unterricht befriedigte ihn jedoch nicht. In dieser Zeit stieß er in einer Buchhandlung auf Reproduktionen von Gemälden von Goya und Velasquez. Überwältigt von der fremden Aussagekraft dieser Bilder, kopierte Liu sie, um ihrem Geheimnis auf die Spur zu kommen. Danach kehrte er nach Changzhou zurück, wo er in einem Kunststudio Malerei lehrte.

Um einer vom Vater arrangierten Heirat zu entkommen, ging Liu 1912 erneut nach Shanghai. Von dort wollte er nach Japan weiterreisen. Bevor es jedoch dazu kam, einigten sich Vater und Sohn. Der Vater zwang den Sohn nicht mehr zu dieser Ehe und gab ihm Geld für die Gründung einer Kunstschule in Shanghai. Aus dieser privaten Kunstschule sollte 1919 die erste moderne, nach westlichem Vorbild aufgebaute Akademie für Malerei und schöne Künste in China hervorgehen.

Liu führte an seiner Akademie revolutionäre Neuerungen ein: Er ging mit seinen Studenten zum Skizzieren in die Natur und führte Kurse für Aktzeichnen ein. Letzteres löste bei den Sittenrichtern der Zeit Stürme der Entrüstung aus, die sich über ein Jahrzehnt hinzogen und 1926 gar zu einer kurzfristigen Schließung der Akademie führten.

Nach zwei kürzeren Reisen nach Japan ging Liu 1929 erstmals zwei Jahre nach Europa, wo er zahlreiche Werke der großen abendländischen Meister kopierte. Besonders beeindruckten ihn die Impressionisten.

Seine zweite Europareise von 1933 bis 1935 erfolgte in offiziellem Auftrag als Leiter einer Wanderausstellung moderner chinesischer Gemälde, die in Berlin, Hamburg, Düsseldorf, Den Haag, Amsterdam, Genf, Bern und London gezeigt wurde. 1934 veranstaltete er überdies

Blaßgrüne Gipfel

eine Ausstellung eigener Werke in Paris. In den Jahren danach sollten weitere eigene Ausstellungen in einigen Ländern Südostasiens folgen.
In der Volksrepublik China führte Liu zunächst ein zurückgezogenes, ganz der Malerei gewidmetes Leben.
1981 erbrachte ein Bild Lius vom Berg Huangshan auf einer Ausstellung mit 150 seiner Gemälde in Hongkong etwa 250000 DM, die er einem Fonds zur Kunsterziehung der Volksrepublik China zur Verfügung stellte. Im gleichen Jahr wurde er von der Nationalen Kunstakademie Italiens mit einer Goldmedaille ausgezeichnet und zu ihrem Mitglied ernannt. Zu dieser Zeit leitete er das Institut für Schöne Künste in Nanjing, dessen Ehrendirektor er 1984 wurde. Ebenfalls 1984 wählte ihn die 6. Politische Konsultativkonferenz des Chinesischen Volkes zum Mitglied ihres Ständigen Komitees, und die amerikanische Weltuniversität zeichnete ihn mit der Würde eines Ehrendoktors aus.
Liu hatte im Alter von sechs Jahren zu malen begonnen. Mit 14 wandte er sich der Öl- und Aquarelltechnik zu. Erst nach seinem 23. Lebensjahr begann er wieder in der traditionellen chinesischen Technik zu malen. Er ist einer der wenigen chinesischen Maler der Moderne, die bis ins Alter die traditionelle chinesische und die westliche Malweise als gleichrangig empfunden nebeneinander ausgeübt haben. Die frühe Anerkennung, die er fand, wird vor allem seiner eigenwilligen Ausübung von beiden Stilen zugeschrieben – nicht zuletzt aber auch seinen hervorragenden Leistungen als Kunsterzieher, mit denen er neue Wege beschritt und die ihm die Bewunderung der revolutionären Jugend Chinas einbrachte.

Schriften (Auswahl):
Über die sechs Prinzipien der chinesischen Malerei; Die Welt der Kunst der westlichen Malerei; Die Kunstwelt der traditionellen chinesischen Malerei; Biographie von Jean François Millet; Biographie von Paul Cézanne.

Liu Shaoqi 1898-1969 刘少奇

1922

1936

1949

1962

Liu ging aus der frühen kommunistischen Arbeiterbewegung Chinas hervor. Noch vor Gründung der Volksrepublik rückte er in die oberste Parteiführung auf. Von 1959 bis zur Kulturrevolution war er Staatspräsident. Er starb 1969 im Gefängnis.

Liu Shaoqi wurde 1898 in Huaminglou, Provinz Hunan, als Sohn reicher Bauern geboren. In der Provinzhauptstadt Changsha absolvierte er die gleiche Lehrerbildungsanstalt, die einige Jahre zuvor auch → Mao Zedong besucht hatte. Als Mao 1917 in Changsha die »Neue Volksstudiengesellschaft« gründete, gehörte Liu zu deren Mitgliedern. Ein Jahr später bereitete er sich in einer Sonderschule auf einen Studienaufenthalt in Frankreich vor. Diesen Plan verwarf er indessen 1920. Statt dessen wechselte er zu einer Fremdsprachenschule in Shanghai, die die Komintern eingerichtet hatte.

Statt in Lyon oder Paris hielt sich Liu daher von 1921 bis 1922 in Moskau auf, wo er an der »Universität der Arbeiter des Ostens« studierte. Als während seines Aufenthaltes in der Sowjetunion die KP Chinas gegründet wurde, trat er ihr von dort aus bei.

Nach seiner Rückkehr nach China wurde Liu von der Partei in das Kohlerevier von Anyuan, Provinz Jiangxi, beordert, einem der damals größten Industriezentren des Landes. Dort blieb er bis 1925 und war außerordentlich erfolgreich in der Organisation von Gewerkschaften und Streiks, wodurch die Lage der Arbeiter wesentlich verbessert wurde. In der offiziellen Geschichtsschreibung der KPCh werden ihm diese Verdienste weitgehend allein zugeschrieben, was indessen nicht den Tatsachen entspricht, kommen doch damit die Leistungen → Li Lisans zu kurz.

Von 1925 bis 1927 wirkte Liu als Arbeiterführer in Shanghai, Wuhan und Guangzhou. Die politische Bedeutung der jungen chinesischen Gewerkschaftsbewegung läßt sich dabei exemplarisch daran ablesen, daß 1926 allein in der Stadt Wuhan binnen zwei Monaten 300000 Arbeiter in 200 verschiedene neugegründete Gewerkschaftsverbände eintraten.

Seiner Verdienste in Anyuan wegen wählte ihn der 5. Kongreß der KPCh 1927 zum Mitglied des Zentralkomitees, als das er von allen folgenden Parteikongressen bestätigt werden sollte. Auf dem 6. Kongreß, der im folgenden Jahr in Moskau stattfand, wurde Liu dann zum Direktor der Arbeiterabteilung des Zentralkomitees ernannt. Er kehrte erst 1929 nach China zurück und wirkte danach in der Mandschurei als Arbeiterführer. 1931 wählte ihn der 5. Internationale Arbeiterkongreß (Profintern) zum Mitglied seines Exekutivbüros sowie das 4. Plenum der KPCh zum Mitglied des Politbüros, was er zeitlebens bleiben sollte.

Zu dieser Zeit hatte sich innerhalb der KPCh eine bedeutsame Entwicklung ergeben: Während die Parteizentrale im Shanghaier Untergrund wirkte, hatte Mao Zedong ohne deren Einverständnis in Zentralchina eine Guerillabasis aufgebaut.

Erst als es sich als unmöglich erwies, die Partei aus dem Untergrund heraus zu führen, wurde die Führung bis 1932 in Maos Guerillabasis verlegt. Als dort 1931 die »Chinesische Sowjetrepublik« ausgerufen wurde, wurde Liu Mitglied von deren Zentralen Exekutivrat. 1933 übernahm er zusätzlich den Posten eines Stellvertretenden Kommissars für Arbeit im Rat der Volkskommissare dieser Republik. 1934, kurze Zeit vor dem Aufbruch zum Langen Marsch, wurde Liu schließlich noch Mitglied des 17köpfigen Ständigen Präsidiums.

Liu nahm am Langen Marsch wahrscheinlich in der Kolonne Mao Zedongs teil, mit der er im Herbst 1935 die nordchinesische Provinz Shaanxi erreichte. Wenige Monate später wurde er nach Peking beordert, um die Leitung des Nordchina-Büros der Partei zu übernehmen, die er ein Jahr lang innehatte. Mittlerweile zu einem der bedeutendsten Parteiführer aufgerückt, verbrachte Liu die folgenden Jahre abwechselnd am Sitz der Parteizentrale in Yan'an und in Zentralchina. Von 1937 bis 1938 leitete er die für Personalpolitik zuständige Organisationsabteilung der Partei und lehrte im Marx-Lenin-Institut. 1938 wurde das »Parteibüro für die Zentralebene« eingerichtet, dessen Aufgabe die Durchführung der Politik der KPCh in dem von der Neuen 4. Armee (s. → Chen Yi) kontrollierten Gebiet in den Provinzen Anhui, Henan und Jiangsu war. Liu wurde mit der Leitung des 1941 in Zentralchina-Büro umbenannten Büros betraut und außerdem zum Politkommissar der Neuen 4. Armee bestellt.

Zur gleichen Zeit begann sich Liu neben Mao ideologisch zu profilieren, indem er die Schriften *Wie man ein guter Kommunist ist* (1939), *Über den innerparteilichen Kampf* (1941) sowie *Die Ausschaltung menschewistischer Ideen in der Partei* (1945) veröffentlichte. Ab 1943 hielt er sich nur noch in der Parteizentrale in Yan'an auf. Im gleichen Jahr wurde er zum Stellvertretenden Vorsitzenden des von Mao Zedong geleiteten Revolutionären Volksmilitärrates gewählt. Als Mao Ende 1945 zu Verhandlungen mit → Chiang Kai-shek nach Chongqing (Chungking)

ging, vertrat Liu ihn als Parteivorsitzenden. Seine einflußreiche Stellung wurde weiter offenbar, als er 1948 Ehrenvorsitzender des Verbandes für Arbeit (bis 1957) und ein Jahr später stellvertretender Vorsitzender des Weltbundes der Gewerkschaften (bis 1953) wurde.
Mit Gründung der Volksrepublik China am 1. Oktober 1949 wurde Liu zu einem der sechs stellvertretenden Vorsitzenden des Zentralen Volksregierungsrates ernannt. Diesen Posten bekleidete er bis zur Reorganisation des Staatsapparates der Volksrepublik im Jahre 1954, als er Vorsitzender des Nationalen Volkskongresses wurde, d.h. Parlamentspräsident. 1959 trat er von diesem Posten zurück, um Staatspräsident zu werden. Mao Zedong, der dieses Amt zuvor innegehabt hatte, war von der Parteiführung zum Rücktritt gezwungen worden, nachdem seine Politik des »Großen Sprungs Vorwärts« gescheitert war.
Als Staatspräsident hatte Liu nicht mehr nur innenpolitische Funktionen, sondern unternahm Auslandsreisen nach Moskau, Indonesien, Burma, Kambodscha, Nordvietnam, Nordkorea, Pakistan und Afghanistan. Zudem gelang es ihm, den gesamten Parteiapparat von der Zentrale bis hinab in die Provinzen unter seine Kontrolle zu bringen. Damit aber gefährdete er Mao Zedongs Position.
1966 schlug der inzwischen 73jährige Mao zurück, nachdem er sich der Unterstützung des Militärs unter Führung von → Lin Biao versichert hatte: Liu wurde 1967 das erste prominente Opfer der Kulturrevolution. Er wurde als Renegat, Verräter, Lakai des Imperialismus und »Chruschtschow Chinas« attackiert und ins Gefängnis geworfen. Auch seine Familie wurde nicht geschont: Um seiner Frau habhaft zu werden, täuschten die Roten Garden einen Verkehrsunfall der Tochter vor. Die Mutter, die herbeieilte, wurde ergriffen und viele Jahre eingekerkert. Liu selbst starb am 12. November 1969 im Gefängnis.
Liu Shaoqi wurde vom 5. Plenum des 11. Zentralkomitees im Februar 1980 rehabilitiert.
Liu verband sich in seinem Leben mit fünf Frauen. Die erste – während seiner Studienzeit in der Sowjetunion 1921 – war eine Russin. Die zweite war He Baozhen, die er 1922 heiratete und die 1933 in Nanjing hingerichtet wurde. Die dritte Frau ist namentlich nicht bekannt. Die vierte, Wang Jian, heiratete er 1940, trennte sich jedoch fünf Jahre später wieder von ihr. Aus dieser Ehe stammen die Tochter Liu Tao und der Sohn Liu Yunzhen. 1946 schließlich heiratete er Wang Guangmei, die ihm die Töchter Tingting und Pingping gebar. Wang war 1984 Direktorin des Büros für Auslandsangelegenheiten der Akademie für Sozialwissenschaften und Mitglied des Ständigen Komitees der Politischen Konsultativkonferenz des Chinesischen Volkes.

Schriften (Auswahl):
1939: *Wie man ein guter Kommunist ist;* 1941: *Über den innerparteilichen Kampf;* 1945: *Die Ausschaltung menschewistischer Ideen in der Partei;* 1948: *Internationalismus und Nationalismus.*

Lu Dingyi 1906- 陸定一

1945

1959

1982

Lu Dingyi begann als kommunistischer Jugendfunktionär. Von 1945 bis zur Kulturrevolution leitete er die Propagandaabteilung im Zentralkomitee der KP Chinas und stieg ins Politbüro auf. Seither bekleidet er nur mehr unbedeutende Posten.

Lu Dingyi wurde 1906 in Wuxi, Provinz Jiangsu, geboren. Sein Vater besaß einiges Land und war überdies Leiter einer Textilfabrik. Er graduierte an der Shanghaier Nanyang-Universität, einer Vorläuferin der Jiaotong-Universität. Danach setzte er eine Zeitlang seine Studien in den USA fort. Hatte er sich bereits 1922 der Kommunistischen Jugendliga angeschlossen, so trat er 1925 in die KP Chinas ein. 1927 übernahm er die Leitung der Propagandaabteilung der Kommunistischen Jugendliga und wurde zudem Schriftleiter von deren Zeitschrift »Jugend«.

1927 zerbrach die drei Jahre zuvor beschlossene Einheitsfront von Guomindang und KPCh, nachdem → Chiang Kai-shek in Shanghai und Guangzhou (Kanton) Tausende von Kommunisten hatte verhaften und hinmetzeln lassen. Dieser Schlag zwang die KPCh in den Untergrund. Sie sah sich 1928 sogar außerstande, ihren 6. Parteikongreß im eigenen Lande abzuhalten. Er fand daher in Moskau statt. Lu blieb im Anschluß an den Moskauer Kongreß ein weiteres Jahr in der sowjetischen Metropole, um an der dortigen Sun Yat-sen-Universität zu studieren.

1929 nach China zurückgekehrt, arbeitete Lu in der Propagandaabteilung der Partei in Shanghai. 1931 gehörte er zu den ersten Parteikadern, die den Shanghaier Untergrund verließen und in die Guerillabasis gingen, die → Mao Zedong 1927 in der Provinz Jiangxi eingerichtet hatte. Hier übernahm Lu die Leitung der Propagandaabteilung der Kommunistischen Jugendliga sowie die Stelle eines Schriftleiters von »Rotes China«, der bedeutendsten Zeitung der Guerillabasis.

1934 mußten die Kommunisten ihre Guerillabasen in Zentralchina räumen. Der Druck der weit überlegenen Guomindang-Streitkräfte war zu groß geworden. Während des nun folgenden Langen Marsches arbeitete Lu in der Propagandasektion bei der Politabteilung der Roten Armee. Er übernahm deren Leitung nach Ende des Langen Marsches und wurde damit zu einem der wichtigsten Propagandafunktionäre der KPCh.

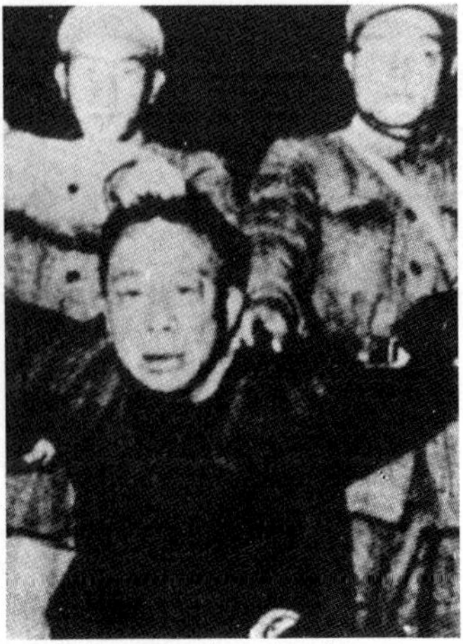
1966: Von Roten Garden gedemütigt

Deren 7. Parteikongreß wählte Lu 1945 sowohl zum Mitglied des Zentralkomitees als auch zum Direktor der ZK-Propagandaabteilung, was er mehr als zwei Jahrzehnte bis zur Kulturrevolution bleiben sollte. 1946 gehörte er der kommunistischen Delegation an, die auf Veranlassung der USA zu Verhandlungen an den Sitz der Nationalregierung geschickt wurde. Diese Verhandlungen scheiterten jedoch.

Nach Gründung der Volksrepublik China am 1. Oktober 1949 wurde Lu neben → Chen Boda Stellvertretender Vorsitzender des Kultur- und Erziehungsrates im Regierungs-Verwaltungsrat. In den folgenden Jahren äußerte er sich häufig zur Kulturpolitik, wobei er stets den Standpunkt vertrat, daß die Kulturpolitik ein Instrument der ideologischen Erziehung zu sein habe. 1955 mußte Lu die Leitung der Propagandaabteilung des ZK für ein Jahr an → Xi Zhongxun abtreten, wurde danach aber erneut der führende Propagandafunktionär der Partei.

In dieser Funktion leitete er 1956 mit der Rede »Laßt hundert Blumen blühen und unterschiedliche Gedankenschulen zum Zuge kommen«, in der er sich auf eine geheimgehaltene Rede Mao Zedongs stützte, die Kampagne ein, mit der die Partei den Intellektuellen einen größeren Freiraum anbot. Da daraufhin die Kritik der Intellektuellen jedoch ein unerwartetes Ausmaß annahm, sah sich die Partei zur Umkehr gezwungen. Wiederum war es Lu, der mit seiner Rede »Worin wir uns von den Rechtsabweichlern unterscheiden« den politischen Kurswechsel einleitete, in dessen Folge zahlreiche Literaten in Gefängnisse und Lager eingewiesen wurden (→ Ding Ling, → Wang Meng).

Ebenfalls 1956 fand der 8. Kongreß der KPCh statt, der Lu zum Kandidaten des Politbüros wählte. Als Mao Zedong 1958 die Volkskommunen zu Basisorganisationen der Landwirtschaft erklärte, war es wiederum Lu, der in einem Grundsatzartikel im neugeschaffenen theoretischen Parteiorgan »Rote Fahne« programmatische Erläuterungen abgab. Lus Ansehen war inzwischen so gewachsen, daß er 1959 zum Stellvertretenden Ministerpräsidenten ernannt wurde. 1965 löste er schließlich noch → Mao Dun als Kulturminister ab.

1966 wurde Lu eines der ersten prominenten Opfer der Kulturrevolution. Er wurde zum »konterrevolutionären Revisionisten« erklärt und verschwand. Aus späteren Äußerungen Lus können wir schließen, daß ihm übel mitgespielt wurde.

Im Januar 1979 wurde Lu rehabilitiert und daraufhin im Juli zum Stellvertretenden Vorsitzenden der Politischen Konsultativkonferenz des Chinesischen Volkes sowie zwei Monate später zum Mitglied des ZK der KPCh gewählt (bis 1982). Schon zwei Monate nach seiner Rehabilitierung schrieb Lu in der »Pekinger Volkszeitung« einen an Schärfe unübertroffenen Artikel, in dem er die »Kulturrevolution«, die er in Anführungszeichen setzte, eine »elf Jahre dauernde waschechte Konterrevolution« nannte und von einer 18jährigen unheilvollen »linksabweichlerischen Linie« sprach. Danach erschienen in der Presse bis Ende 1980 zahlreiche persönliche Berichte über Verfolgungen während der Kulturrevolution.

Lu war mit seinen Vorwürfen jedoch zu weit gegangen, denn indirekt richteten sie sich gegen Mao Zedong. Anläßlich des 90. Geburtstages von Mao erschien daher am 24. Dezember 1983 ein Artikel von Lu mit dem Titel »Gebrauchen wir die Mao Zedong-Ideen, um gute Arbeit im Rahmen der Parteiausrichtung zu leisten«, wodurch er sich wieder auf der aktuellen politischen Linie befand.

Lu Xun 1881-1936

魯迅

1902

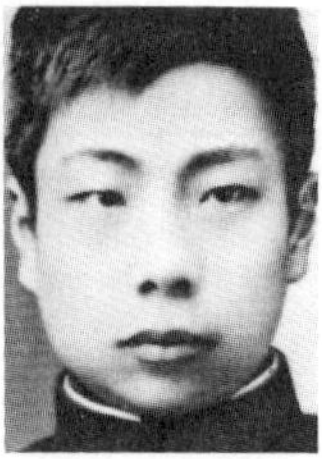
1909

1925

1928

1930

1933

Lu Xun gilt als der bedeutendste Dichter Chinas im 20. Jahrhundert. Obwohl er erst spät zu schreiben begann, beeinflußte er nachhaltig die junge chinesische Intelligenz der zwanziger und dreißiger Jahre.

Lu Xun wurde 1881 unter dem Namen Zhou Shuren in Shaoxing, Provinz Zhejiang, geboren. Sein Großvater lehrte an der Kaiserlichen Akademie der Qing-Dynastie, sein Vater besaß den untersten Gelehrtenrang. Im Alter von sieben Jahren trat Lu Xun in eine Privatschule ein. 1894 wurde der Großvater der Beteiligung an einer Bestechungsaffäre bezichtigt und ins Gefängnis geworfen. Zwei Jahre später starb der Vater. Beides zusammen führte zur Verarmung der Familie. 1899 wurde Lu Xun für ein Jahr auf die kostenfreie Jiangnan-Marineakademie in Nanjing geschickt. Danach besuchte er bis 1901 die dieser angeschlossene Schule für Eisenbahn- und Bergbauwesen.

Während seiner Studienzeit in Nanjing befaßte sich Lu Xun eingehend mit westlicher Literatur. Besonders beeindruckte ihn die Darwinsche Evolutionstheorie. Es ist bezeichnend, daß er sich in dieser Zeit zwei Siegel anfertigen ließ, von denen das eine lautete: »Worte führten mich in die Irre«, und das andere »Der Mann zieht das Schwert«. Mit dem einen wollte er sagen, daß er mit dem Studium der Klassiker seine Jugend vergeudet habe, mit dem anderen, daß er sich von nun an entschlossen für ein neues China einsetzen werde.

Wie viele seiner fortschrittlich gesinnten Altersgenossen suchte auch Lu Xun durch ein Auslandsstudium sein Weltbild zu erweitern. Sie alle lehnten das überkommene konfuzianische Wertsystem ab und empfanden die Abhängigkeit Chinas von den damaligen Weltmächten als

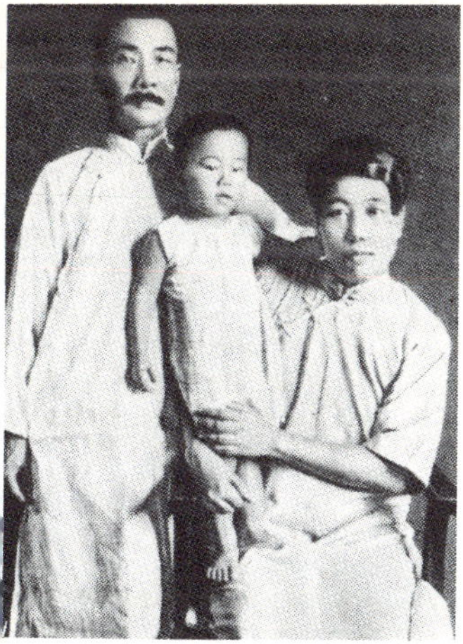

1931: Mit Frau Xu Guangping und Sohn Zhou Haiying

Schmach. Für Lu Xun, der nur vierzig Jahre nach dem Opiumkrieg und 15 Jahre nach der Taiping-Revolution geboren wurde, waren dies noch durchaus lebendige Ereignisse der Geschichte.

1902 ging er nach Japan, wo er zunächst zwei Jahre lang am Kobun-Institut in Tokyo Japanisch und auch Deutsch lernte. 1904 begann er mit dem Studium der Medizin an der Medizinischen Hochschule in Sendai. Im gleichen Jahr schloß er sich der »Liga für die Wiederherstellung Chinas« an, einer Organisation revolutionärer Studenten in Japan. In dieser Zeit entstanden seine ersten Gedichte, darunter »Auf mein eigenes Bild«. Darin steht die Zeile: »Mein Blut will ich dem Heimatland weihen«.

War seine Hinwendung zur Medizin dem Bedürfnis entsprungen, den Menschen zu helfen und damit dem Fortschritt seines Landes zu dienen, so erkannte er bald, daß es wichtiger war, den Geist der Menschen zu verändern. Dazu aber konnte nur die Literatur dienen. 1906 gab er daher sein Medizinstudium auf und bemühte sich um die Gründung einer literarischen Zeitschrift, was jedoch über das Stadium der Planung nicht hinauskam. Gleichwohl begann er mit seiner literarischen Tätigkeit, und zwar zunächst mit aufklärenden Schriften. 1907 entstanden die Abhandlungen »Die Geschichte der Menschheit«, »Lehrblatt für die Geschichte der Wissenschaften«, »Kulturtrends« und »Über dämonische Dichter«. In ihnen formulierte er seine soziopolitischen Ideen. Gleichzeitig begann er auch, ausländische Literatur zu übersetzen. Das führte 1909 zur Veröffentlichung einer zweibändigen *Sammlung ausländischer Erzählungen*, an der auch sein Bruder Zhou Zuoren mitgearbeitet hatte. Es ist bemerkenswert, daß Lu Xun in Japan keinen Kontakt zu → Sun Yatsen hatte, der zur gleichen Zeit in Tokyo politische Aktivitäten entwikkelte.

1909 kehrte Lu Xun nach China zurück und wurde Dozent für Physik und Chemie an der Lehrerbildungsanstalt in Hangzhou, im folgenden Jahr Lehrer an der Mädchenschule seiner Heimatstadt Shaoxing. 1911 brach die Qing-Dynastie zusammen. Im selben Jahr wurde Lu Xun Rektor der Pädagogischen Hochschule in Shaoxing und veröffentlichte seine erste Erzählung *Eingedenk der fernen Vergangenheit.* Sie war in

1933: Zusammen mit George Bernard Shaw, Soong Qing Ling (3. v. l.), dem Pädagogen Cai Yuanpei (Mitte) und Lin Yutang (2. v. r.)

der klassischen chinesischen Schriftsprache (wenyan) geschrieben und ironisierte den Feudalismus.

Nach Etablierung der Provisorischen Regierung der Republik China in Nanjing 1912 mit Sun Yat-sen als deren Präsident folgte Lu Xun einer Aufforderung des Ministers für das Bildungswesen, Cai Yuanpei, das Amt für Soziale Erziehung im Bildungsministerium zu übernehmen. Bald danach ging er mit der Regierung nach Peking.

1918 erschien *Das Tagebuch eines Verrückten,* Lu Xuns erste in der modernen chinesischen Umgangssprache (baihua) geschriebene Erzählung. Damit gehörte er zu den ersten Schriftstellern, die sich der Umgangssprache bedienten. In dieser Erzählung prangert er die chinesische Gesellschaft als »menschenfressende Gesellschaft« an, in der eine Minderheit die Mehrheit unterdrückt und aussaugt. Sie machte ihn mit einem Schlage bekannt und ließ ihn zum Nestor der jungen Intelligenz Chinas werden, die in der »Bewegung des 4. Mai« (1919) erstmals geschlossen auftrat: Lu Xun verstand auszudrücken, was sie empfand. Seine Wirkung – wie die der meisten chinesischen Literaten damals – war also in erster Linie gesellschaftlicher und politischer Art.

Von 1918 bis 1927 lehrte Lu Xun nacheinander an der Peking-Universität, an der Pekinger Lehrerinnen-Bildungsanstalt, an der Universität Xiamen (Amoy) und an der neugegründeten Sun Yat-sen-Universität in Guangzhou (Kanton). 1927 versuchte er vergeblich, Studenten zu retten, die nach dem Schlag → Chiang Kai-sheks gegen die Kommunisten in Guangzhou verhaftet worden waren. Enttäuscht beendete er

seine Karriere als Hochschullehrer und ging nach Shanghai. Bis zu seinem Tode sollte er nur noch schriftstellerisch tätig sein.
1925 hatte Lu Xun die Gesellschaft »Die Unbenannte« gegründet, deren Ziel es war, russische Literatur durch Übersetzungen in China zugänglich zu machen. 1930 schloß er sich der »Großen Liga der chinesischen Freiheitsbewegung« an. Im gleichen Jahr gehörte er zu den Mitbegründern der »Liga linksgerichteter Schriftsteller«. 1933 gründete er zusammen mit → Soong Ching Ling und anderen die »Chinesische Liga für Menschenrechte«. Neben seiner schriftstellerischen Tätigkeit entwikkelte er also eine beeindruckende politische Aktivität.
In den letzten Jahren seines Lebens wurde Lu Xun schließlich noch zu einem Förderer der modernen chinesischen Holzschnittkunst, die auf einer großen eigenen Tradition aufbaut. Inspiriert wurde er hierzu durch die Aussagekraft der Holzschnitte von Käthe Kollwitz, die er auf eigene Kosten in China reproduzieren und verbreiten ließ. Am Rande mag es den deutschen Leser interessieren, daß sich Lu Xun mit Ausländern, wenn sie Deutsch verstanden, in dieser Sprache unterhielt.
1935 wurde Lu Xun in eine politische Kontroverse einbezogen, die sich in der Liga linksgerichteter Schriftsteller entwickelt hatte und in deren Verlauf er scharfen Angriffen von den Literaturkritikern um → Zhou Yang ausgesetzt war, die in seinem Werk den klassenkämpferischen Bezug vermißten, wie er inzwischen in der Sowjetunion von den Schriftstellern gefordert wurde. Lu Xun wies diese Angriffe indigniert zurück. Für ihn galt: »Alle Literatur ist Propaganda, aber nicht alle Propaganda ist Literatur«.
Lu Xun starb am 19. Oktober 1936.
Heute wird Lu Xun, der zeit seines Lebens zwar politisch dachte und wirkte, sich jedoch nie parteipolitisch gebunden hatte, in der Volksrepublik China hoch geehrt. In der Republik China auf Taiwan sind seine Werke verboten.

Schriften (Auswahl):
1911: Eingedenk der fernen Vergangenheit (Eine Kindheit in China; Erzählung); 1918: *Tagebuch eines Verrückten* (Erzählung); 1919: Kong Yiji (Erzählung); 1921: *Die wahre Geschichte des A Q* (Erzählung); 1922: *Kampfruf* (Erzählungen); 1924: *Kurze Geschichte der chinesischen Romandichtung,* Das Neujahrsopfer (Erzählung); 1925: *Ängstliches Suchen* (Erzählungen); 1927: *Morgenblüten – abends gepflückt* (Essays), *Wilde Gräser* (Prosagedichte); 1928: *Sonst gar nichts* (Essays); 1934: *Plaudereien über Wind und Mond* (Essays); 1936: *Alte Geschichten – neu erzählt* (historische Satiren); 1948/1973: *Lu Xuns Gesammelte Werke* (20 Bände).

Übersetzungen (Auswahl):
Gogol, *Die toten Seelen* (nach der deutschen Übers.); Fadejew, *Die Neunzehn;* Tschechow, *Erzählungen;* Gorki, *Russische Volksmärchen* (nach der japanischen Übers.).

Ma Yinchu 1881-1982 马寅初

1961

1979

Ma war der bekannteste Wirtschaftstheoretiker Chinas. In den fünfziger Jahren gerieten seine Thesen in Konflikt mit der politischen Linie der KP Chinas, wurden jedoch nach 1980 in wesentlichen Teilen wieder aufgegriffen.

Ma Yinchu wurde 1881 unter dem Namen Ma Yuanshan im Kreis Cheng, Provinz Zhejiang, geboren. Nach dem Besuch einer christlichen Mittelschule in Shanghai studierte er Mineralogie an der Beiyang-Universität in Tianjin. 1907 begab er sich in die USA, um Wirtschaftswissenschaften zu studieren. Er begann sein Studium an der Yale-Universität und beendete es 1914 an der Columbia-Universität mit der Promotion über ein Thema der angewandten Wirtschaftswissenschaften.

Von 1915 bis 1927 lehrte Ma – mit Unterbrechungen – an der Pekinger Nationaluniversität Wirtschaftswissenschaften. 1918 gehörte er zu den Mitbegründern der »Gesellschaft zum Studium des Marxismus«, einer Vorläuferin der Kommunistischen Partei Chinas. (Ma trat aus der Gesellschaft aus, kurz bevor die KPCh 1921 gegründet wurde.) Etwa zur gleichen Zeit wurde er zum Leiter der Banknotenemissions-Abteilung der Bank von China berufen. 1920 half er beim Aufbau des Shanghaier Handels-College und wirkte überdies als Berater der Nationalen Handelsbank. 1923 gründete er die Chinesische Wirtschaftsgesellschaft und wurde deren erster Präsident. In den folgenden Jahren publizierte er eine Sammlung seiner Vorlesungen, in denen er besonders mit der marxistischen Wirtschaftslehre ins Gericht ging. 1927 lehrte Ma an der Zhejiang-Universität und wurde gleichzeitig in den Rat der Provinzregierung von Zhejiang berufen. 1928 übernahm er die Leitung des Forschungsinstituts der Verkehrsuniversität in Shanghai und wurde dort zugleich Dekan des von ihm mitbegründeten Handels-College.

Ma Yinchus Karriere seit seiner Rückkehr aus den USA weist ihn als damals führenden Wirtschaftswissenschaftler Chinas aus. So nimmt es nicht wunder, daß er 1928 in den Gesetzgebungsrat der chinesischen Nationalregierung berufen wurde, dem er zwei Jahrzehnte lang angehören sollte. Dies hinderte ihn indessen nicht, die Wirtschaftspolitik der Regierung dort scharf zu kritisieren, wo er es für nötig hielt. Allerdings brachte ihm dies von 1941 bis 1943 einen Hausarrest ein.

Vom Ausbruch des Chinesisch-Japanischen Krieges bis zum Beginn des

Hausarrests leitete er das Handels-College der Chongqing-Universität in der Provinz Sichuan. Nach Kriegsende kehrte er nach Shanghai zurück. 1947 erfolgte seine Ernennung zum Forschungsmitglied der Academia Sinica. Im gleichen Jahr endete seine seit 1941 ohnehin nur mehr nominelle Zugehörigkeit zum Gesetzgebungsrat der Nationalregierung. Mit seiner Kritik an dieser war es inzwischen so weit gegangen, daß er sich 1948 in Shanghai und Hangzhou an Studentendemonstrationen gegen die Nationalregierung beteiligte. Repressionen fürchtend, sah sich Ma Ende 1948 gezwungen, nach Hongkong zu fliehen. Von dort ging er Anfang 1949 in die inzwischen von den Kommunisten beherrschte Mandschurei.

Im September 1949, einen Monat vor Gründung der Volksrepublik China, fand in Peking die 1. Politische Konsultativkonferenz des Chinesischen Volkes statt. Ihr Zweck war es, nicht der KPCh angehörende Personen für das neue Regime zu gewinnen. In das Nationalkomitee dieses Organs wurde auch Ma aufgenommen. Wenig später wurde er Mitglied des Regierungs-Verwaltungsrates und als solcher stellvertretender Vorsitzender von dessen Finanz- und Wirtschaftsrat. Parallel dazu erhielt er wichtige Positionen innerhalb des neuen Wissenschaftsapparats: Von 1950 bis 1951 leitete er zunächst die Zhejiang-Universität. Anschließend wurde er Präsident der Peking-Universität, der bedeutendsten Hochschule des Landes.

Hier können nicht alle zumeist ehrenamtlichen Stellungen aufgezählt werden, die Ma in den folgenden Jahren außerdem noch bekleidete. Sie sind jedoch ein Beweis für die Achtung, die das junge sozialistische Regime diesem anerkannten Wissenschaftler entgegenbrachte.

Allerdings sollte Ma Yinchu nach 1958 mit der Regierung der Volksrepublik China ebenso in Konflikt geraten wie zwei Jahrzehnte zuvor mit der Nationalregierung, denn erstens redete er einem gewissen Marktmechanismus von Angebot und Nachfrage das Wort und forderte zweitens eine konsequente Familienplanung. Von Malthus angeregt, hatte Ma nämlich erkannt, daß eine zu hohe Wachstumsrate der Bevölkerung die wirtschaftliche Entwicklung behindert. Mit seiner Forderung widersprach er jedoch der Auffassung jener Parteiideologen, die glaubten, daß mit jedem Mund auch zwei Hände kämen, die zur Steigerung der Produktion beitragen würden. In diesem Streit unterlag Ma und wurde 1960 als Präsident der Peking-Universität abberufen. Bis zum Beginn der Kulturrevolution 1966 beließ man ihn jedoch auf untergeordneten Posten ohne politischen Einfluß.

1974, nach dem Ende der Kulturrevolution, tauchte Ma dann erneut auf und durfte 1979 im Alter von 98 Jahren seine volle Rehabilitierung erleben: Er wurde zum Ehrenpräsidenten der Peking-Universität ernannt. Ein Jahr später wurde er sogar noch Mitglied des Ständigen Komitees des Nationalen Volkskongresses und vier Monate vor seinem

100. Geburtstag Ehrenpräsident der Gesellschaft für Bevölkerungswissenschaft.
Ma Yinchu starb am 10. Mai 1982, einen Monat vor Vollendung seines 101. Lebensjahres.

Schriften (Auswahl):
1925: *Chinas Außenhandel;* 1929: *Über die Banken Chinas;* 1932: Essays über Probleme der Wirtschaft; 1935: *Chinas Wirtschaftsreform;* 1945: Ma Yinchus Essays während der Zeit des Krieges; 1957: *Neue Prinzipien über die Bevölkerung Chinas;* 1958: *Meine wirtschaftlichen Theorien, philosophischen Gedanken und politischen Überzeugungen.*

Mao Dun 1896-1981 茅盾

1921

1935

1979

1980

Mao Dun ist einer der bekanntesten Schriftsteller des modernen China. 15 Jahre lang war er Kulturminister der Volksrepublik China. Von 1949 bis zu seinem Tod leitete er überdies den Chinesischen Schriftstellerverband.

Mao Dun wurde 1896 unter dem Namen Shen Yanbing in Tongxiang, Provinz Zhejiang, in der fruchtbaren Tiefebene zwischen Hangzhou und Shanghai als Sohn einer Gentry-Familie geboren. Nachdem er zunächst eine klassische chinesische Ausbildung erhalten hatte, besuchte er bis 1914 eine Mittelschule in Hangzhou, anschließend eine Ingenieurschule in Nanjing und schließlich für kurze Zeit die Peking-Universität. 1918 nahm er eine Stellung als Redakteur des damals bekanntesten chinesischen Verlages »The Commercial Press« in Shanghai an. Damit waren die Weichen für seine künftige literarische Karriere gestellt, denn damit hatte er nicht nur Gelegenheit, sich mit den Übersetzungen westlicher Schriftsteller vertraut zu machen, die damals die jugendliche Intelligenz Chinas bewegten, sondern kam auch mit zahlreichen jungen Literaten seines Landes in Kontakt. 1920 verfaßte Mao Dun seinen ersten literarisch-theoretischen Artikel über die Frage: »Was ist die Aufgabe der Schriftsteller?«. Schon im folgenden Jahr gehörte er u.a. mit → Ye Shengtao zu den Gründungsmitgliedern der »Gesellschaft zum Studium der Literatur«, die das literarische Geschehen Chinas in den kommenden Jahren wesentlich mitbestimmte und die »Monatszeitschrift für Erzählkunst« herausgab.

Ebenfalls 1921 trat er unmittelbar nach deren Gründung zusammen mit seinem Bruder Shen Zemin der KP Chinas bei, aus der er jedoch 1928 wieder austrat, während sein Bruder von 1931 bis zu dessen Tode im Jahre 1934 Mitglied des 6. Zentralkomitees war. Zunächst aber arbeitete Mao Dun für die Partei und wirkte 1925, nachdem es 1923 zur Einheitsfront von Guomindang und KPCh gekommen war, was eine gleichzeitige Mitgliedschaft in beiden Parteien ausdrücklich zuließ, als stellvertretender Direktor der Propagandaabteilung der Guomindang.

1927

Deren Direktor war damals → Mao Zedong. Vermutlich war er in dieser Zeit der persönliche Sekretär Maos.
Als die Nationalregierung 1926 den Nord-Feldzug gegen die Warlords begann, gehörte Mao Dun der Allgemeinen Politabteilung der Nationalen Revolutionären Armee an. Nach der Eroberung von Wuhan Ende 1926 wurde er beauftragt, zusammen mit Mao Zemin, einem jüngeren Bruder Mao Zedongs, die Zeitung »Republik« herauszugeben. Nach dem Bruch zwischen Guomindang und KPCh im April 1927 beschloß er, sich aus der aktiven Politik zurückzuziehen und ging nach Shanghai, um sich fortan dem literarischen Schaffen zu widmen.
Binnen weniger Monate entstand die Trilogie *Verfall* mit den Teilen *Desillusion, Schwanken* und *Suche*, die seine Erlebnisse während des Nord-Feldzugs behandeln. Dieses Werk, das ihn mit einem Schlag berühmt machte, veröffentlichte er 1928 unter dem Pseudonym Mao Dun. Er sollte es als Schriftstellernamen beibehalten. Wenig später erschienen die Erzählungen *Eine ideale Frau* und *Selbstmord*, in denen er sich der gleichen künstlerischen Mittel bediente wie in der Trilogie, das heißt eines Realismus, der soziale Mißstände und die daraus resultierenden seelischen Probleme lediglich darstellt, ohne Lösungen anzubieten.
1930 gründete Mao Dun zusammen mit → Lu Xun und anderen die »Liga der linksgerichteten Schriftsteller«. In dieser versammelten sich die namhaftesten modernen Literaten, bis sie 1936 parteiideologischer Auseinandersetzungen wegen auseinanderbrach. Die folgenden Jahre waren die produktivsten Mao Duns. Hier sei nur sein 1933 erschienener Roman *Schanghai im Zwielicht* genannt, der zu den literarischen Höhepunkten im China der dreißiger Jahre gezählt wird.
Ein Jahr nach Ausbruch des Chinesisch-Japanischen Krieges gründete er zusammen mit → Guo Moruo und anderen Schriftstellern 1938

1938: Mit Frau Kong Dezhi, Tochter Shen Xia und Sohn Shen Shuang

die »Widerstandsgesellschaft der Kunst- und Literaturschaffenden« und wurde Chefredakteur der Zeitschrift »Literaturfront«. 1939 folgte er einem Ruf an die Xinjiang-Universität in Ürümqi, um dort bis 1941 die Leitung des College für Kunst und Literatur zu übernehmen. Danach ging Mao Dun nach Chongqing, wo sich damals der Sitz der chinesischen Nationalregierung befand, um unter Guo Moruo in der Unterabteilung Propaganda der Abteilung für Politische Bildung der Regierung zu arbeiten. Nach Kriegsende kehrte Mao Dun nach Shanghai zurück, wo er eine literarische Zeitschrift gründete. Von 1946 bis 1947 hielt er sich dann auf Einladung der Gesellschaft für kulturelle Beziehungen mit dem Ausland in der Sowjetunion auf. Dem immer stärker werdenden Druck der Guomindang auf linksorientierte Persönlichkeiten wich Mao Dun zusammen mit zahlreichen anderen dadurch aus, daß er sich nach Hongkong absetzte. Anfang 1949, unmittelbar nach Besetzung der Stadt durch die Rote Armee, traf er in Peking ein, wo er von den Führern der KPCh mit offenen Armen empfangen wurde. So wurde er noch vor der Gründung der Volksrepublik China am 1. Oktober 1949 zum stellvertretenden Vorsitzenden des Verbandes für Literatur- und Kunstkreise, zum Vorsitzenden des Chinesischen Schriftstellerverbandes sowie zum Mitglied des Ständigen Komitees der Politischen Konsultativkonferenz des Chinesischen Volkes gewählt. Der bedeutendste Posten aber war der des Kulturministers, den er fast 15 Jahre lang bekleiden sollte. Unter den zahlreichen weiteren Ämtern, mit denen er in der Folgezeit geehrt wurde, war das wichtigste das eines stellvertretenden Vorsitzenden der chinesischen Sektion des Weltfriedensrates. In dieser Funktion vor allem sollte er zahlreiche Reisen unternehmen. Es versteht sich von selbst, daß mit dieser Ämterhäufung Mao Duns literarisches Schaffen praktisch zu Ende war.

In der sogenannten »Hundert-Blumen-Kampagne«, die Mao Zedong 1956 ursprünglich in der Absicht begonnen hatte, den Literaten einen größeren Freiraum zu gewähren, 1957 jedoch in eine »Anti-Rechtsabweichler-Kampagne« umfunktionierte, unterstützte Mao Dun anfangs die Kritik an der ideologischen Bevormundung der Literatur, um am Ende doch die ideologische Unterordnung der Schriftsteller unter die Partei zu fordern.

Diese Anpassungsfähigkeit an die gerade herrschende Linie war es wohl auch, die es Mao Dun ermöglichte, die Kulturrevolution unbeschadet zu überstehen. Zwar verschwand auch er für die Dauer von vier Jahren, doch wurde er danach auf vielen früheren Posten bestätigt. 1979 wurde er schließlich Ehrenvorsitzender des Verbandes der Literatur- und Kunstkreise und im folgenden Jahr Vizepräsident des Chinesischen PEN-Zentrums sowie Chefredakteur der Zeitschrift »Chinese Literature«.
Mao Dun starb am 27. März 1981. Auf dem Sterbebett hatte er noch mit einem Schreiben an den Parteivorsitzenden → Hu Yaobang vom 14.3.1981 um die Ehre gebeten, postum wieder in die KP Chinas aufgenommen zu werden. Mit Beschluß vom 31.3.1981 entsprach die Partei dieser Bitte. Nach seinem Tode wurde bekannt, daß er 250000 Yuan (etwa 300000 DM) aus seinem Vermögen dem Chinesischen Schriftstellerverband, dessen Vorsitzender er bis zu seinem Tode war, mit der Weisung vermacht hatte, diesen Betrag als Fonds für alljährliche Auszeichnungen der besten Romanschriftsteller zu verwenden.

Schriften (Auswahl):
1928: Eine ideale Frau (Erzählung), Selbstmord (Erzählung); 1929: *Wilde Rosen* (Erzählungen); 1930: *Verfall* (Trilogie mit den Teilen *Desillusion, Schwanken* und *Suche*), *Weg* (Novelle), *Regenbogen* (Roman); 1932: Der Laden der Familie Lin (Erzählung), Seidenraupen im Frühling (Erzählung), *Die kleine Hexe* (Erzählung); 1933: *Schanghai im Zwielicht* (Roman), Herbstliche Ernte (Erzählung); 1934: *Mao Duns Gesammelte Erzählungen;* 1935: Der erste Morgen im Bureau (Erzählung); 1941: *Korruption* (Roman); 1945: *Vor und nach dem Qingming-Fest* (Drama); 1958: *Die Werke Mao Duns* (in 10 Bänden); 1980: *Mein Weg* (Lebenserinnerungen). Im »Verlag für Volksliteratur« erschienen im März 1984 die ersten 3 Bände der *Gesammelten Werke von Mao Dun,* die auf insgesamt 40 Bände geplant sind.

Mao Zedong 1893-1976

毛泽东

1919

1924

1935

1949

1966

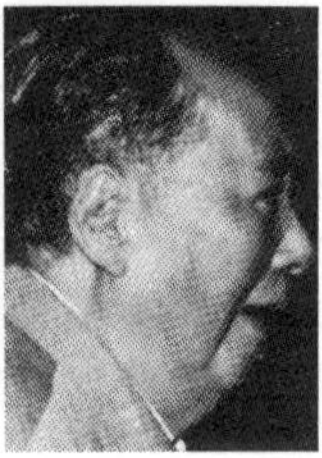
1975

Mao Zedong hat die sozialistische Revolution in China zum Sieg geführt. Nach einem Jahrhundert der Ohnmacht brachte er damit sein Land zur Weltgeltung. Die unter seiner Führung vollzogene Loslösung vom alleinigen Führungsanspruch der Sowjetunion im Weltkommunismus leitete in der zweiten Hälfte des 20. Jahrhunderts zu einer neuen Konstellation der Weltmächte über. Nach seinem Tod wird die von ihm befolgte Innenpolitik von den Nachfolgern kritisch betrachtet.

Mao Zedong wurde 1893 im Dorf Shaoshan, Kreis Xiangtan, Provinz Hunan, geboren. Shaoshan liegt in einer lieblichen und fruchtbaren Landschaft 60 km südwestlich der Provinzhauptstadt Changsha. Sein Vater war ein kleiner Bauer, der es durch Ersparnisse während eines längeren Militärdienstes zu einigem Wohlstand brachte. Von seinem 8. bis 13. Lebensjahr konnte Mao daher eine Grundschule besuchen, die das klassische Wissen vermittelte.

Aus seiner Jugendzeit sind zwei Begebnisse überliefert, die von früh entwickeltem Eigensinn zeugen: Im Alter von 14 Jahren weigerte Mao sich, eine vom Vater (für später) arrangierte Ehe mit einem 10jährigen Mädchen anzuerkennen. Zwei Jahre später drohte er seinem herrischen Vater mit Selbstmord, falls er ihn schlagen sollte. Diese Herausforderung der elterlichen Gewalt, die bedingungslos anzuerkennen nach den Pietätsgesetzen des Konfuzianismus damals Pflicht eines Kindes war, stellte Mao außerhalb der traditionellen Ordnung.

1910 lief er von zu Hause weg und trat in eine moderne Schule ein. Als im folgenden Jahr die Qing-Dynastie zusammenbrach, schloß er sich als gemeiner Soldat für ein halbes Jahr einer revolutionären Armee an. Sein Wissensdurst führte ihn danach an die Lehrerbildungsanstalt seiner

1919: Maos erste Frau Yang Kaihui (1901-1930)

Heimatprovinz, an der er 1918 graduierte. Seine Lieblingsfächer waren Geschichte, Geographie und Philosophie. Hier fesselte ihn vor allem Friedrich Paulsens *System der Ethik*, das damals gerade ins Chinesische übersetzt worden war. Während seiner Studienzeit war er aktiv in der Studentenschaft seiner Schule tätig und nahm sich oft unterdrückter Kommilitonen an.

1918 ging Mao nach Peking, wo ihm Professor → Li Dazhao zu einer Stellung als Hilfsbibliothekar an der Peking-Universität verhalf. Mao war Li einmal zuvor begegnet. Zielstrebig nutzte er diese Bekanntschaft aus. Bemerkenswert aber ist, daß Li, damals eine anerkannte Autorität, sich Maos annahm, der doch nicht mehr war als ein junger, wissensdurstiger Student aus der Provinz. Irgend etwas muß den jungen Mao ausgezeichnet haben, daß ihn damals wie später Förderer finden ließ. Sicher kam ihm auch sein Äußeres entgegen: Hochgewachsen, von gutem Aussehen und mit glühenden Augen, vermochte er zu beeindrucken. Das aber hätte wohl kaum genügt, hätte daneben nicht ein überzeugender und ernster politischer Wille gestanden. Mao nutzte seine bescheidene Stellung an der Peking-Universität zu intensivem Studium. Es waren die russischen Schriftsteller Kropotkin, Bakunin und Tolstoi, die ihn zu anarchistischen und radikalen Ansichten führten.

1919 kehrte er, erfüllt von neuen Ideen, nach Changsha zurück, um eine Stelle als Lehrer an einer Grundschule anzunehmen, die jedoch nur den Rahmen für politische Aktivitäten bildete, die sich auf die Gründung von Zeitschriften und Gesellschaften konzentrierten. In einer dieser Zeitschriften veröffentlichte er seinen ersten politischen Beitrag, in dem er – ausgehend von der Oktoberrevolution in Rußland – die Einigung auch des chinesischen Volkes forderte.

Als im Juli 1921 in Shanghai die Gründung der Kommunistischen Partei erfolgte, gehörte Mao zu den wenigen Mitgliedern der Gründungsversammlung. Sie setzte ihn als Parteisekretär in seiner Heimatprovinz Hunan ein, wo er die folgenden zwei Jahre als Lehrer, aber auch als Organisator von Arbeiterverbänden tätig war. Im Winter 1921 heiratete er Yang Kaihui, die Tochter eines von ihm verehrten Lehrers. Diese Verbindung wurde von der jugendlichen Intelligenz Changshas gefeiert – vor allem deshalb, weil hier zwei junge Menschen, statt dem Willen der Eltern zu gehorchen, der Stimme ihres Herzens folgten. (Yang Kaihui wurde 1930 zusammen mit einer Schwester Maos auf Befehl des Gouverneurs von Hunan exekutiert; der 1922 geborene Sohn Anying fiel 1950 im Korea-Krieg; der zweite ist geistesgestört und lebte 1980 in Peking; einen dritten Sohn Yang Kaihuis erkannte Mao nicht an.) Um einer drohenden Verhaftung zu entgehen, setzte sich Mao 1923 nach

Mao Anying 1946

Shanghai ab, dem Sitz der Zentrale der KPCh. Im gleichen Jahr fand der 3. Parteikongreß statt, der ihn erstmals zum Mitglied des Zentralkomitees wählte. Auf diesem Kongreß wurden auf Anweisung der Komintern die Weichen zur Einheitsfront mit der Guomindang → Sun Yat-sens gestellt (s. hierzu ausführlicher → Chen Duxiu). Die Komintern, die ihren Sitz in Moskau hatte, unterstützte damals sowohl die bürgerliche Guomindang als auch die revolutionäre KPCh. Erstere war eine staatstragende Kraft, letztere eher ein kleines Häuflein von Idealisten. (Die KPCh hatte 1923 nur 420 Mitglieder und überschritt die Tausend erst 1925.)

Es ist bemerkenswert, daß Mao von Anfang an zu den entschiedenen Befürwortern der Politik der Komintern gehörte und auch am längsten an ihr festhielt – entgegen der Mehrheit der Führung der KPCh, die sie nicht nur aus programmatischen Gründen ablehnte, sondern vor allem, weil die Partei sich durch die Einheitsfront wesentlicher Möglichkeiten zur Eigenprofilierung begab. Diese Einheitsfront wurde 1924 offiziell beschlossen. Sie erlaubte u.a. eine Doppelmitgliedschaft in der KPCh wie auch in der Guomindang. Auf jeden Fall profitierte Mao von dieser Politik, denn im neugewählten Zentralen Exekutivrat der Guomindang saßen von insgesamt 41 Mitgliedern und Kandidaten zehn Kommunisten, darunter auch Mao, der überdies zum Sekretär der Propagandaabteilung bestellt wurde. Noch 1926 wurde er in das Komitee für Bauernbewegungen gewählt und als Lehrer an das Institut für Bauernschulung berufen.

Inzwischen begann Mao an der Bauernpolitik der KPCh und der Guomindang zu zweifeln. Auf einer mehrmonatigen Wanderung durch seine Heimatprovinz kam er 1925 zu der Überzeugung, daß das revolutionäre Potential Chinas nicht das städtische Proletariat, sondern die bäuerliche Bevölkerung sei. Zwar stammt diese Erkenntnis nicht originär von ihm, hatte doch ein anderer kommunistischer Funktionär bereits drei Jahre zuvor mit der Organisierung von Bauern im Süden Chinas begonnen (→ Peng Pai), wobei dieser aber um die allmähliche Verbesserung des Loses der Bauern bemüht war, doch entwickelte Mao die Idee radikal weiter bis hin zur Enteignung der Großbauern und zur Bodenreform. Mit dieser Weitsicht erwies sich erstmals sein politisches Genie: Der Bauernsohn Mao setzte den Intellektuellen von Komintern und KPCh seine eigene Theorie entgegen.

Nach dem Tode Sun Yat-sens 1925 übernahm → Chiang Kai-shek die Führung der Guomindang. 1927 führte dieser dann den Bruch mit den Kommunisten herbei, die er als gefährliche Unterwanderer der Guomindang empfand. Nicht alle Truppenführer der Guomindang billigten diese Politik, darunter einige linksorientierte, die am 1. August 1927 in

Nanchang, der Hauptstadt der Provinz Jiangxi, einen Aufstand inszenierten, an dem auch einige hervorragende Kommunisten beteiligt waren. Der Aufstand scheiterte – ebenso wie der zwei Monate später von Mao organisierte »Herbsternte-Aufstand« in Hunan. Während jedoch die Insurgenten von Nanchang in alle Winde verstreut wurden, führte Mao die Reste seiner sehr viel kleineren Streitkraft in das Jinggang-Gebirge im Grenzgebiet der Provinzen Jiangxi und Hunan, um dort eine Guerillabasis aufzubauen.

Damit bewies er ein zweites Mal sein politisches Genie: Als erster chinesischer Kommunist erkannte er, daß ein Sieg des Kommunismus in China nur mit Waffengewalt herbeizuführen war. Es zeugt von seinem starken Willen, daß er es wagte, mit einem kleinen Haufen von Guerillas aus einem entlegenen Winkel Zentralchinas die etablierte Macht herauszufordern. Seine ohne Zustimmung der Parteiführung gegründete Basis im Jinggang-Gebirge entwickelte sich sehr bald zu einem Machtzentrum der KPCh. 1928 stießen weitere kommunistische Verbände zu Maos Basis (→ Peng Dehuai, → Zhu De), die danach etwa 10000 Soldaten umfaßte, von denen allerdings nur jeder dritte ein Gewehr besaß. Diese Verbände wurden zur 4. Roten Armee zusammengefaßt, die von Zhu De befehligt wurde und in der Mao als Politkommissar wirkte. Zhu und Mao sollten die nächsten beiden Jahrzehnte bis zur Gründung der Volksrepublik China – von einer kurzen Unterbrechung abgesehen – zusammenarbeiten. Zhu wurde der Kommandeur der Volksbefreiungsarmee, der die Schlachten für den Parteivorsitzenden Mao schlug.

Nichts belegt die Abhängigkeit der KPCh von der Komintern deutlicher als die Tatsache, daß deren 6. Parteikongreß 1928 in Moskau abgehalten wurde. Mao wurde dabei in Abwesenheit zum Mitglied des Zentralkomitees gewählt, nachdem er dem 5. ZK nur als Kandidat angehört hatte. In den folgenden Jahren war die Partei auf eine eigenartige Weise gespalten, indem die Parteiführung in Shanghai mit großen Worten um die politische Linie stritt, während die Führer der Guerillabasen in der Provinz – allen voran Mao Zedong – sich auf die Macht der Gewehre stützten. Ständigen Verfolgungen ausgesetzt, sah sich die Parteiführung 1931 gezwungen, Shanghai zu verlassen, und begab sich in Maos Basis bei Ruijin im Wuyi-Gebirge, das die Grenze zwischen den Provinzen Jiangxi und Fujian bildet. Dort wurde im November 1931 die »Chinesische Sowjetrepublik« proklamiert, mit Mao als Vorsitzendem des Zentralen Exekutivrates und des Rates der Volkskommissare. Doch das bedeutete wenig, denn in Wahrheit hatten die aus Shanghai hereingeschneiten Parteiführer nichts Eiligeres zu tun, als Maos Einfluß nicht nur in der Partei, sondern selbst in dem von ihm aufgebauten Militärverband zu beschneiden. So wurde er bereits im folgenden Jahr gezwungen, den Posten des Politkommissars der Streitkräfte an → Zhou Enlai abzutreten. Zwar wurde er im gleichen Jahr zum Mitglied des Politbüros gewählt, doch war die Absicht der noch immer auf die Kominternpolitik eingeschworenen anderen Parteiführer klar, ihn in seinem angestammten Gebiet zu isolieren. Dies wurde besonders deutlich, als er bald auch die Scheinfunktion eines Vorsitzenden des Zentralen Exekutivrates der »Chinesischen Sowjetrepublik« abtreten mußte.

1934 mußte die auf wenige hundert Quadratkilometer beschränkte »Chinesische Sowjetrepublik« aufgegeben werden. Nach vier »Vernichtungsfeldzügen« der Guomindang-Truppen erkannten die Kommunisten deren Überlegenheit und sahen sich zur Flucht gezwungen. So kam es zum Langen Marsch, der über 10000 Kilometer nach Nordchina führte, wobei von den anfänglich 100000 Soldaten nur 10000 das Ziel erreichten.

Nachdem die kommunistischen Verbände ein Viertel des Langen Marsches hinter sich gebracht hatten, nutzten sie eine Verschnaufpause in Zunyi in der Provinz Guizhou zu einer Parteikonferenz, auf der Mao praktisch als Führer der KPCh eingesetzt wurde. Zahlreiche andere Parteiführer hatten sich schon vor dem Langen Marsch abgesetzt und die Soldaten ihrem Schicksal überlassen, die nun Mao die ihm zustehende Führungsposition zuerkannten. Damit war auch die dominierende Rolle der Komintern in der KPCh endgültig zu Ende. Zwar machte ein Militärberater der Komintern den Langen Marsch mit, doch hatte er keinen Einfluß auf das Geschehen. Dieser Berater war ein Deutscher, der nur unter seinem chinesischen Namen Li De bekannt war, bis er 1973 seine Memoiren veröffentlichte und als ein gewisser Otto Braun identifiziert werden konnte. Es scheint, daß sich seine Beraterfunktion darauf beschränkt hat, mit Mao Zedong, der ein ebenso starker Raucher wie er selbst war, Kräuterrezepte auszutauschen, die als Tabakersatz dienten.

Auf halbem Wege kam es während des Langen Marsches unter den Führern der Militärverbände zu einer Kontroverse über den fortan einzuschlagenden Kurs. Mao strebte auf direktem Weg eine kleine, noch immer intakte Guerillabasis in der Provinz Shaanxi an. Seine Gegner hielten diesen Weg für zu waghalsig und befürworteten dagegen einen Weg in Richtung Nordwesten ohne eigentliches Ziel. Da keine Einigung erzielt werden konnte, erfolgte eine Spaltung in zwei Kolonnen. Das Glück war auf Maos Seite. Er erreichte Shaanxi mit seiner Kolonne innerhalb von nur wenigen Monaten, während die andere Kolonne zersprengt und fast aufgerieben wurde.

Maos Erfolg stärkte seine Position wesentlich, so daß es ihm möglich wurde, seine Revolutionstheorie, derzufolge die Massen der Bauern in China das eigentliche revolutionäre Potential bildeten, in die Praxis umzusetzen. Vor diesem Hintergrund erscheint die Ernennung Maos zum Mitglied des Exekutivrates der Komintern 1935 geradezu als Ironie der Geschichte.

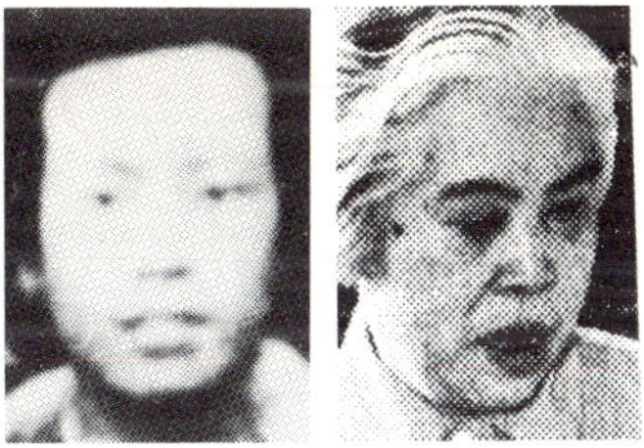

1929 und 1979: Maos zweite Frau He Zizhen (1910-1984)

Mao blieb während des folgenden Jahrzehnts in der neuen kommunistischen Basis in Yan'an, in dessen relativer Abgeschiedenheit er die marxistischen Klassiker las sowie eigene Schriften verfaßte, womit er seinen Ruf als kommunistischer Theoretiker begründen sollte. Zwar werden diese Schriften schwerlich hohen philosophischen Ansprüchen gerecht – die Schrift *Über die Widersprüche im Volk* schrieb er erst sehr viel später –, doch kam es ihm darauf auch gar nicht an. Mao war ein Pragmatiker, dem es vornehmlich um die Disziplinierung der Partei und des Militärs, aber auch der Intellektuellen ging.

In dem Jahrzehnt von 1935 bis 1945 stieg die Truppenstärke der kommunistischen Verbände von 10000 auf 900000 Mann an. Ursache dafür war vor allem der Chinesisch-Japanische Krieg. Sein Ausbruch im Jahr 1937 hatte Chiang Kai-shek gezwungen, eine Einheitsfront seiner Guomindang mit der KPCh zu bilden. Dadurch wurden die kommunistischen Verbände zwar nominell dem Oberbefehl der nationalchinesischen Militärführung unterstellt, in Wirklichkeit aber operierten sie während des ganzen Krieges unabhängig voneinander. Zweifellos hatte Mao Zedong dabei von Anfang an das Ziel im Auge, die Position der Partei und ihrer Streitkräfte zu stärken, um sich für den Endkampf gegen die Guomindang zu rüsten. Die Guomindang erhebt daher heute den Vorwurf, die Kommunisten hätten den Chinesisch-Japanischen Krieg lediglich dazu benutzt, ihre eigene Macht zu stärken, ein Vorwurf, der in dieser Absolutheit gewiß unrichtig ist. Tatsache aber ist, daß Mao während des Krieges ungehindert von der Nationalregierung im Norden Chinas eine Machtbasis aufbaute, die später die Grundlage seines Sieges im Bürgerkrieg bilden sollte.

Nach dem Tode seiner ersten Frau hatte Mao um 1930 die 20jährige He Zizhen geheiratet. Aus dieser Verbindung gingen fünf Kinder hervor, die bei Beginn und während des Langen Marsches bei verschiedenen Bauern untergebracht wurden und später unauffindbar waren. He wurde 1937 zur Kur in die Sowjetunion geschickt, wo sie viele Jahre blieb. Sie verstarb 1984. 1938 lernte Mao dann → Jiang Qing kennen, die er im folgenden Jahr heiratete. Sie gebar ihm 1941 und 1942 zwei Töchter.

In der Yan'an-Zeit errang Mao die uneingeschränkte Führung der KPCh. Sie wählte ihn 1943 zum Vorsitzenden ihres Zentralkomitees, was er bis zu seinem Tode blieb. 1945 wählte ihn der 7. Parteikongreß überdies zum Vorsitzenden des Revolutionären Militärrates, d.h. zum verantwortlichen Parteifunktionär in Militärangelegenheiten. Nach der Kapitulation Japans im August 1945 begab sich Mao nach Chongqing, dem damaligen Sitz der chinesischen Nationalregierung, um auf Veranlassung der USA, die im Kampf gegen die Japaner in China eine nicht unbeträchtliche Rolle gespielt hatten, eine Verständigung zwischen seiner Partei und der Guomindang herbeizuführen. Damals kam es erstmals zu einer persönlichen Begegnung zwischen Chiang Kai-shek und Mao, auf dessen Kopf Chiang ein Jahrzehnt zuvor ein erhebliches Kopfgeld ausgesetzt hatte. Alle Bemühungen der Amerikaner um einen Ausgleich zwischen Guomindang und KPCh erwiesen sich am Ende jedoch als vergeblich, weil keine der beiden Parteien einen Ausgleich wollte.

Kurz vor Beendigung des Chinesisch-Japanischen Krieges hatte die Sowjetunion Japan noch den Krieg erklärt und war nach dessen Kapitulation im August 1945 in der Mandschurei einmarschiert, wo 1932 von den Japanern der Staat Manzhouguo eingerichtet worden war. Die Waffen, die die Russen dabei konfiszierten, überließen sie größtenteils der kommunistischen Armee unter → Lin Biao, die in die Mandschurei eingezogen war, während Mao und Chiang in Chongqing verhandelten. Sie bildeten den Grundstock für eine moderne Ausrüstung vor allem mit Panzern und Artillerie, woran es den kommunistischen Streitkräften bislang gefehlt hatte. So ist es zu erklären, daß der Siegeszug der Kommunisten gegen die Guomindang Ende 1947 von der Mandschurei aus gestartet wurde.

Bereits im Februar 1948 fiel Peking, und im folgenden Monat nahmen dort die Führungsstäbe von Partei und Volksbefreiungsarmee ihren Sitz. Während die kommunistischen Kampfverbände unaufhaltsam nach Süden vorstießen, bereitete Mao die Gründung der »Volksrepublik China« vor, die am 1. Oktober 1949 ausgerufen wurde. In ihr machte sich Mao als inzwischen unumstrittener Führer der kommunistischen Bewegung Chinas zum Vorsitzenden des Zentralen Volksregierungsrates sowie zum Vorsitzenden des Revolutionären Militärrates. Mit dem ihm bereits Jahre zuvor übertragenden Amt des Parteivorsitzenden war er damit zum absoluten Herrscher Chinas geworden.

Erzogen im konfuzianischen Geist, hatte Mao aber nicht nur die Erringung politischer Macht im Auge, sondern auch die Schaffung eines höherstehenden Menschen, der dem kommunistischen Ideal der Selbstlosigkeit gerecht werden und allein dem Gemeininteresse verpflichtet sein sollte. Alle seine Schriften, deren gedankliche Wurzeln von der konfuzianischen Tradition beeinflußt sind, zeugen von diesen Bemühungen um einen solchen neuen, »besseren« Menschen. Dieser utopische Charakter seines Denkens sollte Mao in der Folge zunehmend Fehlentscheidungen treffen lassen.

Dies wurde erstmals offenkundig anläßlich der »Hundert-Blumen-

Kampagne«, die Mao 1956 in der Absicht begann, den Intellektuellen, denen die Kommunisten bis dahin eher mit Mißtrauen begegnet waren, einen größeren Freiraum zu gewähren, um auf diese Weise ihre Kräfte vor allem für den Aufbau der Wirtschaft nutzbar zu machen. Mao handelte in dem Glauben, daß ein vernünftiges Angebot seinerseits von den Intellektuellen erwidert würde. Diese Rechnung ging nicht auf. Der angebotene Freiraum wurde unversehens für Kritik am System und an der Politik der Partei genutzt, wobei sich zahlreiche streitbare Literaten besonders profilierten. Der enttäuschte Mao reagierte wütend: Er münzte die Kampagne um in eine Bewegung zur Bestrafung all jener, die es gewagt hatten, seine Politik anzugreifen. Leidtragende dieser offiziell »Kampagne gegen Rechtsabweichler« genannten Strafaktion waren vornehmlich die Literaten (s. hierzu → Ding Ling und → Wang Meng).

Ein zweites Mal schätzte Mao die Lage falsch ein, als er nur wenige Monate nach dem Abschluß der »Kampagne gegen Rechtsabweichler« den »Großen Sprung Vorwärts« propagierte, in dem er durch den Einsatz der Massen in den ländlichen Gebieten die wirtschaftliche Produktion steigern wollte. Diese am grünen Tisch entworfene Kampagne, in der beispielsweise in jedem Dorf Kleinsthochöfen gebaut wurden, die nur unbrauchbares Eisen produzierten, und in weiten Gebieten Nordchinas das Tiefpflügen eingeführt wurde, das zur Versalzung führte und den Boden unfruchtbar machte, endete in einer Katastrophe: Mehr als 15 Millionen Menschen verhungerten. Konnte die »Hundert-Blumen-Kampagne« und deren Umkehrung von Maos Kollegen in der Parteiführung noch akzeptiert werden, so mußte er nun erstmals Kritik aus den eigenen Reihen hinnehmen. Um → Liu Shaoqi und → Deng Xiaoping hatte sich ein Kreis von Pragmatikern gebildet, der Maos primär ideologisch geprägte durch eine auf wirtschaftlicher Vernunft basierende Politik ersetzen wollte. Die Katastrophe des »Großen Sprungs Vorwärts« wurde Mao persönlich angelastet, und seine Widersacher in der Parteiführung trachteten deswegen, seine Macht zu beschneiden. So wurde Mao Ende 1958 gezwungen, das Amt des Staatspräsidenten, das er seit 1954 bekleidet hatte, an Liu Shaoqi abzutreten.

Zu der Kritik seitens der Intellektuellen 1957 und 1958 durch die eigenen Kollegen in der Parteiführung kam 1959 zudem erstmals Widerspruch aus den Reihen des Militärs. Mao ging nun zum Gegenangriff über: Als → Peng Dehuai, einer der treuesten Gefolgsleute, ihn kritisierte, ließ er ihn auf einer Parteisitzung in Lushan als Verteidigungsminister abwählen und durch Lin Biao ersetzen. Einige, die damals für Lin stimmten, ahnten nicht, daß sie sich damit ihr eigenes Grab schaufelten.

Mit Lin Biao hatte sich Mao eines Mannes versichert, der über die Macht in der Armee verfügte, deren er bedurfte, um seine angeschlagene

Position als alleiniger Führer der Volksrepublik China zurückzuerlangen. Dazu diente ihm die 1966 gestartete Kulturrevolution, in der neben Lin Biao vor allem Maos Frau Jiang Qing eine verhängnisvolle Rolle spielen sollte.
Mit Lin Biaos Unterstützung gelang es Mao, nicht nur seine Gegner in der Parteiführung, sondern praktisch den gesamten etablierten Parteiapparat auszuschalten. Dabei bediente er sich vor allem auch fanatisierter Jugendlicher – meist Mittelschüler –, die sich Rote Garden nannten. Als 1969 der 9. Parteikongreß abgehalten wurde, hielt Mao wieder alle Macht in Händen und machte Lin Biao zu seinem designierten Nachfolger. Lin seinerseits hatte jedoch inzwischen nicht nur in der Armee, sondern auch in der Partei Führungsposten mit seinen Leuten besetzt. So waren 1969 z.B. die 1. Parteisekretäre der Provinzen in der Mehrzahl Militärs, die damit eindeutig in Maos Parteiführung dominierten.
Zwei Jahre später soll Lin Biao nach einem mißglückten Staatsstreich auf der Flucht in die Sowjetunion tödlich verunglückt sein – so jedenfalls lautet die offizielle Darstellung bis heute. Mao war damit seines übermächtig gewordenen designierten Nachfolgers ledig und konnte 1973 auf dem 10. Parteikongreß mit → Wang Hongwen einen neuen Nachfolger bestimmen. Zugleich sah sich Mao jedoch auf Drängen Zhou Enlais gezwungen, zahlreiche in der Kulturrevolution verjagte Führungskader zu rehabilitieren, nachdem sich deren Fachverstand für Politik und Wirtschaft als unentbehrlich erwiesen hatte. Inzwischen 80jährig und physisch wie geistig immer schwächer werdend, überließ Mao die Führung zunehmend Jiang Qing und deren Günstlingen.
Mao Zedong starb am 9. September 1976.
Mao ist eine der großen Persönlichkeiten unserer Zeit. Er hat das im 19. und noch zu Beginn des 20. Jahrhunderts durch die Kolonialmächte gedemütigte China zu neuer Anerkennung, ja zu Weltgeltung gebracht. Zudem hat er durch seinen Bruch mit Moskau eine Spaltung der sozialistischen Staaten und damit eine neue Machtkonstellation in der Welt bewirkt. Dieser außenpolitischen Bilanz seines Wirkens steht jedoch eine innenpolitische gegenüber, die zumindest seit 1956 durch schwerwiegende Fehlentscheidungen beeinträchtigt wird.

Schriften (Auswahl):
1937: *Über die Praxis;* 1940: *Über die Neue Demokratie;* 1942: *Reden über Literatur und Kunst;* 1945: *Über die Koalitionsregierung;* 1949: *Über die Demokratische Diktatur des Volkes;* 1957: *Über die richtige Behandlung der Widersprüche im Volk;* 1960-1961: *Ausgewählte Werke Mao Zedongs* (4 Bände).

Mei Lanfang 1894-1961 梅兰芳

Um 1950

Mei Lanfang wurde berühmt als Darsteller weiblicher Rollen in Peking-Opern. Nach seinem Abschied von der Bühne leitete er das Theaterinstitut der Volksrepublik China.

Mei wurde 1894 in Taizhou, Provinz Jiangsu, geboren. Sowohl sein Großvater als auch sein Vater waren bekannte Operndarsteller. Im Alter von nur acht Jahren begann er selbst mit dem Schauspielerstudium. Mit elf Jahren debütierte er in der Rolle eines webenden Mädchens in der Oper *Geheime Schwüre an der Elsternbrücke.* Ersten Ruhm erwarb er sich mit einem Tanz in *Blumenstreuende Diva.* Schon früh entwickelte er einen eigenen Stil, der später nach ihm »Mei Lanfang-Schule« genannt werden sollte. Mit 14 Jahren schloß er sich der Xiliancheng-Theatergesellschaft an, die ihn vornehmlich mit weiblichen Rollen betraute.

Die chinesische Oper unterscheidet sich grundlegend von der europäischen. Sie geht bis ins 13. Jahrhundert zurück und entwickelte verschiedene Stile. Zunächst stand dem gröberen Drama des Nordens das verfeinerte südchinesische Drama gegenüber. Aus diesem entwickelten sich verschiedene Varianten mit lokalen Schwerpunkten. Eine davon ist die stark typisierte Peking-Oper. Mei Lanfang versuchte einmal die starren Regeln zu durchbrechen, indem er Schauspieler dieser Oper in Straßenkleidung auftreten ließ, kam aber beim Publikum damit nicht an.

1912 spielte Mei in Shanghai am Dangui-Theater Nr. 1. Die Kritiken, die daraufhin erschienen, machten ihn im ganzen Land berühmt. Wenig später fand das neue Medium Film auch in China Verbreitung. 1917 richtete der Shanghaier Verlag »The Commercial Press« eine Filmabteilung ein und ließ mit Mei zahlreiche klassische Opern verfilmen. 1930 folgte Mei Lanfang einer Einladung zu einer Tournee durch die USA, in deren Verlauf ihm die Universität von Südkalifornien die Ehrendoktorwürde verlieh. 1935 gastierte er in Moskau und Leningrad, wo ihn auch Bertolt Brecht sah, den seine Darstellungsweise zu dem Essay »Verfremdungseffekte in der chinesischen Schauspielkunst« inspirierte, einen für Brechts nichtaristotelische Theatertheorie zentralen Aufsatz. Nach Ausbruch des Chinesisch-Japanischen Krieges 1937 ging Mei nach Hongkong. Als dieses 1941 von den Japanern besetzt wurde, kehrte er nach China zurück, entschlossen, so lange nicht mehr als Schauspieler aufzutreten, wie sein Land von den Japanern besetzt wäre. Er ließ sich einen Bart wachsen, so daß er seine berühmten Frauenrollen nicht mehr spielen konnte. Erst 1946 betrat er die Bühne wieder. Bis 1949 gastierte

1926: In einer Frauenrolle

er nun mit einer von ihm geleiteten Theatertruppe in 21 Städten.
Schon vor der Gründung der Volksrepublik China war Mei zum Mitglied des Verbandes der Literatur- und Kunstkreise sowie des Ständigen Komitees des Verbandes der Bühnenschauspieler gewählt worden. 1950 wurde er zum Direktor des Theaterinstituts ernannt, was er bis zu seinem Tode bleiben sollte. In den Jahren nach 1950 erhielt er eine Vielzahl von Posten in Organisationen und Gesellschaften. Als Leiter von Theatertruppen bereiste er Österreich, Nordkorea, Japan und zweimal die Sowjetunion. 1954 zog er überdies als Abgeordneter von Peking in den Nationalen Volkskongreß ein. Im folgenden Jahr erhielt er eine Auszeichnung anläßlich seines 50jährigen Bühnenjubiläums, zu dessen Feier auch seine bekanntesten Operndarstellungen verfilmt wurden. 1959 wurde er Mitglied der KP Chinas, und die Politische Konsultativkonferenz des Chinesischen Volkes wählte ihn zum Mitglied ihres Ständigen Komitees. Im folgenden Jahr wurde er Stellvertretender Vorsitzender des Verbandes der Literatur- und Kunstkreise.
Mei Lanfangs persönlicher Ruhm gründet sich auf Rollen in nur zwanzig Opern. Darüber hinaus hat er durch seine Kunst dazu beigetragen, den Beruf des Schauspielers auch in China gesellschaftsfähig zu machen, standen doch in der alten chinesischen Gesellschaft die Schauspieler sozial noch unter den Soldaten an letzter Stelle.
Mei Lanfang starb am 8. August 1961.

Schriften:
1962: *Gesammelte Essays*

Ngapoi Ngawang Jigme 1911- 阿沛阿旺晋美

1951

1965

Ngapoi ist Tibeter. Nach dem Einmarsch der chinesischen Volksbefreiungsarmee in seiner Heimat bot er der Pekinger Regierung seine Mitarbeit an.

Ngapoi wurde 1911 in der heutigen Provinz Qinghai als Sohn einer tibetischen Aristokratenfamilie geboren. Sein Vater war Gouverneur von Qamdo, dem Ostteil von Tibet, und Kommandeur der tibetischen Streitkräfte. Nach einem Studium in Großbritannien kehrte Ngapoi 1932 nach Tibet zurück und trat in das tibetische Heer ein. Aufgrund seiner Herkunft wurde er um 1940 in das Kabinett des regierenden Dalai Lama aufgenommen, in dem er sich durch Bemühungen um eine reformistische Politik hervortat.
1950 nahmen ihn die chinesischen Truppen bei ihrem Einmarsch in Tibet gefangen. Zu dieser Zeit bekleidete er den Posten des Gouverneurs von Qamdo sowie den eines Kalun (Minister) der tibetischen Regierung. Während seiner kurzen Gefangenschaft hat der in Europa ausgebildete Ngapoi den chinesischen Kommunisten wohl deshalb seine Hand gereicht, weil er sich von diesen eher eine Modernisierung seiner Heimat versprach als von den mittelalterlichen Traditionen verhafteten Herrschern Tibets. Im April 1951 leitete er die tibetische Delegation, die sich zu Friedensverhandlungen nach Peking begab. Dort verhandelte er mit → Mao Zedong und unterzeichnete im folgenden Monat das »Abkommen zur friedlichen Befreiung Tibets«, das die 36jährige Quasiunabhängigkeit Tibets beendete.
Ngapoi wurde daraufhin sofort Mitglied der Minderheiten-Kommission des Staatsrats der Volksrepublik China und wenig später stellvertretender Kommandeur der Militärregion Tibet, deren andere Kommandeure seit 1951 alle Han-Chinesen waren. 1954 erfolgte seine Wahl zum Abgeordneten für Tibet in den Nationalen Volkskongreß. Ngapoi gehört zu den ganz wenigen Abgeordneten, die diesem Parlament ohne Unterbrechung bis heute angehören. Im gleichen Jahr wurde er auch in den Nationalen Verteidigungsrat aufgenommen. Mit der Einführung militärischer Ränge in der Volksbefreiungsarmee wurde er 1955 zum Generalleutnant ernannt. Gleichzeitig erhielt er den »Befreiungsorden«, der sonst nur für Verdienste im Kampf gegen die Nationalregierung in der Zeit von 1947 bis 1949 verliehen wurde.
1961 begleitete Ngapoi den → Panchen Lama (Bainqen Erdeni Qoigyi Gyaincain) auf dessen erster Reise nach Peking. 1965 verlegte er seinen

1945 (?) als Kalum

ständigen Wohnsitz von Lhasa nach Peking, nachdem er vom 3. Nationalen Volkskongreß zu dessen Stellvertretenden Vorsitzenden gewählt worden war, was er bis heute ist. Obwohl er wenig später noch zum Vorsitzenden der neu gegründeten Autonomen Region Tibet ernannt wurde, besuchte er seine Heimat von nun an nur noch sporadisch.

In der Zeit der Kulturrevolution, in deren Verlauf auch die meisten Vertreter der nationalen Minderheiten – so auch der Panchen Lama – verfolgt wurden, blieb Ngapoi unbehelligt. Er blieb es auch nach der Kulturrevolution. So war er 1984 noch immer Stellvertretender Parlamentspräsident (seit 1965). Seit 1983 ist er zudem Vorsitzender des Volkskongresses der Autonomen Region Tibet.

1982 vermachte Ngapoi sein Vermögen in Höhe von 1,2 Millionen Yuan (1,5 Millionen DM) dem chinesischen Staat. Nichts kennzeichnet seinen Sonderstatus in der Volksrepublik China besser, als daß sein Privatbesitz bis dahin unangetastet geblieben war.

Nie Rongzhen 1899- 聂荣臻

1940

1955

1983

Nie ist einer der zehn Marschälle der Volksbefreiungsarmee. Bis 1955 bekleidete er hohe Militärposten und wurde danach in den Regierungsapparat berufen, in dem er ebenfalls wichtige Funktionen übernahm.

Nie Rongzhen wurde 1899 im Kreis Jiangjin, Provinz Sichuan, als Sohn eines Großgrundbesitzers geboren. Jiangjin liegt am Ufer des Changjiang (Yangtse), 40 km südlich von Chongqing, wo Nie die Mittelschule besuchte. Im Rahmen eines Studienabkommens zwischen China und Frankreich ging auch Nie als Werkstudent nach Frankreich und später nach Belgien. Er studierte an den Universitäten von Grenoble, Paris und Charleroi und arbeitete daneben bei dem Rüstungsunternehmen Schneider-Creusot, bei der Automobilfirma Renault sowie bei dem Elektrounternehmen Thomson. Da ein großer Teil dieser Werkstudenten politisch aktiv war, entstand beispielsweise eine Zweigstelle der KP Chinas in Frankreich, aus der später namhafte Führer der Partei hervorgehen sollten. Von diesen stammten neben Nie Rongzhen auch → Deng Xiaoping und → Chen Yi aus Sichuan.

Über Berlin ging Nie 1924 nach Moskau, wo er ein halbes Jahr an der Akademie der Roten Armee studierte. 1925 nach China zurückgekehrt, wirkte er als politischer Instrukteur an der Whampoa-Militärakademie in Guangzhou (Kanton), die von → Chiang Kai-shek geleitet wurde und an der → Zhou Enlai Direktor der Politischen Abteilung war. 1926 nahm er als Stabsoffizier am Nord-Feldzug teil, der die Macht der Warlords in China brechen sollte.

Als es durch Chiang Kai-sheks Massaker unter den Kommunisten im April 1927 zum Nanchang-Aufstand kam, war auch Nie daran beteiligt, der zu dieser Zeit Politkommissar einer der beteiligten Armeen war.

Über das Leben Nies in den drei Jahren nach dem Scheitern des Aufstands ist nichts bekannt. Wahrscheinlich hat er sich in dieser Zeit in Hongkong aufgehalten. Jedenfalls tauchte er erst 1930 in Nordchina wieder auf. Im folgenden Jahr ging er in die von → Mao Zedong gegründeten Guerillabasis in der Provinz Jiangxi.

Damit begann seine militärische Karriere. Zunächst wirkte er ausschließlich als Politoffizier. In dieser Funktion nahm er auch in der Armee von → Lin Biao am Langen Marsch teil. Erst als 1937 Guomindang und KPCh eine neue Einheitsfront gegen die japanischen Aggressoren bildeten, erhielt Nie zum ersten Mal einen Posten als Truppenführer: Er wurde stellvertretender Kommandeur der von Lin Biao befehligten 115. Division der 8. Marscharmee. Ende 1937 erhielt er den Befehl, mit 2000 Mann der 115. Division im Wutai-Gebirge in der Provinz Shanxi, das aus den inzwischen von den Japanern eroberten Gebieten wie eine Insel herausragte, den Widerstand gegen die Japaner zu organisieren. Damit legt er den Grundstock für sein Ansehen als Organisator und Militärführer, denn es gelang ihm, innerhalb von fünf Jahren 150000 Soldaten zu rekrutieren, von denen die Hälfte seinem Kommando unterstand. Für diese Leistung wählte ihn der 7. Parteikongreß der KPCh 1945 zum Mitglied des Zentralkomitees, als das er von allen weiteren Zentralkomitees bestätigt werden sollte. Nach der Kapitulation der Japaner im August 1945 besetzte Nie mit seinen Truppen die strategisch wichtige Stadt Zhangjiakou (Kalgan) im Nordwesten der Provinz Hebei, über die Lin Biao wenig später seine Truppen in die Mandschurei einschleusen konnte. Zwei Jahre später besetzte Nie Shijiazhuang, die Provinzhauptstadt von Hebei, wo 1948 die Volksrepublik Nordchina ausgerufen wurde, die Vorläuferin der im folgenden Jahr gegründeten Volksrepublik China. Ebenfalls 1948 wurde er zum Kommandeur des Militärbezirks Nordchina ernannt (bis 1954) sowie zum 2. Sekretär des Nordchina-Büros im ZK der KPCh.

Im Winter 1948/49 vereinigte Nie seine Streitkräfte mit denen Lin Biaos, die aus der Mandschurei aufgebrochen waren, zum letzten Vernichtungsschlag gegen die Guomindang. Im Januar 1949 gelang es dem Verhandlungsgeschick Nies, Peking kampflos einzunehmen, indem er den kommandierenden Guomindang-General → Fu Zuoyi zur Kapitulation bewegte. Mit der Eroberung Pekings wurde Nie als Kommandeur der Militärregion Peking-Tianjin eingesetzt (bis 1955) und wenig später auch als Bürgermeister von Peking (bis 1951).

Mit seiner Ernennung zu einem der zehn Marschälle der Volksbefreiungsarmee endete 1955 Nies militärische Karriere. 1956 wurde er zum Stellvertretenden Ministerpräsidenten ernannt (bis 1974), im folgenden Jahr zum Minister der Wissenschaftlichen Planungskommission (bis 1958) und 1958 zum Minister der Wissenschaftlich-Technischen Kommission (bis 1966). Im Januar 1967, zu Beginn der Kulturrevolution, wurde er zum Mitglied des Politbüros gewählt, doch behielt er diesen Posten keine zwei Jahre. Wichtiger war daher seine Nominierung zum Vorsitzenden der Wissenschaftlich-Technologischen Kommission für Nationale Verteidigung, die ebenfalls 1967 erfolgte. In dieser Eigenschaft leitete er die Raketen- und Atomrüstung Chinas, die in der Kulturrevolution als einziger Bereich unangetastet blieb, so daß Nie unangefochten diese Zeit überstand.

1975 wurde Nie zum Stellvertretenden Parlamentspräsidenten (bis 1980) und 1977 erneut zum Mitglied des Politbüros der KPCh gewählt. Seit 1982 trat Nie nur noch sporadisch an die Öffentlichkeit. Als dienstältestes Mitglied der Militärkommission im ZK der KPCh, der er als Stellvertretender Vorsitzender seit 1961 angehört, sowie in der gleichen Position in der 1983 gegründeten Zentralen Militärkommission, gehört er gleichwohl noch immer zum engsten Kreis innerhalb der Führung der KPCh.

Panchen Lama 1938- 班禅喇嘛

1961

1978

1983

Wie es heißt, ist der Panchen Lama die 10. Inkarnation des Buddha Amithabha. Im Gegensatz zum Dalai Lama hat er sich der chinesischen Tibetpolitik nicht widersetzt. Er bekleidet hohe Ämter in der Pekinger Regierung.

Der Panchen Lama wurde 1938 im Kreis Xunhua, Provinz Qinghai, unter dem Namen Goinbo Cedan geboren. Xunhua liegt am Oberlauf des Gelben Flusses inmitten des Laji-Gebirges, auf halbem Weg zwischen Xining und Lanzhou, den Hauptstädten der Provinzen Qinghai und Gansu.

Der Titel »Panchen Lama« wurde wie der des → Dalai Lama ursprünglich von den Mongolen verliehen, die im 16. und 17. Jahrhundert weite Teile Tibets kontrollierten. Beide waren aus der zu Anfang des 15. Jahrhunderts von dem buddhistischen Reformator Tsongkhapa gegründeten Gelbmützensekte hervorgegangen. Die Verleihung des Titels eines »Panchen Lama« war erstmals 1645, die eines Dalai Lama 1578 erfolgt. Die Panchen Lamas erhielten als Residenz das Tashi-Kloster bei Xigaze (Shigatse) im Tal des Maquan-Flusses, der in Indien Brahmaputra heißt. Obwohl für beide als buddhistische Inkarnationen das gleiche Ritual zur Auffindung des Wiedergeborenen gilt, ist der Rang des Panchen Lama niedriger. In der Geschichte Tibets spielte er daher auch eine entsprechend geringere Rolle.

Schon lange vor der Gründung der Volksrepublik spielten die Chinesen die beiden tibetischen Theokraten gegeneinander aus. So galten die Panchen Lamas spätestens seit Beginn unseres Jahrhunderts als chinafreundlich. Und zahlreiche Tibeter erkennen den gegenwärtigen Panchen Lama deswegen nicht als Reinkarnation an, weil er von jemandem entdeckt wurde, der den Chinesen gegenüber positiv eingestellt war, was in tibetischen Augen als Verrat gilt.

1941 als Wiedergeburt des 9. Panchen Lama entdeckt und danach in das Kloster Kumbum (Ta-drh), das größte der Provinz Qinghai, gebracht, wurde Goinbo Cedan zwei Jahre später als 10. Panchen Lama eingesetzt. In dieser Funktion wurde er noch im Juni 1949 von der inzwischen von den Kommunisten bereits aus Peking vertriebenen Guomindang-Regierung anerkannt. Vier Monate später, als die Volksrepublik China

ausgerufen wurde, sandte der damals elfjährige Panchen Lama ein Glückwunschtelegramm an → Mao Zedong, in dem er, wie es offiziell heißt, um baldige Befreiung Tibets bat. Diese erfolgte denn auch bereits 1951 durch Verbände der chinesischen Volksbefreiungsarmee, was allerdings von der überwiegenden Mehrheit der Bevölkerung Tibets keineswegs als solche empfunden wurde. Wenig später gehörte der Panchen Lama der von → Ngapoi Ngawang Jigme geleiteten tibetischen Delegation an, die zu Friedensverhandlungen mit der chinesischen Regierung nach Peking reisen und mit der Unterzeichnung eines Abkommens die Herrschaft Chinas über Tibet anerkennen sollte. Das wirkliche Oberhaupt Tibets, der Dalai Lama, war an diesen Verhandlungen nicht beteiligt, doch sah er sich angesichts seiner politischen Ohnmacht gezwungen, das Abkommen nachträglich zu billigen.
Chinesische Truppen geleiteten den Panchen Lama im April 1952 nach Lhasa, der Hauptstadt Tibets, wo er zum ersten Mal dem Dalai Lama begegnete und ihm mit einem dreifachen Kotau seine Reverenz erwies. Anschließend begab er sich nach Xigaze, die traditionelle Residenz der Panchen Lamas. Als 1953 die Buddhisten-Liga der Volksrepublik gegründet wurde, erhielt er die Stellung des Ehrenvorsitzenden. Dies war nur möglich, weil der Dalai Lama sie abgelehnt hatte. 1954 wurde er zum Abgeordneten Tibets für den 1. Nationalen Volkskongreß gewählt. Mit 16 Jahren war er dessen jüngster Abgeordneter. Wenig später wurde der Panchen Lama Mitglied des Ständigen Komitees des Nationalen Volkskongresses. 1956 nahm er anstelle des Dalai Lama als Leiter einer offiziellen Delegation chinesischer Buddhisten an den Feiern anläßlich des 2500. Geburtstages von Buddha in Indien teil. 1959 schließlich wurde er nach der Flucht des Dalai Lama nach Indien zum »Amtierenden« Vorsitzenden des Vorbereitenden Komitees zur Errichtung der Autonomen Region Tibet ernannt – »amtierend« nur, weil die Pekinger Regierung mit der Rückkehr des Dalai Lama rechnete, dem sie den Vorsitz zugedacht hatte.
1964, im Alter von 26 Jahren, änderte der Panchen Lama plötzlich seine bisherige Haltung, sprach sich in einer öffentlichen Sitzung gegen die Tibetpolitik Pekings aus und stellte sich hinter den Dalai Lama. Die Folge war, daß er im Verlauf der zwei Jahre später beginnenden Kulturrevolution in ein Umerziehungslager eingewiesen und anschließend bis 1977 in das Pekinger Prominentengefängnis Qincheng gebracht wurde.
Als der Panchen Lama 1978 erstmals wieder in der Öffentlichkeit erschien, ließ er in einem Interview wissen, durch das Studium der Werke Mao Zedongs habe sein Sinn sich gewandelt. Ein Jahr später erklärte er: »Die Wissenschaft kann weder die Existenz noch die Nicht-Existenz göttlicher Wesen beweisen. Ich behaupte jedoch, daß der Grundgehalt der Lehren Sakyamunis darin zu sehen ist, die Glückselig-

keit für alles Leben anzustreben. Die KP Chinas wirkt im Interesse des Volkes. In diesem grundlegenden Punkt gibt es keinen Konflikt zwischen Sozialismus und Lamaismus.«
Daraufhin wurde er unter anderem Stellvertretender Vorsitzender des Nationalen Volkskongresses – mit 42 Jahren der bislang jüngste Stellvertretende Parlamentspräsident der Volksrepublik China.
1982 durfte der Panchen Lama, dessen Name offiziell Bainqen Erdeni Qoigyi Gyaincain umschrieben wird, erstmals seit 18 Jahren wieder Tibet besuchen. Während seines zweimonatigen Aufenthaltes verbat er sich ausdrücklich, als ein Gott verehrt zu werden, weil dies »das tägliche Leben beeinflusse und die Produktion behindere«. Damit entsagte er selbst dem Anspruch, die 10. Inkarnation des Buddha Amithabha zu sein. Für die tiefreligiöse Bevölkerung Tibets ist er damit ein Fremder.

Peng Dehuai 1898-1974 彭德怀

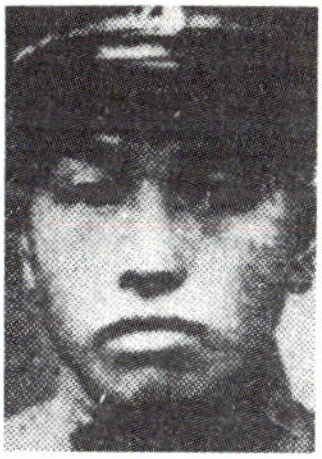
1922

1942

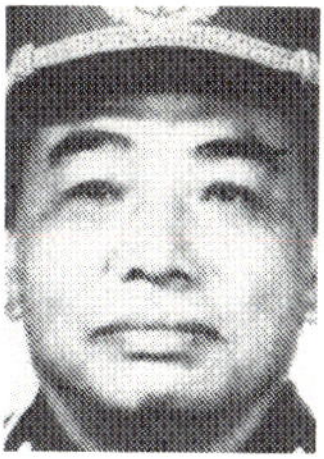
1955

1959

Peng Dehuai war einer der zehn Marschälle der Volksbefreiungsarmee. 1959 opponierte er auf einer Parteisitzung gegen Mao Zedong und verlor daraufhin seinen Posten als Verteidigungsminister. Er starb unbemerkt von der Öffentlichkeit in der Zeit der Kulturrevolution und wurde postum rehabilitiert.

Peng wurde 1898 als Sohn eines Bauern in Xiangtan, Provinz Hunan, geboren, aus der auch → Mao Zedong stammt. Für die Dauer von zwei Jahren besuchte er eine Privatschule, um sich danach als Hütejunge, als Arbeiter in einem Kohlebergwerk und als Kuli bei Erdarbeiten zu verdingen. 1916 trat er in die in seiner Heimatprovinz stationierte Armee ein, in der er drei Jahre später eine Kompanie führen sollte. 1923 absolvierte er einen Lehrgang an der Offiziersschule von Hunan. Während des sogenannten Nord-Feldzuges, mit der die chinesische Nationalregierung die Macht der Warlords in Nordchina zu brechen versuchte, befehligte Peng das 1. Regiment der 5. Unabhängigen Division. 1928 trat er in die Kommunistische Partei Chinas ein. Nach dem Vorbild des Nanchang-Aufstandes organisierte er im Sommer des gleichen Jahres den Aufstand von Pingjiang, einer kleinen Stadt im Nordosten seiner Heimatprovinz. Obzwar auch dieser Aufstand scheiterte, vermochte Peng seine inzwischen zur 5. Roten Armee umorganisierten, relativ intakten Verbände Ende 1928 im Jinggang-Gebirge mit denen Mao Zedongs zu vereinen. Neben → Zhu De war er einer der wenigen Berufssoldaten, die sich dort einfanden, und wurde mit offenen Armen empfangen.

Die KPCh befand sich damals noch immer in Abhängigkeit von der Komintern, deren Politik von Anfang an von Mao Zedong als den chinesischen Verhältnissen unangemessen abgelehnt wurde. Auf Befehl der Komintern unternahm Peng 1930 mit seiner inzwischen zum 3. Roten Armeekorps umorganisierten Einheit einen Angriff auf Changsha, die Hauptstadt von Hunan, der nach einwöchiger Besetzung abgebrochen werden mußte.

Den jahrelangen Angriffen der Truppen der Guomindang auf Maos Guerillabasis im Jinggang-Gebirge, wo 1931 die Chinesische Sowjetrepublik ausgerufen worden war, vermochten die Kommunisten schließlich nicht zu widerstehen und begaben sich auf den Langen Marsch. Pengs 3. Rotes Armeekorps bildete dabei auf weiten Strecken die Vorhut.

Nach Ausbruch des Chinesisch-Japanischen Krieges kam es 1937 zu einer Einheitsfront zwischen der Guomindang und der KPCh, die ihre in Nordchina stationierten Kampfverbände nominell als 8. Marscharmee dem Oberbefehl der Nationalchinesischen Streitkräfte unterstellten. Diese Armee wurde von Zhu De befehligt, dem Peng Dehuai als Stellvertreter zugeordnet wurde. Peng, der bereits 1934 vom 5. Plenum des 6. Zentralkomitees zum ZK-Mitglied und ein Jahr später zum Mitglied des Politbüros gewählt worden war, sollte später bei der Vertreibung der Guomindang vom Festland Kommandeur der 1. Feldarmee in Nordwest-China werden.

Nach Gründung der Volksrepublik China im Oktober 1949 befehligte Peng den Militär- und Verwaltungsrat von Nordwest-China. Als es ein Jahr später zum Koreakrieg kam, nachdem die vereinigten UN- und US-Streitkräfte den 38. Breitengrad in Richtung Norden überschritten hatten, entsandte Peking zur Unterstützung Nordkoreas »Volksfreiwillige« unter dem Kommando Peng Dehuais. Erst 1953 gab Peng diesen Oberbefehl wieder ab.

Mit der Reorganisation des Staatsapparates 1954 wurde Peng der erste Verteidigungsminister der Volksrepublik China und gleichzeitig Stellvertretender Ministerpräsident.

Im August 1959, auf der Sitzung des 2. Plenums des 8. Zentralkomitees, wenige Wochen nach seiner Rückkehr von einer zweimonatigen Reise, die ihn an der Spitze einer Militärdelegation durch sämtliche Länder des Ostblocks geführt hatte, sollte sich Peng dann zum Sprecher parteiinterner Kritik an Mao Zedong machen. Er griff vor allem dessen Volkskommunen-Bewegung sowie die Ideologisierung der Militärpolitik an. Anders als früher konnte auf dieser – der sogenannten Lushan- – Konferenz kein Konsens hergestellt werden. Die Parteiführer trennten sich zerstritten und blieben es bis zur Kulturrevolution, in deren Verlauf sich die Mao-Faktion ihrer Widersacher entledigte. Nur einen Monat nach der Lushan-Konferenz wurde Peng als Verteidigungsminister abgesetzt. An seine Stelle trat → Lin Biao.

Weite Kreise der Partei empfanden die Absetzung Pengs als ungerecht. Aufschlußreich in diesem Zusammenhang ist die Tatsache, daß die Kritik an einem Theaterstück das eigentlich auslösende Moment der Kulturrevolution bildete. → Yao Wenyuan, ein bis dahin unbedeutender Parteifunktionär aus Shanghai, der jedoch bald in die höchste Parteispitze aufsteigen und 1976 schließlich als Mitglied der »Viererbande«

verhaftet werden sollte, kritisierte 1965 das Drama des bekannten Historikers und Schriftstellers → Wu Han, *Hai Ruis Entlassung aus dem Amt.* Hai Rui, der Held des Dramas, ist nämlich ein aufrechter Beamter der Qing-Dynastie, der dem Kaiser zu widersprechen wagte und darauf in Ungnade fiel.

Peng wurde im Dezember 1966 verhaftet. Im folgenden Jahr wiederholt auf öffentlichen »Kritikdemonstrationen« zur Schau gestellt, verbrachte er den Rest seines Lebens in Einzelhaft. Er starb halbseitig gelähmt am 29. November 1974 im Gefängnis. Vier Jahre später wurde er postum rehabilitiert.

Peng Pai 1896-1929 彭湃

Um 1925

Peng Pai gehört zu den führenden Funktionären der Kommunistischen Partei Chinas in deren Anfangszeit. Noch vor Mao Zedong hat er als erster die Bedeutung der Bauern für eine sozialistische Revolution in China erkannt.

Peng Pai wurde 1896 im Kreis Haifeng, Provinz Guangdong, geboren. Haifeng ist ein Küstenort auf halbem Wege zwischen der Provinzhauptstadt Guangzhou (Kanton) und Shantou. Sein Vater war ein reicher Landlord, für den 1500 Bauern arbeiteten. Nach dem Besuch einer modernen Schule in seiner Heimatprovinz ging Peng Pai 1918 nach Japan, wo er die folgenden drei Jahre in Tokyo an der Waseda-Universität Politökonomie studierte. War er schon als Schüler für revolutionäre Ideen aufgeschlossen gewesen, so vertiefte er diese an der Universität noch. Besonders wurde er von Professor Takatsu Masamichi beeinflußt, einem Sozialisten, der die Auffassung vertrat, daß in Asien die Organisierung der Bauern und ihr Zusammenschluß zu Genossenschaften wichtiger sei als Arbeiterbünde in den Städten.

Diese Idee sollte Peng Pais künftiges politisches Handeln bestimmen. Er verzichtete auf Geld und Grundbesitz seiner Familie und kämpfte als Revolutionär für die Besserung der Lebensbedingungen der Bauern. Nach dem Examen kehrte er 1921 nach China zurück und trat der soeben gegründeten KP Chinas bei. In einem ersten politischen Artikel forderte er die Abschaffung des Privateigentums.

Seine Heimatprovinz Guangdong wurde damals von einem für die damaligen Verhältnisse ungewöhnlich aufgeschlossenen Gouverneur beherrscht, der bald auf Peng Pai aufmerksam wurde und ihn zum Leiter des Erziehungsbüros in dessen Heimatort Haifeng ernannte. Auf Druck der Grundbesitzer, die Peng Pais Ideen begreiflicherweise als Herausforderung empfanden, mußte er ihn aber bald wieder fallenlassen. Peng Pai gründete daraufhin den »Bauernverband von Haifeng«, den ersten seiner Art im modernen China, der nach kurzer Zeit 20000 Mitglieder umfaßte. Zu Anfang konzentrierte sich dieser Verband auf Erziehungsaufgaben, medizinische Hilfe und die Vermittlung landwirtschaftlicher Kenntnisse. Schon bald wurde er zu einer solchen politischen Macht, daß er die Grundbesitzer zu einer Verringerung des Pachtzinses zwingen konnte. Das Beispiel von Haifeng fand sehr bald Nachahmung und führte zu einer Bewegung, die 1923 in die Gründung eines Dachverbandes auf Provinzebene mündete. In Anerkennung seiner Pionierarbeit wurde Peng Pai zum Vorsitzenden des Bauernverbandes von Guangdong gewählt.

Es ist bemerkenswert, daß die Führung der KPCh, deren Mitglied Peng Pai doch seit deren ersten Tagen war, seine Aktivitäten offiziell nicht zur Kenntnis nahm. Der Grund dafür liegt in der von der Komintern diktierten Strategie, die auf der Auffassung beruhte, daß das eigentliche revolutionäre Potential auch in China das städtische Proletariat sei. Die Guomindang unter Führung → Sun Yat-sens dagegen nahm die Idee der bäuerlichen Revolution ernst. Auf dem 1. Kongreß der Guomindang im Jahre 1924 wurde daher die Gründung einer Bauernabteilung beschlossen, welche alsbald ein »Ausbildungsinstitut für die Bauernbewegung« einrichtete, als dessen Sekretär und erster Leiter Peng Pai berufen wurde. Dessen letzter Leiter sollte → Mao Zedong werden, der damit eindeutig in die Fußstapfen Peng Pais trat.
Der von Peng Pai gegründete Bauernverband von Haifeng hatte eine nur kurze, aber bewegte Geschichte: Mehrfach verboten, wurden 1925 siebzig seiner Führer von aufgebrachten Grundbesitzern hingemetzelt. Im gleichen Jahr schloß er sich mit dem Bauernverband des 30 km entfernten Lufeng zum Distriktverband Hailufeng zusammen, der zwei Jahre später nach den fehlgeschlagenen Aufständen von Nanchang und Guangzhou kurze Zeit kommunistischen Kampfverbänden Unterschlupf bot. 1928 wurde er endgültig zerschlagen, und Peng Pai mußte fliehen.
1927 wurde er vom 7. Parteikongreß erstmals zum Mitglied des Zentralkomitees gewählt. Der im folgenden Jahr in Moskau stattfindende 8. Parteikongreß bestätigte ihn auf diesem Posten und wählte ihn überdies zum Mitglied des Politbüros. Inzwischen hatte sich auch die von Moskau abhängige Führung der KPCh gezwungen gesehen, Peng Pais Verdienste anzuerkennen: 1928 betraute sie ihn mit der Leitung des neugegründeten Bauernkomitees beim Zentralkomitee. Nach der Flucht aus dem heimatlichen Haifeng Anfang 1928 arbeitete Peng Pai dann in der Parteizentrale, die sich seit 1927 in Shanghai im Untergrund befand. Dort wurde er 1929 von einem Agenten, der sich in die Reihen der KPCh eingeschmuggelt hatte, verraten und verhaftet. Eine Woche später, am 31. August 1929, wurde Peng Pai hingerichtet.
Peng Pais revolutionärers Engagement hatte auch für seine Familie schreckliche Folgen: Sechs seiner Angehörigen wurden bis 1930 von der Guomindang hingerichtet, darunter seine Frau Cai Suping, die 1928 exekutiert worden war – einen Monat nach der Geburt ihres dritten Sohnes. Und noch vier Jahrzehnte später – zur Zeit der Kulturrevolution – wurde Peng Pais Sohn, Peng Hong, ermordet. Seine Familie erhielt erst acht Jahre später die Nachricht von seinem Tod. Ebenfalls in der Kulturrevolution wurde der Neffe Peng Pais, Peng Ke, erschlagen und sein vom Körper abgetrennten Kopf öffentlich zur Schau gestellt. Einer seiner Vettern wurde erschossen und Peng Pais 90jährige Mutter ins Gefängnis geworfen, wo sie starb. Peng Pais frühe Einsicht, daß eine

Revolution in China nur von den Bauern und nicht vom städtischen Proletariat ausgehen könne, paßte nicht in die offizielle Geschichtsschreibung, die diese Erkenntnis allein Mao Zedong zuschrieb. Überlebt hat der 1925 geborene Sohn Peng Pais, Peng Shilu, seit 1982 Kandidat des ZK der KPCh und seit 1983 Stellvertretender Minister für Wasserwirtschaft und Energie. 1984 wurde er mit dem Bau eines Atomreaktors in der Provinz Guangdong betraut, der von Firmen aus Hongkong errichtet werden soll.

Peng Zhen 1902- 彭真

1956

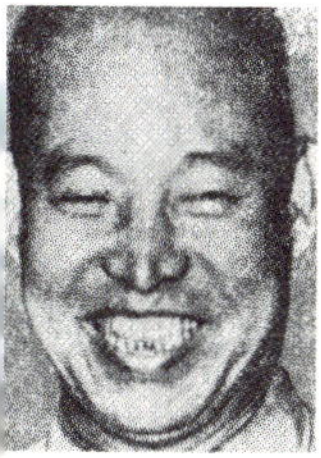
1965

1983

Peng Zhen war vor der Kulturrevolution 15 Jahre lang Bürgermeister von Peking. Seit 1983 ist er Vorsitzender des Nationalen Volkskongresses der Volksrepublik China.

Peng Zhen wurde 1902 in Quwo, Provinz Shanxi, als Sohn eines armen Bauern geboren. Nach entbehrungsreicher Kindheit bot sich ihm erst im Alter von 21 Jahren Gelegenheit zum Besuch der Mittelschule. Zur gleichen Zeit trat er auch in die KP Chinas ein. Danach arbeitete er bis 1935 in Nordchina sowohl in der Partei als auch in der meist kommunistisch gesteuerten Arbeiterbewegung. Dreimal inhaftiert, verbrachte er insgesamt sechs Jahre in Gefängnissen der Nationalregierung.

Zunächst war Peng Zhen unabhängig von der Parteizentrale tätig. Schon bald nach dem Langen Marsch wurde er jedoch als einer der aktivsten und fähigsten Funktionäre mit der Leitung der Organisationsabteilung im Nordbüro des Zentralkomitees der KPCh sowie mit regionalen Parteiaufgaben betraut. Von 1941 bis 1944 war er dann Vizepräsident der Parteischule. 1943 übernahm er zusätzlich die Leitung der Organisationsabteilung im ZK der KPCh, zuständig für die Personalpolitik der Partei.

1945 wurde Peng Zhen vom 7. Parteikongreß nicht nur zum Mitglied des Zentralkomitees, sondern auch des Politbüros gewählt. Er gehört damit zu den wenigen Funktionären, die gleichzeitig ins ZK und ins Politbüro berufen wurden.

Vor Gründung der Volksrepublik im Oktober 1949 war Peng Zhen drei Jahre Sekretär des für die Mandschurei zuständigen Nordost-Büros im ZK und Politkommissar der von → Lin Biao befehligten Demokratischen Vereinigten Nordost-Armee. Im Oktober 1949 wurde er Mitglied des Zentralen Regierungs-Verwaltungsrates und Stellvertretender Vorsitzender von dessen Politischem und Gesetzgebungsrat. 1951 trat er den Posten als Bürgermeister von Peking an, den er bis 1966 bekleidete – die längste Amtszeit eines Bürgermeisters in der Volksrepublik China. Vier Jahre später wurde Peng Zhen zusätzlich 1. Parteisekretär von Peking, und als 1954 der Nationale Volkskongreß eingerichtet wurde, übernahm er dazu noch den Posten eines Stellvertretenden Parlamentspräsidenten. All dies blieb er ebenfalls bis 1966.

1966: Von Roten Garden gedemütigt

Als Bürgermeister und 1. Parteisekretär von Peking stand Peng Zhen wie nur wenige andere im Blickpunkt auch der internationalen Öffentlichkeit. Mancher Beobachter hielt ihn sogar für den möglichen Nachfolger → Mao Zedongs.
Peng Zhen sollte jedoch das erste Mitglied des Politbüros sein, das 1966 von der Kulturrevolution hinweggefegt wurde: In mehreren Schauprozessen wurde er öffentlich geschmäht und erniedrigt.
Doch Peng Zhen überlebte die Kulturrevolution. Nachdem er zwölf Jahre lang verschwunden war, tauchte er 1979 erstmals wieder auf und wurde noch im gleichen Jahr erneut Mitglied des ZK und des Politbüros sowie Stellvertretender Vorsitzender des Nationalen Volkskongresses. Im Juni 1983 schließlich wählte ihn der 6. Nationale Volkskongreß zu seinem Vorsitzenden.
Heute ist Peng Zhen neben → Chen Yun das einzige noch lebende ehemalige Mitglied des 1945 vom 7. Parteikongreß gewählten Politbüros.

Qi Baishi 1863-1957 齐白石

1950

1955

Qi ist, wenn nicht der größte, so doch einer der bedeutendsten chinesischem Maler dieses Jahrhunderts. Er war der traditionellen Malerei verhaftet, entwickelte dabei aber einen eigenen Stil. Sein letztes Lebensjahrzehnt verbrachte er hochgeehrt in der Volksrepublik China.

Qi Baishi wurde 1863 unter dem Namen Qi Huang in Xiangtan, Provinz Hunan, als ältestes von neun Kindern geboren. Seine Eltern waren arme Bauern. Die Schule mußte er nach einem Jahr wegen Krankheit verlassen. Nachdem er zunächst Wasserbüffel gehütet hatte, begann er im Alter von zwölf Jahren in der Werkstatt eines Verwandten eine Lehre als Tischler und Holzschnitzer. Sehr bald entwickelte er erstaunliches Geschick als Möbelschnitzer, wobei er eigene Motive entwarf. In dieser Zeit lernte er das beliebte *Lehrbuch der Malerei aus dem Senfkorngarten* kennen. Fortan nutzte er seine Freizeit dazu, dessen Bilder zu kopieren. Anders als im Westen ist das Kopieren großer Werke der Vergangenheit in China Grundlage aller traditionellen künstlerischen Ausbildung.

Erst im Alter von 27 Jahren konnte Qi mit einem regelrechten Studium der Malerei und zugleich der klassischen Literatur beginnen. In zwei Malern hatte er Förderer gefunden, die ihn in die Porträtmalerei einführten – eine Kunst, die hauptsächlich deswegen gefragt war, weil wohlhabende Leute zum Zwecke der Verehrung ihrer Ahnen gern deren Konterfeis anfertigen ließen. Bei diesen Ahnenporträts handelte es sich gewöhnlich um Pinselzeichnungen mit schwarzer Tusche. In dieser Kunst erwarb sich Qi bald beträchtliches Ansehen. Dabei ist bezeichnend, daß er auf diesem Gebiet vor allem deshalb ein begehrter Maler wurde, weil er besonders gut auch die Gewänder der Darzustellenden zu malen verstand.

1895 gründete Qi mit sechs anderen eine Gruppe zum Studium der Lyrik. Sie wurde in seiner Heimatprovinz Hunan schnell bekannt und führte ihn selbst aus der bis dahin lediglich lokalen Beachtung. Er gewann Gelehrte zu Freunden, die seine ungewöhnliche Begabung als Maler erkannten. Mit wachsendem Ansehen gewann Qi zunehmend materielle Unabhängigkeit. Bereits 1900 konnte er sich in den Ausläufern des Lianhua-Gebirges in der Provinz Hunan ein Haus bauen, das ihm während der nächsten beiden Jahrzehnte sein liebster Wohnsitz bleiben sollte.

Garnelen 1952

1902 nahm Qi einen Lehrauftrag für Malerei in Xi'an an: Auf die lokale Anerkennung folgte die nationale. Während der nächsten Jahre unternahm er ausgedehnte Reisen in fünf Provinzen Chinas, wobei er begann, in der Landschaftsmalerei seinen eigenen Stil zu entwickeln. Mittlerweile verdiente er so gut, daß er in Hunan zwei neue Häuser bauen konnte. Er entwarf ihre Inneneinrichtung, pflanzte in ihrer Umgebung Obstbäume und züchtete Tiere – alles Objekte seiner Malstudien. Daneben schrieb er Gedichte und schnitzte Namenssiegel.
Als Qi 1917 nach Peking übersiedelte, waren bereits einige Bücher mit seinen Werken erschienen. Obwohl damals bereits fast 60 Jahre alt, benutzte er diesen Wechsel in die Hauptstadt zu einem neuen Aufbruch: Die Kontakte mit der geistigen und künstlerischen Elite Chinas inspirierten ihn, machten ihn aber zugleich auch seines Ranges bewußt.
Es entstand nun eine Vielzahl bedeutender Werke, unter denen die Darstellungen von Insekten, kleinem Wassergetier, Fröschen, Spatzen und Eichhörnchen eine besondere Stellung einnehmen. Sie zeichnen sich – ebenso wie die Bilder von Früchten, Gemüse und Blumen – durch sparsame Pinselführung und häufig unorthodoxe Farbkombinationen aus. Hinter diesen Motiven tritt seine Landschafts- und Figurenmalerei zurück.
Qi Baishi liebte es, seinen Bildern eigene Gedichte hinzuzufügen. Da Kalligraphie ein wesentliches Element chinesischer Malerei ist, sind die Gedichte stets harmonisch in die Gesamtkonzeption einbezogen. In der Kalligraphie orientierte sich Qi zunächst an der Zhejiang-Schule, danach am Stil von Zhao Zhiqian. Schließlich entwickelte er jedoch seinen eigenen, kraftvollen Stil.
Bis 1937 lehrte Qi an der Pekinger Kunstakademie. In dieser Zeit bildete er zahlreiche später namhafte Maler aus, darunter auch → Xu Beihong. Zu seinen Schülern gehörte jedoch auch der Schauspieler → Mei Lanfang. Mit einer Ausstellung 1922 in Japan gewann er erstmals internationale Anerkennung. Dies mag der Grund dafür sein, daß er auch nach der Besetzung Pekings durch japanische Truppen 1938 unangefochten blieb.
Nach der Gründung der Volksrepublik China am 1. Oktober 1949 wurde der inzwischen 86jährige Qi mit Ehrungen überhäuft: 1950 wurde er Ehrenprofessor der Zentralen Kunstakademie und Mitglied des Verbandes für Literatur- und Kunstkreise, 1953 Ehrenpräsident der Gesellschaft für chinesische Malerei und »Künstler des Volkes«, 1954 Abgeordneter seiner Heimatprovinz Hunan für den 1. Nationalen Volkskongreß, 1955 korrespondierendes Mitglied der Akademie für Kunst und Wissenschaft der Deutschen Demokratischen Republik. Im gleichen Jahr wurde er überdies mit dem Internationalen Friedenspreis des Weltfriedensrates ausgezeichnet, von dem er die Hälfte der Qi

Baishi-Stiftung zur Förderung der traditionellen Malerei zukommen ließ.
Qi starb 1957. Er vermachte dem Staat alle in seinem Besitz befindlichen Bilder, Kalligraphien, Siegel und Aufzeichnungen. 1963 erfuhr er noch eine postume Ehrung, als ihn der Weltfriedensrat zu einer der »Weltkulturgrößen« erklärte. Nur drei Jahre später, zu Beginn der Kulturrevolution, wurde sein Grab von Roten Garden geschändet. Der 1982 neu errichtete Grabstein trägt in der gemeißelten Kalligraphie seines Schülers Li Kuchan die Aufschrift: »Grab des Qi Baishi aus Xiangtan«.
Qi hatte sieben Söhne und sechs Töchter, und zwar teils mit seiner 1882 geheirateten Ehefrau, teils mit seiner 1920 ins Haus genommenen Konkubine, die er 1941 nach dem Tod der Ehefrau heiratete. Drei der Söhne wurden ebenfalls bekannte Maler.
Qi war der wohl hervorragendste Repräsentant der in der 2. Hälfte des 19. Jahrhunderts entstandenen, wichtigsten progressiven Strömung in der chinesischen Malerei, der »Schule von Shanghai«.

Qian Sanqiang 1913- 钱三强

1978

Qian gilt als Vater der chinesischen Atombombe. Er hat jedoch auch wesentlichen Anteil an der friedlichen Nutzung der Atomenergie seines Landes.

Qian Sanqiang wurde 1913 in Wuxing, Provinz Zhejiang, geboren. Wuxing liegt unweit des Tai-Sees in der fruchtbaren Ebene zwischen der Provinzhauptstadt Hangzhou und Shanghai. Sein Vater war ein bekannter Historiker. 1936 graduierte Qian im Fachbereich Physik an der Pekinger Qinghua-Universität. Dank eines Regierungsstipendiums setzte er im folgenden Jahr seine Studien am Pièrre Curie-Laboratorium in Paris fort. 1943 promovierte er in Physik an der Universität von Paris. In den folgenden Jahren arbeitete er unter Professor Joliot-Curie an der Französischen Akademie der Wissenschaften, die Qian 1946 für eine von ihm entwickelte neue Technik zur Spaltung von Uranatomen den Henri de Parville-Preis für Physik verlieh. Im gleichen Jahr wirkte er als Berater der nationalchinesischen Delegation bei der ersten Sitzung der UNESCO-Konferenz in Paris.

1948 kehrte Qian nach Peking zurück, wo er an der Qinghua-Universität eine Professur für Kernphysik erhielt. Dort erlebte er zu Beginn des folgenden Jahres den Einmarsch der Roten Armee. Noch vor Ausrufung der Volksrepublik China im Oktober 1949 war Qian Mitglied der Delegation der KP Chinas beim »Weltfriedens-Kongreß« in Prag.

Ebenfalls noch 1949 wurde Qian Mitglied des Kultur- und Erziehungsrates der neuen Regierung. 1950 übernahm er die Leitung der Abteilung Physik der Qinghua-Universität und wurde stellvertretender Direktor des Planungsbüros der Akademie der Wissenschaften sowie stellvertretender Direktor am Institut für Moderne Physik der Akademie. Dieses Institut, 1958 in »Institut für Atomenergie« umbenannt, wurde bis 1978 von Qian geleitet. Eine Fülle weiterer hoher Positionen Qians sowie seine zahlreichen internationalen Verpflichtungen, die hier nicht im einzelnen aufgeführt werden können, zeigen ihn als einen der führenden Wissenschaftler der Volksrepublik China.

Zu Beginn des Jahres 1955 wurde dann auf einer Parteisitzung beschlossen, der Entwicklung der Atomenergie zusammen mit einigen wenigen anderen Bereichen absolute Priorität einzuräumen. Bereits im folgenden Jahr wurde nach einer Wissenschaftskonferenz der sozialistischen Länder in Moskau, an der auch Qian teilnahm, das »Gemeinsame Kernforschungsinstitut der sozialistischen Länder« gegründet, aus dem China, nachdem es zwischen Moskau und Peking zum Bruch gekommen war, jedoch bereits 1960 wieder ausschied.

Inzwischen aber hatte China unter Führung Qian Sanqiangs mit einer eigenen Atomrüstung begonnen: Am 16. Oktober 1964 erfolgte die Zündung der ersten chinesischen Atombombe und nur zwei Jahre und acht Monate später – im Juni 1967 – die der ersten Wasserstoffbombe Chinas; die USA hatten vier, die Sowjetunion sieben Jahre für diese Schritte gebraucht. Beide Bomben waren unter der verantwortlichen Leitung Qians entwickelt worden.

Zwar wurde Qian zu Beginn der Kulturrevolution als »Geheimagent« und »Anhänger der kapitalistischen Linie« angegriffen, doch überstand er unter dem Schutz höchster Stellen die Kulturrevolution unbeschadet und wurde danach mit zahlreichen Posten im Wissenschaftsbereich wie auch im Regierungsapparat betraut.

Es ist das Verdienst Qians, durch die Entwicklung der chinesischen Atom- und Wasserstoffbombe China zu einer militärischen Großmacht gemacht zu haben. Von nicht geringem Gewicht jedoch ist auch, daß er die erste Generation der Atomphysiker Chinas herangebildet hat.

Qian ist seit 1936 mit He Cehui verheiratet, die zehn Jahre lang in Berlin und Heidelberg studiert hat und ebenfalls eine namhafte Atomphysikerin ist.

Qian Xuesen 1912- 钱学森

1978

1982

Qian ist der führende Raketentechniker der Volksrepublik China. Neben zahlreichen anderen Posten bekleidet er auch den eines Kandidaten des Zentralkomitees der KP Chinas.

Qian wurde 1912 in Shanghai als Sohn eines Kaufmanns geboren. 1934 graduierte er im Bereich der Ingenieurwissenschaften an der Shanghaier Jiaotong-Universität. Im folgenden Jahr setzte er seine Studien dank eines Stipendiums in den USA fort. Am Massachusetts Institute of Technology wandte er sich der Aeronautik und Aerodynamik zu. 1936 wechselte er zum California Institute of Technology über, wo er Lieblingsschüler des ungarischen Professors Theodor von Karman wurde, eines führenden Wissenschaftlers auf dem Gebiet der Aerodynamik. Dieser war es, der Qians Interesse auf die Entwicklung von Strahlantrieben für Überschallflugzeuge richtete. Zusammen mit von Karman arbeitete er auch an der Entwicklung der Raketentechnik. Eine Neuerung auf diesem Gebiet ist noch heute nach ihm benannt. Nach seiner Promotion im Jahre 1938 blieb Qian als Assistent bei Professor von Karman. Kurze Zeit später erhielt er eine Stelle als außerordentlicher Professor am Laboratorium für Überschallforschung am California Institute of Technology.

Während des Zweiten Weltkrieges leitete Qian auch die Raketenabteilung des Wissenschaftlichen Beraterstabes für Nationale Verteidigung der US-Regierung. 1945 wurde er auf Empfehlung von Karman zum Oberst dieses Stabes und zum Direktor von deren Raketenabteilung ernannt. In dieser Eigenschaft leitete er nach der Kapitulation Deutschlands die amerikanische Expertengruppe, die beauftragt war, das Raketenzentrum Peenemünde abzubauen und nach den USA zu verbringen. Im folgenden Jahr erhielt er mit 34 Jahren eine Professur am California Institute of Technology – der jüngste Professor in der Geschichte dieses Instituts.

1947 kehrte Qian nach Shanghai zurück, wo er Jiang Ying, die Tochter des Generals Jiang Baili, heiratete. Zur gleichen Zeit wurde ihm von der Jiaotong-Universität deren Präsidentschaft angetragen. Diesen Posten konnte er jedoch nicht antreten, weil der damalige Erziehungsminister der Chinesischen Nationalregierung ihn für zu jung erachtete. Daraufhin kehrte Qian in die USA zurück, wo er zunächst bis 1949 wieder am California Institute of Technology wirkte. Danach leitete er bis 1955 das

1982: Nach erfolgreichem Abschuß der ersten Trägerrakete Chinas. Von links: Yang Shangkun, Yang Dezhi, Qian Xuesen

Guggenheim-Laboratorium für Strahlantrieb. Hier spezialisierte er sich auf Raketenantriebssysteme und Atomphysik.
Nach der Nominierung zum Goddard-Professor für Strahlantrieb durch das California Institute of Technology entschloß sich Qian 1950, nach China zurückzukehren, wo die Kommunisten im Jahre zuvor die Volksrepublik ausgerufen hatten. Inzwischen aber war der Korea-Krieg ausgebrochen, der in den USA eine antikommunistische Stimmung auslöste. Diese führte auch zu einer 15tägigen Inhaftierung Qians, aus der er jedoch durch eine Kaution von 15000 Dollar freikam. 15 Kisten mit seinen Besitztümern, inzwischen auf dem Wege nach China, wurden in Honolulu jedoch vom FBI beschlagnahmt, welches die darin enthaltenen wissenschaftlichen Dokumente als Geheimmaterial deklarierte. Trotzdem konnte Qian danach seine Forschungstätigkeit am California Institute of Technology fortsetzen.
Als Ersatz für diplomatische Beziehungen zwischen der Volksrepublik China und den USA fungierten ab 1955 die sino-amerikanischen Botschaftergespräche in Warschau. Eines der ersten Ergebnisse dieser Gespräche war die Rückkehr Qian Xuesens nach China im Austausch gegen neun in China gefangengehaltene Amerikaner.
Schon einen Monat nach seiner Rückkehr nach China wurde Qian im November 1955 mit der Gründung des Instituts für Mechanik an der Akademie der Wissenschaften beauftragt, dessen Leitung er drei Monate später übernahm.
Die hohe Wertschätzung Qians seitens der Pekinger Führung läßt sich aus den folgenden Nominierungen und Ehrungen entnehmen: 1956: Ernennung zum Mitglied der Staatskommission für Wissenschaftliche Planung; 1957: Auszeichnung mit dem 1. Preis der Akademie der

Wissenschaften; Ernennung zum Präsidenten der Gesellschaft für Dynamik sowie zum Mitglied der Abteilung für Mathematik, Physik und Chemie der Akademie der Wissenschaften; 1958: Wahl zum Abgeordneten der Provinz Guangdong zum 2. Nationalen Volkskongreß (1964 vom 3. NVK bestätigt); 1959: Ernennung zum Direktor der Abteilung für Mechanik der Universität für Wissenschaft und Technik in Peking; 1961: Wahl zum Präsidenten der Gesellschaft für Automation.
Die politische Würdigung seiner wissenschaftlichen Verdienste erfolgte 1969 mit der Wahl zum Kandidaten des 9. Zentralkomitees der KP Chinas. Ohne Unterbrechung bekleidet er diesen Posten bis heute.
Wahrscheinlich seit Anfang der siebziger Jahre ist Qian einer der stellvertretenden Vorsitzenden der Wissenschaftlich-Technischen Kommission für Nationale Verteidigung im Staatsrat, die mit der Atom- und Raketenrüstung Chinas betraut ist. Auch nach der Kulturrevolution erfuhr er noch eine Vielzahl von Ernennungen, vornehmlich zum Ehrenvorsitzenden in wissenschaftlichen Gesellschaften.

Schriften (Auswahl):
1938: *Technische Kybernetik* (Dissertation); 1956: Über Flugzeuge und gelenkte Raketen und die sie kontrollierenden Computer (Artikel), Die Realisierung des interplanetaren Verkehrs (Artikel); 1957: Der Beginn des Weltraumzeitalters (Artikel); 1959: Über Raketen und Interplanetarflug (Artikel); 1961: Thema und Ziel der modernen Dynamik (Artikel); 1963: Arbeitsorganisation und Management in Wissenschaft und Technik; 1978: *Theorie der technischen Kontrolle.*

Qu Qiubai 1899-1935 瞿秋白

Um 1925

Qu gehört zu den großen Führungspersönlichkeiten in der Frühzeit der Kommunistischen Partei Chinas. Er gewann überdies Anerkennung als Schriftsteller und Journalist und war mit Lu Xun befreundet.

Qu Qiubai wurde 1899 in Changzhou, Provinz Jiangsu, geboren. Changzhou liegt etwa auf halbem Weg zwischen Nanjing und Shanghai. Das Vermögen und den Landbesitz des Großvaters, der in seiner Eigenschaft als Finanzkommissar eine Zeitlang Gouverneur der Provinz Hubei gewesen war, hatte Qus Vater durchgebracht und die Familie damit in Armut gestürzt, bevor er sich von ihr trennte. Qus Mutter beging 1915 Selbstmord. Ihre sechs Kinder, von denen Qu das älteste war, wurden daraufhin von Verwandten erzogen.

Nach dem Besuch der Mittelschule ging Qu nach Peking. Hier bestand er die Aufnahmeprüfung zur Peking-Universität, mußte jedoch, da er die Studiengebühren nicht aufbringen konnte, auf die Immatrikulation verzichten. Er schrieb sich statt dessen an einem Institut für russische Sprache ein, das die Regierung für Beamtenanwärter der Nordchinesischen Eisenbahn eingerichtet hatte, die von Rußland betrieben wurde. Als Student an diesem Institut beteiligte er sich 1919 an der »Bewegung des 4. Mai«, die zu Anfang ein vornehmlich studentischer Protest war und sich gegen das Vorhaben der in Versailles tagenden Siegermächte des 1. Weltkrieges richtete, die deutsche Kolonie Qingdao (Tsingtao) Japan zu überlassen. Mit dieser Protestdemonstration, in deren Folge Qu einige Tage lang inhaftiert wurde, begann seine politische Laufbahn. 1920 gab er die dreimal monatlich erscheinende Zeitschrift »Neue Gesellschaft« heraus, die sich mit sozialen Reformen befaßte und nach der 18. Ausgabe verboten wurde. Im gleichen Jahr schloß er sich der von → Li Dazhao gegründeten »Sozialistischen Studiengruppe« an, einem Vorläufer der KP Chinas, und begann seine Tätigkeit als Übersetzer aus dem Russischen mit August Bebels *Die Sozialisierung der Gesellschaft.*

Nach bestandenem Examen nahm Qu Ende 1920 das Angebot der damals führenden Pekinger Tageszeitung »Chenbao« an, als Korrespondent nach Moskau zu gehen. Dort blieb er bis 1922. Neben seiner journalistischen Tätigkeit in der jungen Sowjetunion widmete er sich intensiv dem Studium der russischen Sprache und Literatur. 1921 erkrankte er an Tuberkulose, was ihn zu einem Sanatoriumsaufenthalt zwang. 1922 wurde er Mitglied der KPCh, nachdem er bereits ein Jahr lang als Dolmetscher für chinesische Studenten gewirkt hatte, die auf

Einladung durch die Komintern zum Studium nach Moskau gekommen waren. Qu war der erste chinesische Kommunist, der perfekt Russisch konnte. Sowohl bei den Führern der KPdSU wie denen der KPCh genoß er dadurch besonderes Vertrauen. Durch seine Übersetzung von Lenins »Thesen zu nationalen und kolonialen Fragen« ins Chinesische 1923 wurde seine Sonderstellung noch gestärkt.

Im selben Jahr wählte ihn der 3. Kongreß der KPCh zum Mitglied des Zentralkomitees, was er bis zu seinem Tode bleiben sollte. Unmittelbar nach dem Kongreß beauftragte ihn die neugegründete Shanghai-Universität mit der Leitung ihrer Abteilung für Sozialwissenschaften. Diesen Lehrauftrag nahm Qu bis 1925 wahr, als die Universität geschlossen wurde. Daneben wirkte er aktiv in der KPCh mit, wozu u.a. die Chefredaktion der Parteizeitung »Vorhut« gehörte.

Im Januar 1924 heiratete Qu die todkranke Wang Jianhong, um ihre letzten Monate mit ihr zu teilen. Wang starb im Juli des gleichen Jahres. Ein halbes Jahr später heiratete Qu Yang Zhihua, eine Studentin der Shanghai-Universität, die zuvor mit dem Sohn von Shen Dingyi verheiratet gewesen war, einem der Gründungsmitglieder der KPCh, sich jedoch gütlich von ihm getrennt hatte.

1926 hielt Qu einige Gastvorlesungen am »Ausbildungsinstitut für die Bauernbewegung« in Guangzhou, das die Guomindang 1924 gegründet hatte und 1926 von → Mao Zedong geleitet wurde. Im April des folgenden Jahres rief die KPCh, nachdem → Chiang Kai-shek die Einheitsfront aus KP und Guomindang durch die Ermordung von Tausenden von Kommunisten zerstört hatte, ihren 5. Parteikongreß zusammen, um über die neue Lage zu beraten. Am Ende des Kongresses wurde Qu zum Mitglied des Politbüros gewählt. Bereits im August 1927 fand eine neue Dringlichkeitskonferenz statt, auf der der bisherige Generalsekretär, → Chen Duxiu, zum Rücktritt gezwungen und Qu – wenn auch nur mit der Amtsbezeichnung »Sekretär« – zum neuen Parteiführer bestimmt wurde. Das blieb er indessen weniger als ein Jahr, denn der 6. Parteikongreß, der im Juni 1928 in Moskau stattfand, ersetzte Qu als Parteiführer durch Xiang Zhongfu, beließ ihn jedoch im Politbüro. Unmittelbar danach wurde Qu Leiter der chinesischen Delegation bei der Komintern. In dieser Eigenschaft nahm er 1929 und 1930 an kommunistischen Kongressen in Paris und Berlin teil.

Ende 1933 ging Qu in das von Mao Zedong gegründete Sowjetgebiet in Ruijin. Anfang 1934 wählte ihn der 2. Gesamtchinesische Sowjetkongreß wieder zum Mitglied seines Zentralen Exekutivrates sowie zum Erziehungskommissar, zwei Posten, die er nominell bereits seit 1931 bekleidet hatte. Doch seine Tuberkulose, die sich seit einem Jahrzehnt durch einige Sanatoriumsaufenthalte gebessert hatte, ohne jedoch ausgeheilt zu werden, reduzierte seine Aktivität erneut.

Diese Krankheit machte es ihm auch unmöglich, am Langen Marsch

teilzunehmen, zu dem die kommunistischen Streitkräfte im Herbst 1934 aus Ruijin aufbrachen. Qu blieb mit Restverbänden zurück, die den Auftrag hatten, die Absetzbewegung der Hauptkräfte zu decken. Ständiger Bedrohung durch Guomindang-Truppen ausgesetzt und dauernd auf der Flucht, wurde Qu im März 1935 schließlich doch gefangengenommen. Obwohl sich Lu Xun leidenschaftlich für ihn einsetzte, wurde Qu am 18. Juni des gleichen Jahres exekutiert.
Qu zählt zu den großen, von tiefem Idealismus geprägten Führern der chinesischen Revolution.

Schriften (Auswahl):
1921: *Reise in das Land des Hungers;* 1924: *Eindrücke in der Roten Hauptstadt;* 1927: *Geschichte der russischen Literatur,* Die dritte oder nullte Internationale?; 1928: *Kritik der »Drei Volksprinzipien«,* Die chinesische Revolution und die KP Chinas; 1932: Vorwort zur *Auswahl von Lu Xuns »Abschweifende Gedanken«;* 1936: *Gesammelte Werke Qu Qiubais* (von Lu Xun zusammengestellt); 1938: *Wahllos gezupfte Saiten u.a. Essays;* 1953: *Qu Qiubais Gesammelte Werke*

Übersetzungen aus dem Russischen (Auswahl):
1920: Bebel, *Die Sozialisierung der Gesellschaft;* 1933: Gorki, eine Auswahl aus dessen Werk.

Ren Bishi 1904-1950 任弼时

1939

1948

Ren Bishi war der bekannteste Jugendführer zu Beginn der kommunistischen Bewegung in China. 1927 stieg er ins Zentralkomitee der Kommunistischen Partei Chinas auf, 1931 ins Politbüro. Ein früher Tod beendete seine vielversprechende Karriere.

Ren wurde 1904 im Kreis Xiangyin (heute Miluo), Provinz Hunan, als Sohn einer wohlhabenden Familie geboren. In der Provinzhauptstadt Changsha besuchte er dieselbe Mittelschule wie einige Jahre zuvor → Mao Zedong. Hier erlebte er 1919 die »Bewegung des 4. Mai«, die sein politisches Bewußtsein wachrief. 1920 ging er nach Shanghai und belegte einen Russischkurs an einer Fremdsprachenschule, die die Komintern eingerichtet hatte. In dieser Zeit trat er in die Sozialistische Jugendliga ein. Ende des Jahres folgte er einem Angebot zum Studium an der Universität der Arbeiter des Ostens, die von der Komintern zur politischen Schulung von Asiaten in Moskau errichtet worden war. Dort wurde er 1922 Mitglied der KPCh.

1924 kehrte Ren nach China zurück. An der Universität von Shanghai erhielt er einen Lehrauftrag für Russisch. Im folgenden Jahr wurde die Universität wegen radikaler Aktivitäten geschlossen. Zu dieser Zeit wurde Ren zum Mitglied des Zentralkomitees der Kommunistischen (früher Sozialistischen) Jugendliga gewählt, in der er zudem die Leitung der Organisationsabteilung übernahm. 1927 wurde er auch Sekretär der Liga. Als führender Jugendfunktionär fand er im gleichen Jahr Eingang ins Zentralkomitee der KPCh, dessen Mitglied er bis zu seinem Tod bleiben sollte. Zum Zeitpunkt seiner Wahl war er mit 23 Jahren in der Geschichte des Zentralkomitees dessen jüngstes Mitglied. Den frühen Aufstieg ins Führungsorgan der Partei verdankte er neben seinen organisatorischen Fähigkeiten wohl auch seinem liebenswürdigen Wesen.

1928 wurde Ren aus der Führung der Kommunistischen Jugendliga abberufen und übernahm Aufgaben in der Parteizentrale in Shanghai, die seit dem Coup → Chiang Kai-sheks im April 1927 im Untergrund wirkte. Bis 1929 wurde Ren zweimal verhaftet, jedoch jeweils nach einigen Monaten wieder entlassen. 1930 arbeitete er im Untergrund in der Provinz Hubei. Im folgenden Jahr wählte ihn das 4. Plenum des 6. Zentralkomitees zum Mitglied des Politbüros. Auch diesen Posten sollte er bis zu seinem Tod innehaben. Von den damals insgesamt 25

Politbüromitgliedern sollten dies bis zur Gründung der Volksrepublik China 1949 außer ihm nur fünf Funktionäre bleiben, nämlich Mao Zedong, → Zhou Enlai, → Kang Sheng, → Liu Shaoqi und Zhang Wentian. Gleichzeitig wurde Ren Direktor der Organisationsabteilung des ZK, die für Personalfragen zuständig war. Noch im selben Jahr ging er in die Guerillabasis Mao Zedongs in Ruijin in der Provinz Jiangxi, wo im November die Chinesische Sowjetrepublik proklamiert wurde, in deren Zentralen Exekutivrat er einen Sitz erhielt.

1933 beorderte ihn die Partei als Sekretär in die Grenzregion der Provinzen Hunan und Jiangxi. In der dort stationierten 6. Roten Armee übernahm er überdies den Posten des Politkommissars. Dies war ein Vertrauensbeweis, sah sich doch die 6. Rote Armee zunehmend dem Druck der Streitkräfte der Guomindang ausgesetzt, dem sie schließlich weichen mußte. 1934 vereinigte sie sich mit der Streitmacht unter → He Long zur 2. Frontarmee, in der Ren Politkommissar wurde.

Mit der Absetzbewegung der Kräfte unter He Long begann der Lange Marsch. Die Hauptkräfte unter Mao Zedong und → Zhu De sollten erst ein Jahr später losmarschieren. Während letztere in einem einjährigen Marsch im Herbst 1935 die Provinz Shaanxi erreichten, traf die 2. Frontarmee erst ein Jahr später dort ein. Ursache für die Verzögerung waren Auseinandersetzungen zwischen den politischen und militärischen Führern über den einzuschlagenden Weg gewesen (vgl. → Zhang Guotao).

1937 brach der Chinesisch-Japanische Krieg aus. Guomindang und KPCh gingen erneut eine Einheitsfront ein, in deren Rahmen die kommunistischen Streitkräfte als 8. Marscharmee formal dem Oberbefehl der Nationalregierung unterstellt wurden. In dieser leitete Ren die Politabteilung, die er jedoch nach einem Jahr abgab. 1938 wurde er nach Moskau entsandt, um die Leitung der chinesischen Sektion bei der Komintern zu übernehmen. Da seine Gesundheit geschwächt war, sollte er sich dort auch einer eingehenden Untersuchung unterziehen.

1940 kehrte er nach Yan'an zurück. Fortan arbeitete er im Sekretariat der Partei, wo man ihn vornehmlich mit Wirtschaftsaufgaben betraute, was von besonderer Wichtigkeit war, war doch die damalige kommunistische Basis in Nordchina zur Autarkie gezwungen. Der 7. Kongreß der KPCh bestätigte Ren als Mitglied des Politbüros und wählte ihn zudem zum Mitglied des Sekretariats. Damit rückte er in die sechsköpfige höchste Führungsmannschaft vor. Danach wurde es stiller um Ren. Krankheit reduzierte seine Schaffenskraft. Als im März 1949 die Neudemokratische Jugendliga ihre neue Führungsmannschaft bestimmte, ernannte sie den 45jährigen zum Ehrenvorsitzenden. Anfang 1950 suchte er noch einmal Heilung in der Sowjetunion. Am 27. Oktober 1950 starb er an einer Gehirnblutung. Ren war mit Chen Congying verheiratet, mit der er fünf Kinder hatte. Chen lebte noch 1980 in Peking.

Seypidin 1915- 賽福鼎

1949

1970

1983

Seypidin ist Uigure. Neben Ulanhu ist er der einzige Nicht-Chinese, der in die oberste Führung der Kommunistischen Partei Chinas vorstieß. Lange Zeit war er deren Statthalter in der Provinz Xinjiang.

Seypidin gehört der Minorität der Uiguren an, einem in Xinjiang ansässigen Turkvolk. Dort wurde er 1915 als Sohn einer wohlhabenden Kaufmannsfamilie in Artux (Artush) nahe Kaschgar am Fuße des Pamir geboren. In seiner Jugend dominierte dort der russische Einfluß. Kaschgar liegt weniger als 100 Kilometer von der russischen Grenze entfernt. So verwundert es nicht, daß Seypidin nach dem Besuch eines Colleges in Xinjiang von 1938 bis 1942 an der Zentralasiatischen Universität in Taschkent, der Hauptstadt der Üzbekischen Republik der Sowjetunion, ein technisches Studium absolvierte. In dieser Zeit wurde er auch Mitglied der KPdSU. Anschließend lebte Seypidin eine Weile in Afghanistan. 1943 kehrte er nach Xinjiang zurück.

In Zeiten schwacher Zentralregierungen war es in der Vergangenheit regelmäßig zu Aufständen ethnischer Minderheiten innerhalb des chinesischen Staates gekommen, da sie die chinesische Herrschaft als Fremdherrschaft empfanden. Eine dieser Unabhängigkeitsbewegungen führte 1944 zur Gründung der Republik Ost-Turkestan mit der Hauptstadt Yining (Kuldscha). Im Januar 1945 wurde Seypidin deren Kulturminister. Die Republik hatte indessen nur eine kurze Lebensdauer, denn die chinesische Nationalregierung entsandte General Zhang Zhizhong nach Xinjiang, dem es 1946 gelang, die Uiguren durch einige Zugeständnisse in eine »Koalitionsregierung Xinjiang« und damit erneut in eine Abhängigkeit von Peking zu bringen. In dieser Koalitionsregierung wurde Seypidin Erziehungsminister, ein Posten, von dem er jedoch ein Jahr später zurücktrat, um bei der Organisation des Widerstandes gegen die Statthalter der chinesischen Nationalregierung mitzuwirken: Die Republik Ost-Turkestan wurde als »Liga zum Schutz von Demokratie und Selbstregierung in Xinjiang« wiederbelebt, deren amtierender Vorsitzender Seypidin 1949 wurde.

Inzwischen hatten die kommunistischen Verbände ihren Siegeszug gegen die Guomindang angetreten. Aufgrund dieser neuen Lage gab

Seypidin alle seine Bemühungen um ein selbständiges Xinjiang auf und bot der KP Chinas seine Mitarbeit an. Diese nahm ihn als Mitglied auf, obwohl er noch immer Mitglied der KPdSU war, und lud ihn ein, an der 1. Politischen Konsultativkonferenz des Chinesischen Volkes im September 1949 teilzunehmen.
Unmittelbar nach Gründung der Volksrepublik China im Oktober 1949 ernannte ihn die neue Regierung zum Stellvertretenden Vorsitzenden ihrer Minderheitenkommission und zwei Monate später zum Vizegouverneur von Xinjiang. Im Februar 1950 reiste Seypidin nach Moskau, wo sich auch → Mao Zedong gerade aufhielt. Noch im selben Jahr wurde er 4. Parteisekretär von Xinjiang, 1953 dann Stellvertretender Vorsitzender des Verwaltungsrates von Nordwest-China. Im Zuge der Umbildung der zentralen Führung im Jahr 1954 wurde er schließlich Vizepräsident des neu gegründeten Nationalen Volkskongresses, was er als einziger in ununterbrochener Folge bis heute geblieben ist. Sein Aufstieg in der Parteihierarchie schließlich begann 1956 mit seiner Wahl zum Kandidaten des Zentralkomitees, dessen Mitglied er 1969 werden sollte. Auch dies ist er bis heute. Von 1973 bis 1982 war Seypidin sogar Kandidat des Politbüros. Von 1973 bis 1978 schließlich war er 1. Parteisekretär der Autonomen Region Xinjiang.
Die Kulturrevolution überstand Seypidin unangefochten – anders als der Mongole → Ulanhu, der zweite Nicht-Chinese in der obersten Parteiführung.

Shen Congwen 1902- 沈从文

1980

1984

Shen Congwen ist unter den Dichtern des neuen China der am stärksten von der Tradition der klassischen Literatur geprägte. 1944 geriet er in Widerspruch zur Linie der Kommunistischen Partei Chinas. Seither veröffentlichte er nur mehr wissenschaftliche Arbeiten.

Shen gehört der Minorität der Tujia an. Er wurde 1902 in Fenghuang, Provinz Hunan, als Sohn einer Offiziersfamilie geboren. Auch er sollte diese Laufbahn beschreiten und trat deshalb im Alter von 15 Jahren in eine Milizeinheit ein. Etwa fünf Jahre verbrachte der junge Shen als Soldat vornehmlich in den Berggebieten seiner Heimat im Grenzgebiet zur Provinz Sichuan. Die enge Berührung mit den Menschen, unter denen er damals lebte, sollte sein künftiges literarisches Wirken wesentlich beeinflussen: viele Helden seiner Erzählungen sind Personen des einfachen Volkes. Oft sind es Angehörige der Minorität der Miao, die mit den Tujia verwandt sind und mit ihnen zusammenleben.

Nach Quittierung des Militärdienstes versuchte sich Shen in verschiedenen Berufen, bis er 1922 zum Studium nach Peking ging. Gleichzeitig begann er seine literarische Tätigkeit. 1923 erschien *Übergang über den Gebirgskamm*, seine erste Erzählung, die – wie viele künftige – Begebnisse und Erfahrungen seiner Militärzeit zum Thema hat. Damals begann auch seine Freundschaft mit → Ding Ling und deren Ehemann, dem 1928 hingerichteten Hu Yepin, mit denen gemeinsam er sich mehrfach vergeblich um die Gründung literarischer Zeitschriften bemühte.

Nach kurzer Tätigkeit als Redakteur der Literaturbeilage der angesehenen Zeitung »Dagong« nahm er schließlich eine Stelle als Professor für Chinesisch an. Parallel dazu entfaltete er ein geradezu rastloses literarisches Schaffen. 1926 war sein erster Band mit Erzählungen erschienen. In den folgenden zwei Jahrzehnten veröffentlichte Shen mehr als vierzig Bücher mit Romanen, Erzählungen und Essays. Seinen Lebensunterhalt bestritt er weiterhin aus Lehrtätigkeiten an Universitäten, wobei er die längste Zeit an der Universität von Kunming wirkte.

Als 1949 die Volksrepublik China ausgerufen wurde, befand sich Shen seit vier Jahren wieder in Peking. Da sein Werk keine sozialen oder gar sozialkritischen Komponenten aufweist, sah er sich unvermutet einer Kampagne ausgesetzt, in der er als »bürgerlicher Schriftsteller« diffamiert wurde. Seine Hilflosigkeit gegenüber diesen Angriffen führte zu

einem Selbstmordversuch. Das neue Regime in Peking betraute ihn daraufhin mit einer Stelle am Museum für Chinesische Geschichte. Shen hat seither nur mehr wissenschaftliche Arbeiten veröffentlicht.
Aber selbst aus dieser bescheidenen Existenz wurde Shen in der Zeit der Kulturrevolution noch einmal herausgerissen. Sein Haus wurde von Roten Garden achtmal durchstöbert, ein großer Teil seiner Bücher beschlagnahmt und als Altpapier verkauft, er selbst wurde gezwungen, in einem kleinen Raum zu leben. 1969, im Alter von 67 Jahren, wurde er schließlich zu »körperlicher Arbeit« im Sumpfgebiet des Yunmeng-Sees in der Provinz Hubei verurteilt.
Wie andere Überlebende dieser Zeit sollte auch Shen nach der Kulturrevolution rehabilitiert werden. So wurde er 1978 Wissenschaftler am Institut für Geschichte der Akademie für Sozialwissenschaften. Zwei Jahre später verfilmte Ling Zifang Shens 1934 veröffentlichte Novelle *Die Grenzstadt*. 1982 wählte man Shen zum Mitglied des Verbandes für Literatur- und Kunstkreise und 1983 schließlich zum Mitglied des Ständigen Komitees der Politischen Konsultativkonferenz des Chinesischen Volkes.
Es ist schwer, Shen Congwens dichterisches Werk einzuordnen, denn er hat sich den literarischen Zeitströmungen nie angeschlossen. Eine Verwandtschaft zur klassischen chinesischen Literatur ist jedoch unverkennbar, beispielsweise zu den »Seltsamen Geschichten«, den chuanqi, in denen sich die reale Welt mit einer Scheinwelt verwebt. Seine Helden erscheinen ohne übergreifende Einbindung in Schicksal oder Gesellschaft.

Schriften (Auswahl):
1923: Übergang über den Gebirgskamm (Erzählung); 1925: Meine Erziehung (Erzählung); 1926: *Enten* (Erzählungen); 1927: *Orangen* (Erzählungen); 1928: *Alices Abenteuer in China*, 1. Band (phantastische Fortsetzung der Erzählung von Lewis Carroll), *Schatten im Lampenlicht* (chinesische Bearbeitung des Decamerone); 1929: *Xiao-xiao* (Erzählung), *Die Nacht des 14.* (Erzählungen), *Die Liebe des Götterpriesters* (Roman); 1930: Die Lampe (Erzählung), Drei Männer und eine Frau (Erzählung), *Alte Träume* (Erzählungen), *Das Hotel und anderes* (Erzählungen); 1931: San-san (Erzählung), *Long Zhu* (Erzählungen), *Alices Abenteuer in China*, 2. Band, *Autobiographie*, *Das Marmorboot* (Sammelband mit Kurzgeschichten); 1932: *Erinnerungen an Hu Yepin* (biographischer Essay), *Das Tigerjunge* (Erzählungen); 1933: *Der großmütige Prinz* (Erzählungen), Leben (Erzählung); 1934: *Erinnerungen an Ding Ling* (biographischer Essay), Die Grenzstadt (Novelle); 1935: *Schwebende Welt* (Erzählungen), *Die acht Rösser* (Erzählungen); 1936: *Neu und alt* (Erzählungen); 1937: Gui-sheng (Erzählung), *West-Hunan* (2 Bände mit autobiographischen Essays); 1939: *Die Hausfrau* (Erzäh-

lungen); 1940: *Erinnerungen an Ding Ling* (biographischer Essay, 2. Band); 1943: *Shen Congwens Autobiographie;* 1947: *Im Schutze der Nacht* (Erzählungen), *Sonniger Tag nach dem Schneefall* (Roman); 1948: *Langer Fluß* (Romanfragment).

Wissenschaftliche Schriften nach 1949 (Auswahl):
1958: *Bronzespiegel aus der Zeit der Tang- und Song-Dynastien, Chinesische Seidenmuster;* 1960: *Drachen und Phönix in der Kunst;* 1962: *Lackwaren aus der Zeit der Streitenden Reiche;* 1981: *Kleidung und Ornamentik im alten China.*

Shi Liang 1900- 史良

1936

1954

1980

Shi Liang ist die erste modern ausgebildete Juristin Chinas. Sie wurde berühmt als Frauenrechtlerin und Mitbegründerin der Liga der Nationalen Rettung. Nach Gründung der Volksrepublik China war sie zehn Jahre lang Justizministerin.

Shi Liang wurde im Jahre 1900 in Changzhou, Provinz Jiangsu, geboren. Ihre beiden Großväter hatten die höchste kaiserliche Staatsprüfung bestanden. Der Vater brachte seine Familie mit acht Kindern als Lehrer durch. Bei ihm lernte Shi Liang klassisches Chinesisch. Danach besuchte sie eine moderne Grundschule und anschließend die Lehrerinnen-Bildungsanstalt ihrer Heimatstadt. Von 1923 bis 1927 absolvierte sie ein Studium am College für Politische und Rechtswissenschaften in Shanghai. In dieser Zeit wurde sie auch politisch aktiv. 1925 wurde sie zum ersten Mal – wenn auch nur für einen Tag – verhaftet. Danach gab sie die Studentenzeitschrift »Rächen« heraus.

Anfang 1927 nahm sie eine Stelle am Ausbildungszentrum für politische Kader der Guomindang an. Nach dem Massaker an den Kommunisten im April 1927 wandte Shi Liang sich öffentlich gegen → Chiang Kaishek. Das hatte ihre zweite Inhaftierung zur Folge – diesmal für zwei Monate. Nach ihrer Entlassung begann sie in Shanghai eine Karriere als Rechtsanwältin. Diesen Beruf übte sie fast zwei Jahrzehnte lang aus. Dabei spezialisierte sie sich auf politische Fälle sowie auf Ehestreitigkeiten. Bei den letzteren vertrat sie durchweg Frauen, die um ihr Existenzrecht kämpfen mußten, da sie der herkömmlichen Gesellschaftsordnung nach praktisch rechtlos waren. Ihr Engagement brachte Shi Liang den Ruf als die erste Frauenrechtlerin Chinas ein.

1936 gründete sie gemeinsam mit anderen Persönlichkeiten die Liga der Nationalen Rettung. Diese rief zum nationalen Kampf gegen die japanischen Invasoren und zur Einstellung des Kampfes gegen die chinesischen Kommunisten auf. Die Guomindang befand sich damals noch immer auf strikt antikommunistischem Kurs und ließ die Führer der Liga im November 1936 verhaften. Neben Shi Liang waren dies Shen Junru, Zuo Taofen, Zhang Naiqi, Wang Zhaoshi, Li Gongpu und Sha Qianli – alles namhafte Persönlichkeiten, die ausschließlich das Wohl

Die »Sieben Aufrechten«: Sha Qianli (2. v. l.), Zhang Naiqi (3. v. l.), Shi Liang (4. v. l.), Zou Taofen (5. v. l.), Shen Junru (6. v. l.), Wang Zaoshi (8. v. l.), Li Gongpu (9. v. l.)

ihres Landes im Sinn hatten. Die Verhaftung rief landesweite Proteste hervor. Die Betroffenen wurden nun als die »Sieben Aufrechten« gefeiert. Zahllose andere bekannte Persönlichkeiten, darunter → Soong Ching Ling, erklärten sich vor dem Gericht in Suzhou, wo die Gefangenen einsaßen, freiwillig bereit, sich als Gleichgesinnte inhaftieren zu lassen. Shi Liang teilte ihren Raum im Gefängnis mit sechzig anderen Frauen. In ihren Erinnerungen beschreibt sie ihre Rührung, als ihr Soong Ching Ling nach halbjähriger Haft im Kerker, zu dem sie sich kraft ihres Namens Zutritt verschafft hatte, Mut zusprach und ihr Kuchen und Obst brachte. Im Juli 1937 wurden die »Sieben Aufrech-

ten« aus der Haft entlassen, nachdem von Guomindang und KP Chinas eine neue Einheitsfront vereinbart worden war.
Shi Liang verbrachte die Jahre des Chinesisch-Japanischen Krieges am Sitz der Nationalregierung, wo sie auch wieder eine Rechtsanwaltpraxis eröffnete. 1941 wurde dort aus sechs politischen Gruppierungen, zu der auch die Liga der Nationalen Rettung gehörte, die Liga Demokratischer Politischer Organisationen gebildet, die 1944 in Demokratische Liga Chinas umbenannt wurde. In ihr erhielt Shi Liang einen Sitz im Zentralkomitee.
Nach dem Ende des Chinesisch-Japanischen Krieges ging Shi Liang nach Shanghai zurück, wo sie erneut eine Anwaltspraxis einrichtete. Ende 1948 wählte sie der Weltbund Demokratischer Frauen, einer der Dachverbände des Weltkommunismus, zur Kandidatin seines Vorstands. Mitte 1949 wurde sie nach Peking gerufen und aufgefordert, bei der Vorbereitung einer neuen Gesetzgebung mitzuwirken. Im September wählte die 1. Politische Konsultativkonferenz des Chinesischen Volkes sie zum Mitglied ihres Ständigen Komitees. Am 1. Oktober 1949 wurde die Volksrepublik ausgerufen. In deren neuer Regierung wurde sie zur Justizministerin ernannt, ein Posten, den sie bis 1959 behalten sollte. Damit war Shi Liang neben → Cai Chang, Soong Ching Ling und → Deng Yingchao eine der prominenten Frauen der Volksrepublik China.
1953 wurde sie zur stellvertretenden Vorsitzenden sowohl des Frauenverbandes (bis 1983) wie der Demokratischen Liga Chinas gewählt, die sie mitbegründet hatte. In den folgenden Jahren unternahm sie als Ministerin und Frauenführerin zahlreiche Reisen, die sie nach Österreich, in die Sowjetunion, die Tschechoslowakei, nach Indien, Syrien und Ceylon führten. Nach der Aufgabe der Leitung des Justizministeriums wurde sie 1959 in den Nationalen Volkskongreß gewählt. Dort wirkte sie bis 1979 als Mitglied des Ständigen Komitees und in Gesetzgebungsausschüssen.
Shi Liang überstand die Kulturrevolution wohl deswegen unangefochten, weil sie als Nicht-Parteimitglied, das beim Aufbau der Volksrepublik mitgewirkt hatte, besonderen Schutz genoß. Nach der Kulturrevolution wurde sie im Januar 1979 zur Stellvertretenden Vorsitzenden des Nationalen Volkskongresses nachgewählt. Im Oktober des gleichen Jahres übernahm sie den Vorsitz der Demokratischen Liga Chinas, deren einziges überlebendes Gründungsmitglied sie zu dieser Zeit war.
Seit 1983 tritt Shi Liang nur noch selten in der Öffentlichkeit auf.

Soong Ching Ling 1890-1981 宋庆龄

1913

1944

1965

1981

Soong war die Ehefrau Sun Yat-sens in dessen letztem Lebensjahrzehnt. Danach war sie politisch und karitativ tätig. Als Stellvertretende Staatspräsidentin war sie die bislang ranghöchste Frau der Volksrepublik China.

Soong Ching Ling wurde 1890 in Shanghai als Tochter reicher christlicher Eltern geboren. Ihr Vater gehörte zu den ersten Anhängern → Sun Yat-sens. Von den sechs Kindern der in ganz China berühmten »Song-Familie« gelangten vier zu Prominenz: Soong Ching Ling als Ehefrau Sun Yat-sens, ihre ältere Schwester Song Ailing als Frau des Bankmanagers Kong Xiangxi (H. H. Kung), ihre jüngere Schwester Song Meiling als Frau → Chiang Kai-sheks und ihr Bruder Song Ziwen (T. V. Soong) als Finanzminister der Nationalregierung.

Nach Absolvierung der McTyeire-Mädchenschule in Shanghai besuchte Soong das Wesleyan-Frauencollege in Macon im amerikanischen Bundesstaat Georgia, wo sie 1913 den B. A. erwarb. Auf dem Rückweg nach China machte sie in Tokyo Station. Hier traf sie erstmals mit Sun Yat-sen zusammen, der sich kurz darauf von seiner Frau scheiden ließ und 1915 die um 26 Jahre jüngere Soong heiratete. An seiner Seite erlebte sie die nationale Anerkennung Suns als Führer der Guomindang.

Nach dem Tod Suns – Soong war damals 35 Jahre alt – empfand sie sich als Testamentsvollstreckerin ihres verstorbenen Mannes. Da dieser auf Anraten des Komintern-Agenten Borodin ein Zusammengehen mit den Kommunisten befürwortet hatte, wandte Soong sich entschieden gegen eine antikommunistische Politik, wie sie sehr bald von ihrem künftigen Schwager Chiang Kai-shek, dem Nachfolger Suns als Führer der Guomindang, verfolgt werden sollte. Ohne selbst Kommunistin zu sein, setzte sie sich zunächst für eine Versöhnung der beiden revolutionären Parteien ein. Obwohl seit 1926 Mitglied des Zentralen Exekutivrates der Guomindang, unterstützte sie daher im August des folgenden Jahres den Nanchang-Aufstand, über dessen Scheitern sie so enttäuscht war, daß sie sich entschloß, China zu verlassen.

1915: Mit Sun Yat-sen

Bis 1931 lebte Soong abwechselnd in Moskau und Berlin und kehrte nur im Juni 1929 kurz nach China zurück, um an den postum stattfindenden Trauerfeierlichkeiten für Sun Yat-sen teilzunehmen. In diesen Jahren pflegte sie enge Kontakte zu linksgerichteten Weltorganisationen. 1931 war sie wieder in China und lebte bis 1937 in der französischen Konzession in Shanghai. Die zunehmende Aggression Japans dieser Zeit ließ sie politisch und karitativ aktiv werden. So gründete sie die »Chinesische Liga für Menschenrechte« und organisierte die Betreuung von Verwundeten. Die »Liga« wurde 1936 in die neue »Gesellschaft zur Errettung der Nation« eingegliedert, die zahlreiche spontan entstandene Organisationen zum gemeinsamen Kampf gegen die Japaner vereinigte.

Von ihren zahlreichen politischen Artikeln ist der bekannteste der 1937 veröffentlichte »Über die Versöhnung«, mit dem sie zu einem Ausgleich zwischen Guomindang und KP Chinas angesichts des äußeren Feindes beizutragen versuchte.

Nach der Besetzung Shanghais durch japanische Truppen im November 1937 ging Soong nach Hongkong, wo sie im folgenden Jahr die »Chinesische Verteidigungsliga« ins Leben rief. Daneben benutzte sie ihren Einfluß, ausländische Gelder für den Kampf gegen Japan zusammenzubringen. Der »China-Hilfsrat« der USA erwies sich dabei als wichtigste Quelle.

Als die Japaner 1941 Pearl Harbor und Hongkong angriffen, flüchtete Soong nach Chongqing, dem damaligen Sitz der chinesischen Nationalregierung. Hier spielte sie in den kommenden Jahren eine historische Sonderrolle. Als Witwe Sun Yat-sens, des verehrten Gründers der Guomindang, war sie praktisch für dessen Nachfolger, ihren Schwager und Intimfeind Chiang Kai-shek, unangreifbar. Obzwar noch immer Mitglied des Zentralen Exekutivrates der Guomindang, nutzte sie ihren ganzen Einfluß, Chiangs Politik international anzuprangern. Sie allein konnte dies wagen.

Die Schwestern: Song Meiling, Song Ailing, Soong Ching Ling

Da Soong so mutig die antikommunistische Politik Chiang Kai-sheks bekämpft hatte, war es nur selbstverständlich, daß sie in der im Oktober 1949 gegründeten Volksrepublik China mit Ehrungen überhäuft wurde. So wurde sie Stellvertretende Vorsitzende des Zentralen Volksregierungsrates (bis 1954) und Stellvertretende Vorsitzende der Chinesisch-Sowjetischen Freundschaftsgesellschaft. 1951 übernahm sie den Vorsitz im neugegründeten Komitee zum Schutz der Kinder und erhielt den Internationalen Stalin-Friedenspreis für ihre Bemühungen zur »Festigung des Weltfriedens«, der ihr von Ilja Ehrenburg überbracht wurde. Im gleichen Jahr wurde sie überdies die Ehrenpräsidentin des Chinesischen Frauenverbandes, was sie bis zu ihrem Tode blieb. 1954 erfolgte ihre Wahl zum Mitglied des Ständigen Komitees des Nationalen Volkskongresses (bis 1959), zur Stellvertretenden Vorsitzenden der Politischen Konsultativkonferenz des Chinesischen Volkes (bis 1959) sowie zur Vorsitzenden der Chinesisch-Sowjetrussischen Freundschaftsgesellschaft. Den bedeutendsten Posten aber erhielt Soong 1959, als sie zur Stellvertretenden Staatspräsidentin gewählt wurde (bis 1975). Von 1975 bis zu ihrem Tode schließlich wirkte sie als Stellvertretende Parlamentspräsidentin.

Die prominente Rolle Soongs in der Volksrepublik spiegelt sich auch in ihren Auslandsaktivitäten: 1952 leitete sie die chinesische Delegation beim Wiener »Weltfriedenskongreß«, der von einer Moskauer Dachorganisation veranstaltet worden war. 1955 leitete sie Delegationen nach Indien, Burma und Pakistan, im folgenden Jahr eine weitere nach Indonesien. 1957 gehörte sie der von → Mao Zedong angeführten Delegation an, die zu den Feiern anläßlich des 40. Jahrestages der Oktoberrevolution nach Moskau reiste. Ihre letzte Auslandsreise führte sie 1964 nach Ceylon.

Kurz vor ihrem Tod, am 8. Mai 1981, erhielt sie die Ehrendoktorwürde der Universität von Victoria in Kanada. Eine Woche danach, am 15. Mai, wurde sie auf Beschluß des Zentralkomitees als Mitglied in die KP Chinas aufgenommen, einen Tag später zur Ehrenpräsidentin der Volksrepublik China ernannt.
Soong Ching Ling starb am 28. Mai 1981. Ihre Asche wurde auf der Shanghaier Grabanlage der Familie Song beigesetzt. Diese Grabanlage wurde 1983 von 145 qm auf 3000 qm erweitert.

Sun Yat-sen 1866-1925 孫逸仙

1884

1900 ?

1923

Sun war der Führer der republikanischen Revolution in China und Gründer der Guomindang.

Sun Yat-sen wurde 1866 unter dem Namen Sun Wen im Dorf Cuiheng im Kreis Xiangshan, Provinz Guangdong, unweit von Macau geboren. Seine Vorfahren waren Bauern. Sein Vater hatte eine Zeitlang auch als Schneider in Macau gearbeitet. In der Dorfschule erhielt Sun eine klassische Ausbildung. 1879 wurde er dann der Obhut seines zwölf Jahre älteren Bruders Sun Mei anvertraut, der nach Hawaii emigriert und inzwischen Bauer und Kaufmann geworden war. Dort trat Sun Yat-sen in das von der Kirche von England betriebene Jolani College ein. Nach der Graduierung kehrte er 1882 in sein Heimatdorf zurück.

Im folgenden Jahr ging Sun nach Hongkong, wo er zunächst wahrscheinlich an der Diözesanschule der Kirche von England und ab 1884 am Queen's College studierte. In dieser Zeit trat er zum Christentum über. 1885 heiratete er Lu Muzhen, die Tochter eines Kaufmanns in seinem Heimatdorf. Aus dieser Ehe sollten drei Kinder hervorgehen, von denen ihn zwei überlebten.

1886 begann er – zunächst in Guangzhou (Kanton) – mit dem Studium der Medizin. Im folgenden Jahr wechselte er an das Medical College des neugegründeten Alice Memorial Hospital in Hongkong, wo er 1892 graduierte und sich bald als Arzt niederließ.

Die frühe Berührung mit der westlichen Welt und dem Christentum hatten Suns politisches Bewußtsein geweckt, das sich zunächst in einer grundsätzlichen Ablehnung der Qing-Dynastie äußerte. Seinen ersten Schritt auf dem Weg zum Politiker machte er 1894, als er dem einer Modernisierung aufgeschlossenen Gouverneur der Provinz Zhili, Li Hongzhang, Vorschläge zur Erneuerung des Staatswesens unterbreitete. Darin forderte er vor allem die Einführung westlicher Wissenschaften und die Modernisierung der Landwirtschaft. Enttäuscht über das mangelnde Interesse Lis ging Sun erneut nach Hawaii, wo er Ende des Jahres in Honolulu die »Gesellschaft zur Wiederbelebung Chinas« gründete.

Zur gleichen Zeit waren japanische Truppen von Korea aus in die Mandschurei eingefallen und stießen nach Peking vor. Das Ende der

1924: Mit Soong Ching Ling

Qing-Dynastie schien nahe. Sun verließ Hawaii und ging über Japan nach Hongkong, wo er mit Gesinnungsgenossen einen Aufstand in Guangzhou vorbereitete, der jedoch verraten wurde. Zahlreiche Verschwörer wurden ergriffen und hingerichtet. Sun, der in Hongkong geblieben war, mußte auf Ersuchen der kaiserlichen Regierung die britische Kronkolonie verlassen und ging nach Japan. Die kaiserliche Regierung Chinas setzte ein Kopfgeld für seine Ergreifung aus. Bis zum Sturz der Qing-Dynastie 1912 mußte Sun seine revolutionären Aktivitäten daher vom Ausland aus betreiben und für seine politischen Ziele vornehmlich unter Auslandschinesen werben, von denen sich die meisten zwar für Reformen, nicht aber für den Sturz der Qing-Dynastie gewinnen ließen.

1896 ging Sun über Hawaii in die USA und danach nach Großbritannien. Dort wurde er im November von Angehörigen der chinesischen Botschaft entführt, die ihn zur Hinrichtung nach China bringen sollten. Der Anschlag erregte in der britischen Presse großes Aufsehen und trug Sun erstmals international den Ruf eines chinesischen Revolutionärs ein. Sun gelang es jedoch zu entkommen.

Nach einjährigem Aufenthalt in Großbritannien kehrte Sun 1897 nach Japan zurück. Dort lernte er japanische Liberale kennen, die Kontakt zu fortschrittlichen Chinesen suchten, um gemeinsam mit ihnen Wege zur Bekämpfung der europäischen Kolonialmächte zu suchen. In dieser Zeit wurde Japan zunehmend zum Zufluchtsort für politische Flüchtlinge aus China. Zu ihnen gehörte 1898 auch → Kang Youwei, der jedoch lediglich für eine Reform des monarchistischen Systems eintrat, so daß er dessen Sturz, den Sun anstrebte, ablehnte. Sun Yat-sen fand dagegen Zustimmung bei vielen in Japan studierenden Chinesen, die vor allem nach den neuen Demütigungen ihres Landes durch die europäischen Mächte nach dem Boxeraufstand für radikale Lösungen empfänglich waren.

Von 1903 bis 1905 unternahm Sun erneut Reisen, um weitere Mitglieder für seine »Gesellschaft zur Wiederbelebung Chinas« zu werben und finanzielle Unterstützung seines revolutionären Kampfes zu gewinnen. Diese Reisen führten ihn nach Hanoi, Saigon, Siam, in die USA, nach England, Belgien, Deutschland, Frankreich und Singapur.

1905 kam es dann zum Zusammenschluß von Suns Gesellschaft mit einer anderen radikalen Vereinigung zum Revolutionsbund (Tongmenghui) mit Sun als Vorsitzendem und Tokyo als Zentrale. Dessen politisches Programm wurde in den »Drei Grundlehren vom Volk« (Sanminzhuyi) festgelegt, die den Nationalismus, die Volksrechte und die Lebenshaltung des Volkes betrafen. Danach reiste Sun für ein weiteres Jahr in verschiedene Länder Südostasiens, um dort um Unterstützung für seine revolutionären Ziele zu werben. Als er 1906 nach Japan zurückkehrte, hatte inzwischen die chinesische Regierung Japan ersucht, Sun des Landes zu verweisen. Dem Ersuchen wurde stattgegeben, weil die japanische Regierung selbst über die zunehmende Radikalisierung der chinesischen Studenten in Japan besorgt war, für die sie in erster Linie Sun verantwortlich machte.

Zusammen mit → Wang Jingwei, Hu Hanming und anderen Führern des Revolutionsbundes ging Sun Anfang 1907 nach Hanoi in die damalige französische Kolonie Indochina. Französische Offiziere, die glaubten, sich Suns für ihre eigenen politischen Ziele bedienen zu können, förderten dort den Aufbau einer kleinen bewaffneten chinesischen Kampftruppe. Mit dieser versuchte Sun bei verschiedenen Aufständen in der Provinz Guangdong Einfluß zu gewinnen, mußte aber jedesmal den überlegenen kaiserlichen Truppen weichen.

Ende 1907 mußte Sun den Sitz des Revolutionsbundes nach Singapur verlegen. Er schien gescheitert. Mangelnde Erfolge ließen auch die so notwendige finanzielle Unterstützung schwinden. Sun selbst war in vielen Ländern Asiens zur unerwünschten Person erklärt worden. 1909 ging er daher erneut über Europa in die USA, wo er während einer fünfmonatigen Vortragsreise beträchtliche finanzielle Mittel für seine Sache beitreiben konnte. Unter falschem Namen reiste er nach Japan, wurde jedoch schnell erkannt und nach zehn Tagen erneut des Landes verwiesen. Er ging nach Penang in der britischen Kolonie Malaya, wo er ebenfalls bald wieder ausgewiesen wurde. Anfang 1911 war er zurück in den USA, wo er von Auslandschinesen in kurzer Zeit 80000 Dollar Unterstützungsgelder erhielt.

Inzwischen hatte der Revolutionsbund auch in China zahlreiche geheime Zweigstellen eingerichtet, die den Sturz der Qing-Dynastie betrieben, ohne daß Sun darauf direkt Einfluß genommen hätte. Am 10. Oktober 1911 kam es in Wuchang zu einem Aufstand, der schließlich zum Untergang der Dynastie führen sollte. Sun erfuhr davon und von

der Tatsache, daß die Revolutionäre eine republikanische Regierung mit ihm als Präsidenten einrichten wollten, aus der Zeitung.
Sun kehrte jedoch nicht sofort nach China zurück, sondern warb zuvor bei den Regierungen in London und Paris für das republikanische China. Als er schließlich am 25. Dezember in Shanghai eintraf, hielten revolutionäre Armeen diese Stadt sowie Nanjing bereits besetzt, und einige Provinzen hatten ihre Unabhängigkeit von der kaiserlichen Regierung erklärt. Nur vier Tage später wählten ihn Delegierte einiger Provinzen in Nanjing zum Präsidenten der Provisorischen Republikanischen Regierung. Am 1. Januar 1912 schließlich rief Sun dort die Republik China aus.
Noch immer aber residierten in Peking der Kaiser und die vom Ausland anerkannte alte Regierung. Dem machte Sun Yat-sen ein Ende, indem er → Yuan Shikai anbot, als vorläufiger Präsident der Republik zurückzutreten und Yuan Shikai diesen Posten zu überlassen, falls dieser den Kaiser zur Abdankung veranlassen und sich selbst auf die Seite der Republikaner stellen würde. Yuan nahm dieses Angebot an. Am 12. Februar 1912 dankte der Kaiser ab, und einen Tag später trat Sun als Präsident der Provisorischen Republikanischen Regierung zurück.
Am 12. März wurde Yuan in Peking, wohin auch die Mitglieder der Nanjing-Regierung gegangen waren, formell als provisorischer Präsident eingesetzt. In der Absicht, Yuan Shikai einer besseren parlamentarischen Kontrolle zu unterwerfen, schloß sich der Revolutionsbund mit anderen Parteien zur Guomindang zusammen, deren Vorsitzender Sun wurde. Sun war indessen mit dieser Entwicklung nicht recht zufrieden, da er befürchtete, daß einige ehrgeizige Politiker in der neuen Partei seine revolutionären Ziele hintertreiben könnten. Zunächst ließ sich jedoch Sun von Yuan zum Direktor des neugeschaffenen Amts für die Entwicklung des Eisenbahnwesens in China ernennen.
Schon 1913 begann Yuan Shikai, Suns Partei auszuschalten: Er setzte drei Provinzgouverneure ab, die der Guomindang angehörten. Mit Suns Zustimmung erklärte daraufhin einer von ihnen seine Provinz für unabhängig und sich selbst als »Kommandeur einer Anti-Yuan Shikai-Armee«. Damit begann eine Entwicklung, die zur sogenannten »Zweiten Revolution« führen sollte. Sun selbst gab eine öffentliche Erklärung gegen Yuan ab, die wiederum diesen veranlaßte, Sun als Direktor des Eisenbahnamtes abzusetzen und seine Verhaftung zu befehlen.
Sun sah sich gezwungen, im Dezember 1913 erneut nach Japan ins Exil zu gehen. Dort bildete er zunächst die Guomindang zur Chinesischen Guomindang um und verpflichtete ihre Mitglieder zum Treueid auf seine Person, wozu jedoch nicht alle seiner alten Gefolgsleute bereit waren.
Am 25. Oktober 1914 heiratete Sun in Tokyo die 26 Jahre jüngere → Soong Ching Ling. Mit dieser zweiten Ehe setzte sich der Christ Sun

Angriffen aus, weil seine erste Ehe mit Lu Muzhen nicht geschieden war. Seine zweite Frau sollte ihn um mehr als ein halbes Jahrhundert überleben. Sie entstammte einer der reichsten Sippen Chinas und wurde 1959 Stellvertretende Staatspräsidentin der Volksrepublik China.

Als Yuan Shikai im Dezember 1915 bekanntgab, daß er sich zum Kaiser von China machen wolle, kam es in Südwestchina zu Revolten von Militärführern sowie in anderen Provinzen zu Aufständen der Anhänger Suns. Der wachsende Widerstand gegen Yuan Shikai erlaubte es Sun im April 1916, nach China zurückzukehren. Wenig später, am 16. Juni 1916, starb der Usurpator.

Yuans Nachfolger lehnten jedoch Suns Forderung nach Wiedereinsetzung der Verfassung von 1912 ab. Mit zahlreichen ihm ergebenen Parlamentsabgeordneten aus Peking und mit Unterstützung der Marine gründete Sun daher am 31. August in Guangzhou eine Militärregierung mit einem Rumpfparlament und ihm selbst als Führer. Die Militärs entzogen ihm jedoch bald ihre Unterstützung, so daß sich Sun im Mai 1918 gezwungen sah, die Guangzhou-Regierung zu verlassen.

Sun ging nun in die französische Konzession in Shanghai, wo er in den nächsten Jahren seine bedeutendsten Werke schreiben sollte. Gleichzeitig bemühte er sich um die Erneuerung der Guomindang, die entgegen seinen ursprünglichen Hoffnungen keine ideellen Impulse zu geben vermocht hatte. Er nannte sie in Guomindang Chinas um und machte sie damit zu seiner eigenen Partei.

Inzwischen aber gingen die Wirren in China weiter, und die Warlords kämpften um Macht und Einfluß. Einer von ihnen, Chen Jiongming, erreichte Ende 1920 die Rückkehr Suns nach Guangzhou, wo er mit dem Rumpfkabinett von 1916 erneut die Führung einer Gegenregierung übernahm. 1922 wurde er zum Präsidenten gewählt. Wenig später kündigte er den Nord-Feldzug an, der die Macht der Warlords brechen sollte. Dabei machte Chen, die bis dahin wichtigste Stütze Suns, allerdings nicht mit und wandte sich gegen ihn. Sun sah sich daraufhin Mitte 1922 zur Flucht auf einem Schiff nach Shanghai gezwungen, auf der ihn → Chiang Kai-shek begleitete.

Noch immer überzeugt, seine Mißerfolge seien auf die mangelnde Anziehungskraft der Guomindang zurückzuführen, bemühte sich Sun erneut um eine Reform der Partei. Dazu sollte vor allem ein neues Manifest dienen, das die Verwirklichung der »Drei Grundlehren vom Volk« zum politischen Ziel erklärte. Es entstand unter Mitwirkung von → Wang Jingwei und Hu Hanmin und wurde am 1. Januar 1923 veröffentlicht.

Der wohl entscheidendste Schritt Suns jedoch war seine Hinwendung zur Sowjetunion und zur Kommunistischen Partei Chinas, die 1921 unter Mithilfe von Agenten der Komintern gegründet worden war. Im Januar 1923 kam es zu einer Vereinbarung, in der zwar erklärt wurde, das sowjetische System sei für China ungeeignet, gleichwohl aber Moskau seine Bereitschaft bekundete, gemeinsam mit der Guomindang bei der Einigung Chinas mitzuwirken. Die Vereinbarung gestattete überdies die Doppelmitgliedschaft in KPCh und Guomindang, was Chiang Kai-shek später behaupten ließ, die Kommunisten hätten die Guomindang unterwandert, um die Macht an sich zu reißen.

Suns Hinwendung zur Sowjetunion war nicht ideologisch begründet. Er suchte lediglich materielle Unterstützung und organisatorische Hilfe.

Inzwischen waren die Machtkämpfe zwischen den Warlords weitergegangen und hatten Anfang 1923 zur Vertreibung Chen Jiongmings aus Guangzhou geführt. Dorthin kehrte Sun nun im Februar zurück und gründete eine Militärregierung, deren Führung er selbst übernahm. Mit Hilfe des Sowjetrussen Borodin, den Sun zum Berater der Guomindang ernannt hatte, begann er mit der politischen und militärischen Reorganisation seiner Partei und bereitete für Januar 1924 den Nationalen Parteikongreß vor.

Der Kongreß verabschiedete dann eine neue Verfassung, durch die die Partei weitgehend nach sowjetischem Vorbild organisiert wurde. Oberstes Organ wurde das Zentrale Exekutivkomitee, das alle zwei Jahre von einem Nationalkongreß gewählt werden sollte. Die Durchführung der Direktiven sollte bei Büros liegen, von denen eines jenes Büro für die Bauernbewegung war, das wenig später → Mao Zedong leiten sollte. Alle Funktionäre waren abwählbar – mit Ausnahme von Sun Yat-sen, der zum Parteiführer auf Lebenszeit gewählt wurde. In das Zentrale Exekutivkomitee wurden auch drei Kommunisten aufgenommen, was einige Gefolgsleute Suns mißbilligten und schon bald zur Spaltung der Partei in einen rechten und einen linken Flügel führen sollte.

Der wohl wichtigste Schritt zur Konsolidierung der Macht Sun Yat-sens jedoch war die Gründung der Whampoa-Militärakademie bei Guangzhou im Mai 1924. Sie sollte endlich zur Beendigung der nur auf Zeit gewährten und von Eigeninteressen bestimmten Unterstützung durch die Warlords führen. Sun übertrug die Leitung der Akademie Chiang Kai-shek, der hier sowohl militärisch als auch politisch geschulte Offiziere ausbildete, die später in Guomindang und KPCh in höchste Führungsposten aufsteigen sollten. Das in dieser Akademie geschulte Offizierkorps war schon bald dem der Söldnerheere der Warlords überlegen.

Obwohl Suns Position in Guangzhou immer noch prekär war, entschloß er sich im Herbst 1924, den Feldzug zu beginnen, den er schon drei Jahre zuvor beschlossen hatte. Der nördliche Warlord → Zhang Zuolin hatte ihm inzwischen seine Unterstützung dabei angeboten. Sun ging daher im Dezember zu Verhandlungen mit Zhang und Vertretern der dortigen Regierung nach Peking. Er konnte die Verhandlungen jedoch nicht zu Ende führen: Ein Leberkrebs, der bereits auf andere

Organe übergegriffen hatte, warf ihn Ende Dezember aufs Krankenlager.
Sun starb am 12. März 1925.

Schriften (Auswahl):
Prinzipien des Nationalen Wiederaufbaus, Die Drei Grundlehren vom Volk, Die Lehre Sun Wens.

Tang Peisong 1903- 湯佩松

1965

Tang ist der führende Botaniker der Volksrepublik China. Er leistete einen wesentlichen Beitrag zur Züchtung neuer Getreidesorten.

Tang wurde 1903 im Kreis Xishui, Provinz Hubei, geboren. Xishui liegt 100 km östlich der Provinzhauptstadt Wuhan in den Ausläufern des Dabie-Gebirges, das die Grenze zur Provinz Anhui bildet. Sein Vater war ein klassisch ausgebildeter Gelehrter, der 1918 als Erziehungsminister der Chinesischen Zentralregierung ermordet wurde. Tang besuchte eine Mittelschule in Tokyo, wo bereits sein Vater Jura und Politische Wissenschaften studiert hatte. Zwar hatte auch er dieses Studium in Japan angestrebt, doch sah er sich 1916 durch den Tod der Mutter und den 1. Weltkrieg gezwungen, nach China zurückzukehren. Im folgenden Jahr setzte er seine Studien am Pekinger Qinghua-College fort, der späteren Qinghua-Universität, wo er 1925 graduierte.
Noch im gleichen Jahr ging Tang zum Studium der Botanik in die USA. Bis 1928 studierte er an der Universität von Minnesota, danach an der John Hopkins-Universität in Boston, wo er 1930 mit der Arbeit *Der Einfluß von Temperatur und Belüftung auf die Keimung von Weizenkörnern unter Wasser* promovierte. Anschließend arbeitete er im Laboratorium für Allgemeine Physiologie der Harvard-Universität, wo er mit der jungen Genetikwissenschaft in Berührung kam und seine eigenen Forschungen auf die Wirksamkeit von Zell- und Pflanzenatmung sowie auf die Photosynthese konzentrierte. Den Sommer 1933 verbrachte Tang bei Professor Warburg am Institut für Zellphysiologie am Kaiser-Wilhelm-Institut in Berlin-Dahlem.
Danach kehrte er nach China zurück und wurde beauftragt, an der Universität in Wuhan ein Laboratorium für Zell- und Pflanzenphysiologie einzurichten.
Es war das erste seiner Art in China. Wenn auch nur mit geringen Mitteln ausgestattet, kennzeichnet diese Gründung doch den Beginn der modernen Pflanzenforschung Chinas. Da der Chinesisch-Japanische Krieg, der 1937 ausbrach, auch eine Verlegung aller wissenschaftlichen Institutionen aus Nord-, Ost- und Zentralchina in die entlegenen Regionen Südwest-Chinas notwendig machte, arbeitete Tang von 1938 bis 1946 in Kunming, der Hauptstadt der Provinz Yunnan, an einem von ihm neu eingerichteten Laboratorium für Pflanzenphysiologie am Institut für Landwirtschaftsforschung der aus Peking evakuierten Qinghua-Universität. Dieses Laboratorium wurde dreimal durch japanische Bombenflugzeuge zerstört, bis es schließlich in Tapuchi, einem kleinen

Dorf am nördlichen Rand von Kunming, in einem Lehmziegelgebäude untergebracht wurde.

1946 kehrte Tang mit seiner Universität nach Peking zurück, wo er bei der Erweiterung des Instituts für Landwirtschaftsforschung zum Landwirtschafts-College mitwirkte. 1950, nach der Gründung der Volksrepublik China, wurde dies College mit anderen Institutionen zur Landwirtschafts-Universität zusammengefaßt, die im wesentlichen die »neue Biologie« Lyssenkos lehrte. 1952 wurde dann an der Akademie der Wissenschaften das Institut für Pflanzenphysiologie eingerichtet, an dem Tang während der kommenden Jahre in leitender Stellung wirken sollte. Zugleich war er Professor an der Peking-Universität. 1963 wurde er stellvertretender Direktor des Instituts für Botanik an der Akademie der Wissenschaften sowie Vizepräsident der Gesellschaft für Pflanzenphysiologie. Im folgenden Jahr wurde er überdies Abgeordneter seiner Heimatprovinz im Nationalen Volkskongreß.

Die endgültige Würdigung seiner wissenschaftlichen Leistung erlebte Tang indessen erst nach der Kulturrevolution, während der er wie die meisten anderen Wissenschaftler scharfen Angriffen ausgesetzt war. 1977 wurde er mit der Leitung des Instituts für Botanik an der Akademie der Wissenschaften betraut und wenig später zum Präsidenten der Gesellschaft für Botanik gewählt. 1979 konnte er schließlich noch einmal die USA besuchen. 1981 vertrat er China beim Internationalen Botaniker-Kongreß in Sydney.

Tang nennt es Ironie des Schicksals, daß → Aisin Giorro Puyi, der letzte Kaiser der Qing-Dynastie, an deren Sturz sein Vater mitgewirkt hatte, ein halbes Jahrhundert später in dem Tang unterstellten Botanischen Garten Pekings als Gärtner arbeiten sollte.

Schriften (Auswahl):

1931: Eine experimentelle Studie über die Keimung von Weizenkörnern unter Wasser, Die Kurve des O_2-Verbrauchs unbefruchteter Eier der Arbacia; 1932: Die Wirkung von CO und Licht auf den Sauerstoffverbrauch und die Produktion von CO_2 bei keimenden Samen von Lupinus albus; 1936: *Studien zur Kinetik der Zellatmung;* 1949: *Grüne Knechtschaft;* 1980: *Fünfzig Jahre Pflanzenphysiologie in China;* 1981: Die Lage der Botanik in China.

Tian Han 1898-1968 田汉

1962

Tian Han ist einer der bedeutendsten modernen Dramatiker Chinas. Er schrieb über 100 Dramen und Opern, 20 Filmmanuskripte und 2000 Gedichte. Er ist der Verfasser des Gedichts »Marsch der Freiwilligen«, des Textes der Nationalhymne der Volksrepublik China.

Tian Han wurde 1898 unter dem Namen Tian Shouchang in Changsha, der Hauptstadt der Provinz Hunan, als Sohn reicher Bauern geboren. Er besuchte die Lehrerbildungsanstalt in seiner Heimatstadt. Bereits als Student bewegte ihn das Drama, das in China in der Oper seine klassische Form gefunden hatte: In der Tageszeitung von Changsha trug er in mehreren Artikeln seine Ansichten zur Reform der Hunan-Oper vor. Um 1918 ging er nach Japan und setzte in Tokyo seine Studien an der Höheren Lehrerbildungsanstalt fort. Zusammen mit → Guo Moruo gründete er in Japan die chinesische Literaturgesellschaft »Schöpfung«.

1921 kehrte Tian Han nach China zurück und arbeitete zunächst im Verlag Zhonghua in Shanghai. Nur wenig später begann er seine rastlose literarische Tätigkeit. Er gründete die Halbmonatsschrift »Südchina« (1922), die »Südchina Film- und Dramengesellschaft« (1923) sowie das »Südland-Kunstcollege« (1924). Die »Film- und Dramengesellschaft« reorganisierte er 1927 zur »Südchina-Gesellschaft«, die mit einer Schauspielertruppe viele Orte bereiste. Die Idee, mit einer Wandertruppe modernes Theater zu spielen, ist Zeugnis für das leidenschaftliche Bestreben Tian Hans, aufklärerisch zu wirken und möglichst weite Kreise für die Modernisierung der Gesellschaft zu gewinnen. Wie die meisten Schriftsteller seiner Generation wollte auch er sein Volk von dessen alten Wertvorstellungen befreien und es zu einem neuen Bewußtsein individueller Freiheit führen.

Ebenfalls 1927 schuf Tian Han drei Filme, darunter *Ins Volk gehen,* dessen Titel schon die politische Absicht erkennen läßt. Weit größere Wirkung aber hatten seine Dramen *Eine Nacht im Café, Die Nacht des Tigerfangs, Tragödie am Seeufer, Tod eines großen Schauspielers* und *Nächtliches Gespräch in Suzhou* in den zwanziger Jahren, die alle das soziale Unrecht und die Not des einzelnen zum Thema haben.

1932 trat Tian Han sowohl der Kommunistischen Partei Chinas als auch der von → Lu Xun gegründeten »Liga der linksgerichteten Schriftsteller« bei, was ihn 1934 für ein Jahr ins Gefängnis brachte. Dies hielt jedoch die Nationalregierung nicht davon ab, ihn 1938 zum Leiter der Propagandasektion der Politabteilung ihrer Kommission für Militär-

1966: Von Roten Garden gedemütigt

angelegenheiten zu berufen. In den folgenden Jahren schrieb Tian Han dann vor allem anti-japanische Theaterwerke. Bereits Ende der dreißiger Jahre erschien unter dem Titel *Tian Hans gesammelte Schauspiele* eine fünfbändige Ausgabe seiner Dramen.

Mit Gründung der Volksrepublik China im Oktober 1949 wurde Tian Han wie andere namhafte Schriftsteller Kulturfunktionär des neuen Staates. So wurde er im Oktober 1949 Mitglied des Kultur- und Erziehungsrates der Regierung, Direktor des Kunstbüros im Kulturministerium sowie Mitglied des Komitees für die Reform der Schriftsprache. Wenig später übernahm er überdies im Kulturministerium die Leitung des Büros zur Verbesserung von Drama und Oper – eine Einrichtung, die wahrscheinlich auf seine Initiative zurückgeht. 1953 zum Vorsitzenden der Dramatikergesellschaft und zum Ratsmitglied des Schriftstellerverbandes sowie 1960 zum stellvertretenden Vorsitzenden des Verbandes für Literatur- und Kunstkreise gewählt, wurde er auch Parlamentsabgeordneter sowie führendes Mitglied zahlreicher Gesellschaften für die Freundschaft mit anderen Ländern.

Daneben schrieb er auch weiterhin Theaterstücke, so z.B. 1958 *Guan Hanqing*, in dem er sich des klassischen Kunstgriffs bedient, ein Gegenwartsthema in der Historie anzusiedeln.

Nicht zuletzt wegen dieser verschlüsselten Kritik wurde Tian Han eines der ersten Opfer der Kulturrevolution: Ende 1966 wurde er zusammen mit → Wu Han und anderen verhaftet. Anfang 1967 wurde ihm ein Schauprozeß gemacht. Er starb am 10. Dezember 1968 im Gefängnis. Noch 1971 in einem offiziellen Dokument als »Konterrevolutionär« geschmäht, wurde er erst 1979 postum offiziell rehabilitiert.

Dramen (Auswahl):

1920: *Eine Nacht im Café;* 1921: *Die Nacht des Tigerfangs;* 1927: *Nächtliches Gespräch in Suzhou;* 1929: *Tragödie am Seeufer, Rückkehr nach Süden;* 1930: *Carmen;* 1932: *Mondscheinsonate;* 1932: *Die Überschwemmung, Alarmglocke;* 1937: *Marco Polo-Brücke, Die wahre Geschichte des A Q* (Dramatisierung der Erzählung Lu Xuns); 1953: *Die weiße Schlange* (Musiktheaterstück); 1958: *Guan Hanqing;* 1959: *Das*

Westzimmer (Musiktheaterstück); 1961: *Prinzessin Wencheng;* 1963: *Xie Yaohuan;* 1981: *Tian Hans Musiktheaterstücke* (2 Bände)

Drehbücher (Auswahl):
1927: *Ins Volk gehen, Der Ton einer zerbrochenen Flöte;* 1932: *Drei moderne Frauen, Goldene Zeiten;* 1935: *Kinder beschwerlicher Zeiten;* 1940: *Triumphmarsch*

Übersetzungen:
1921: Wilde, *Salome;* 1922: Shakespeare, *Hamlet;* 1924: Shakespeare, *Romeo und Julia*

1981 wurde mit der Vorbereitung der *Gesammelten Werke Tian Hans* begonnen. Sie soll 16 Bände umfassen. 6 Bände waren bis 1983 erschienen, die Auslieferung der restlichen 10 war für 1984 vorgesehen.

Ulanhu 1904- 烏兰夫

1965

1977

1980

1983

Ulanhu ist der einzige Mongole, der in die Spitze der KPCh aufstieg. Seit 1983 ist er Stellvertretender Staatspräsident der Volksrepublik China.

Ulanhu wurde 1904 im Banner* Tumd, Provinz Suiyuan, unter dem Namen Yunze als Sohn mongolischer Aristokraten geboren. (Die Mongolen des Tumd-Banners waren bereits weitgehend sinisiert.) Er erhielt eine chinesische Schulbildung und besuchte von 1922 bis 1924 eine weiterbildende Schule für Mongolen und Tibeter in Peking. Dort kam er mit revolutionären Ideen in Berührung und trat in die KP Chinas ein.

1925 nahm Ulanhu in Zhangjiakou (Kalgan) am 1. Kongreß der Revolutionären Volkspartei der Inneren Mongolei teil, deren Ziel die Errichtung einer autonomen Regierung und die Abschaffung des Feudalsystems war. Wenig später ging er nach Moskau, um an der vornehmlich für chinesische Studenten gegründeten Sun Yat-sen-Universität zu studieren. In Moskau nahm er den Namen Ulanfu an – wie es heißt, in Anlehnung an Wladimir Iljitsch Lenin, genannt Uljanow. Im letzten Jahr seines Moskau-Aufenthaltes arbeitete er als Dolmetscher.

1929 ging er in die Äußere Mongolei, wo er u.a. die Autonomiebewegung der Hulun Buir-Liga unterstützte. Im folgenden Jahr schloß er sich einem Kavallerieregiment unter → Fu Zuoyi an, das zum Bündnis zweier Warlords gegen → Chiang Kai-shek gehörte. Ulanhu blieb mit Fu verbunden, auch nachdem dieser 1931 Gouverneur der Provinz Suiyuan geworden war.

Nachdem die Japaner 1932/33 von der Mandschurei aus in die Provinzen Rehe (Jehol) und Chahar vorgestoßen waren, kam es zu einer Spaltung der Führung der Inneren Mongolei. Enttäuscht über den mangelnden Widerstand der Nationalregierung in Nanjing gegen die japanische Aggression, suchte ein Teil die Unterstützung Japans zur Gewinnung

* Banner bezeichnet eine Organisationseinheit der Mongolen. Mit farbigen Fahnen (Bannern) – für jede Einheit in einer anderen Farbe – wurden früher die zugewiesenen Weidegründe der nomadisierenden Gruppen abgesteckt.

der Autonomie, während der andere zum Kampf gegen die Japaner entschlossen war. Ulanhu stand auf seiten des letzteren, der auch von der KPCh unterstützt wurde. In den Wirren der folgenden Jahre war er der wichtigste Verfechter der Politik der KPCh in der Inneren Mongolei.

Nach Ausbruch des Chinesisch-Japanischen Krieges im Jahre 1937 befehligte Ulanhu zunächst eine unabhängige mongolische Brigade. 1939 ging er nach Yan'an ins Zentrum der Kommunisten nach dem Langen Marsch, wo er als Leiter des Nationalitäten-Instituts Minderheitenkader ausbildete. Daneben wirkte er als Leiter der Nationalitätenkommission in der Regierung der Grenzregion Shaanxi-Gansu-Ningxia. Die KPCh würdigte Ulanhus Verdienste durch seine Wahl zum Kandidaten des Zentralkomitees auf dem 7. Parteikongreß 1945. Ulanhu war damit der erste Nicht-Chinese in diesem Gremium.

Im Jahr zuvor hatte Ulanhu auf Weisung der Partei in der Ju-(Ikechao-) Liga in Suiyuan die Demokratische Antijapanische Regierung gegründet, welche die Kontrolle über die gesamte Innere Mongolei gewinnen sollte. Nach der Kapitulation Japans im August 1945 konnte er den Einfluß der Guomindang dort innerhalb kurzer Zeit ausschalten. 1946 gelang es ihm, eine kurz zuvor gegründete Ostmongolische Autonome Regierung von der Notwendigkeit einer einzigen Regierung für die gesamte Innere Mongolei zu überzeugen. Dies führte am 1. Mai 1947 zur Gründung der Volksregierung der Autonomen Region Innere Mongolei, deren Vorsitzender Ulanhu wurde (bis 1967). Mehr als zwei Jahre vor Gründung der Volksrepublik China hatte er damit die seit Jahrzehnten zerrissene Innere Mongolei unter kommunistischer Führung geeint.

Nach der Gründung der VR China im Oktober 1949 wurde Ulanhu zum Mitglied des Zentralen Regierungs-Verwaltungsrates, zum Stellvertretenden Vorsitzenden der Nationalitätenkommission, zum Mitglied des Politischen und Gesetzgebungsrates, zum Kommandeur und Politkommissar der Militärregion Innere Mongolei sowie zum Parteisekretär der Autonomen Region Innere Mongolei ernannt. Weitere Posten folgten.

Ab 1954 bekleidete er zugleich in der Inneren Mongolei und in Peking hohe Ämter, nachdem er zum Stellvertretenden Ministerpräsidenten und zum Vorsitzenden der Nationalitätenkommission gewählt worden war. Beides sollte er bis 1967 bleiben. 1955 wurde er dann 1. Parteisekretär der Autonomen Region Innere Mongolei sowie Generaloberst in der Volksbefreiungsarmee. Die größte Auszeichnung für seine Verdienste erhielt er schließlich 1956 durch den 8. Parteikongreß, der ihn zum Mitglied des ZK und Kandidaten des Politbüros wählte. Damit war Ulanhu auch der erste Angehörige einer nationalen Minderheit Chinas im Politbüro. In den Jahren bis zur Kulturrevolution unternahm er

Reisen nach Nepal, in die Sowjetunion, in die Mongolische Volksrepublik, nach Frankreich und in die DDR.

In der Kulturrevolution wendete sich das Blatt: 1967 wurde er als »Herrscher in einem unabhängigen Königreich« gebrandmarkt und aller Ämter entkleidet.

1973 kehrte Ulanhu auf die politische Bühne zurück, als ihn der 10. Parteikongreß wieder zum Mitglied des ZK der KPCh wählte. Zwei Jahre später wurde er Stellvertretender Vorsitzender des Nationalen Volkskongresses (bis 1983). In die oberste Parteiführung sollte er jedoch erst nach dem Tod Mao Zedongs und dem Sturz der »Viererbande« wieder aufrücken: 1977 wurde er Direktor der Abteilung Einheitsfrontarbeit im ZK der KPCh (bis 1982) sowie erstmals Mitglied des Politbüros.

Zwischen 1975 und 1979 unternahm Ulanhu Reisen nach Vietnam, in den Iran, nach Kuwait, Australien, Neuseeland, in den Sudan, die Türkei und nach Rumänien. Seine letzte Ehrung erfuhr er 1983 mit der Ernennung zum Stellvertretenden Staatspräsidenten der VR China.

Inzwischen schickt sich Ulanhus Sohn Buhe an, die Nachfolge seines Vaters in der Inneren Mongolei anzutreten: Als Mitglied des ZK der KPCh ist er seit 1983 Vorsitzender der Volksregierung der Autonomen Region Innere Mongolei.

Wang Ganchang 1907- 王淦昌

1965

Wang, einer der führenden Atomphysiker der Volksrepublik China, hat in Deutschland promoviert. Zusammen mit Qian Sanqiang entwickelte er die erste Atom- und die erste Wasserstoffbombe Chinas.

Wang Ganchang wurde 1907 geboren. Von 1925 bis 1929 studierte er an der Qinghua-Universität in Peking. Im folgenden Jahr ging er nach Deutschland, um an der Berliner Universität Physik zu studieren, wobei er sich unter Lise Meitner auf die damals noch junge Kernphysik spezialisierte. Nach seiner Promotion kehrte er 1934 nach China zurück.

Wenig später bewies Wang erstmals seinen wissenschaftlichen Rang: Der Schweizer Physiker W. Pauli hatte Anfang der dreißiger Jahre hypothetisch die Existenz des Neutrino gefordert. Experimentell war sie noch nicht erwiesen. Wang entwickelte daher theoretisch ein Experiment, das er, da es in den chinesischen Laboratorien nicht durchführbar war, in der amerikanischen Zeitschrift »Physical Review« veröffentlichte. Ein halbes Jahr später gelang es dem amerikanischen Physiker J. Allen, der These Wangs folgend, die Existenz des Neutrinos experimentell nachzuweisen.

Über Arbeit und Leben Wangs in den Jahren bis 1953 ist wenig mehr bekannt, als daß er 1947 bis 1948 an der Universität von Kalifornien in Berkeley ein Forschungsstipendium hatte. 1953 war er dann stellvertretender Direktor des Instituts für Physik an der Akademie der Wissenschaften Chinas sowie Mitglied der Abteilung für Mathematik, Physik und Chemie der Akademie. Zwei Jahre später gehörte er einer Delegation zur Genfer Konferenz über die friedliche Nutzung der Atomenergie an. Als 1958 das Institut für Kernphysik an der Akademie der Wissenschaften gegründet wurde, erhielt Wang den Posten des stellvertretenden Institutsdirektors. Von 1959 bis 1960 wirkte er als stellvertretender Direktor des »Gemeinsamen Kernforschungsinstituts der sozialistischen Länder« in Dubno bei Moskau.

Dort leitete Wang u.a. folgendes Forschungsprojekt: 1956 hatte der amerikanische Kernphysiker E. Segre das Anti-Proton entdeckt. Hiervon ausgehend stellte Wang die Hypothese auf, daß das Anti-Hyperon bei Benutzung eines Beschleunigers mit höherer Energie experimentell nachweisbar sein müsse. Dafür erbrachte er in Dubno den Beweis, indem er das Pi-Meson als Bombardierungspartikel benutzte und so das Antisigma Negativ-Hyperon entdeckte. Es war der erste experimentelle Nachweis für die Existenz des elektrisch geladenen Anti-Hyperon. Es sollte wesentlich zum Verständnis der Elementarteilchen beitragen.

Nach dem Bruch zwischen China und der UdSSR wirkte Wang ab 1961 in leitender Position im Atomwaffenzentrum Lop Nur, wo im Oktober 1964 die erste Atombombe Chinas gezündet wurde. Das Zentrum liegt in einem Wüstengebiet in etwa 1000 m Meereshöhe im Osten Xinjiangs.

Wangs wissenschaftliche und rüstungstechnische Leistungen brachten ihm zahlreiche politische und wissenschaftliche Ehrungen ein: 1965 wurde er zum Mitglied des Ständigen Komitees des Nationalen Volkskongresses gewählt und wurde von allen folgenden Volkskongressen als solches bestätigt. 1979 zum Stellvertretenden Minister des für Nuklearrüstung zuständigen 2. Ministeriums für Maschinenbau ernannt (bis 1982), ist Wang seit 1980 zudem Ehrenpräsident der Chinesischen Gesellschaft für Kernphysik. Im gleichen Jahr wurde er noch Leiter einer Sondergruppe, die sich mit dem Problem der kontrollierten Kernfusion befaßt. Daneben bekleidet er zahlreiche andere wissenschaftliche Ämter.

Wang hat drei Töchter, von denen zwei Biologie und eine Ingenieurswesen studiert haben; der Sohn ist Geologe.

Wang Hongwen 1935- 王 洪 文

1966

1973

1980: Vor Gericht

Wang ist eines der Mitglieder der sogenannten »Viererbande«. Während der Kulturrevolution allgemein als potentieller Nachfolger Mao Zedongs angesehen, wurde er 1976 verhaftet und 1981 zu lebenslanger Haft verurteilt.

Wang wurde 1935 in Changchun, der Hauptstadt der Provinz Jilin, als Sohn eines armen Bauern geboren. Wahrscheinlich im Alter von nur 15 Jahren trat er der Volksbefreiungsarmee bei.

Nachdem er von 1950 bis 1953 am Koreakrieg teilgenommen hatte, arbeitete er Ende 1953 in der Baumwollspinnerei Nr. 17 in Shanghai, wo er bald zum Sicherheitsfunktionär aufrückte.

Über die nächsten Jahre seines Lebens ist nichts bekannt, doch ist zu vermuten, daß er in dem genannten Betrieb blieb, da von hier aus 1966 sein kometenhafter Aufstieg begann, der ihn in die oberste Parteiführung brachte.

Am 12. Juni 1966 prangerte Wang zusammen mit sechs Arbeitskollegen in einer Wandzeitung das »kapitalistische Management« der Baumwollspinnerei Nr. 17 an. Wenig später sollte → Mao Zedong dies als »erste bedeutende Wandzeitung der Großen Chinesischen Kulturrevolution« bezeichnen. Offen ist dabei, inwieweit das Pamphlet allein der Eigeninitiative einiger unzufriedener Arbeiter entsprang. Jedenfalls stand die 17. Baumwollspinnerei sehr bald im Mittelpunkt des öffentlichen Interesses, denn der damalige 1. Parteisekretär von Shanghai, Chen Pixian, sandte eine Arbeitsgruppe in den aufrührerischen Betrieb, um weitere »konterrevolutionäre Handlungen rebellischer Arbeiter« zu verhindern, woraufhin Wang Hongwen mit 30 anderen Arbeitern eine »Kampfgruppe« gegen diese »Unterdrückung« gründete. Im September wurde Wang schließlich die Gelegenheit geboten, seine Anklagen gegen die Shanghaier Parteiführung in der Zentrale vorzutragen. Es war die Zeit, in der die Roten Garden zu Hunderttausenden nach Peking kamen, um bei einem der zahlreichen Aufmärsche Mao Zedong zu sehen. Wang gehörte zu den wenigen unter ihnen, die von Mao persönlich empfangen wurden.

Sofort nach seiner Rückkehr organisierte Wang zusammen mit anderen Anfang Oktober eine Belagerung der Shanghaier Parteizentrale, die

nach heftigen Kämpfen zur Absetzung der alten Parteiführung und zur Einsetzung von → Zhang Chunqiao als neuer 1. Parteisekretär führte. Shanghai war die erste Stadt, in der die von Maos Frau, → Jiang Qing, angeführte »Kulturrevolutionsgruppe« der Partei die absolute Kontrolle übernahm. Es sollte die einzige bleiben. Im Februar 1967 wurde dann das »Revolutionskomitee« von Shanghai gegründet, das den bisherigen zivilen Verwaltungsapparat ablöste. Solche Revolutionskomitees sollten danach in allen Provinzen des Landes die Macht übernehmen. Vorsitzender des Shanghaier Revolutionskomitees wurde Zhang Chunqiao, Stellvertretender Vorsitzender Wang Hongwen.
Wangs weiterer Aufstieg war nun unaufhaltsam: 1969 wählte ihn der 9. Parteikongreß zum Mitglied des Zentralkomitees der KP Chinas; zwei Jahre später wurde Wang Parteisekretär von Shanghai, 1972 Politkommissar der Garnison Shanghai und 1973 schließlich Mitglied des Politbüros – ein Aufstieg, der in der bis dahin 50jährigen Geschichte der KPCh keine Parallele hat. Auf dem 10. Parteikongreß, der Wang ins Politbüro wählte, war er bereits Vizepräsident des Präsidiums und verlas überdies den Bericht über die Revision der Parteistatuten. Von diesem Parteikongreß existiert ein Photo, auf dem Mao mit gleichsam väterlicher Bewunderung zu dem vortragenden Wang emporschaut, auf den er offenbar große Hoffnungen setzte.
So rasch wie sein Aufstieg aber war schließlich Wangs Fall. Nur einen Monat nach dem Tode Mao Zedongs wurde Wang mit den drei anderen Mitgliedern der »Viererbande« verhaftet und aus der Partei ausgeschlossen. Vier Jahre später wurde er im Prozeß gegen die »Viererbande« zu lebenslänglicher Haft verurteilt.

Wang Jingwei 1883-1944 汪精卫

Um 1930

Wang Jingwei war einer der ersten Mitarbeiter Sun Yat-sens. Nach dessen Tod wurde er Rivale Chiang Kai-sheks, später jedoch dessen Verbündeter. 1940 setzten ihn die Japaner als Vorsitzenden einer chinesischen Marionettenregierung ein. Er starb 1944 nach einem Attentat.

Wang Jingwei wurde 1883 unter dem Namen Wang Zhaoming in Guangzhou (Kanton), der Hauptstadt der Provinz Guangdong, geboren. Sein Vater, ein chinesischer Gelehrter, war bei der Geburt Wang Jingweis 62 Jahre alt. Wang erhielt eine klassische chinesische Ausbildung, die er 1902 mit der ersten Staatsprüfung abschloß. Er hatte damit den Grad eines Xiucai erworben. Im folgenden Jahr erhielt er ein Stipendium der Provinzregierung von Guangdong zum Studium in Japan. In Tokyo studierte er Politik-, Wirtschafts- und Rechtswissenschaften und graduierte 1906 im letztgenannten Fachbereich.

1905 trat Wang in → Sun Yat-sens Revolutionsbund (Tongmenghui) ein, zu dessen Führung er bald gehören sollte. Durch seine Rednergabe konnte er unter den zahlreichen chinesischen Studenten in Japan viele Mitglieder für den Bund werben. Außerdem wirkte er maßgeblich an der in Tokyo erscheinenden revolutionären Monatsschrift »Minbao« mit, die ihre Aufgabe darin sah, demokratische und republikanische Ideen zu verbreiten.

Obwohl inzwischen von der kaiserlichen chinesischen Regierung für seine Ergreifung ein Kopfgeld von 100000 Dollar ausgesetzt worden war, entschloß sich Wang – gemeinsam mit seiner späteren Frau Chen Bichun, einer Auslandschinesin aus Penang – zu einem Attentat auf den Prinzregenten. Der Versuch schlug fehl, und Wang wurde im April 1910 verhaftet und zu lebenslänglicher Haft verurteilt. Aber schon im folgenden Jahr wurde er nach dem Sturz der Qing-Dynastie befreit.

Nach Errichtung der Vorläufigen Nationalregierung und der Übertragung der Vorläufigen Präsidentschaft der Republik an Sun Yat-sen im Jahre 1912 wurden ihm mehrere Posten angeboten, darunter der des Gouverneurs von Guangdong, die er indessen alle ausschlug. Als vordringlicher erachtete er seine weitere Bildung, die er in Europa suchte. Er ging nach Frankreich, wo er zusammen mit anderen die »Gesellschaft für Fleiß bei der Arbeit und Sparsamkeit beim Studium« gründete, eine Selbsthilfeorganisation chinesischer Werkstudenten.

Seine Rückkehr nach China 1917 erfolgte auf Bitten Sun Yat-sens, dem er bis zu dessen Tod im Jahre 1925 als Berater und Sekretär dienen sollte. In dieser Funktion verfaßte er die meisten Reden Suns sowie dessen

politisches Testament. – Wangs politische Laufbahn ist insofern ungewöhnlich, als er zu Lebzeiten Suns jede Machtposition ausschlug.
Dies änderte sich nach Suns Tod. Hatte dieser die Guomindang zusammengehalten, so begann jetzt der Kampf um die Nachfolge. Es bildeten sich ein linker Flügel um Wang und Hu Hanmin und ein rechter um → Chiang Kai-shek. Zwar wurde Wang im Juni 1925 zum Vorsitzenden der Nationalregierung, des Militärrates sowie des Zentralen Exekutivrates der Guomindang gewählt, doch drängte ihn Chiang schon im März 1926 zur Seite. Durch einen Militärputsch setzte sich dieser praktisch an die Spitze der Partei. Die Gewehre begannen die Geschichte der Guomindang zu bestimmen. Wang zog sich zurück und ging erneut für ein Jahr nach Europa.
Im März 1927 gründete der linke Flügel der Guomindang gemeinsam mit den Kommunisten die Wuhan-Regierung. Das Zentrum und der rechte Flügel der Guomindang entschlossen sich daraufhin zum Gegenschlag. Im April ließen sie in Shanghai und Guangzhou Tausende von Kommunisten verhaften und hinrichten und bildeten in Nanjing eine Gegenregierung zu der in Wuhan. Im gleichen Monat kam Wang aus Europa zurück und stellte sich an die Spitze der Wuhan-Regierung. Aber auch er erkannte bald, daß die Kommunisten eine Gefahr darstellten, da sie im Begriff waren, die Guomindang zu unterwandern. Im Juli bezog er daher gegen sie Stellung. Im August kam es dann zum Nanchang-Aufstand, bei dem linke Kräfte der Guomindang und Kommunisten gegen die rechte Guomindang-Führung rebellierten. Obwohl er niedergeschlagen wurde, führte der Aufstand zum Zusammenbruch sowohl der Wuhan- als auch der Nanjing-Regierung. Nun kam es zu langwierigen Verhandlungen zwischen den zerstrittenen Flügeln der Guomindang. Erst im Dezember konnte eine Einigung erzielt werden. Sie führte zur Bildung einer Koalition aus dem rechten Flügel, dem Zentrum und der gemäßigten Linken, die Chiang Kai-shek im Februar 1928 zum Vorsitzenden des Zentralen Exekutivrates der Guomindang und zum Oberbefehlshaber der Armee wählte. Wang blieb ausgeschlossen und ging erneut nach Europa.
Im Mai 1931 – Wang war inzwischen wieder zurückgekehrt – gründete er mit den übriggebliebenen linken Kräften der Guomindang in Guangzhou eine Gegenregierung gegen Chiang Kai-shek. Der Einfall der Japaner in die Mandschurei vier Monate später zwang die Kontrahenten im Dezember zu einem Kompromiß und zur Reorganisation der Führungsspitze der Guomindang. Ein Ständiges Komitee des Politischen Rates als höchstes Organ der Partei wurde eingerichtet. Es setzte sich zusammen aus Chiang Kai-shek, Wang Jingwei und Hu Hanmin. Gleichzeitig wurde Wang Vorsitzender des Gesetzgebungs-Yuan. 1936 übernahm er zusätzlich die Leitung des Zentralen Politrates.
1937 begann der Chinesisch-Japanische Krieg. Im Gegensatz zu allen

anderen Führern der Guomindang beurteilte ihn Wang nicht militärisch, sondern politisch. Er plädierte für ein Zusammengehen mit Japan im Rahmen der »Neuen Ordnung in Ostasien«, die der japanische Ministerpräsident Konoe im Dezember 1928 proklamiert hatte. Wang forderte damals Chiang Kai-shek vergeblich auf, die militärischen Aktionen gegen Japan einzustellen.
Im März 1940 setzte Japan in den von ihm besetzten Gebieten Chinas unter Wang eine Marionettenregierung ein, der allerdings nur geringer Einfluß im Bereich der Verwaltung zugebilligt wurde. Sie sollte am 1. Juli 1941 auch von Deutschland diplomatisch anerkannt werden.
Auch nach dem Anschluß an Japan scheint Wang sich noch immer als Guomindang-Politiker empfunden zu haben. Beeindruckt von der Idee des japanischen Pansaiatismus, glaubte er wohl, die Ideen Sun Yat-sens weiterzudenken. 1944 wurde Wang Opfer eines Attentats, dessen Folgen er am 10. November in Japan erlag. In der heutigen Volksrepublik gilt Wang als Vaterlandsverräter.

Wang Meng 1934- 王蒙

1983

Wang Meng gehört zur mittleren Generation der modernen chinesischen Schriftsteller. Er war 24 Jahre alt, als eine Erzählung von ihm offizieller Kritik anheimfiel und er für zwei Jahrzehnte zum Schweigen verurteilt wurde. Seine zweite Schaffensperiode begann erst wieder 1978.

Wang Meng wurde 1934 in Peking als Sohn eines Philosophieprofessors geboren. Er verlebte die früheste Kindheit in seiner von Japanern besetzten Heimatstadt. Seine Jugend war zudem durch das Zerwürfnis seiner Eltern überschattet. Als Mittelschüler trat er mit 13 Jahren in die »Neudemokratische Jugendliga« ein, der Vorläuferin der späteren »Kommunistischen Jugendliga«. Nach der Besetzung Pekings durch die Rote Armee im Frühjahr 1948 wurde er für einen Stadtteil Sekretär dieser Jugendorganisation.

Im Alter von 19 Jahren begann Wang Meng zu schreiben. In nur 16 Monaten vollendete er seinen ersten Roman *Lang lebe die Jugend,* in dem er das Studentenleben schildert. Er sollte erst 1979 publiziert werden. Seine erste veröffentlichte Erzählung war 1955 »Xiao Dour«, bald darauf gefolgt von den Erzählungen »Frühlingsfest« und »Der Neuling in der Organisationsabteilung«. Diese beiden Erzählungen begründeten seinen Ruf als Schriftsteller, sollten ihn sehr bald aber auch in die Schußlinie der offiziellen Literaturkritik bringen.

Im Mai 1956 hatte → Mao Zedong, im Vertrauen auf die Popularität seiner Politik, die Parole »Laßt hundert Blumen blühen und hundert Schulen miteinander wetteifern« ausgegeben, ohne zu ahnen, daß er mit der Gewährung eines Freiraums in der Literatur die Kritik der Intellektuellen an der KP Chinas wachrief. Das hatte Mao nicht gewollt und konnte es nicht dulden. Binnen zwei Monaten wurde die Liberalisierung daher in ihr Gegenteil verkehrt.

Zu den Opfern dieses Kurswechsels gehörte auch der 24jährige Wang Meng. Nach dem Vorbild des russischen Romans *Der Direktor der Maschinen-Traktorenstation und die Chefagronomin* von Galina Nikolajewa hatte er in »Der Neuling in der Organisationsabteilung« einen idealistischen Funktionär dargestellt, der gegen den Bürokratismus in einer Fabrik ankämpft. Wang Meng wurde zum »Rechtsabweichler« erklärt und auf vier Jahre in ein Arbeitslager in der Nähe von Peking gesteckt. Zwar wurde er im Dezember 1961 durch ein offizielles Dekret vom Makel des Rechtsabweichlertums befreit und durfte eine kurze Zeitlang an der Pekinger Lehreruniversität unterrichten, doch wurde er – noch immer mit Schreibverbot belegt – kaum ein Jahr später nach Ili

verbannt – in das Autonome Gebiet der Kazaken in Xinjiang an der Grenze zur Sowjetunion.
Wang Meng blieb 16 Jahre lang in der Verbannung. In dieser Zeit lernte er Uigurisch und übersetzte einige uigurische Geschichten ins Chinesische. Als eigene literarische Arbeiten schrieb er nur die beiden Erzählungen »Nächtlicher Regen« und »Augen«.
Erst seine Rehabilitierung im Februar 1979 erlaubte Wang Meng die Rückkehr nach Peking. Er entwickelte nun wieder eine rege schriftstellerische Tätigkeit, deren kritische Elemente sich allerdings auf die nur mehr mit der Parteilinie konforme Kritik an der »Viererbande« und der Kulturrevolution beschränkte. 1980 bereiste Wang Meng vier Monate lang die USA. Im folgenden Jahr wurde er zum Ratsmitglied des Chinesischen Schriftstellerverbandes und 1982 zu einem der 13 Vizepräsidenten des zwei Jahre zuvor gegründeten Chinesischen PEN-Zentrums gewählt. Damit war sein Werk auch offiziell anerkannt. Als ihm im September des gleichen Jahres die Ehre zuteil wurde, nach → Guo Moruo als zweiter Schriftsteller in das Zentralkomitee der KPCh aufgenommen zu werden, wenn auch nur als Kandidat, wurde er damit gleichsam zum literarischen Vorbild ernannt. Seit 1983 ist Wang Meng zudem Chefredakteur der »Volksliteratur«, der führenden literarischen Zeitschrift Chinas.

Schriften:
1953: *Lang lebe die Jugend* (Roman, publiziert 1979); 1955: Xiao Dour (Erzählung); 1956: Frühlingsfest (Erzählung), Der Neuling in der Organisationsabteilung (Erzählung); 1962: Nächtlicher Regen (Erzählung), Augen (Erzählung); 1978: Das Wertvollste (Erzählung); 1979: Augen der Nacht (Erzählung), Das dankbare Herz (Erzählung); 1980: Schmetterling (Novelle), Stimmen des Frühlings (Erzählung), Die Drachenschnur (Erzählung); 1981: Andante Cantabile (Erzählung); 1984: *Das Seidengewand in der Tiefe der Kiste* (Erzählungen).

Wu Han 1909–1969 吴晗

1960

Wu Han wurde bekannt als Historiker und Schriftsteller. Die Kritik an einem von ihm verfaßten Schauspiel markiert den Beginn der Kulturrevolution, in der er umkam.

Wu Han wurde 1909 im Kreis Yiwu, Provinz Zhejiang, geboren. Sein Vater war ein kleiner Landbesitzer und Schullehrer. Nach dem Besuch einer Mittelschule arbeitete Wu Han ein Jahr als Lehrer an einer Grundschule. Danach setzte er seine Studien zunächst in Hangzhou, der Hauptstadt seiner Heimatprovinz, und dann in Shanghai fort, wo auch → Hu Shi zu seinen Lehrern gehörte. Auf dessen Anregung hin verfaßte er seine erste Schrift »Die wirtschaftliche Situation der Westlichen Han«. Hu Shi war es dann auch, der ihm ein zweijähriges Stipendium an der Qinghua-Universität in Peking verschaffte, wo er sich 1931 in der Abteilung für Geschichte einschrieb.

Schon nach kurzer Zeit druckten anerkannte wissenschaftliche Zeitschriften Wu Hans Artikel, die durchweg Themen aus der chinesischen Geschichte behandelten. 1933 starb sein Vater und hinterließ beträchtliche Schulden. Dies änderte die Lage des Sohnes insofern, als er sich als ältester von vier Geschwistern verpflichtet fühlte, für zwei von ihnen, die gleichfalls in Peking studierten, zu sorgen. Daher nahm er eine Stelle als Hilfsassistent an seiner Universität an. Daneben setzte er seine eigenen Studien fort. Bald machte er sich einen Namen als Spezialist für die Ming-Dynastie (1368–1644), indem es ihm gelang, einige bis dahin für historisch gehaltene Fakten als Fälschungen zu entlarven.

Der 1937 ausgebrochene Chinesisch-Japanische Krieg hatte die Evakuierung der Universitäten Pekings und der Küstenprovinzen ins Landesinnere zur Folge. Bis 1946 lehrte er daher als Professor der Geschichtsabteilung an der Vereinigten Südwest-Universität in Kunming, der Hauptstadt der Provinz Yunnan. Dort erschien 1944 sein Buch *Der erste Ming-Kaiser,* eine Biographie Zhu Yuanzhangs, die Wu Hans Ruf als Wissenschaftler festigte. Daneben verfaßte er zahlreiche Artikel, in denen er die Politik der Regierung kritisierte. Da dies nicht offen erlaubt war, bediente er sich der alten chinesischen Methode, ein aktuelles Thema in der Geschichte anzusiedeln. In dieser Zeit wandte sich Wu Han auch der »Demokratischen Liga Chinas« zu, einer politischen Gruppierung zwischen Guomindang und KPCh.

1946 kehrte Wu Han nach Peking zurück und wurde Professor für Geschichte an der Qinghua-Universität. Bald danach wurde er politisch aktiv. Als 1947 die Demokratische Liga Chinas verboten wurde, begann er die Kommunisten zu unterstützen. Repressionen fürchtend, setzte er sich daher im Herbst 1948 zusammen mit gleichgesinnten Professoren und Studenten seiner Universität über Hongkong in die von den Kommunisten besetzten Gebiete Nordchinas ab.

Er hatte zunächst Schwierigkeiten, sich in der für ihn neuen Welt zurechtzufinden, wo ihn vor allem der Kult um → Mao Zedong störte. Aber schon bald paßte er sich an. Er verwarf seine Auffassungen in bezug auf eine politische Elite, klassifizierte sich selbst seiner Herkunft nach als bürgerlichen Intellektuellen mit egoistischen und illusionistischen Neigungen und entsagte dem »schlimmen Einfluß« seines Lehrers Hu Shi. Ein Gespräch mit Mao Zedong, der seine Schriften gelesen hatte, überzeugte ihn schließlich von der Richtigkeit von Maos Politik.

Schon im Frühjahr 1949 kehrte Wu Han nach Peking zurück, nachdem die Hauptstadt von kommunistischen Truppen erobert worden war. Er wurde sofort Mitglied des Ständigen Komitees des Verwaltungsrates und Direktor der Geschichtsabteilung der Qinghua-Universität. Im Mai 1949 wurde er Generalsekretär des Jugendverbandes (bis 1953), im September wählte ihn die 1. Politische Konsultativkonferenz des Chinesischen Volkes zum Mitglied ihres Ständigen Komitees (bis 1964).

Mit Gründung der Volksrepublik China im Oktober 1949 wurde Wu Han zum Mitglied des Kultur- und Erziehungsrates unter dem Regierungs-Verwaltungsrat ernannt (bis 1954). Einen Monat später erfolgte seine Ernennung zum Stellvertretenden Bürgermeister von Peking, was er bis zu seiner Ausschaltung in der Kulturrevolution bleiben sollte. In den folgenden Jahren wurde er mit einer Vielzahl von Ämtern betraut, zumeist in Massenorganisationen. 1954 zog er als Abgeordneter von Peking in den 1. Nationalen Volkskongreß ein, als der er vom 2. und 3. NVK 1959 und 1964 bestätigt wurde. Trotz seiner offiziellen Verpflichtungen vernachlässigte Wu Han sein wissenschaftliches Werk nicht. 1955 veröffentlichte er Schriften zu den Themen »Die Entwicklung der Wirtschaft in der frühen Ming-Zeit« und »Der Anfang des Kapitalismus in der Ming-Zeit«. 1957 erschien *Bemerkungen zum Lesen der Geschichte*, ein Sammelband bereits veröffentlichter Artikel.

Während der »Hundert-Blumen-Kampagne« 1957 bemerkte Wu Han, daß die offizielle Kulturpolitik eine Richtung nahm, die nicht seinen Vorstellungen entsprach. Im Glauben, richtungweisende Impulse geben zu können, entwickelte er 1959 acht Prinzipien zur Beurteilung historischer Personen der Vergangenheit, in denen er seine Ansichten über die Bedeutung der chinesischen Geschichte für die Gegenwart darlegte, die jedoch nicht mit der Auffassung der Parteiideologen übereinstimmte.

Um seinen Vorstellungen stärkeren Ausdruck zu verleihen, schrieb er dann das historische Schauspiel *Hai Ruis Entlassung aus dem Amt*, das 1961 erstmals aufgeführt wurde. Seine erklärte Absicht war es, durch die getreue Wiedergabe historischen Geschehens dem Verständnis der

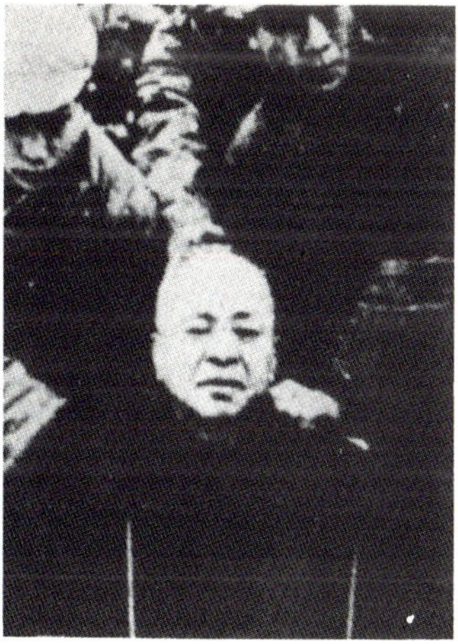
1966: Von Roten Garden gedemütigt

chinesischen Geschichte zu dienen. Seine versteckte Absicht aber war eine Kritik an gegenwärtigen politischen Vorgängen: 1959 war Verteidigungsminister → Peng Dehuai, der Mao Zedong kritisiert hatte, aus dem Amt entlassen worden. Jedem war klar, daß Hai Rui, ein Staatsbeamter der Ming-Dynastie zu Ende des 16. Jahrhunderts, der den Kaiser kritisiert hatte und deswegen ins Gefängnis geworfen worden war, für Peng Dehuai stand.

Das Schauspiel entfachte sofort einen Meinungsstreit. Zu seiner Rechtfertigung versteifte sich Wu Han darauf, daß Tugenden der Loyalität, Ehrbarkeit, Pietät und des Mutes der Feudalzeit auch in der Gegenwart Gültigkeit besäßen. 1963 begann er schließlich mit der Veröffentlichung einer Artikelserie mit dem Titel »Chinesische Geschichte für jedermann«, mit der er durch vereinfachte Darstellung historischer Vorgänge breites Interesse zu wecken trachtete, um so zur Stärkung des nationalen Selbstbewußtseins beizutragen. Dabei griff er ideologisch umstrittene Themen auf, die ihn angreifbar machten.

Am 10. November 1965 veröffentlichte → Yao Wenyuan in der in Shanghai erscheinenden »Literatur-Zeitschrift« eine äußerst scharfe Kritik an *Hai Ruis Entlassung aus dem Amt.* Daß Mao Zedong selbst hinter dieser Kritik stand, steht außer Zweifel, markiert sie doch den Beginn der Kulturrevolution. Damit aber war Wu Hans Schicksal besiegelt. Er wurde das erste Opfer der Kulturrevolution.

Wu Han starb am 11. Oktober 1969 im Gefängnis. Seine Frau Yuan Zheng war bereits am 18. März gestorben. Im Januar 1979 wurde er von der Partei offiziell rehabilitiert.

Schriften (Auswahl):

vor 1944: Die Karriere von Hu Yingling, Studie über die Mutter des Kaisers Cheng Zhu der Ming-Dynastie, China und die Inseln im Südchinesischen Meer vor dem 16. Jahrhundert, Der Zusammenbruch der Yuan- und die Gründung der Ming-Dynastie; 1944: *Der erste Ming-Kaiser, Spiegel der Geschichte;* 1957: *Bemerkungen zum Lernen der Geschichte,* Sammlungen unter der Lampe; 1961: *Hai Ruis Entlassung aus dem Amt* (Drama).

Wu Zuoren 1908- 吳作人

1978

1980

Wu gehört zu den wenigen modernen Malern Chinas, die sowohl im traditionellen chinesischen Stil wie auf westliche Art malen. Er wurde vor allem durch seine Bilder der Steppengebiete Nordwestchinas und von Pandabären bekannt.

Wu Zuoren wurde 1908 in Jingxian, Provinz Anhui, geboren und wuchs in Suzhou, Provinz Jiangsu, auf. Bereits in jungen Jahren hatte er Gelegenheit, bei → Xu Beihong zu lernen, einem der berühmtesten Maler dieser Zeit. In dieser Zeit schloß er sich auch der linksgerichteten Nanguo-Gesellschaft an.

1930 ging er nach Frankreich und studierte in Paris an der Ecole Nationale Supérieure des Beaux Arts. Aber schon bald wurde er von Alfred Bastien angezogen, der an der Académie Royale de Belgique in Brüssel lehrte. Von dort aus unternahm er auch ausgedehnte Studienreisen in andere Länder Europas, vor allem nach Italien. In den fünf Jahren seines Europa-Aufenthalts konzentrierte er sich ausschließlich auf das Studium der Ölmalerei. Besonders inspirierten ihn die Bilder van Eycks.

1935 kehrte Wu nach China zurück und erhielt eine Professur an der Universität von Nanjing. Zwei Jahre später begann der Chinesisch-Japanische Krieg, der eine Evakuierung aller Hochschulen aus Peking und dem Küstengebiet ins Landesinnere zur Folge hatte. Wu zog daraufhin mit seiner Universität nach Chongqing in der Provinz Sichuan, wo er bis 1943 blieb. Enttäuscht von der Atmosphäre in dieser Stadt, dem damaligen Sitz der nationalchinesischen Regierung, suchte er die Einsamkeit. Er fand sie am Rande der Wüste Gobi, wo er bei tibetischen Nomaden lebte. Damals war er 35 Jahre alt, und es heißt, er habe dort den Durchbruch zu seiner künstlerischen Eigenart gefunden. Fasziniert von der grenzenlosen sommerlichen Steppe und der winterlichen Schneelandschaft, schuf er Bilder der Einsamkeit, die meist nur von Yaks und Kamelen belebt sind.

Nach der Gründung der Volksrepublik China am 1. Oktober 1949 wurde Wu mit zahlreichen Posten bedacht, von denen hier nur die wichtigsten genannt seien: 1953 – Mitglied des Verbandes der Literatur- und Kunstkreise; 1954 – Vizepräsident des Verbandes der Schönen Künste sowie Abgeordneter der Provinz Henan zum Nationalen Volkskongreß; 1955 – Vizepräsident der Zentralen Kunstakademie; 1958 – Präsident der Zentralen Kunstakademie.

Der Maler Qi Baishi

Die Kulturrevolution machte auch vor Wu nicht halt: 1967 wurde er als »Reaktionär« geschmäht und verschwand. Danach trat er erst 1973 wieder auf. 1975 wurde er erneut in den Nationalen Volkskongreß gewählt, diesmal als Abgeordneter von Shanghai. 1979 erhielt er seinen früheren Posten als Präsident der Zentralen Kunstakademie zurück und wurde überdies Vizepräsident des Künstlerbundes sowie Stellvertretender Vorsitzender des Verbandes der Literatur- und Kunstkreise. 1982 wurde er Ehrenpräsident der Kunstakademie. Im gleichen Jahr veröf-

Weidende Yaks

fentlichte der Maxwell-Verlag in Großbritannien Wu Zuorens Gesammelte Werke. 1983 wählte ihn schließlich der 6. Nationale Volkskongreß zum Mitglied seines Ständigen Komitees. 1984 fand eine Ausstellung seiner Bilder in Tokyo statt. Im März 1985 zeichnete ihn der französische Staatspräsident mit dem Orden für »Kunst und Literatur« aus.

Obwohl Wu zahlreiche Bilder in Öl gemalt hat, liegt seine eigentliche Bedeutung in der traditionellen Tuschmalerei. Er belebte sie vor allem mit Tierdarstellungen, wie sie zuvor kein Interesse gefunden hatten. So war er beispielsweise der erste chinesische Maler, der Pandabären malte.

Wu Zuoren ist mit Xiao Shufang verheiratet, die selbst eine namhafte Malerin ist.

Xia Nai 1910-

夏鼐

1981

Xia Nai ist einer der führenden Archäologen der Volksrepublik China. Er wurde vor allem bekannt durch die Ausgrabung des Grabes des Wanli-Kaisers der Ming-Dynastie bei Peking.

Xia Nai wurde 1910 in Wenzhou geboren, einer Stadt an der Mündung des Ou-Flusses in das Ostchinesische Meer im Süden der Provinz Zhejiang. Sein Vater entstammte der Gentry und besaß Ländereien und Häuser sowie ein Seidengeschäft. Nach dem Besuch einer Mittelschule in Shanghai studierte Xia Nai an der Pekinger Qinghua-Universität Geschichte. Im Alter von 17 Jahren ging er mit Li Xiujun eine von den Eltern arrangierte Ehe ein, die bis heute besteht. Nach dem Examen im Jahre 1934 erhielt er ein Stipendium für ein Archäologiestudium in England.

Xia Nai hatte sich bereits während seines Studiums an der Qinghua-Universität der Archäologie zugewandt, vor allem unter dem Eindruck der Entdeckungen des Archäologen Li Ji. Li Ji hatte bei Ausgrabungen in Anyang, Provinz Henan, zahlreiche Funde gemacht, durch die erstmals die Historizität der mythischen Shang-Dynastie (ca. 1550–1050 v. Chr.) bewiesen wurde. Da China sich damals praktisch im Umbruch befand und sich daher verstärkt auf seine eigenen historischen Ursprünge besann, erregten die Entdeckungen weit über Fachkreise hinaus großes Aufsehen. Xia Nais Hinwendung zur Archäologie muß daher auch als Ausdruck seines Bestrebens verstanden werden, einen Beitrag zum Verständnis der Frühgeschichte Chinas und damit zur Überwindung der Identitätskrise Chinas zu leisten.

Ehe Xia Nai 1935 nach England ging, arbeitete er eine Zeitlang in Anyang, wo inzwischen auch junge Archäologen ausgebildet wurden. 1939 promovierte er im Fach Ägyptologie an der Universität London. Obwohl inzwischen der Zweite Weltkrieg ausgebrochen war, gelang es ihm, sein theoretisches Wissen von 1940 bis 1941 durch Ausgrabungen in Ägypten zu vertiefen. Über Indien und Burma kehrte er schließlich 1941 auf dem Landweg nach China zurück.

In den folgenden Jahren war Xia Nai u.a. mit Grabungen bei Pengshan in der Provinz Sichuan befaßt, wo Gräber aus der Han-Zeit (206 v. Chr.–220 n. Chr.) entdeckt worden waren, sowie mit Arbeiten an den buddhistischen Höhlenfresken bei Dunhuang in der Provinz Gansu. Beauftragt hierzu war er vom Institut für Geschichte und Philologie der Akademie der Wissenschaften, das damals auch für Archäologie zuständig war. Als dieses Institut 1949 nach dem Sieg der Kommunisten über die Guomindang nach Taiwan verlegt wurde, entschloß sich Xia Nai

zum Verbleib auf dem Festland. Nach der Eroberung seiner Heimatprovinz durch die Streitkräfte der Kommunisten erhielt er 1949 eine Professur an der Zhejiang-Universität. Bereits ein Jahr später wurde er als stellvertretender Direktor des Instituts für Archäologie an der Akademie der Wissenschaften berufen, dessen Leiter er 1966 wurde.
In den fünfziger Jahren leitete Xia Nai Ausgrabungen im Tal der Ming-Gräber bei Peking, wo das Grab des Kaisers Wanli (1573 bis 1619) entdeckt worden war. Diese Arbeiten wurden zum Maßstab für die Ausgrabungen weiterer Kaisergräber.
1959 trat Xia Nai in die KP Chinas ein, was ihm in der Kulturrevolution wenig nützen sollte. Im Gegensatz zu den meisten anderen Künstlern und Wissenschaftlern wurde er jedoch schon 1971 rehabilitiert, denn für die Ausgrabungen der während der Kulturrevolutionszeit neu entdeckten Gräber war seine Fachkompetenz unentbehrlich.
Nach dem Sturz der »Viererbande« wurde Xia Nai dann mit Ehrungen geradezu überhäuft. So wurde er zum Präsidenten der Archäologischen Gesellschaft (1979), zum Vizepräsidenten der Akademie für Sozialwissenschaften (1982) und zum Ehrendirektor des Instituts für Archäologie (1983) ernannt. Die Britische Akademie der Wissenschaften ernannte ihn 1981, das Institut für Archäologie der Bundesrepublik Deutschland 1983 zum Korrespondierenden Mitglied. Ebenfalls 1983 wurde Xia Nai ausländisches Mitglied der Königlich Schwedischen Akademie und im folgenden Jahr ausländisches Mitglied der Nationalen Akademie der Wissenschaften der USA. 1980 nahm er in New York an einem Symposium über die Bronzezeit in China teil. 1981 hielt er an sechs Universitäten in den USA Gastvorlesungen.

Schriften (Auswahl):
1954: *Die gegenwärtige Lage der Archäologie in China;* 1955: *Eine Kritik am kapitalistischen Denkmodell der Schule von Hu Shi in Sachen Archäologie;* 1956: Die allmähliche Entwicklung der Archäologie in China; 1957: *Die Silbermünzen aus Persien in China*, Bericht über die Ausgrabungen in Huixian, Bericht über die Ausgrabungen in Changsha; 1961: Studien über chinesische Archäologie; 1979: *Essays über die Archäologie von Wissenschaft und Technik in China.*

Xia Yan 1900- 夏衍

1960

1979

Xia Yans Ruf als Dramatiker und Drehbuchautor gründet in den dreißiger Jahren. In der Volksrepublik China war er bis zur Kulturrevolution Stellvertretender Kulturminister. Danach wurden ihm erneut wichtige Positionen im Kulturbereich übertragen.

Xia Yan wurde 1900 unter dem Namen Shen Duanxian in Hangzhou, der Hauptstadt der Provinz Zhejiang, geboren, die wegen ihrer reizvollen Lage als eine der schönsten Städte des Landes gerühmt wird. 1919 graduierte Xia Yan am Technischen College seiner Heimatstadt und erhielt danach ein Regierungsstipendium zur Fortsetzung seiner Studien in Japan, wo er sich auf Elektrotechnik spezialisierte. Dafür, daß sich Xia Yan wie zahlreiche andere chinesische Studenten damals in Japan literarisch oder politisch engagiert hätte, gibt es keinen Hinweis. Xia Yan kehrte 1927 nach China zurück, wo er sich am Nord-Feldzug beteiligte, mit dem der Einfluß der Warlords, der regierenden Militärmachthaber, gebrochen werden sollte.

Es scheint, daß sich Xia Yan erst 1929 der Literatur und dem Theater zugewandt hat. In jenem Jahr gründete er mit Freunden einen Schauspielklub, der überdies unter dem Titel »Kunst« eine Monatsschrift veröffentlichte. 1931 arbeitete er dann für die Shanghaier Filmgesellschaft »Minxing«. Allein in diesem Jahr schrieb er vier Drehbücher: *Reißender Strom*, *24 Stunden in Shanghai*, *Lehrsätze für Mädchen* und *Seidenraupen im Frühling*, nach der gleichnamigen Erzählung von → Mao Dun. Zur gleichen Zeit begann auch Xia Yans Mitarbeit an der von → Lu Xun geleiteten »Liga der linksgerichteten Schriftsteller«. Das folgende Jahrzehnt sollte sein produktivstes werden. All seine in dieser Zeit entstandenen Dramen und Filme – in einfacher Sprache geschrieben – hatten fast ausschließlich den Widerstand gegen die Japaner zum Thema. Zudem wirkte Xia Yan in diesen Jahren auch an einigen Zeitungen mit, von denen hier nur die gemeinsam mit → Guo Moruo 1937 herausgegebene Zeitung »Errettung« genannt werden soll.

Xia Yans politisches Engagement setzte ihn zunehmend der Verfolgung durch die Nationalregierung aus und zwang ihn schließlich 1941 zur Flucht nach Hongkong, wo er bis 1948 blieb und u. a. als Chefredakteur der Zeitung »Huashan« wirkte. Unmittelbar nach der Eroberung Shanghais durch die Rote Armee im Frühjahr 1949 kehrte Xia Yan dorthin zurück, wo er kurz darauf zum stellvertretenden Direktor der

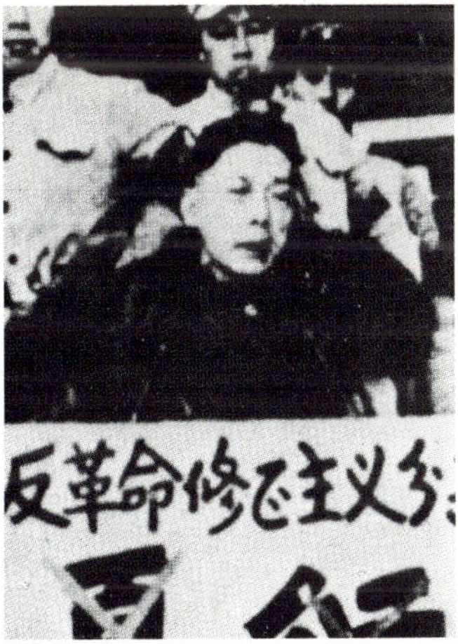
1966: Von Roten Garden gedemütigt

Propagandaabteilung im Ostchina-Büro des Zentralkomitees der KP Chinas ernannt wurde. Nach der Gründung der Volksrepublik China im Oktober 1949 erhielt er im Raum Shanghai einige weitere Posten im Kulturbereich. 1954 ging Xia Yan als Stellvertretender Kulturminister nach Peking und blieb bis zur Kulturrevolution in dieser Stellung. Im selben Jahr schrieb er nicht weniger als zehn Dramen.
In den folgenden Jahren übernahm Xia Yan zahlreiche Auslandsreisen. 1962 wurde er als bester Drehbuchautor ausgezeichnet. Drei Jahre später – wenige Monate vor Beginn der Kulturrevolution – wurde sein Drehbuch für den Film *Der Laden der Familie Lin* nach der Erzählung von Mao Dun aus ideologischen Gründen kritisiert. Bald darauf wurde Xia Yan als »Agent → Liu Shaoqis« angegriffen und verschwand.
Erst 1977 tauchte er wieder auf. Über sein Schicksal während der Zeit der Kulturrevolution ist nichts bekannt. Mit Sicherheit jedoch erging es ihm nicht besser als den meisten anderen Intellektuellen.
Nach dem Sturz der »Viererbande« wurde Xia Yan rehabilitiert. 1984 war er u. a. stellvertretender Vorsitzender des Verbandes der Literatur- und Kunstkreise, Vorsitzender des Verbandes der Filmschaffenden, Vizepräsident des Chinesischen PEN-Zentrums sowie Präsident der Chinesisch-Japanischen Freundschaftsgesellschaft.

Schriften (Auswahl):
1932: *Reißender Strom* (Drehbuch); 1933: *Seidenraupen im Frühling* (Drehbuch nach einer Erzählung von Mao Dun), *24 Stunden in Shanghai* (Drehbuch); 1934: *Lehrsätze für Mädchen* (Drehbuch); 1936: *Der verpfändete Arbeiter* (Erzählung), *Sai Jinhua* (Drama), *Die Geschichte der Qiu Jin* (Drama); 1937: *Unter den Dächern von Shanghai* (Drama); 1939: *Innerhalb eines Jahres* (Drama); 1940: *Stadt der Trauer* (Drama), *Verteidigungslinie im Herzen* (Drama), *Bazillus des Faschismus* (Drama); 1956: *Das Neujahrsopfer* (Drehbuch nach der Erzählung von Lu Xun); 1958: *Der Laden der Familie Lin* (Drehbuch nach der Erzählung von Mao Dun); 1959: *Eine revolutionäre Familie* (Drama).

Übersetzungen (Auswahl):
1929: Gorki, *Die Mutter;* Gogol, *Der Morgen eines Beamten.*

Xu Beihong 1895-1953 徐悲鴻

1922: Selbstbildnis

1940

1950

Xu Beihong bemühte sich als einer der ersten chinesischen Maler um eine Synthese der traditionellen chinesischen Maltechnik mit der westlichen. In Europa und in den USA wurde er vornehmlich durch seine Tuschzeichnungen von Pferden bekannt.

Xu wurde 1895 in Qitingqiao im Kreis Yixing, Provinz Jiangsu, unweit des Tai-Sees geboren. Er war das erste von sechs Kindern einer Lehrerfamilie. Der Vater lehrte ihn Lesen, Schreiben und Malen. Bereits in jungen Jahren trug er durch Malunterricht an verschiedenen Schulen seiner Heimat zum Lebensunterhalt seiner Familie bei. 1914 ging er nach dem Tod des Vaters in das hundert Kilometer von seinem Heimatort entfernte Shanghai. Dort fiel er bald durch seine Begabung auf.

Durch den Verkauf von Bildern finanzierte er 1917 einen knapp einjährigen Studienaufenthalt in Japan. Danach erhielt er einen Lehrauftrag an der neu eingerichteten Kunstabteilung der Pekinger Lehrerbildungsanstalt. 1919 bekam er durch die Fürsprache des Rektors der Peking-Universität ein staatliches Stipendium zum Studium in Frankreich.

In Paris studierte er zunächst an der Académie Julien, wechselte aber bald an die »Ecole des Beaux Arts«, die von Paul Albert Besnard geleitet wurde. Zu den von ihm am meisten geschätzten Lehrern gehörte auch der Porträtmaler Dagnan-Bouveret. Als die chinesische Regierung um 1921 die Stipendienzahlungen einstellte, mußte er sich seinen Lebensunterhalt durch Verkauf von Bildern verdienen. Das war nicht leicht. Im gleichen Jahr ging er nach Berlin, wo er zwei Jahre blieb. Nach zwei weiteren Jahren in Paris fuhr er 1925 nach China zurück, um indessen schon im folgenden Jahr eine weitere einjährige Europareise zu unternehmen.

1927 erhielt Xu eine Professur an der Nationalen Zentraluniversität in Nanjing (Nanking). Bald darauf übernahm er zudem die Leitung der Abteilung für Malerei an der Südchinesischen Akademie für Schöne Künste in Shanghai. Die Leitung der Kunstabteilung an der Peking-Universität gab er nach kurzer Zeit wieder auf, um auf seinen Lehrstuhl in Nanjing zurückzukehren. Nicht Peking, sondern Shanghai und Nanjing waren damals die Zentren des revolutionären künstlerischen

Galoppierendes Pferd 1947

Geschehens in China. Es ist bezeichnend, daß Xu damals die westliche Kleidung wieder ablegte und von der Ölmalerei zur traditionellen Tuschmalerei zurückkehrte.

1931 fand in Brüssel eine Ausstellung von Xus Werken statt, die großen Anklang fand. Mit ihr begann sein internationaler Ruhm, der die chinesische Regierung veranlaßte, ihm die Leitung einer Wanderausstellung moderner chinesischer Gemälde zu übertragen, die von 1933 bis 1934 in Paris, Frankfurt, Brüssel, Mailand, Moskau und Leningrad gezeigt wurde. Außerdem war er 1933 in Berlin bei einer Ausstellung seiner eigenen Werke anwesend.

1935 richtete Xu in Guilin ein neues Kunstinstitut der Provinz Guangxi ein. Nach Ausbruch des Chinesisch-Japanischen Krieges 1937, der auch eine Verlegung der Hochschulen des Küstenbereichs ins Landesinnere zur Folge hatte, wurde die Universität Nanjing, an der er lehrte, in die neugegründete Universität Chongqing (Chungking) eingegliedert.

Von 1938 bis 1942 unternahm Xu ausgedehnte Reisen nach Malaya, Indien und Indonesien, die jeweils mit Ausstellungen seiner Bilder verbunden waren. 1942 wurde er Direktor des Kunstforschungsinstituts der Akademie der Wissenschaften. Zwei Jahre später erkrankte er schwer, wovon er sich nie mehr vollständig erholen sollte. Nach Kriegsende wurde er 1946 Direktor der Kunstakademie in Peking. Als zwei Jahre später die Regierung Nationalchinas von den anrückenden kommunistischen Streitkräften aus Peking vertrieben wurde, blieb Xu in der Hauptstadt.

Nach der Gründung der Volksrepublik im Oktober 1949 wurde die Pekinger Kunstakademie in »Zentralinstitut der Schönen Künste« umbenannt. Xu wurde als Direktor eingesetzt. Außerdem wurde er zum Vorsitzenden des Künstlerverbandes gewählt. Ein Schlaganfall setzte 1951 seinem Schaffen ein Ende. Er starb am 26. September 1953.

Die noch in seinem Besitz befindlichen 1200 eigenen Bilder und Skizzen sowie über tausend Bilder aus der Tang-, Song-, Ming- und Qing-Zeit, die er gesammelt hatte, vermachte Xu dem Staat, der sein Wohnhaus in ein Museum umwandeln ließ. 1966 wurde es wegen des Baus der U-Bahn abgerissen. Als Ersatz wurde im Nordwesten Pekings eine neue, größere Gedächtnisstätte errichtet. Sie wurde 1983 eingeweiht. Dieses Xu Beihong-Museum leitet seither Xus Witwe, Liao Jingwen, die 1982 das zweibändige Werk *Das Leben Xu Beihongs* veröffentlichte. Xu war insgesamt dreimal verheiratet. Aus der zweiten und dritten Ehe sind je zwei Kinder hervorgegangen.

Xu Beihong ist der erste Maler Chinas, dem eine überzeugende Synthese aus traditioneller chinesischer und europäischer Maltechnik gelang. Seine ganz in europäischer Technik gemalten Ölbilder – oft Monumentalwerke wie das zwischen 1930 und 1933 entstandene »Warten auf den Befreier« – waren für die damalige chinesische Kunstszene von großer

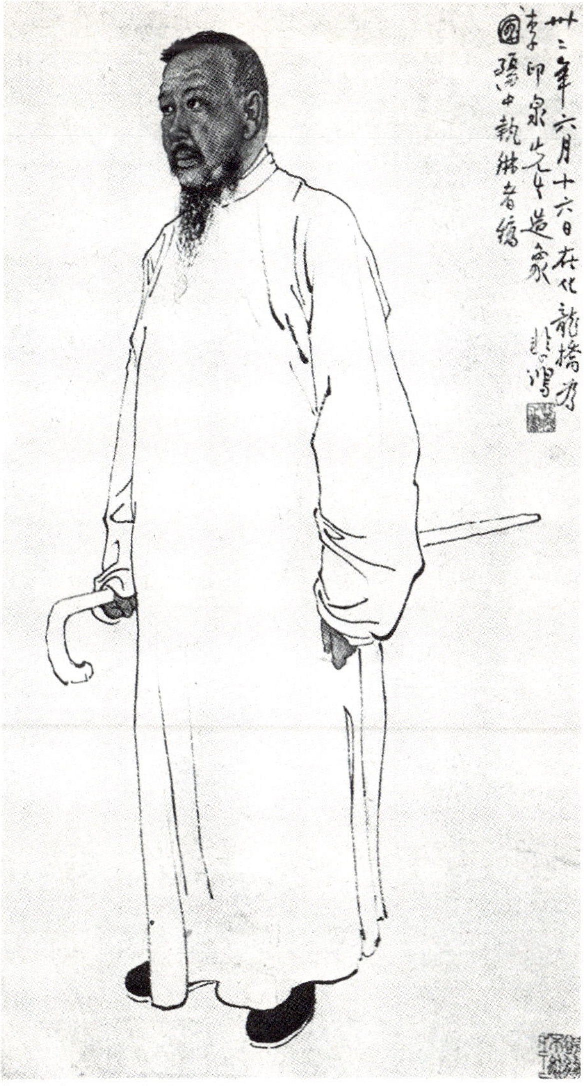

Ein typisches Beispiel für die Kombination des chinesischen mit dem europäischen Malstil: Der Kopf ein Porträt im westlichen Stil, das andere klassisch chinesisch

Bedeutung. Im Westen wurde Xu vor allem mit seinen Tuschzeichnungen galoppierender Pferde bekannt, die hier als typisch chinesisch empfunden werden. In Wahrheit haben sie jedoch mit den eher statischen Pferdevorstellungen der traditionellen chinesischen Malerei nichts gemein. Sie sind vielmehr Resultat einer Verbindung aus klassischer Pinseltechnik und den dynamischen Bewegungsstudien westlicher Pferdemalerei. Meist bediente Xu sich jedoch seines chinesischen Stils, in welchem er mit Vorliebe Vögel und Baumzweige darstellte.

Bildbände:
1939: *Gemälde von Xu Beihong;* 1954: *Ausgewählte Gemälde von Xu Beihong;* 1956: *Aquarelle von Xu Beihong;* 1960: *Ölgemälde von Xu Beihong.*

Xu Xiangqian 1901- 徐向前

1945

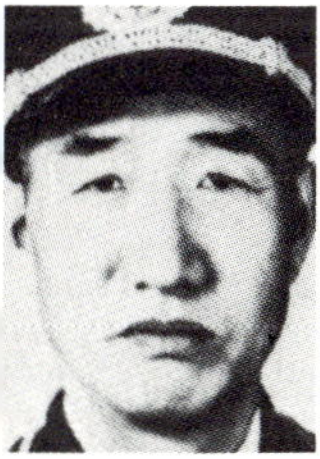
1955

1983

Xu ist einer der zehn Marschälle der Volksbefreiungsarmee und Mitglied des Politbüros der KP Chinas.

Xu Xiangqian wurde 1901 im Kreis Wutai, Provinz Shanxi, geboren. Wutai liegt etwa 100 km nordöstlich der Provinzhauptstadt Taiyuan, zwischen dem Wutai- und dem Xizhou-Gebirge. Xus Vater war Landbesitzer. Nach sechs Jahren Grundschule in Wutai besuchte Xu die Lehrerbildungsanstalt in Taiyuan. Nach dem Examen heiratete er und arbeitete dann als Lehrer an der der Mittelschule von Wutai angegliederten Grundschule. Seine Frau starb nach nur dreijähriger Ehe. Sie hinterließ ihm eine Tochter.

1924 ging Xu nach Guangzhou (Kanton), um – wie er selbst sagt – der konservativen Enge des Vaterhauses zu entfliehen. Dort trat er der Guomindang bei und belegte den ersten Lehrgang der eben mit sowjetrussischer Hilfe gegründeten Whampoa-Militärakademie, deren Kommandant → Chiang Kai-shek war. Nach Abschluß des Lehrgangs wurde Xu im ersten Ostfeldzug der Nationalchinesischen Armee gegen einen Warlord in der Provinz Guangdong eingesetzt. Danach nahm er in Nordchina an weiteren Feldzügen gegen Warlords teil. 1926 wurde er – nunmehr im Rang eines Majors – Instrukteur der neugegründeten Militärakademie in Wuhan, einer Dependance der Whampoa-Akademie.

Nach dem Zerbrechen der Einheitsfront von Guomindang und KP Chinas und dem Scheitern des Nanchang-Aufstandes ging Xu 1927 zunächst in die Zentrale der KP nach Shanghai. Wenig später nahm er am Aufstand von Guangzhou teil, der von kommunistischen Verbänden organisiert worden war. Als einer der wenigen Überlebenden dieses Aufstandes gehörte Xu im folgenden Jahr zu den Begründern einer Guerillabasis in der Provinz Hubei. Diese wurde später als Oyuwan-Sowjet bekannt. Nach der von → Mao Zedong in der Provinz Jianxi gegründeten Basis sollte diese zur zweitstärksten Basis der Kommunisten werden. 1932 schließlich nannten sich die hier versammelten, 50000 Mann starken kommunistischen Verbände 4. Frontarmee. Sie stand unter dem Befehl von Xu Xiangqian.

Inzwischen hatte Chiang Kai-shek mit seinen »Vernichtungsfeldzügen« gegen die Kommunisten begonnen. Deren erstes Ziel war die Armee von Xu, weil sie wichtige Zentren in der wirtschaftlich bedeutenden Provinz Hubei bedrohte. Die Übermacht der Guomindang-Streitkräfte zwang die Armee schließlich, sich in den Norden der Provinz Sichuan abzusetzen, wo sie eine neue Basis gründete. Nur 10000 Soldaten kamen dort an. Innerhalb von zwei Jahren stieg die Stärke der 4. Frontarmee jedoch wieder auf 80000 Mann an. Dies war nicht zuletzt Xus Verdienst.

1934 waren derweil unter Führung von Mao Zedong und → Zhu De die Streitkräfte des Jiangxi-Sowjets zum Langen Marsch aufgebrochen. Sie vereinigten sich im Sommer 1935 in Maogang mit der 4. Frontarmee und marschierten danach gemeinsam bis Maoergai im Norden der Provinz Sichuan. Dort kam es zu erbitterten Auseinandersetzungen über den künftig einzuschlagenden Weg und zur neuerlichen Trennung der Kampfverbände. Mao zog mit seinen Verbänden in die Provinz Shaanxi weiter, während die 4. Frontarmee zunächst in Sichuan verblieb. Sie brach erst 1936 nach Norden auf und erlitt unterwegs so starke Verluste, daß nur wenige ihrer Soldaten, darunter auch Xu, im Sommer 1937 die inzwischen von Mao Zedong eingerichtete Basis der Kommunisten in der Provinz Shaanxi erreichten.

Unmittelbar danach brach der Chinesisch-Japanische Krieg aus, der zu einer neuen Einheitsfront zwischen Guomindang und KPCh führte. Die in der Provinz Shaanxi stationierten kommunistischen Verbände wurden dem nominellen Oberbefehl der Nationalen Revolutionären Armee als 8. Marscharmee unterstellt. In einer ihrer drei Divisionen, der 129., wurde Xu stellvertretender Kommandeur. Mit Teilen dieser Division wurde er 1939 zum Guerillakrieg in die Küstenprovinz Shandong beordert, die sich weit im Hinterland der japanischen Invasoren befand, von wo sie den Japanern erhebliche Verluste zufügte. Von 1942 bis 1946 war Xu unter → He Long stellvertretender Kommandeur der kommunistischen Streitkräfte im Grenzgebiet der Provinzen Shanxi–Hebei–Shandong–Henan.

Auf dem 7. Kongreß der KPCh im Jahre 1945 wurde Xu erstmals zum Mitglied des Zentralkomitees gewählt und von allen nachfolgenden Kongressen als solches bestätigt. 1948 wurden seine Einheiten in den Militärbezirk Nordchina eingegliedert, dessen stellvertretender Kommandeur er wurde. Im gleichen Jahr eroberte er Taiyuan, die Hauptstadt seiner Heimatprovinz.

Nach der Gründung der Volksrepublik China 1949 wurde Xu zum Mitglied des Volksregierungsrates und zum Stabschef des Revolutionären Militärrates ernannt. Danach blieb er aus gesundheitlichen Gründen mehr im Hintergrund, was jedoch offenbar keine Machtminderung bedeutete, denn 1954 wurde er Stellvertretender Vorsitzender des Nationalen Verteidigungsrates sowie Mitglied des Ständigen Komitees des Nationalen Volkskongresses, 1955 Marschall der Volksbefreiungsar-

mee und 1965 Stellvertretender Vorsitzender des Nationalen Volkskongresses.
1967 – in der Zeit der Kulturrevolution – wurde Xu schließlich Mitglied des Politbüros, aus dem er indessen zwei Jahre später bereits wieder entfernt wurde. Erst 1977 wählte der 11. Parteikongreß Xu erneut ins Politbüro. Im folgenden Jahr wurde er Stellvertretender Ministerpräsident (bis 1980) und Verteidigungsminister (bis 1981). Als 1983 die Zentrale Militärkommission eingerichtet wurde, erhielt er den Posten eines von vier stellvertretenden Vorsitzenden.
1984 bekleidete Xu seinen Posten im Politbüro nur noch nominell. Inzwischen 83 Jahre alt, gehört er damit zu jenen Funktionären, die bei offiziellen Anlässen nur mehr ehrenhalber Erwähnung finden.

Xue Muqiao 1905- 薛暮桥

1979

Xue Muqiao baute in den fünfziger Jahren den statistischen Apparat der Volksrepublik China auf. In der Kulturrevolution verjagt, übernahm er von 1979 bis 1981 noch einmal die Leitung des Statistischen Amtes und wirkt seither vornehmlich als Wirtschaftsberater.

Xue wurde um 1905 geboren. Weder über seine Herkunft noch das Studium gibt es verläßliche Angaben. Wahrscheinlich genoß er eine Hochschulausbildung im Fach Wirtschaftswissenschaften. Mitte der dreißiger Jahre gehörte er zu den Herausgebern einer unregelmäßig erscheinenden Zeitschrift, die sich mit Problemen der Landwirtschaft befaßte.

1937 erscheint Xue in Yan'an, dem Zentrum der chinesischen Kommunisten nach dem Langen Marsch, als Dozent an der dortigen Antijapanischen Militär- und Politakademie. Seine damaligen Vorlesungen dort wurden 1948 in einer revidierten Fassung unter dem Titel *Grundlegende Probleme der chinesischen Revolution* in Hongkong veröffentlicht. Von 1943 bis 1947 lehrte Xue an der Shandong-Universität in Linyi, die sich in jenem Gebiet Ostchinas befand, das von der kommunistischen Neuen 4. Armee kontrolliert wurde. Etwa zur gleichen Zeit wirkte er überdies als Generalsekretär der Provinzregierung von Shandong.

Bald nach der Eroberung Pekings durch kommunistische Verbände im Januar 1949 gehörte Xue zu den Begründern der »Gesellschaft zum Studium der Neuen Wirtschaft«. Mit Gründung der Volksrepublik China im Oktober desselben Jahres wurde er in den Finanz- und Wirtschaftsrat im Regierungs-Verwaltungsrat berufen sowie zum Direktor des Kontrollbüros für Privatunternehmen ernannt. Ein Jahr später erfolgte seine Wahl in die Leitung des Genossenschaftsverbandes. 1952 schließlich wurde Xue Direktor des neugeschaffenen Staatlichen Statistischen Amtes sowie Mitglied der Staatlichen Planungskommission. Bis 1959 baute Xue den statistischen Apparat der Volksrepublik China auf und schuf damit die Basis für die Wirtschaftsplanung des Landes. Dabei bemühte er sich vor allem darum, den statistischen Dienst bis in die unterste Verwaltungsebene durchzuorganisieren. Seine Ernennung zum stellvertretenden Vorsitzenden der Planungskommission (1954–1959) mit Zuständigkeit für die langfristige Planung sowie zum stellvertretenden Vorsitzenden der Wirtschaftskommission (1958 bis 1960) mit Zuständigkeit für die Wirtschaftsplanung für jeweils ein Jahr spiegeln Bedeutung und Erfolg seiner Tätigkeit.

Als → Mao Zedong 1959 zum »Großen Sprung Vorwärts« aufrief,

gehörte Xue zu den Gegnern dieser Politik. Die Folge war, daß er das Statistische Amt an Jia Qiyun abgeben mußte, der die Aufgabe des Amtes darin sah, mit seinen Zahlen die Richtigkeit der politischen Linie zu bestätigen und zu unterstützen.
Seine Rückberufung zum stellvertretenden Vorsitzenden der Planungskommission 1960 sowie seine Ernennung zum Direktor des Staatlichen Preiskomitees nach dem Scheitern des »Großen Sprungs« verdankte Xue den Pragmatikern in der Partei um → Liu Shaoqi und → Deng Xiaoping. Es konnte daher nicht ausbleiben, daß Xue zu den prominenten Opfern der Kulturrevolution gehören und als »konterrevolutionärer Revisionist« gebrandmarkt werden sollte.
Xue überlebte die Kulturrevolution. 1975 tauchte er erstmals wieder auf, um nach Maos Tod und dem Sturz der »Viererbande« 1979 noch einmal auf zwei Jahre mit der Leitung des Statistischen Amtes betraut zu werden. Seither wurde Xue mit Ehrenpräsidentschaften in wirtschaftsbezogenen Gesellschaften und Beraterpositionen in wirtschaftlichen Staatsorganen förmlich überhäuft. Nach dem Tode Sun Yefangs 1983 ist Xue der einzige Überlebende aus dem kleinen Kreis der alten Generation chinesischer Wirtschaftsfachleute. Daß die heutige Führung auf seinen Rat noch immer nicht verzichten will, bestätigt nicht zuletzt seine Nominierung zum Mitglied des Ständigen Komitees des Nationalen Volkskongresses 1983.

Schriften (Auswahl):
Grundlegende Probleme der chinesischen Revolution und Politökonomie, Allgemeines Wissen über Chinas Landwirtschaft, Denk- und Lehrmethoden, Fragen zur Theorie der sozialistischen Wirtschaft, Einige Probleme der gegenwärtigen Wirtschaft Chinas, Die sozialistische Wirtschaft Chinas.

Yao Wenyuan 1931- 姚文元

1971

1980: Vor Gericht

Yao löste 1965 als bis dahin unbekannter Parteifunktionär mit einer Literaturkritik die Kulturrevolution aus. In einer Blitzkarriere stieg er in die Spitze der Parteiführung auf. Einen Monat nach dem Tode Mao Zedongs zum Mitglied der »Viererbande« erklärt, wurde er 1981 zu 20jähriger Haft verurteilt.

Yao Wenyuan wurde 1931 im Kreis Zhuji, Provinz Zhejiang, geboren. Dieser Ort liegt am Puyang-Fluß in der reizvollen Landschaft zwischen dem Guji- und dem Longmen-Mittelgebirge. Sein Vater, Yao Benzi, war in den dreißiger Jahren ein bekannter linksgerichteter Schriftsteller und eine Zeitlang Mitglied der KP Chinas.

1951 war Yao Funktionär der Neudemokratischen Jugendliga in Shanghai. Im folgenden Jahr wurde er Korrespondent der Literaturzeitschrift »Wenhui Bao«. Damit begann seine Laufbahn als Literaturkritiker: 1955 – zu Beginn der »Hundert-Blumen-Kampagne« – machte er erstmals auf sich aufmerksam. Mit dieser Kampagne hatte → Mao Zedong den Intellektuellen des Landes ursprünglich größeren Freiraum zugestehen wollen. Als dies jedoch zu vehementer Kritik am sozialistischen Regime führte, verkehrte er die Kampagne in ihr Gegenteil. Zu denen, die sich zu weit vorgewagt hatten, gehörte auch der Schriftsteller → Hu Feng, den Yao nun mit dem Artikel »Hu Fengs drei Methoden zur Verfälschung des Marxismus« scharf angriff.

Es war der erste Beitrag des gerade 24jährigen Yao Wenyuan zur marxistischen Ideologie, wenngleich nicht sein letzter. So kritisierte er 1960 u. a. die Schriftsteller Shi Zhicun, Wang Renshu und Qian Gurong. Seit 1958 von → Zhang Chunqiao gefördert – der damals noch ein mittlerer Parteifunktionär in Shanghai war und 1976 wie Yao zum Mitglied der »Viererbande« erklärt wurde –, war Yaos Ansehen 1963 soweit gestiegen, daß er eine Rede vor den Mitgliedern der Abteilung für Philosophie und Sozialwissenschaften an der Akademie der Wissenschaften halten durfte. Es war das gleiche Jahr, in dem Mao Zedong seinen Kampf zur Rückgewinnung der alleinigen Führung beginnen sollte. Als Basis wählte er Shanghai, da es ihm in Peking weitgehend an Unterstützung fehlte.

Als Yao Wenyuan dann im November 1965 in der Literaturzeitschrift »Wenhui Bao« seine »Bemerkungen zu dem neuen historischen Drama ›Die Entlassung Hai Ruis aus dem Amt‹« veröffentlichte, war dies

gleichsam der Startschuß für die Kulturrevolution: Mit diesem Drama hatte sich nämlich der bekannte Historiker → Wu Han eines Ereignisses aus dem 16. Jahrhundert bedient, um die Absetzung → Peng Dehuais als Verteidigungsminister zu kritisieren. Der Angriff auf Mao war unüberhörbar. Zu den ersten Opfern der Kulturrevolution zählten daher jene, die Wu Han zu seinem Drama angeregt hatten.
Yao dagegen wurde im Oktober 1966 zum Mitglied der »Kulturrevolutionsgruppe im Zentralkomitee der KPCh« ernannt, die während der nächsten Jahre die Politik Chinas bestimmen sollte. 1969 wählte ihn der 9. Kongreß der KPCh sowohl zum Mitglied des Zentralkomitees als auch des Politbüros. Zwei Jahre später erfolgte seine Einsetzung als 2. Parteisekretär von Shanghai.
Rascher als sein Aufstieg ging jedoch sein Fall vor sich: Nur einen Monat nach dem Tode Mao Zedongs im Oktober 1976 zum Mitglied der »Viererbande« erklärt, wurde Yao 1981 zu 20jähriger Haft verurteilt.

Ye Jianying 1897- 叶剑英

1927

1945

1955

1983

Ye ist einer der zehn Marschälle der Volksbefreiungsarmee. Von allen Militärführern der Revolution blieb er nach Gründung der Volksrepublik am längsten im aktiven Militärdienst. Danach bekleidete er hohe Stellungen in Regierung und Parlament.

Ye Jianying wurde 1897 in Meixian geboren, einer Stadt in der Provinz Guangdong im Hügelland der Grenzregion zu den Provinzen Jiangxi und Fujian. Sein Vater war ein wohlhabender Kaufmann, der der Minderheit der Hakka (Kejia) angehörte. Nach inoffiziellen Darstellungen soll Ye in seiner Jugend einige Jahre in Singapur und Hanoi gelebt haben. 1919 schloß er ein Studium an der Yunnan-Militärakademie ab, an der auch → Zhu De ausgebildet wurde. Danach diente er in der Provinz Fujian in einer Armee, um schließlich Ausbilder an der 1925 von der Guomindang gegründeten Whampoa-Militärakademie bei Guangzhou (Kanton) zu werden. 1926, zu Beginn des Nord-Feldzuges, war Ye Stabschef der 12. Division der 4. Nationalen Armee, übernahm jedoch bald darauf den Befehl über ein Ausbildungsregiment der Whampoa-Militärakademie, das dieser Division unterstellt wurde.

Als es nach dem von → Chiang Kai-shek herbeigeführten Bruch der Einheitsfront von Guomindang und KP Chinas zum Nanchang-Aufstand kam, war vermutlich auch Ye Jianying mit seinem Regiment daran beteiligt. Mit Sicherheit jedoch war er Ende 1927 beim Aufstand in Guangzhou dabei, der ebenfalls niedergeschlagen wurde und Ye zur Flucht nach Hongkong zwang. Von dort ging er 1928 nach einem Zwischenaufenthalt in Shanghai nach Moskau, wo er zwei Jahre lang an der Akademie der Roten Armee studierte.

1931 kehrte Ye nach China zurück, um im folgenden Jahr in die von → Mao Zedong gegründete Guerillabasis in der Provinz Jiangxi zu gehen, die in dieser Zeit zum Fluchtziel der bis dahin in Shanghai im Untergrund operierenden Zentrale der KPCh wurde. Als einer der wenigen geschulten Militärs erhielt er dort sofort den wichtigen Posten des Stabschefs der Militärkommission im Zentralkomitee der KPCh sowie den des Leiters der Militärschule. Während des Langen Marsches war er dann sowohl Stabschef der 1. Frontarmee unter Zhu De als auch Kommandeur eines Regiments, das aus den letzten Absolventen der Militärschule gebildet worden war und dem offenbar die Verteidigung der Parteiführung auf dem 10000 km langen Marsch von Jiangxi nach Nordchina übertragen war.

Im Dezember 1936 wurde Chiang Kai-shek von den Guomindang-Generälen Zhang Xueliang und Yang Hucheng während einer Besichtigungsreise durch Nordchina gefangengenommen, da diese nicht mit der Politik ihres Oberbefehlshabers einverstanden waren, angesichts der japanischen Aggression noch Chinesen zu bekämpfen – selbst dann, wenn es sich um Kommunisten handelte. Zu den diesem sogenannten Zwischenfall von Xi'an folgenden Verhandlungen zogen die beiden Generäle auch prominente Führer der Kommunisten hinzu, darunter → Zhou Enlai und Ye Jianying, die Chiang noch von der gemeinsamen Zeit an der Whampoa-Militärakademie her kannten. Erstaunlicherweise ließen sie ihn, der inzwischen zum Todfeind geworden war, allein auf das Versprechen hin frei, in Zukunft nicht mehr gegen die Kommunisten, sondern gemeinsam mit diesen gegen die Japaner zu kämpfen.

Infolge dieser Vereinbarung wurden wenige Monate später die Streitkräfte der Kommunisten in Nordchina zur 8. Marscharmee umgebildet und formell dem Oberbefehl der Guomindang unterstellt. In dieser Armee wurde Ye Stabschef, was er mit Unterbrechungen bis 1945 blieb. Die Unterbrechungen waren bedingt durch andere ihm von der Partei übertragene Aufgaben, die sich im wesentlichen auf die Kontaktpflege zur Nationalregierung in dem von Zhou Enlai geleiteten Verbindungsbüro der KPCh in Chongqing, dem damaligen Regierungssitz, konzentrierten.

Als wenige Monate vor der Kapitulation der Japaner 1945 der 7. Kongreß der KPCh stattfand, wurde Ye zu einem der 44 Mitglieder des Zentralkomitees gewählt. In den folgenden Jahren war er an den von General Marshall geleiteten Vermittlungsbemühungen zwischen Guomindang und KPCh beteiligt, die schließlich scheiterten, weil keiner der Kontrahenten wirklich einen Ausgleich anstrebte. Ab 1947 nahm Ye als stellvertretender Stabschef der Volksbefreiungsarmee, in deren oberster Militärführung also, am Endkampf der Kommunisten gegen die Guomindang teil. Nach der Eroberung Pekings im Januar 1949 wurde er für kurze Zeit Bürgermeister der Stadt, übernahm bald danach aber den Oberbefehl über den Militärbezirk Südchina, dem die Provinzen Guangdong und Guangxi unterstanden. Zugleich war er 1. Parteisekretär im Unterbüro Südchina des Zentralkomitees sowie Bürgermeister von Guangzhou (Kanton). Damit war Ye, der in der Revolutionszeit nie große Truppenverbände befehligt hatte, zum mächtigen Militärführer geworden. Seine Position wurde 1952 noch aufgewertet, als er zum

amtierenden Kommandeur des Militär- und Verwaltungsrates Zentral-Südchina ernannt wurde, dem sechs Provinzen unterstanden.
Als 1954 der Volkskongreß gegründet wurde, erhielt Ye mit der Wahl zum Mitglied von dessen Ständigem Komitee den ersten wichtigen Posten in der Zentrale. Gleichzeitig gab er alle Posten in Südchina auf. Ende 1954 wurde er Direktor der Überwachungs-Abteilung für die Volksbefreiungsarmee im ZK der KPCh und 1958 Kommandant der Militärakademie der Volksbefreiungsarmee. Sein Durchbruch in die oberste Führung der Partei erfolgte schließlich zu Beginn der Kulturrevolution: 1966 wurde er ins Sekretariat der KPCh, im Januar 1967 zum Mitglied des Politbüros gewählt, als das er von allen folgenden Parteikongressen bestätigt wurde. Auf dem 10. Parteikongreß wurde Ye 1973 sogar in das Ständige Komitee des Politbüros aufgenommen. Auch in diesem Amt bestätigten ihn alle künftigen Kongresse. Von 1975 bis 1978 war er überdies Minister für Nationale Verteidigung und von 1978 bis 1983 Parlamentspräsident. Im März 1983 bat er, nicht wieder in den Volkskongreß gewählt zu werden. Seither tritt er nur noch selten an die Öffentlichkeit.

Ye Shengtao 1894-

叶圣陶

1921

Um 1960

1980

Ye Shengtaos literarisches Schaffen weist Parallelen zu dem von Lu Xun auf. In manchem von Tschechow inspiriert, gewährt es aber auch Einblick in die Geisteshaltung der chinesischen Intelligenz der für die Entwicklung des modernen China entscheidenden zwanziger Jahre.

Ye wurde 1894 in Suzhou, Provinz Jiangsu, geboren. Nach dem Besuch einer Privat- und anschließend einer Staatsschule trat er 1911 eine Lehrerstelle an einer Grundschule seiner Heimatstadt an. Drei Jahre später begann er zu schreiben, und zwar ebenso wie → Lu Xun zunächst in der Schriftsprache (wenyan), die nur die klassisch Gebildeten beherrschten. Bereits 1919 ging er jedoch zur Umgangssprache (baihua) über. Er gehört damit zur ersten Generation der chinesischen Schriftsteller, die eine kulturelle Revolution einleiteten, indem sie diese literaturfähig machten.

Yes erste literarische Arbeiten erschienen in fortschrittlichen Zeitschriften. 1921 gründete er zusammen mit → Mao Dun und anderen die Gesellschaft zum Studium der Literatur. 1923 ging er nach Shanghai, wo er als Schriftleiter der Commercial Press und daneben als Lehrer an einem College arbeitete. In den folgenden Jahren gab Ye überdies Schulbücher und mehrere literarische Zeitschriften heraus und gründete eine »Gesellschaft für Lyrikrezitation«. Daneben entstanden die ersten Erzählungen, die seinen Ruhm als Schriftsteller begründeten: *Barriere* (1922), *Feuersbrunst* (1923), *Unter dem Horizont* (1925), *In der Stadt* (1926) und *Unersättlich* (1928).

Während des Chinesisch-Japanischen Krieges von 1937 bis 1945 lehrte Ye an der Sichuan-Universität. Das Jahr 1948 verbrachte er in Hongkong, von wo er Anfang 1949 in das von den Kommunisten besetzte Gebiet Chinas ging. Im März desselben Jahres übernahm er die Leitung des Komitees zur Herausgabe von Schulbüchern in der Erziehungsabteilung der Volksregierung von Nordchina, einer Vorläuferin der Volksrepublik China. Von deren Gründung im Oktober 1949 war er bis 1954 stellvertretender Direktor des Publikationsamtes im Regierungs-Verwaltungsrat und danach bis zur Kulturrevolution Stellvertretender Erziehungsminister.

Während der »Hundert-Blumen-Kampagne« von 1957 gehörte Ye zu den wenigen Schriftstellern und Intellektuellen, die keinen Angriffen ausgesetzt waren.
Die Kulturrevolution jedoch überstand auch er nicht unbeschadet, denn er verschwand 1967 und tauchte erst sechs Jahre später wieder auf. 1978 wählte ihn der 5. Nationale Volkskongreß zum Mitglied seines Ständigen Komitees (bis 1983). Noch 1983, in seinem 90. Lebensjahr, wurde Ye durch seine Nominierung zum Stellvertretenden Vorsitzenden der 6. Politischen Konsultativkonferenz des Chinesischen Volkes und zum Direktor des Zentralen Forschungsinstituts für Kultur und Geschichte geehrt. 1984 wurde er schließlich noch Vorsitzender der Gesellschaft zur Förderung der Demokratie, einer der nicht-kommunistischen Parteien Chinas.

Schriften (Auswahl):
1919: Ein Leben (Erzählung); 1920: Das zurückgebliebene Kind (Erzählung); 1922: *Barriere* (Erzählungen); 1923: *Feuersbrunst* (Erzählungen), *Die Vogelscheuche* (Märchen); 1925: *Unter dem Horizont* (Erzählungen); 1926: *In der Stadt* (Erzählungen); 1928: *Unersättlich* (Erzählungen); 1929: *Die Flut des Tjiantang – Schulmeister Ni Huanzhi* (Roman); 1931: *Statue eines Helden aus alter Zeit* (Märchen); 1936: *Mit 43 Jahren geschrieben* (Erzählungen); 1958: *Ye Shengtaos Werke* (3 Bände).

Ye Ting 1897-1946

叶挺

Um 1938

Ye Ting war einer der großen Militärführer der Revolutionszeit. Er wurde während des Nord-Feldzugs berühmt. 1941 wurde er als Kommandeur der kommunistischen Neuen 4. Armee von der Guomindang gefangengenommen. Nach der Freilassung kam er bei einem Flugzeugabsturz ums Leben.

Ye Ting wurde 1897 in Huiyang, Provinz Guangdong, etwa hundert Kilometer nördlich von Hongkong, als Sohn eines Bauern geboren. Nach dem Besuch einer Mittelschule trat er in die Militärschule von Whampoa bei Guangzhou (Kanton) ein. Bald aber wechselte er zur Militärakademie in Baoding südlich von Peking, die zu jener Zeit eine der wenigen modernen militärischen Ausbildungsstätten Chinas war. 1919 schloß er seine Ausbildung ab.

Danach trat er in die Guangdong-Armee Chen Jiongmings ein, die damals eine der mächtigsten Lokalarmeen Chinas war. 1920 bot Chen mit seiner Armee → Sun Yat-sen den erforderlichen militärischen Schutz bei der Gründung der »Chinesischen Nationalregierung« in Guangzhou. Wenig später wurden Chen und Sun Rivalen. Ye Ting gehörte jenem Teil der Guangdong-Armee an, der sich auf seiten Suns stellte. 1922 wurde er Bataillonskommandeur jenes Wachregiments, das zum persönlichen Schutz Sun Yat-sens aufgestellt worden war. Im gleichen Jahr trat er in die Guomindang ein. Die Nähe zu Sun brachte ihn in Kontakt mit zahlreichen Führungspersönlichkeiten der Partei. Im Sommer 1922 vereitelte das Wachregiment einen Anschlag Chen Jiongmings auf Sun und ermöglichte dessen Flucht auf einem Kanonenboot. Zum Dank ernannte Sun Ye Ting zum Stabschef der Polizei-Streitkräfte von Guangdong. Wenig später schlugen diese Verbände im Verein mit anderen die Truppen Chen Jiongmings und ermöglichten damit die Rückkehr Sun Yat-sens nach Guangzhou.

1924 wurde Ye Ting von Sun Yat-sen nach Moskau entsandt, um moderne Kriegführung zu studieren. Fast ein Jahr besuchte er die Militärakademie der Roten Armee. Dort kam er mit zahlreichen chinesischen Kommunisten in Kontakt, was zur Folge hatte, daß er in die KP Chinas eintrat. Auf dem Umweg über Deutschland, wo er → Zhu De kennenlernte, kehrte er Ende 1925 nach China zurück.

Inzwischen war Sun Yat-sen gestorben, und sein Nachfolger → Chiang Kai-shek hatte die Reste der Streitkräfte Chen Jiongmings zerschlagen. Damit waren die Voraussetzungen für den Nord-Feldzug gegen die anderen Warlords geschaffen. Ye Ting übernahm, nachdem ihm zunächst einige andere Kommandoposten übertragen worden waren, das

»Unabhängige Regiment«. Noch vor dem eigentlichen Beginn des Nord-Feldzugs stieß das Regiment in die Provinz Hunan vor, um dem der Guomindang nahestehenden Militärführer Tang Shengzhi gegen den Warlord Wu Peifu beizustehen. Ziel dieser Aktion war es, Wus Zugriff auf die Provinz Hubei zuvorzukommen, deren Hauptstadt Wuhan eines der großen Industriezentren Chinas ist. Ye Tings Unternehmen war erfolgreich und trug ihm den Ruf eines hervorragenden Strategen ein. Mit den inzwischen nachgestoßenen Verbänden wurde Wuhan (bestehend aus den Städten Wuchang, Hanyang und Hankou) im Oktober 1926 eingenommen. Ye Ting wurde als Garnisonskommandeur von Wuchang eingesetzt und erhielt den Befehl über die 24. Division unter der 11. Armee.

Im April 1927 ließ Chiang Kai-shek in einer Nacht-und-Nebel-Aktion in Shanghai und Guangzhou Tausende von Kommunisten ermorden. Damit zerstörte er die Einheitsfront von Guomindang und KPCh, die unter Sun Yat-sen zustandegekommen war. Nicht alle Truppenführer des Nord-Feldzuges waren mit dieser Aktion einverstanden. Viele sympathisierten schon deswegen mit der KPCh, weil für sie die kommunistische Idee stellvertretend stand für die Russische Oktoberrevolution, die einen neuen Staat geschaffen hatte, wie auch sie ihn anstrebten. Die Folge war eine Fronde gegen Chiang Kai-shek und der Nanchang-Aufstand vom 1. August 1927, an dem Ye Ting maßgeblich beteiligt war. Dieser Aufstand wurde jedoch nach wenigen Tagen niedergeschlagen. Bei einem weiteren Aufstand im September in Shantou (Swatow) wurde Ye Ting verwundet. Er mußte fliehen und ging schließlich mit → Zhou Enlai und → Nie Rongzhen nach Hongkong. Im Dezember nahm Ye Ting dann am Aufstand von Guangzhou teil, der wiederum zum Scheitern verurteilt war.

Als Ye Ting daraufhin von der KPCh kritisiert wurde, trat er enttäuscht aus der Partei aus. Wenig später ging er in die Sowjetunion und bald darauf nach Westeuropa. Das folgende Jahrzehnt verbrachte er in Frankreich, Deutschland und Österreich.

Nach Ausbruch des Chinesisch-Japanischen Krieges kehrte Ye Ting 1937 nach China zurück. Er ging nach Yan'an, in die neue Basis der Kommunisten nach dem Langen Marsch, und bot seine Mitarbeit an. Als zum gemeinsamen Kampf gegen die japanischen Invasoren Guomindang und KPCh eine neue Einheitsfront eingingen, wobei die kommunistischen Streitkräfte formell dem Oberbefehl der nationalchinesischen Streitkräfte unterstellt wurden, wurden die in Nordchina stationierten Einheiten zur 8. Marscharmee, die in Zentralchina operierenden Guerillaverbände zur Neuen 4. Armee umorganisiert. Erstere war am Rande Chinas stationiert, letztere in Zentralchina, das sich unter der Kontrolle der Guomindang befand. Da zu dieser gute Beziehungen unterhalten werden mußten, bot sich Ye Ting zwangsläufig als Kommandeur der Neuen 4. Armee an. Dies blieb er jedoch nicht lange, denn im Januar 1941, mitten im Krieg gegen die Japaner, schlug die Guomindang gegen die Neue 4. Armee los, vernichtete sie zu wesentlichen Teilen und nahm ihren Kommandeur Ye Ting gefangen.

Ye Ting widerstand allen Versuchen der Guomindang, ihn als verdienstvollen einstigen Mitstreiter auf ihre Seite zu ziehen, und nahm lieber eine fünfjährige Gefängnishaft auf sich, aus der er erst im Januar 1946 entlassen wurde, als die USA mit General George C. Marshall ihren letzten Versuch unternahmen, zwischen den zerstrittenen chinesischen Parteien zu vermitteln. Auf dem Wege nach Yan'an stürzte das Flugzeug, das Ye Ting dorthin bringen sollte, am 8. April 1946 im Heicha-Gebirge in der Provinz Shanxi ab.

Yu Dafu 1896-1945 郁达夫

Um 1930

Yu Dafu gestaltete wie kein anderer moderner Schriftsteller Chinas das subjektive Empfinden seiner Helden. Mit seinem von Tragik geprägten Werk sprach er vor allem die Jugend Chinas an. 1945 wurde er auf Sumatra ermordet.

Yu wurde 1896 in Fuyang, Provinz Zhejiang, als Sohn einer armen Gelehrtenfamilie geboren. Er erhielt zunächst eine klassische Erziehung. Danach besuchte er eine moderne Mittelschule in Hangzhou, der Hauptstadt seiner Heimatprovinz. Schon als Kind las er westliche Romane in chinesischer Übersetzung.

Von 1912 bis 1916 besuchte er die 1. Mittelschule in Tokyo. Anschließend studierte er bis 1922 an der Kaiserlichen Universität von Tokyo Volkswirtschaft. Daneben lernte er Deutsch und Englisch. Sehr ernsthaft kann sein Studium jedoch kaum gewesen sein, bezeugt er doch selbst, daß er in den ersten fünf Jahren in Japan mindestens tausend westliche Romane und Erzählungen gelesen habe. Sie erschlossen ihm eine neue Welt und sollten sein eigenes Werk beeinflussen.

Yu begann sein literarisches Schaffen mit Gedichten in klassischem Chinesisch. Freunde, darunter → Guo Moruo und → Tian Han, veranlaßten ihn dann, sich der literarischen Revolution anzuschließen und in der Umgangssprache zu schreiben. 1921 gründete er zusammen mit anderen die literarische Gesellschaft »Schöpfung« – sie bestand bis 1929 – und veröffentlichte *Versinken*, einen Band mit drei weitgehend autobiographischen Erzählungen. Das Buch wurde ein großer Erfolg, da sich die jugendliche Intelligenz Chinas von der Offenheit angesprochen fühlte, mit der darin Konflikte zwischen traditionellen Moralvorstellungen und Gefühlen dargestellt wurden, die sie gemeinsam bewegten. Es konnte nicht ausbleiben, daß auf der anderen Seite die Hüter der konfuzianischen Moral Yu Dafus Erzählungen als pornographisch klassifizierten.

Als Yu 1922 nach China zurückkehrte, war er ein gefeierter Schriftsteller. Inzwischen waren einige zehntausend Exemplare seines Buches *Versinken* verkauft, und auch → Lu Xun hatte sich lobend geäußert. Weitere Werke folgten und festigten Yus Ruhm, denn nicht nur seine Themen sprachen die Leser an, sondern auch sein klassisch geschulter Stil.

Daneben arbeitete Yu engagiert an literarischen Zeitschriften mit. Die 1921 noch in Japan gegründete Gesellschaft »Schöpfung« spielte hierbei die führende Rolle. 1922 begann sie mit der Herausgabe der Vierteljahresschrift gleichen Namens, die im folgenden Jahr in eine Wochenschrift umgewandelt wurde. Yu wirkte darin ebenso maßgeblich mit wie an der 1925 gegründeten Zeitschrift »Die Sintflut« und der ein Jahr später ins Leben gerufenen Monatsschrift »Schöpfung«. Diese boten auch für sein eigenes Schaffen ein breites Forum.

Zum Leben reichte der Erlös aus dem literarischen Werk indessen nicht. Deshalb nahm Yu Lehrstellungen an: Anfang 1923 lehrte er an der Schule für Politikwissenschaft in Anjing, Provinz Anhui, Ende desselben Jahres erhielt er eine Stellung als Literaturdozent an der Peking-Universität. 1925 wechselte er an die Wuchang-Universität, mußte jedoch wegen einer Tuberkuloseerkrankung seine Lehrtätigkeit einstellen. Yu wurde zwar von dieser damals nicht nur in China normalerweise tödlichen Krankheit geheilt, doch hatte ihn die Todesnähe geprägt. Sie führte in seinem Werk zur Abkehr von dem subjektivistisch dargestellten Schicksal seiner Helden zu deren Einbeziehung in die Gesellschaft. Das Ich wurde nun in eine Gemeinschaft einbezogen.

1927 veröffentlichte er *Neun Tagebücher* und *Vergangenheit*. Sie wurden Bestseller. Im gleichen Jahr brach er mit der Gesellschaft »Schöpfung«, deren Mitbegründer er gewesen war: Erstmals waren politische Fragen zu literarischen Kriterien geworden, was Yu ablehnte, Guo Moruo hingegen befürwortete.

Inzwischen hatte sich Yu mit Lu Xun befreundet. Gemeinsam gaben sie 1928 die Zeitschrift »Strom« heraus. Im gleichen Jahr veröffentlichte Yu seinen ersten Roman *Verlorenes Schaf*. 1930 schloß er sich der Liga linksgerichteter Schriftsteller an, die er jedoch bald wieder verließ, weil er wiederum politische Kriterien in der Literatur nicht billigte. Mit seinem Roman *Sie war ein schwaches Weib* zog sich Yu 1932 endgültig als politischer Schriftsteller zurück. Danach schrieb er in Hangzhou eine Vielzahl von Reisebeschreibungen. 1935 erschien sein letzter Roman *Flucht*.

Enttäuscht über die Entwicklung der Literatur in China, ging Yu 1936 nach Japan. Dort besorgte er die Anthologie *Liebesbriefe berühmter Männer der Moderne*, die u.a. Briefe von Lu Xun und Guo Moruo enthält.

Nach dem Ausbruch des Chinesisch-Japanischen Krieges 1937 kehrte Yu nach China zurück und übernahm einen Posten in der Propagandasektion der Politabteilung bei der Kommission für Militärische Angelegenheiten der Nationalregierung. Zutiefst unzufrieden mit seiner antijapanischen Propagandatätigkeit, war er dankbar, als ihn 1938 ein Freund nach Singapur einlud, um dort Chefredakteur der »Tageszeitung von Singapur« und der »Tageszeitung der Überseechinesen« zu werden. Als Singapur 1942 von japanischen Truppen besetzt wurde, floh Yu nach Sumatra. Dort verschwand er wenige Tage nach der Kapitulation Japans am 17. September 1945. Es heißt, er sei von japanischer Militärpolizei ermordet worden.

Yu Dafu war zweimal verheiratet. Mit seiner ersten Frau Sun Quan hatte er drei Kinder, von denen der Sohn Longer im Alter von fünf Jahren starb. Nach der Trennung von Sun heiratete Yu 1927 die 20 Jahre jüngere Wang Yingxia. Aus dieser Ehe, die bald auch zerbrach, gingen zwei Kinder hervor.

Schriften (Auswahl):
1921: *Versinken* (Sammlung von 3 Erzählungen, enthält noch »Nach Süden« und »Silbergrauer Tod); 1923: *Ehegeschichten* (autobiographische Skizzen), Berauschende Frühlingsnächte (Erzählung); 1924: Ein bescheidenes Opfer (Erzählung); 1927: *Verlorenes Schaf* (Roman), Allein unterwegs (Erzählung), *Neun Tagebücher;* 1927–1933: Dafu quanji (Gesamtwerk in 3 Bänden); 1930: *Kalte Asche* (Sammelband von Kurzgeschichten und Essays); 1931: *Sie war ein schwaches Weib* (Roman); 1932: Späte Zimtblüten (Erzählung); 1935: *Flucht* (Roman); 1936: *Liebesbriefe berühmter Männer der Moderne* (Kompilation).

Yuan Shikai 1859-1916 袁世凱

Um 1905

Yuan machte bereits in jungen Jahren im Staatsdienst der Qing-Dynastie Karriere. Er war Günstling der Kaiserinwitwe Ci Xi. Als mächtigster Militärführer Chinas nach der Revolution von 1911 überspielte er Sun Yat-sen und wurde erster Staatspräsident der Republik China. 1915 setzte er sich selbst zum Kaiser ein, wurde aber zur Abdankung gezwungen. Kurz darauf starb er.

Yuan Shikai wurde 1859 im Kreis Xiangcheng, Provinz Henan, geboren. Seine Vorfahren waren hohe Zivilbeamte und Militärführer der Qing-Dynastie. 1866 wurde er von einem Bruder seines Vaters adoptiert und von diesem bis zu dessen Tod 1873 erzogen. Er erhielt die übliche klassische Erziehung, legte aber kein Staatsexamen ab.

1880 trat er in die Dienste von Wu Changqing, dessen Befehl der militärische Küstenschutz der Provinz Shandong unterstand und der ein Freund seines Vaters war. Zwei Jahre später wurde Wu mit 3000 seiner Soldaten zur Niederwerfung eines Aufstandes nach Korea beordert, das sich in tributärer Abhängigkeit von China befand. Hierbei zeichnete sich auch Yuan aus, der daraufhin den Titel eines »Unterpräfektanwärters« erhielt. 1885 wurde er nach der Abberufung Wus im Alter von 26 Jahren zum Generalresidenten Chinas in Korea ernannt, nachdem er einen neuen Aufstand niedergeschlagen hatte. Auf diesem Posten blieb er während des folgenden Jahrzehnts. In dieser Zeit erwies er sich als geschickter Unterhändler gegenüber den Japanern, die damals ihre Hand nach Korea auszustrecken begannen. Kurz vor Ausbruch des Chinesisch-Japanischen Krieges im Jahre 1894, der Japan die Oberhoheit über Korea bringen sollte, war Yuan abberufen worden, um den Befehl über die Nachschubeinheiten der kaiserlichen Streitkräfte zu übernehmen.

Die Niederlage im Koreakrieg veranlaßte die kaiserliche Regierung, eine moderne Armee aufzustellen. Sie übertrug Yuan den Oberbefehl. Mit Hilfe deutscher Offiziere führte er damals in China die Gliederung nach Waffengattungen ein und sorgte für die Einrichtung von Militärakademien und anderen Ausbildungsstätten.

Als Kommandeur der ersten modernen Armee Chinas war Yuan einer der mächtigsten Männer in China geworden. Diese Position wußte er zu nutzen. Als 1898 die Führer der Reformbewegung um → Kang Youwei die Kaiserinwitwe → Ci Xi auszuschalten trachteten, sagte er ihnen zunächst Unterstützung zu, verriet sie jedoch. Das führte zur Ausschaltung des gerade erst großjährig gewordenen Kaisers und zur Macht-

erhaltung Ci Xis, die Yuan zum Dank zum Gouverneur der Provinz Shandong ernannte.
Als es im Jahr 1900 zum Boxeraufstand kam, vertrieb Yuan die Boxer, die sich der Unterstützung des Kaiserhofes erfreuten, zwar aus seinem Machtbereich in Shandong, half ihnen aber andernorts. Da die Boxerbewegung vornehmlich gegen den ausländischen Einfluß in China gerichtet war, verschaffte sich Yuan bei den Ausländern damit den Ruf eines Sympathisanten.
1901 wurde Yuan zum Generalgouverneur der Provinz Zhili und zum Hochkommissar für Militär- und Auslandsangelegenheiten in Nordchina ernannt. Diese Posten bekleidete er während der folgenden sechs Jahre. In dieser Zeit führte er auf Weisung des Kaiserhofes eine Heeresreform durch, zu der auch die Schaffung einer Polizei gehörte. Die Heeresreform führte zur Bildung der Beiyang-Armee, deren Oberbefehl ihm übertragen wurde.
Da Yuan der Kaiserinwitwe Ci Xi damit zu mächtig geworden war, entzog sie ihm 1906 vier der sechs Divisionen seiner Armee. Im folgenden Jahr berief sie ihn überdies als Gouverneur von Zhili ab. Statt dessen ernannte sie ihn zum Außenminister und Großrat der Kaiserlichen Regierung. Bei der Versetzung Yuans übersah Ci Xi allerdings, daß in der von Yuan auftragsgemäß aufgestellten ersten modernen Armee Loyalitätsverhältnisse entstanden waren, die zu Yuans Vorteil weiterwirkten.
1908 starb Ci Xi. Kurz zuvor hatte sie den knapp dreijährigen → Aisin Giorro Puyi zum Thronerben und dessen Vater, Prinz Chun II., zum Prinzregenten bestimmt (Prinz Chun II. hatte 1902 nach dem Boxeraufstand eine »Sühnegesandtschaft« nach Deutschland geleitet). Der neue Prinzregent, der Macht und Einfluß Yuans fürchtete, entließ diesen aus allen Ämtern. Als Begründung gab er ein Fußleiden Yuans an, der sich daraufhin für drei Jahre nach Anyang zurückzog.
Im Oktober 1911 kam es in Wuchang zu einer Revolte, die das Ende der Qing-Dynastie einläutete. Der Prinzregent, besorgt um den Erhalt des Thrones, besann sich nun auf einmal auf die Verdienste Yuans und wollte ihn zur Verteidigung des Thrones zurückgewinnen, indem er ihm hohe Posten anbot. Yuan aber zeigte keine Eile und berief sich nun seinerseits auf sein noch nicht ausgeheiltes Fußleiden. Schließlich stellte er die Bedingung, als Hochkommissar aller Streitkräfte und als Kommandeur der Beiyang-Truppen eingesetzt zu werden. Der Thron sah sich gezwungen, diese Bedingungen zu erfüllen und ernannte Yuan im November 1911 überdies zum Ministerpräsidenten. Damit war Yuan zum mächtigsten Mann in China geworden.
Zunächst veranlaßte er den Prinzregenten, die Regentschaft auf Long Yu zu übertragen, die Adoptivmutter Puyis. Dann besetzte er die Schlüsselpositionen des Kabinetts mit seinen Gefolgsleuten.

Am 29. Dezember 1911 trat eine neue Lage ein: Die Revolutionäre riefen in Nanjing die Provisorische Chinesische Republik aus und setzten → Sun Yat-sen als dessen Provisorischen Präsidenten ein. Sun, der sich auf keine Macht stützen konnte, bot Yuan unter verschiedenen Bedingungen die Präsidentschaft an. Deren wichtigste war, daß er den Kaiser zum Abdanken zwingen sollte. Dies geschah im Februar 1912. Nur zwei Tage später trat Sun zurück, und Yuan wurde Provisorischer Präsident der Republik.

Hatten die Revolutionäre um Sun Yat-sen gemeint, Yuan damit für ihre Sache gewonnen zu haben, so sahen sie sich bald getäuscht. Nur Monate später verurteilte Yuan das Parlament zu einem Schattendasein. 1913 ließ er den Führer der Guomindang, Song Jiaoren, ermorden und wenig später die Partei verbieten. Danach ließ er sich bezeichnenderweise an genau jenem Ort zum Präsidenten der Republik ausrufen, wo zwei Jahre zuvor der Kaiser abgedankt hatte. Anfang 1914 löste Yuan das Parlament auf und ersetzte es durch einen Staatsrat, in den er seine Freunde berief.

Im gleichen Jahr brach der 1. Weltkrieg aus. Japan nutzte die Verstrikkung der Westmächte auf dem europäischen Kriegsschauplatz dazu, seine Stellung in China auszubauen. Es erklärte Deutschland den Krieg, besetzte dessen Pachtgebiet von Jiaozhou, brachte die Provinz Shandong praktisch in seinen Besitz und überreichte 1915 »21 Forderungen an China«, die das Land zum Protektorat Japans machen sollten. Zwar konnte Yuan die wichtigsten Forderungen abwehren, mußte aber doch zahlreiche Zugeständnisse machen. Yuan, dessen Prestige dadurch erstmals einen Schlag erlitt, hatte jedoch gehofft, die Monarchie Japan dafür zu gewinnen, China zu dieser Staatsform zurückzuführen. Damit jedenfalls war es ihm ernst: Er führte den Konfuzius-Kult, das alte Prüfungssystem sowie die einstigen Beamtenränge und -titel wieder ein. Schließlich ernannte er sich selbst im Dezember 1915 zum neuen Kaiser.

Diese Selbsternennung stieß jedoch auf heftigen Widerstand nicht nur der idealistischen Revolutionäre von 1911 – mit ihnen hätte er fertig werden können –, sondern auch, und das hatte er nicht erwartet, der von ihm selbst bestellten Provinzgouverneure und Militärbefehlshaber. Nach 83tägiger Herrschaft als Kaiser sah er sich gezwungen, die Republik wiederherzustellen. Im Mai 1916 mußte er schließlich auch als Präsident der Republik zurücktreten.

Einen Monat später, am 6. Juni 1916, starb er.

Yuan hinterließ über 30 Kinder, die aus der Bindung an seine Ehefrau und Konkubinen hervorgegangen waren. Von den 16 Söhnen wurden einige später mittlere Verwaltungsbeamte.

Zhang Chunqiao 1917-

张春桥

1972

1980: Vor Gericht

Zhang stieg in der Zeit der Kulturrevolution in die Parteispitze auf. Nach dem Tod Mao Zedongs wurde er zum Mitglied der »Viererbande« erklärt. Im Prozeß gegen diese Gruppe wurde er 1981 zum Tode verurteilt, zwei Jahre später jedoch zu lebenslanger Haft begnadigt.

Zhang Chunqiao wurde 1917 im Kreis Juye, Provinz Shandong, geboren. Über seinen Werdegang bis 1936 ist nichts bekannt. Damals tauchte er als Mitglied der von → Lu Xun gegründeten »Liga der linksgerichteten Schriftsteller« auf, in der zu jener Zeit darum gestritten wurde, ob – wie Lu Xun es gefordert hatte – die »Volksliteratur dem nationalen revolutionären Kampf« dienen solle oder ob – wie vor allem → Zhou Yang es forderte – eine »Literatur für nationale Verteidigung« zu schaffen sei.

Es ist aufschlußreich, daß zum Kreis um Zhou damals auch Zhang zählte, der in der Shanghaier Zeitung »Dawanbao« Lu Xun scharf angriff, indem er dessen Kommentar zu einem Roman in verleumderischer Weise fehlinterpretierte. Lu Xun begegnete dem Angriff mit einem Artikel, in dem er einen Clown namens Di Ke anprangerte, mit dem kein anderer als Zhang gemeint war.

Um 1942 schloß sich Zhang kommunistischen Guerillaverbänden an, die in Nord- und Ostchina hinter den japanischen Frontlinien operierten. Danach erschien er erst 1950 wieder, als er in Shanghai seine Parteikarriere begann. Deren Stationen waren: Stellvertretender Direktor des Informations- und Veröffentlichungsbüros beim Ostchina-Militär- und Verwaltungsrat (1950); Direktor der in Shanghai herausgegebenen Zeitung der Volksbefreiungsarmee »Jiefangjun Bao« (1954); Mitglied des Ständigen Komitees der KP Shanghais (1959); Direktor der Propagandaabteilung der KP Shanghais (1963); Sekretär der KP Shanghais (1965).

Der eigentliche Aufstieg jedoch begann mit der Kulturrevolution, als → Jiang Qing sich neben → Yao Wenyuans auch → Wang Hongwens und Zhang Chunqiaos bediente. Zhang wurde → Chen Bodas Stellvertreter in der »Kulturrevolutionsgruppe im Zentralkomitee der KP Chinas« und wenig später Sekretär des Ost-Büros beim ZK, das mehrere Provinzen kontrollierte.

Als am 5. Februar 1967 die Kulturrevolutionsgruppe im ZK – nach dem Vorbild der Pariser Kommune von 1871 – die »Volkskommune Shanghai« als oberstes Verwaltungsorgan der Stadt errichtete, übernahm Zhang deren Vorsitz. Allerdings existierte die »Volkskommune Shanghai« nur 19 Tage lang und wurde am 24. Februar in »Revolutionskomitee Shanghai« umbenannt – eine Bezeichnung für die zivile Organisation auf Provinzebene, die danach in allen anderen Provinzen und Städten mit Provinzstatus für verbindlich erklärt wurde.

1969 wurde Zhang zum Mitglied des Zentralkomitees der KP Chinas gewählt, 1971 zum 1. Parteisekretär Shanghais und zwei Jahre später vom 10. Parteikongreß zum Mitglied des Politbüros sowie des Ständigen Komitees des Politbüros. 1975 wurde er gar Stellvertretender Ministerpräsident.

Nur einen Monat nach dem Tod Mao Zedongs – im Oktober 1976 – wurde Zhang zusammen mit Jiang Qing, Yao Wenyuan und Wang Hongwen verhaftet. Im Prozeß gegen die »Viererbande«, wie sie nun offiziell genannt wurden, wurde Zhang im Januar 1981 zum Tode verurteilt. Im Verlauf des Prozesses war Zhang der einzige, der konsequent schwieg. Zwei Jahre später wurde er zu lebenslanger Haft begnadigt.

Zhang Daqian 1899-1983 張大千

1963

1980

Zhang gehört zu den berühmtesten chinesischen Malern des 20. Jahrhunderts. Er verließ China 1948 und lebte danach im Ausland. Seine letzten Jahre verbrachte er in Taiwan.

Zhang Daqian wurde 1899 unter dem Namen Zhang Yuan in Neijiang, Provinz Sichuan, geboren. Neijiang liegt im fruchtbaren »Reisbecken« der Provinz, auf halbem Wege zwischen der Hauptstadt Chengdu und Chongqing. Den ersten Malunterricht erhielt Zhang von seiner Mutter. Schon früh galt er als Wunderkind. Im Alter von 16 Jahren wurde er von Banditen entführt, denen er jedoch nach 100 Tagen entfliehen konnte. 1917 ging er mit seinem Bruder Zhang Shanzi nach Japan, um in Kyoto u. a. die Techniken des Textilfärbens und -druckens zu lernen. Nach der Rückkehr im Jahr 1919 trat Zhang als Novize in ein buddhistisches Kloster ein, wo ihm der Name Daqian (das heißt groß und abwechslungsreich) verliehen wurde, den er hinfort behielt. Er verließ das Kloster jedoch bereits nach wenigen Monaten wieder und heiratete.

Nun lernte er zunächst in Shanghai bei den bekannten Malern und Kalligraphen Zeng Xi und Li Ruiqing traditionelle chinesische Malerei. 1929 war er bereits so bekannt, daß er in das Komitee der »1. Nationalen Kunstausstellung« gewählt wurde. 1931 unternahm er seine ersten Studienreisen zu den in der klassischen Malerei Chinas berühmten Bergen, Huashan in der Provinz Shaanxi und Huangshan in Anhui. Im folgenden Jahr zog er nach Suzhou.

Den internationalen Durchbruch erreichte Zhang 1933, als im Musée du Jeu de Paume in Paris eine Ausstellung zeitgenössischer chinesischer Malerei stattfand, in deren Folge das Museum seine dort ausgestellten Lotusbilder ankaufte. 1936 erhielt er eine Professur an der Zentraluniversität in Nanjing, die er jedoch bereits im folgenden Jahr nach Ausbruch des Chinesisch-Japanischen Krieges wieder aufgeben mußte. 1940 ging Zhang dann für mehr als zwei Jahre nach Dunhuang in der Provinz Gansu, um die Fresken der dortigen buddhistischen Tempelhöhlen zu kopieren und zu studieren. Seine über 200 diesen Fresken nachempfundenen Bilder stellte er 1944 in Chongqing aus, was zu einem sensationellen Erfolg führte. Im folgenden Jahr zeigte er in Chengdu sechs überdimensionale Lotusbilder, die wiederum Aufsehen erregten und 1961 in Paris ausgestellt werden sollten – sein Meisterwerk, wie

Spatz auf einem Steinblock 1963

Kenner versichern. In den folgenden Jahren waren seine Bilder auf Ausstellungen nicht nur in China, sondern auch in Paris, London, Genf, Prag und Hongkong vertreten.

Zhang verließ China 1948 – ein Jahr, bevor die Kommunisten die Volksrepublik ausriefen. Bis 1952 hielt er sich in Indien auf, wo er sich dem Studium der buddhistischen Fresken in den Tempelhöhlen von Ajanta widmete und überdies zwei Ausstellungen in Neu Delhi und Hyderabad veranstaltete. 1952 übersiedelte er nach Argentinien. 1955 erschienen in Tokyo gleichzeitig mit einer Ausstellung dort fünf große Bände mit seinen Werken unter dem Titel *Meisterwerke chinesischer Tuschmalerei aus der Sammlung Dafongdang*. 1956 bereiste Zhang erstmals Europa, wo er im Juli in Paris Pablo Picasso begegnete. Im folgenden Jahr zog er nach São Paulo in Brasilien um. 1958 verlieh ihm der »International Council of Fine Arts« in New York eine Goldmedaille. In den folgenden Jahren stellte er seine Werke u.a. in Paris, Stockholm, Köln, Zürich, Madrid, Brüssel, Athen, Genf, São Paulo, Hongkong, Singapur, Kuala Lumpur und New York aus.

1976 nahm Zhang seinen Alterssitz in Taibei, der Hauptstadt von Taiwan. Dort starb er am 2. April 1983. Seine letzte Arbeit, eine zwei Meter hohe und 12 Meter lange Querrolle vom Berg Lushan, blieb unvollendet. Zhang vermachte die von ihm gesammelten alten chinesischen Bilder und Antiquitäten dem Nationalen Palastmuseum in Taibei. Seine eigenen Bilder, von denen er allerdings nur noch wenige besaß, sollten zu gleichen Teilen an zwei seiner noch lebenden Frauen und 14

Kinder gehen. Auf dem Kunstmarkt erzielen seine Arbeiten inzwischen Rekordpreise.
Zhangs Werk zeichnet sich besonders durch seine Vielfalt an traditionellen Themen aus. In seiner Frühzeit orientierte er sich am Werk der Maler Shi Tao, Hua Yan und Chu Da der Qing-Zeit (1644–1912). Ein Wandel seines Stils erfolgte dann durch seine Beschäftigung mit den Fresken aus der Tang- und Song-Zeit (618–907 und 960–1280) sowie mit den berühmten Malern der Song- und der Yuan-Zeit (1271–1368). Damals eignete er sich die »Maltechnik der Kleiderfalten und fallenden Gewänder« an. Seinen künstlerischen Höhepunkt erreichte er in der Personendarstellung. Im Alter widmete er sich zunehmend der Landschaftsmalerei. Er schuf Bilder von den Bergen Huangshan und Huashan sowie von Landschaften in Sichuan. Besonders berühmt ist seine 1968 ganz aus der Erinnerung gemalte 20 m lange Rolle »Der zehntausend Li lange Fluß Changjiang«. Sie zeigt den Lauf des Changjiang (Yangzi) von der Fähre über den Fluß Wujiang über die Städte Chengdu und Chongqing, die berühmten Schluchten des Changjiang, die Seen Boyang und Dongting sowie die Städte Wuhan und Nanjing bis zur Mündung bei Shanghai. In seiner Spätzeit bediente sich Zhang gelegentlich, indem er fein geriebenen Azurit und Malachit sowie Ocker und Tusche auf Papier spritzte, dies dann verwischte und Linien zeichnete, einer Methode, die scheinbar Anklänge an die moderne westliche Malerei aufwies. Zhang korrigierte dahingehende Vermutungen jedoch, indem er darauf hinwies, daß er ähnliche Techniken von Wang Qia aus der Tang-Zeit sowie von Mi Fu und Liang Kai aus der Song-Zeit aufgegriffen habe.
Ein in der Volksrepublik China lebender Schüler schenkte seinem Lehrer kurz vor dessen Tod eines seiner Bilder. In eine leere Ecke des Bildes schrieb Zhang folgende Widmung, mit der er ein Gedicht aus der Tang-Zeit zitiert:

Wann können wir gemeinsam die Kerze
Am Westfenster niederbrennen lassen
Und uns an die einsamen Stunden
Des Abendregens in Sichuan erinnern.

Zhang Guotao 1897-1979 張国焘

1937

Zhang war Gründungsmitglied der Kommunistischen Partei Chinas. Bis zum Langen Marsch gehörte er zur Führungsspitze der Partei. Während des Marsches überwarf er sich mit Mao Zedong. 1938 wandte er sich von den Kommunisten ab und starb 1979 im kanadischen Exil.

Zhang Guotao wurde 1897 in Jishui, Provinz Jiangxi, geboren, wuchs jedoch im 150 km entfernten Marktflecken Shanglishi auf, wo die Familie seines Vaters umfangreiche Ländereien besaß. Shanglishi liegt nur wenige Kilometer von der Grenze zur Provinz Hunan entfernt. Zhang besuchte anfangs eine Privatschule und danach eine öffentliche Grundschule. 1916 ermöglichte ihm seine Familie das Studium an der Peking-Universität. Nach der Russischen Oktoberrevolution entstanden an dieser Universität um → Chen Duxiu und → Li Dazhao die ersten marxistischen Studienzirkel, denen sich Zhang anschloß. Dort begegnete er wohl auch → Mao Zedong, der von 1918 bis 1919 als Hilfsbibliothekar an dieser Universität arbeitete.

Zhang und Mao gehörten 1921 zu den wenigen Mitgliedern der Gründungsversammlung der KP Chinas. Während Zhang von der Partei zum Leiter der Organisationsabteilung ernannt wurde und für alle Personalangelegenheiten zuständig war, wurde Mao lediglich Sekretär für seine Heimatprovinz Hunan.

1922 war Zhang Delegierter der KPCh beim Moskauer Kongreß der Kommunistischen Internationale für die Arbeiter des Ostens. Bei dieser Gelegenheit führte er auch ein Gespräch mit Lenin. Im gleichen Jahr fand der 2. Kongreß der KPCh statt, der ihn erstmals zum Mitglied des Zentralkomitees wählte. Hauptthema dieses Kongresses war die Frage, ob die KPCh mit der Guomindang eine Einheitsfront bilden sollte. Zhang widersetzte sich vehement und behielt diese Meinung auch auf dem 3. Parteikongreß im folgenden Jahr bei. Deshalb wurde er nicht wieder ins Zentralkomitee aufgenommen und mußte die Organisationsabteilung an Mao Zedong abtreten, der jetzt erstmals ins Zentralkomitee gewählt wurde. Zhang beugte sich nun den Direktiven der Komintern und wurde daraufhin Kandidat des Zentralen Exekutivrates der Guomindang. Auch wählte ihn der 4. Kongreß der KPCh wieder zum Mitglied des Zentralkomitees, der 5. Parteikongreß zwei Jahre später dann zum Mitglied des neugeschaffenen Politbüros. Im gleichen Jahr erfolgte der Bruch der Einheitsfront zwischen KPCh und Guomindang. Nach der Niederschlagung des dadurch ausgelösten Nanchang-Aufstandes setzte sich Zhang nach Hongkong ab.

Von dort ging er 1928 nach Moskau, wo er am 6. Kongreß der KPCh teilnahm, der ihn zwar des »Rechtsopportunismus« zieh, ihn aber dennoch in seinen Parteiämtern bestätigte. Zhang blieb während der folgenden drei Jahre in der Sowjetunion, wo er sich durch seine Kritik an der Chinapolitik der Komintern unbeliebt machte.
1931 war Zhang wieder in China, wo ihm die Partei die politische Führung in der inzwischen errichteten kommunistischen Guerillabasis im Grenzgebiet der Provinzen Hubei, Henan und Anhui übertrug. Im folgenden Jahr übernahm er dann den Oberbefehl über die in der Guerillabasis versammelten Streitkräfte, die → Xu Xiangqian organisiert hatte und die nun in 4. Frontarmee umbenannt wurden. Zudem wurde Zhang, obwohl er 1931 bei der Ausrufung der »Chinesischen Sowjetrepublik« nicht dabei war, in der von Mao Zedong gegründeten Guerillabasis zu einem der beiden Stellvertretenden Vorsitzenden der Basis gewählt und überdies zum Volkskommissar für das Justizwesen ernannt.
Mitte 1932 war der Druck der Guomindang-Armeen, deren erstes Ziel die von Zhang geleitete Guerillabasis war, so groß geworden, daß sich die 4. Frontarmee unter seiner Führung zu einer Absetzbewegung gezwungen sah. Sie endete im Dezember 1932 im Norden der Provinz Sichuan, wo die Armee ein neues, kleines Sowjetgebiet gründete.
Im Herbst 1934 brachen dann auch die Hauptkräfte der Kommunisten unter Führung von Mao Zedong und → Zhu De von Jiangxi aus zum Langen Marsch auf, um der Einkreisung durch die Guomindang-Streitkräfte zu entgehen. Im Juni des folgenden Jahres trafen diese mit Zhangs 4. Frontarmee bei Maogong in Nordwest-Sichuan zusammen. Zwei Monate später kam es dann bei Maoergai in der Nähe von Maogong zu der folgenschweren Konferenz, bei der die bis dahin verdeckten Spannungen zwischen Mao und Zhang offen ausbrachen. Hauptstreitpunkt war die weitere Richtung des Langen Marsches. Während Mao eine kleine kommunistische Guerillabasis in der Provinz Shaanxi anstrebte, hielt Zhang diesen Weg für zu gefährlich und plädierte für den weiteren Marsch nach Westen mit dem Endziel Xinjiang. Es kam zu keiner Einigung, und so zog Mao mit einem Teil der Verbände nach Shaanxi, wo er nur drei Monate später eintraf. Zhu De, der damalige Oberbefehlshaber der Roten Armee, dagegen trennte sich von Mao und schloß sich Zhangs 4. Frontarmee an und mit ihm ein Teil der Marschkolonne Maos, während sich Teile der 4. Frontarmee Mao unterstellten.
Ein Jahr später befanden sich Zhangs Verbände noch immer im Norden der Provinz Sichuan, wo die 2. Frontarmee unter Führung von → He Long zu ihnen stieß, die aus einem Gebiet Zentralchinas zum Langen Marsch aufgebrochen war. Gemeinsam marschierten die beiden Armeen nun nach Norden bis in die Provinz Ningxia. Da nun He Long weiter in

Richtung auf Mao Zedongs neue Basis in der Provinz Shaanxi drängte, kam es erneut zu heftigen Auseinandersetzungen und zur Spaltung der Verbände. Zhang sträubte sich, sich dem Befehl Maos zu unterstellen und brach in Richtung Xinjiang auf. Auf halbem Weg dorthin wurde seine Armee vernichtend geschlagen, so daß er sich schließlich gezwungen sah, doch noch in die Basis Maos zu gehen.
Zwar wurde Zhang 1937 noch zum stellvertretenden Vorsitzenden der Regierung im Grenzgebiet von Shaanxi-Gansu-Ningxia ernannt, doch kam dies eher einer Kaltstellung gleich. Im folgenden Jahr verließ er daher das kommunistische Gebiet und ging zur Guomindang über, die ihn später zum Mitglied ihres Zentralen Exekutivrates wählte.
Als die Kommunisten 1949 die Guomindang vom Festland vertrieben, ging Zhang nicht nach Taiwan, sondern nach Hongkong und von dort ins Exil nach Kanada, wo er 1979 starb.

Zhang Zuolin 1873-1928 張作霖

Um 1915

Zhang Zuolin war der mächtigste Warlord Chinas nach dem 1. Weltkrieg. Er beherrschte die Mandschurei und hatte entscheidenden politischen Einfluß. 1928 fiel er einem Attentat zum Opfer.

Zhang wurde 1873 in Haicheng, Provinz Liaoning, als Sohn armer Bauern geboren. Sein Vater konnte ihm keine schulische Ausbildung ermöglichen. In jungen Jahren trat er daher in eine militärische Einheit ein, in der er sich schon bald durch Führungsqualitäten auszeichnete. 1894/95 nahm er am Krieg gegen Japan teil, in dessen Folge China die Kontrolle über Korea an Japan verlor.

In den folgenden Jahren dehnte Japan über Korea seinen Einfluß auf die bis dahin weitgehend von Rußland kontrollierte Mandschurei aus. Als es 1904 zum Russisch-Japanischen Krieg kam, kämpfte Zhang auf der Seite der Japaner. Damals war er erst ein kleiner Truppenführer. Nach dem Ende des Krieges reorganisierte Zhao Ersun, der Militärgouverneur von Fengtian, Zhangs Einheit zum Regiment. Kurz vor der Revolution von 1911, die das Ende der Qing-Dynastie bedeutete, wurde Zhao Generalgouverneur der Mandschurei. Er bildete aus den dort stationierten 40 chinesischen Bataillonen fünf Kolonnen und setzte Zhang als einen der fünf Kommandeure ein. Wenig später schlug diese eine Revolte nieder, worauf Zhao ihm das Kommando über eine weitere Kolonne übertrug.

Nach der Gründung der Republik im Jahre 1912 wurden die in Mukden (dem heutigen Shenyang) stationierten Truppen zur 27. und 28. Division umgruppiert. Zhang wurde zum Kommandeur der ersteren und gleichzeitig zum Generalleutnant ernannt. Damit war er zu einem mächtigen Militärführer der Mandschurei geworden. Anfangs unterstützte er →Yuan Shikai bei dessen Plänen, sich zum neuen Kaiser Chinas zu machen. Als es daraufhin in Südchina zu separatistischen Bewegungen kam, deutete aber auch er an, daß sich die Mandschurei von Yuan lossagen könnte. Yuan gewann Zhangs Unterstützung zurück, indem er ihn 1916 zum Militärgouverneur von Fengtian ernannte, das etwa mit der heutigen Provinz Liaoning identisch ist.

Im gleichen Jahr starb Yuan Shikai. In den daraufhin einsetzenden Machtkämpfen gelang es Zhang, innerhalb eines Jahres den Kommandeur der 28. Division auszuschalten und den Oberbefehl auch über diese Einheit praktisch selbst zu übernehmen. 1918 ernannte ihn Ministerpräsident Duan Qirui, der ihm verpflichtet war, zum Generalinspekteur der mandschurischen Provinzen.

Zhang betrachtete von nun an das gesamte Gebiet nördlich der Großen Mauer gleichsam als seinen Privatbesitz. Dazu gehörte auch das von Mongolen besiedelte Gebiet. Als Xu Shuzheng, ein anderer Militärführer, dort 1919 sein »Reich« etablieren wollte, entsandte Zhang seine Truppen erstmals in das Gebiet südlich der Großen Mauer, d. h. vor die Tore Pekings, und zwang nach einigen Gefechten den Ministerpräsidenten Duan Qirui zur Abdankung.

Wie wenig gesichert der Anspruch der Chinesen auf die Gebiete nördlich der Großen Mauer war, die sich bisher lediglich in tributärer Abhängigkeit von Peking befunden hatten, zeigt die Entwicklung im Jahre 1921: Im Frühjahr dieses Jahres rief der weißrussische General Baron von Ungern-Sternberg in Urga (dem heutigen Ulan Bator) die Provisorische Mongolische Volksrepublik aus und erklärte gleichzeitig deren Unabhängigkeit von China. Die chinesische Regierung ernannte daraufhin Zhang zum Hochkommissar für das mongolische Grenzland, um die chinesischen Ansprüche dort auch in Zukunft aufrechtzuerhalten. Damit streckte sich Zhangs Einfluß fortan auch auf die nördlich der Großen Mauer gelegenen Provinzen Rehe (Jehol), Chahar und Suiyuan aus.

Inzwischen hatten Verbände der Roten Armee der Sowjetunion den Baron von Ungern-Sternberg aus Urga vertrieben und im Juli 1921 die Revolutionäre Mongolische Volksrepublik errichtet. Indem Zhang, wie es heißt, die Mittel, mit denen ihn die chinesische Regierung ausgestattet hatte, um gegen die neuen Machthaber in der Mongolei vorgehen zu können, in die eigene Tasche steckte, verzichtete er darauf, seinen Einfluß auf die Äußere Mongolei auszudehnen. Offenbar bedeutete ihm dieses Gebiet nichts.

In der Folgezeit kam es zu Rivalitätskämpfen zwischen Zhang auf der einen und den Warlords → Feng Yuxiang und Wu Peifu auf der anderen Seite, in denen Zhang 1922 unterlag. Daraufhin zog er sich wieder in die Mandschurei zurück. Staatspräsident Xu Shichang enthob ihn zwar offiziell seiner Posten dort, doch blieb dies ohne Wirkung. Zhang, der auf der Seite der Japaner stand, war von der republikanischen Regierung nicht zu entmachten. Er herrschte weiter über die Mandschurei, wobei er nicht nur selbständig mit dem Ausland Verträge abschloß, sondern 1924 auch einen Vertrag Chinas mit der Sowjetunion über die durch die Mandschurei verlaufende Eisenbahn torpedierte. Dieser Vertrag konnte erst in Kraft treten, nachdem auch Zhang auf Drängen der Pekinger Regierung mit Moskau ein entsprechendes Abkommen getroffen hatte. Damit aber hatte sie praktisch die Unabhängigkeit der Mandschurei von China anerkannt, was wiederum den Japanern in die Hände spielte, die ein knappes Jahrzehnt später aus der Mandschurei den Marionettenstaat Manzhouguo machten.

Nach erneuten Wirren konnte Zhang seine Macht weiter ausbauen.

Ende 1924 traf er mit → Sun Yat-sen zusammen, der ihn vergeblich für die Guomindang zu gewinnen versuchte. Statt dessen unternahm Zhang 1925 einen militärischen Vorstoß nach Shanghai und Zentralchina, wo er sich jedoch nicht halten konnte.
Als 1926 modern ausgerüstete und politisch geschulte Guomindang-Einheiten von Südchina aus den Nord-Feldzug begannen, um die Herrschaft der Warlords zu brechen, schlossen diese sich unter dem Oberbefehl Zhangs zur »Nationalen Befreiungsarmee« zusammen. Doch diese Koalition sollte nicht lange halten. Als die Guomindang-Armeen unter der Führung von → Chiang Kai-shek 1928 vor der Einnahme Pekings standen, sah er sich daher gezwungen, sich in die Mandschurei abzusetzen.
Zhang verließ Peking mit seinem privaten Sonderzug am 3. Juni 1928. Am folgenden Tag wurde dieser kurz vor Mukden – wahrscheinlich durch Japaner – mit einer Bombe in die Luft gejagt. Zhang fand dabei den Tod.

Zhao Zhongyao 1903- 趙忠尧

1960?

Zhao gehört zu den führenden Atomphysikern der Volksrepublik China. Von 1956 bis 1961 leitete er die chinesische Physikergruppe am Kernforschungsinstitut der sozialistischen Länder in Dubno bei Moskau.

Zhao wurde 1903 geboren. Er studierte Physik in Halle und Cambridge sowie am California Institute of Technology, an dem er 1930 promovierte. In den folgenden zwei Jahrzehnten arbeitete er in den USA im Bereich der Kernforschung, wobei er sich vor allem auf die Gammastrahlen spezialisierte. Bei den ersten amerikanischen Atombombentests war er als Beobachter zugelassen.

Nach der Gründung der Volksrepublik China im Oktober 1949 entschloß sich auch Zhao zur Rückkehr in die Heimat. Auf der Heimreise wurde er im Oktober 1950 von der amerikanischen Militärverwaltung in Yokohama festgenommen und der taiwanesischen Botschaft in Japan übergeben, die indessen keine Handhabe gegen ihn hatte. So traf er im folgenden Monat nach 24jähriger Abwesenheit in der Volksrepublik China ein, die ihn bereits zwei Monate später mit einer Delegation zu einer Konferenz des Weltfriedensrates nach Ost-Berlin schickte. 1954 wurde Zhao Abgeordneter der Provinz Zhejiang im 1. Nationalen Volkskongreß, als der er von allen nachfolgenden Volkskongressen bestätigt wurde. Seine erste wissenschaftliche Ernennung scheint 1955 erfolgt zu sein, als er Mitglied der Abteilung für Mathematik, Physik und Chemie an der Akademie der Wissenschaften wurde.

Als die Volksrepublik nach dem Tode Stalins forderte, die sozialistischen Bruderländer an der sowjetischen Kernforschung teilhaben zu lassen, wurde in Dubno bei Moskau ein »Gemeinsames Kernforschungsinstitut« gegründet. Von 1956 bis 1961 war Zhao dort Leiter der Gruppe der chinesischen Kernphysiker, und als 1957 das Institut für Atomenergie an der Akademie der Wissenschaften eingerichtet wurde, wurde Zhao dessen stellvertretender Direktor.

1965 wurde Zhao dann zum Mitglied des Ständigen Komitees des Nationalen Volkskongresses gewählt, als das ihn alle folgenden Kongresse bestätigten. 1978 wurde er stellvertretender Direktor des Instituts für Hochenergiephysik an der Akademie der Wissenschaften und zwei Jahre später Ehrenpräsident der Gesellschaft für Nuklearphysik.

Da Zhaos Name niemals im Zusammenhang mit der chinesischen Atomrüstung Erwähnung findet, ist anzunehmen, daß sich seine Forschungen auf die friedliche Nutzung der Kernenergie beschränken.

Zhao Ziyang 1919- 赵紫阳

1983

Zhao Ziyang gehört zur zweiten Generation der Führer der Kommunistischen Partei Chinas. Er hat keine revolutionäre Vergangenheit. Seit 1980 ist er Ministerpräsident der Volksrepublik China.

Zhao Ziyang wurde 1919 unter dem Namen Zhao Xiusheng im Kreis Huaxian, Provinz Henan, geboren. Sein Vater war Großgrundbesitzer und Eigentümer von Getreidesilos. Nach dem Besuch der Grundschule in seinem Heimatort absolvierte er bis 1937 Mittelschulen in Kaifeng und Wuhan. Im folgenden Jahr trat er in die KP Chinas ein, die ihn 1940 als Parteisekretär eines Distriktes in dem von kommunistischen Kampfverbänden beherrschten Grenzbezirk Hebei–Shandong–Henan einsetzte. Dort blieb er bis 1947, zuletzt betraut mit Aufgaben im Rahmen der Landreform. Mit knapp 30 Jahren wurde er danach Parteisekretär des Distrikts Luoyang in seiner Heimatprovinz.

Nach Vertreibung der Guomindang-Truppen vom Festland war die Volksrepublik China bis 1954 zunächst in militärische Großregionen als Verwaltungseinheiten gegliedert, die jeweils mehrere Provinzen umfaßten und durchweg von Militärführern geleitet wurden. Parallel zu diesen Regionen wurden Parteibüros eingerichtet, die direkt dem Zentralkomitee der KPCh unterstellt waren.

Nachdem Zhao bisher nur untergeordnete Posten übertragen worden waren, wurde er 1950 ins ZK-Büro für Zentral-Südchina versetzt. Hierbei arbeitete er einige Jahre als Mitglied des Ständigen Komitees im Unterbüro für Südchina. Sein Vorgesetzter war Tao Zhu, seit 1953 1. Parteisekretär der Provinz Guangdong. Tao holte Zhao 1955 in die KP von Guangdong. Hier wurde er zunächst Stellvertretender Parteisekretär, 1957 Sekretär und 1965 – nachdem Tao Zhu in die Parteizentrale berufen worden war – als dessen Nachfolger 1. Parteisekretär. Mit nur 45 Jahren war er damit einer der jüngsten 1. Provinzsekretäre der KPCh. Indessen fand seine Karriere in der Kulturrevolution ein vorläufiges Ende, denn er wurde 1967 als »Agent Tao Zhus und Liu Shaoqis«, »konterrevolutionärer Revisionist« und »stinkendes Element der Grundbesitzerklasse« gebrandmarkt und verschwand.

Bereits 1971 aber tauchte Zhao wieder auf. Zwar mußte er sich ein Jahr lang mit dem Posten eines Parteisekretärs in der unwirtlichen Inneren Mongolei begnügen, doch schon 1972 war er wieder in der Provinz Guangdong, zunächst als Parteisekretär und ab 1974 erneut als 1. Parteisekretär. 1973 wurde er überdies erstmals zum Mitglied des Zentralkomitees der KPCh gewählt.

1976 – im Todesjahr → Mao Zedongs – schließlich wurde Zhao 1. Parteisekretär von Sichuan, der bevölkerungsreichsten Provinz Chinas. Sehr bald entwickelte er dort wirtschaftspolitische Eigeninitiativen, indem er in der Industrie ein Bonussystem und in der Landwirtschaft in China zuvor unbekannte individuelle Produktionsanreize einführte. Diese Reformen fanden bald ein großes, wenn auch geteiltes Echo, denn manche sahen darin einen Verrat an den sozialistischen Prinzipien. Doch der Erfolg gab Zhao recht. So wählte ihn der 11. Parteikongreß 1977 zunächst als Kandidat ins Politbüro, dessen 4. Plenum zwei Jahre später als Mitglied und das 5. Plenum 1980 schließlich als Mitglied des Ständigen Komitees. Im April desselben Jahres wurde Zhao – wie → Hu Yaobang von → Deng Xiaoping gefördert – mit seiner Ernennung zum Stellvertretenden Ministerpräsidenten erstmals Mitglied der Regierung. Nur fünf Monate später wurde er Ministerpräsident und damit Nachfolger des zum Rücktritt gezwungenen → Hua Guofeng. Als solcher besuchte er von 1981 bis 1984 32 Staaten in aller Welt.

Zhou Enlai 1898-1976

周恩来

1910

1918

1924

1935

1955

1965

Zhou war der nach Mao prominenteste Führer der Kommunistischen Partei Chinas. Über fünfzig Jahre war er Mitglied des Politbüros. Von 1949 bis 1976 war er Ministerpräsident der Volksrepublik China.

Zhou Enlai wurde 1898 in Huaian, Provinz Jiangsu, als Sohn einer reichen Gentry-Familie geboren, die ausgedehnte Ländereien in Shaoxing in der Provinz Zhejiang besaß. Die ersten Lebensjahre verbrachte er am Stammsitz der Familie in Huaian beim Großvater, einem ehemaligen hohen Staatsbeamten. Dort erhielt Zhou die klassische chinesische Ausbildung. Als er etwa zehn Jahre alt war, übertrug die Familie seine weitere Erziehung einem Onkel in Shenyang (Mukden) in der Mandschurei, wo Zhou eine moderne Grundschule besuchte. Von 1913 bis 1917 ging er auf die Nankai-Mittelschule in Tianjin, wo er bald in der Schülerbewegung eine führende Rolle spielte. 1917 ging er zur Fortsetzung seiner Studien nach Japan. Ein Jahr studierte er in Tokyo an der Waseda-Universität Japanisch, dann wechselte er an die Kyoto-Universität, vornehmlich angezogen von dem dort lehrenden Sozialisten Hajime Kawakami. 1919 kehrte Zhou nach China zurück und schrieb sich an der Nankai-Universität in Tianjin ein.

Bereits im folgenden Jahr machte Zhou zusammen mit etwa 1500 anderen jungen Chinesen von der Möglichkeit zu einem Werkstudium in Frankreich Gebrauch, wie es zwischen den Regierungen der beiden Länder vereinbart worden war. Allerdings gibt es keine Nachweise, daß er je Vorlesungen besucht hätte. Zhou war zudem unter den chinesischen Werkstudenten insofern eine Ausnahme, als er von seiner wohlhabenden Familie mit genügend Mitteln ausgestattet worden war, um ihm Bewegungsfreiheit zu verschaffen. Dies ermöglichte ihm Reisen nach

England, Belgien und Deutschland. Zhou gehörte zu den Mitbegründern der Frankreich-Sektion der Kommunistischen Jugendliga Chinas. In Frankreich lernte er auch den jungen Ho Chi Minh kennen und trat 1922 in die KPCh ein. Rückblickend läßt sich sagen, daß Zhou in Frankreich zum Revolutionär wurde.

1924 kehrte er nach China zurück, wo inzwischen Guomindang und KPCh eine Einheitsfront gebildet hatten. In beiden Parteien erhielt er sofort wichtige Positionen: Die KPCh ernannte ihn zum Sekretär des zu dieser Zeit bedeutendsten Regionalkomitees in der Provinz Guangdong, die Guomindang zum Leiter der Politabteilung an der soeben gegründeten Whampoa-Militärakademie, deren Leiter → Chiang Kai-shek war. Seinen so unvermittelten Aufstieg in Führungspositionen in beiden Parteien verdankte Zhou – klassischer chinesischer Tradition entsprechend – seiner sozialen Herkunft.

1925 heiratete Zhou → Deng Yingchao, die er als Student in Tianjin kennengelernt hatte. Er blieb ihr bis zu seinem Tod verbunden. Die Ehe blieb kinderlos.

Nach dem Tode → Sun Yat-sens im März 1925 kam es zwischen dem rechten und linken Flügel der Guomindang und in der Folge auch zwischen der Guomindang und der KPCh zu Spannungen. Ein erster Zusammenstoß beider Parteien ereignete sich im Frühjahr 1926, in dessen Verlauf auch Zhou einige Tage verhaftet wurde. Wenige Monate später begann der Nord-Feldzug, der von der Provisorischen Nationalregierung unternommen wurde, um die Macht der Warlords zu brechen. In der Anfangsphase des Feldzugs konnten die Spannungen zwischen den beiden Parteien noch einmal überbrückt werden, doch als Chiang Kai-shek im April 1927 in Shanghai und Guangzhou (Kanton) Tausende von Kommunisten verhaften und ermorden ließ, war die Einheitsfront endgültig zerbrochen. Einen Monat später fand der 5. Kongreß der KPCh statt, der Zhou sowohl zum Mitglied des Zentralkomitees als auch des Politbüros wählte. Beide Posten sollte er ohne Unterbrechung bis zu seinem Tod innehaben – länger als jeder andere. Wenig später organisierten Angehörige des linken Flügels der Guomindang gemeinsam mit einigen Kommunisten einen Aufstand. An diesem »Nanchang-Aufstand« vom 1. August 1927, der in der Volksrepublik China als Geburtsstunde der Volksbefreiungsarmee gilt, war auch Zhou beteiligt. Er war kurz zuvor zum Leiter der Militärabteilung der KPCh ernannt worden. Während des Aufstandes wirkte er als Sekretär des Frontkomitees der KPCh sowie als einer der höchsten Funktionäre in dem von den Aufständischen eingerichteten Revolutionskomitee. Der Aufstand wurde nach wenigen Tagen von den überlegenen Guomindang-Streitkräften niedergeschlagen, und die Überlebenden mußten flüchten.

Zhou ging nach Moskau. Dort nahm er im Sommer 1928 am 6. Kongreß der KPCh teil, der ihn in seinen Parteiämtern bestätigte und zum

Direktor der Organisationsabteilung der Partei ernannte. Die Tatsache, daß dieser Kongreß in Moskau stattfand, macht die damalige Abhängigkeit der KPCh von der Komintern deutlich, die erst Jahre später von →Mao Zedong beendet werden sollte. Die führende Stellung Zhous kommt zum einen darin zum Ausdruck, daß das Politbüro der KPCh damals nur neun Mitglieder zählte, zum andern in seiner Wahl zum Kandidaten des Exekutivrates der Komintern im September 1928.

Ende desselben Jahres kehrte Zhou nach China zurück, wo er zunächst in der im Untergrund arbeitenden Parteizentrale in Shanghai wirkte. 1930 ging er erneut nach Moskau, wo er sechs Monate lang die chinesische Sektion der Komintern leitete. Ein halbes Jahr nach seiner Rückkehr aus Moskau begab er sich als einer der ersten Führer aus der Parteizentrale in Shanghai in die Guerillabasis Mao Zedongs.

Zhou traf rechtzeitig in der Basis ein, um im November 1931 an der Gründungssitzung der Chinesischen Sowjetrepublik teilzunehmen. Diese wählte ihn zum Mitglied ihres Exekutivrates sowie zum Mitglied des Zentralen Revolutionären Militärrates. Zhou und andere Führungskader, die aus der Shanghaier Parteizentrale nachgekommen waren, verwarfen jedoch die Guerillakriegführung als antiquiert und versuchten, Mao Zedong auszuschalten. So wurde Mao 1932 gezwungen, seinen Posten als Politkommissar der von ihm geschaffenen 1. Frontarmee – so nannten sich die Streitkräfte seiner Basis – an Zhou Enlai abzutreten, der überdies ein Jahr später zum Politkommissar aller Roten Armeen ernannt wurde.

Erst während des im Herbst 1934 beginnenden Langen Marsches entwickelte sich Zhou zu einem der treuesten Gefolgsleute Mao Zedongs. Zum ersten Mal wurde dies Mitte 1935 deutlich, als er zu Mao stand, während → Zhu De sich weigerte, Mao zu folgen (s. auch → Zhang Guotao) und es zur Trennung der eben vereinigten Marschkolonnen kam. Auf der letzten Strecke des Langen Marsches zog sich Zhou eine schwere Leberentzündung zu und mußte deshalb – wie seine Frau – auf einer Bahre transportiert werden.

Nachdem Maos Marschkolonne im Herbst 1935 ihr Ziel in der Provinz Shaanxi erreicht hatte und dort das neue Zentrum der KPCh aufgebaut wurde, arbeitete Zhou zunächst weiter als Politkommissar der Roten Armee.

Im folgenden Jahr kam es zum sogenannten Xi'an-Zwischenfall, bei dem Zhou Enlai eine wichtige Rolle spielen sollte: Die in Nordchina stationierten Guomindang-Generäle Yang Hucheng und Zhang Xueliang hatten insgeheim mit den Kommunisten Kontakt aufgenommen, weil sie mit Chiang Kai-sheks Politik nicht einverstanden waren. Als Chiang im Dezember 1936 nach Xi'an kam, um die Generäle für ihre Gehorsamsverweigerung zu strafen, nahmen sie ihn kurzerhand gefangen. Ihr Ziel war, ihn zu zwingen, gemeinsam mit den Kommunisten gegen die Japaner zu kämpfen. In den Verhandlungen, an denen Zhou Enlai als Unterhändler der Kommunisten beteiligt war, erklärte sich Chiang Kai-shek schließlich zu einer neuen Einheitsfront mit den Kommunisten bereit.

In den folgenden Jahren widmete sich Zhou hauptsächlich der Arbeit in dieser erneuten Einheitsfront. Als Leiter des Verbindungsbüros der KPCh am Sitz der Nationalregierung in Chongqing war er der erste führende chinesische Kommunist, der auch international bekannt wurde. Sein würdevolles Auftreten, seine Liebenswürdigkeit und sein Verhandlungsgeschick trugen ihm bald die Achtung vor allem der Amerikaner ein, die ebenfalls am Sitz der Chinesischen Nationalregierung vertreten waren.

Zwar verließ Zhou des öfteren Chongqing – beispielsweise ging er nach Ausbruch des 2. Weltkrieges nach Moskau und nahm wiederholt an Sitzungen in der Zentrale der Kommunisten in Yan'an teil –, doch blieb seine Hauptaufgabe die Leitung des Verbindungsbüros am Sitz der Nationalregierung. Dies wurde im Laufe der Zeit immer schwieriger, denn die Einheitsfront zwischen Guomindang und KPCh erwies sich bald als brüchig. Als 1941 Streitkräfte der Guomindang Teile der Neuen 4. Armee der Kommunisten ausschalteten, war sie praktisch beendet. Die amerikanischen Generäle Patrick J. Hurley und später George C. Marshall versuchten zwar, einen Ausgleich zwischen den Kontrahenten herbeizuführen, doch die von ihnen in die Wege geleiteten Verhandlungen zwischen Chiang Kai-shek und Mao Zedong im Sommer 1945, an deren Zustandekommen Zhou entscheidenden Anteil hatte, führten zu nichts. So begann 1947 der Kampf der Roten Armee gegen die Guomindang, der zwei Jahre später mit deren Vertreibung vom Festland endete.

Bei der Gründung der Volksrepublik China am 1. Oktober 1949 wurde Zhou Enlai Ministerpräsident. Er sollte es ohne Unterbrechung 26 Jahre lang bleiben. Zugleich übernahm er das Amt des Außenministers, das er jedoch 1958 wegen Arbeitsüberlastung an → Chen Yi abtrat. In beiden Ämtern förderte Zhou wie kein anderer das internationale Ansehen seines Landes. Von 1950 bis 1971 unternahm er nicht weniger als 65 Auslandsreisen, die ihn anfangs ausschließlich in sozialistische, ab 1954 auch in andere Länder Asiens und ab 1963 in afrikanische Staaten führten. 1954 besuchte er anläßlich der Genfer Vietnam-Konferenz die Schweiz. Insgesamt achtmal besuchte er die Sowjetunion.

1954 wurde Zhou zum Vorsitzenden der Politischen Konsultativkonferenz des Chinesischen Volkes gewählt. Auch dieses Amt hatte er bis zu seinem Tod inne. Im Nationalen Volkskongreß, in dem er als Abgeordneter für Peking saß, gehörte er zu den Hauptrednern. Als der 8. Parteikongreß 1956 das Ständige Komitee des Politbüros schuf, wurde Zhou auch Mitglied dieses sechsköpfigen höchsten Parteigremiums.

Die Kulturrevolution überstand Zhou unangefochten, denn als Regierungschef war er unentbehrlich. Seit 1972 bemühte er sich um die Rehabilitierung der während der Kulturrevolution zu Unrecht Verfolgten. Sein Versuch, → Deng Xiaoping zu seinem Nachfolger als Regierungschef zu machen, wurde drei Monate nach seinem Tod von → Jiang Qing zunichte gemacht. Um 1973 erkrankte Zhou an Krebs. Er starb am 8. Januar 1976.

Zhou Yang 1907- 周扬

1962

1981

Zhou Yang ist einer der einflußreichsten Kulturfunktionäre der Volksrepublik China. Da er stets die Parteilinie verfocht, wurde er in der Kulturrevolution selbst verfemt.

Zhou Yang wurde 1907 unter dem Namen Zhou Qiying im Kreis Yiyang, Provinz Hunan, geboren. Sein Vater war ein reicher Grundbesitzer. Nach dem Besuch einer Mittelschule in seiner Heimatprovinz studierte er zwei Jahre lang an der Daxia-Universität in Shanghai englische Literatur. In dieser Zeit las er erstmals marxistische Schriften. 1928 ging er nach Japan und studierte Japanisch und Russisch. Im folgenden Jahr wurde er inhaftiert, weil er an kommunistischen Demonstrationen teilgenommen hatte.

1930 kehrte Zhou Yang nach China zurück und arbeitete in Shanghai als Literaturkritiker. Zugleich übersetzte er Tolstois *Anna Karenina* aus dem Russischen und veröffentlichte Artikel über russische Literatur. Um 1932 trat er in die Kommunistische Partei Chinas ein. Es heißt, daß Zhou Yang in dieser Zeit seine Theorie entwickelt habe, derzufolge Literatur vornehmlich eine politische Waffe ist. So wurde er 1932 Generalsekretär der kurz zuvor von → Lu Xun gegründeten »Liga der linksgerichteten Schriftsteller«, deren erklärtes Ziel es war, diejenigen Schriftsteller zu vereinigen, denen es darum ging, durch literarische Werke zur Aufklärung und politischen Bewußtseinsbildung beizutragen.

Am Vorabend des Chinesisch-Japanischen Krieges hatte die Liga mit Lu Xun die Schaffung einer »Volksliteratur für den nationalen revolutionären Kampf« gefordert. Zhou Yang stellte ihr seine »Literatur für nationale Verteidigung« gegenüber. Als Zhou Yang zusammen mit → Zhang Chunqiao gar Lu Xun persönlich angriff, zieh ihn dieser des Versuchs, andere als Verräter abzustempeln, um seine eigene Position zu stärken.

1937 ging Zhou Yang nach Ausbruch des Chinesisch-Japanischen Krieges als einer der ersten Intellektuellen in das Zentrum der Kommunisten nach dem Langen Marsch nach Yan'an, wo er 1940 Vizepräsident der »Lu-Xun-Kunstakademie« wurde, deren Aufgabe es war, auch die Arbeit von Künstlern und Schriftstellern für den antijapanischen Kampf zu nutzen. Es war das Jahr, in dem auch → Mao Zedong seine richtungweisenden *Reden über Literatur und Kunst* veröffentlichte, an deren Entstehung – wie es scheint – auch Zhou Yang wesentlichen Anteil

1966: Von Roten Garden gedemütigt

hatte. Diese Reden wurden, als die Partei 1942 ihre erste »Berichtigungskampagne« startete, zum wichtigsten kulturpolitischen Instrument der Partei. Das erste Opfer dieser Kampagne wurde der Schriftsteller Wang Shiwei. In Wahrheit galt der Angriff jedoch → Ding Ling, mit der Zhou Yang bereits in der »Liga der linksgerichteten Schriftsteller« in Konflikt geraten war.

In den folgenden Jahren gab Zhou Yang zahlreiche Bücher heraus, darunter Sammlungen wichtiger Schriften von Marx, Engels, Lenin, Stalin – eine verdienstvolle Tätigkeit, hatten damals doch selbst führende Funktionäre der Partei meist nur bescheidene Kenntnisse von den marxistischen Theorien. Außerdem verfaßte er die Schrift *Das neue Zeitalter der Massen,* in der er *Reden über Literatur und Kunst* zur Doktrin erhob. In jener Zeit rief er überdies die Kunstschaffenden erstmals auf, den Kontakt zu den »Massen« zu suchen, um sich auf diese Weise aus ihren Elfenbeintürmen zu befreien. Nach dem Ende des Chinesisch-Japanischen Krieges wurde Zhou Yang Vizepräsident der Vereinigten Nordchinesischen Universität, Direktor der Propagandaabteilung im Nordchina-Büro des Zentralkomitees der KP Chinas und Vorsitzender des Rates für Hochschulerziehung in der Volksregierung von Nordchina, einer Vorläuferin der Volksrepublik China.

Mit der Gründung der Volksrepublik im Oktober 1949 wurde Zhou Yang Stellvertretender Kulturminister und Mitglied des Kultur- und Erziehungsrates der Regierung, nachdem er wenige Monate zuvor bereits zum stellvertretenden Vorsitzenden des Verbandes der Literatur- und Kunstkreise sowie zum Mitglied des Ständigen Komitees des Schriftstellerverbandes gewählt worden war, dessen stellvertretender Vorsitzender er 1953 wurde. 1951 zum stellvertretenden Direktor der Propagandaabteilung im ZK der KPCh ernannt, war Zhou Yang mit 44 Jahren einer der führenden Parteiideologen. Seine Macht und sein Einfluß wurden erstmals 1955 deutlich, als der marxistische Literat → Hu Feng, den Zhou Yang zum »Konterrevolutionär« abgestempelt hatte, in Gefängnisse und Lager gesteckt wurde, aus denen er erst nach einem Vierteljahrhundert geistesgestört entlassen wurde.

Den Höhepunkt seiner Karriere erreichte Zhou Yang, der 1956 zum

Kandidaten des ZK gewählt wurde, jedoch, als die von Mao ursprünglich als Liberalisierungspolitik gedachte »Hundert-Blumen-Kampagne« von 1957 in eine »Kampagne gegen die Rechtsabweichler« verkehrt wurde und man unter Zhou Yangs Federführung scharf gegen zahlreiche Intellektuelle vorging, die sich mit ihrer Kritik zu weit vorgewagt hatten – allen voran die 1951 mit dem Stalinpreis ausgezeichnete Schriftstellerin Ding Ling.

Wenige Jahre später – in der Kulturrevolution – sollte Zhou Yang jedoch selbst als »Konterrevolutionär« verfolgt werden. Im Dezember 1966 wurde er zusammen mit → Lu Dingyi im Pekinger Arbeiterstadion »den Massen vorgeführt«: Man hatte ihm ein riesiges Schild um den Hals gebunden, auf dem sein Name durchgestrichen war. Über sein weiteres Schicksal während der Kulturrevolution ist offiziell nichts bekannt geworden.

Zhou Yang tauchte erst 1977 wieder auf – ein Jahr nach dem Tode Mao Zedongs und dem Sturz der »Viererbande« also. Bereits ein Jahr später war er erneut sowohl Stellvertretender Vorsitzender des Schriftstellerverbandes (bis Januar 1985) als auch des Verbandes für Literatur- und Kunstkreise, dessen Vorsitz er 1979 übernahm. Ebenfalls 1979 wurde Zhou Yang vom 4. Plenum des 11. Zentralkomitees zum ZK-Mitglied nachgewählt (bis 1982). Wenig später wurde er erneut zum stellvertretenden Direktor der Propagandaabteilung des ZK ernannt (bis 1982). Daneben erhielt er eine Vielzahl weiterer Posten in der Kulturverwaltung, von denen hier nur der Vorsitz in der Gesellschaft für Lu Xun-Studien genannt sei.

Schriften (Auswahl):
1941(?): *Schriften von Marx, Engels, Lenin und Stalin* (Sammelband); 1984: *Gesammelte Werke Zhou Yangs* (5 Bände).

Übersetzungen aus dem Russischen:
Tolstoi, *Anna Karenina*, Tschernischewski, *Die ästhetische Beziehung zwischen Kunst und Wirklichkeit.*

Zhu De 1885-1976 朱德

1918

1924

1937

1955

1955

1965

Zhu De war in der Revolutionszeit Oberkommandierender der Kommunistischen Verbände, der späteren Volksbefreiungsarmee. In der Volksrepublik China war er Stellvertretender Staatspräsident und zuletzt Vorsitzender des Nationalen Volkskongresses.

Zhu De wurde am 6. November 1885 im Kreis Yilong, Provinz Sichuan, als Sohn eines reichen Bauern geboren. Yilong liegt 200 km nördlich von Chongqing in den Ausläufern des Micang-Gebirges, das die Grenze zur Provinz Shaanxi bildet. Vom fünften Lebensjahr an erhielt er eine klassische chinesische Ausbildung, die er um 1904 mit dem ersten Staatsexamen und dem damit verbundenen Titel eines Xiucai abschloß. Danach besuchte Zhu De eine moderne Mittelschule. Von 1906 bis 1908 ließ er sich an der Höheren Lehrerbildungsanstalt von Chengdu, der Hauptstadt seiner Heimatprovinz, zum Sportlehrer ausbilden. Diesen Beruf übte er aber nur ein Jahr lang aus.

1909 trat Zhu De in die Militärakademie der Provinz Yunnan in Kunming ein, die zu jener Zeit eine der bekanntesten Militärschulen Chinas war. Unter den Instrukteuren gehörten einige dem von → Sun Yat-sen gegründeten »Revolutionsbund« an, dem Vorläufer der Guomindang. Von ihnen beeinflußt, wurde auch Zhu De Mitglied. Er beendete seine Militärausbildung im Sommer 1911 – wenige Wochen vor dem Sturz der Qing-Dynastie – und trat als Leutnant in die Armee von General Cai E ein, die im Oktober des gleichen Jahres die kaiserliche Militär- und Zivilorganisation von Yunnan beseitigte. Als einer der wenigen begabten jungen Offiziere mit einer modernen Ausbildung machte Zhu De rasch Karriere: 1916 – im Alter von nur 31 Jahren – war er bereits General und befehligte eine Brigade der Yunnan-Armee in der Provinz Sichuan.

In den folgenden Jahren führte er zunächst ein Leben wie die meisten anderen seiner Kollegen: Er genoß alle Annehmlichkeiten, die ihm seine Position erlaubte, und gewöhnte sich sogar das Opiumrauchen an. Von 1919 an jedoch vollzog er einen radikalen Wandel seines Lebens: Er unterzog sich in der französischen Konzession in Shanghai einer Entziehungskur und reiste 1922 nach Europa.
Nach kurzem Zwischenaufenthalt in Frankreich ging er Ende des Jahres nach Deutschland, wo er in Berlin mit → Zhou Enlai zusammentraf, der die Aufnahme Zhu Des in die KP Chinas befürwortete, obwohl der Parteiführer → Chen Duxiu sie zu Anfang des Jahres wegen dessen früheren Lebenswandels abgelehnt hatte. In Deutschland entwickelte Zhu De eine rastlose Tätigkeit. Zwar immatrikulierte er sich im Sommersemester 1924 an der Universität Göttingen im Fachbereich Sozialwissenschaften, doch verbrachte er seine Zeit mehr mit Museumsbesuchen, Fabrik- und Bergwerksbesichtigungen sowie der Herausgabe einer chinesischen Zeitschrift als mit dem Besuch von Seminaren und Vorlesungen. Da ist es kein Wunder, daß der ehemalige chinesische General und jetzige Student den deutschen Behörden bald verdächtig vorkam. Nach zweimaliger Verhaftung verwiesen sie ihn 1925 schließlich des Landes.
Das folgende Jahr verbrachte Zhu De in Moskau, wo er an einer Studenten aus asiatischen Ländern vorbehaltenen Hochschule Kurse besuchte. 1926 kehrte er nach China zurück, wo soeben der Nord-Feldzug gegen die Warlords begonnen hatte. Zhu De erhielt den Auftrag, mittels seiner alten persönlichen Beziehungen Yang Sen, einen Warlord der Provinz Sichuan, für die Guomindang zu gewinnen.
Nachdem → Chiang Kai-shek im April 1927 die Einheitsfront mit den Kommunisten zerbrochen hatte, beteiligte sich Zhu De am Nanchang-Aufstand. Nach dessen Scheitern gelang es ihm, sich mit der kleinen Truppe, die ihm verblieben war, 1928 mit den Verbänden → Mao Zedongs im Jinggang-Gebirge zu vereinigen.
Die Kampftruppen der beiden Führer wurden als 4. Rote Armee zusammengefaßt. Sie bildeten den Kern der Volksbefreiungsarmee, die zwei Jahrzehnte später die Guomindang-Truppen vom Festland verjagen und damit die Voraussetzung für die Gründung der Volksrepublik China schaffen sollte. Sie bestand zunächst aus 10000 Mann, von denen indessen nur jeder fünfte ein Gewehr besaß. Zhu De erhielt den militärischen Oberbefehl, Mao wurde ihr politischer Führer. Bei dieser Aufgabenteilung sollte es während der kommenden Jahre bleiben.
1929 heiratete Zhu De Kang Keqing, ein 17jähriges Bauernmädchen. Sie war seine vierte Frau. Die erste war Lehrerin gewesen; er hatte sie 1912 geheiratet, doch war sie 1916 kurz nach der Geburt eines Sohnes gestorben. Im folgenden Jahr hatte er Chen Youzhen, ein Mädchen aus einer Gelehrtenfamilie, geheiratet. Zusammen mit Zhu Des Sohn

aus erster Ehe sollte sie Mitte der dreißiger Jahre hingerichtet werden. 1928 war Zhu De eine dritte Verbindung mit der Schriftstellerin Wu Lanying eingegangen, die im Jahr darauf exekutiert wurde. Aus der vierten und letzten Ehe Zhu Des mit Kang Keqing gingen zwei Töchter hervor.

1930 wurde er zum Kandidaten des Zentralkomitees der KPCh gewählt und 1934 – kurz vor Beginn des Langen Marsches – zum Mitglied des Politbüros. Letzteres blieb er bis zu seinem Tod. Mit einer 42jährigen Mitgliedschaft in diesem Gremium sollte seine Amtsdauer nur noch durch die von Zhou Enlai (48 Jahre) und Mao Zedong (44 Jahre) übertroffen werden.

Während des Langen Marsches trennten sich Zhu De und Mao. Mit der gleichen Marschkolonne waren sie im Herbst 1934 aus dem Jiangxi-Sowjet aufgebrochen. Diese war im Sommer des folgenden Jahres im Nordwesten der Provinz Sichuan mit der 4. Frontarmee unter Führung von → Zhang Guotao zusammengetroffen. Nachdem es über die Frage des einzuschlagenden Weges zwischen Mao und Zhang zu keiner Einigung gekommen war, so daß beide von nun an getrennt marschierten, schloß sich Zhu De Zhang an. (In der offiziellen Geschichtsschreibung der Volksrepublik China heißt es dazu, Zhu De sei von Zhang Guotao gefangengenommen und gezwungen worden, sich ihm anzuschließen.)

Als es Mao jedoch gelang, bereits nach drei Monaten sein Ziel, ein intaktes kleines kommunistisches Guerillagebiet in der Provinz Shaanxi, zu erreichen, kämpfte sich auch Zhu De dorthin durch, wo er mit den Resten der 4. Frontarmee Ende 1936 eintraf und von Mao sofort wieder als Oberkommandierender der Roten Armee eingesetzt wurde.

Als sich durch den Ausbruch des Chinesisch-Japanischen Krieges die Guomindang gezwungen sah, mit der KPCh erneut eine Einheitsfront zu bilden, handelten Zhu De und Zhou Enlai mit Chiang Kai-shek im August 1937 in Nanjing das entsprechende Abkommen aus, das die kommunistischen Streitkräfte als 8. Marscharmee mit Zhu De als Kommandeur formell der Nationalregierung unterstellte. Zugleich wurde Zhu De nominell auch Kommandeur der Nationalarmee. In Wirklichkeit jedoch operierten die kommunistischen Kampfverbände auch weiterhin völlig unabhängig. Gewinner dieses Zweckbündnisses sollten am Ende die Kommunisten sein.

Zhu De blieb auch nach der Kapitulation Japans im August 1945 Oberkommandierender der kommunistischen Streitkräfte im Bürgerkrieg gegen die Nationalregierung. Erst 1954 gab er diesen Posten auf, als er das Ehrenamt eines Stellvertretenden Staatspräsidenten erhielt. Inzwischen fast 70 Jahre alt, überließ er die militärische Führung jüngeren Kräften. Als Stellvertretender Staatspräsident unternahm Zhu De zahlreiche Reisen in die sozialistischen Staaten. 1959 schließlich

wurde er Vorsitzender des Nationalen Volkskongresses, was er bis zu seinem Tode bleiben sollte.
Zhu De starb im 91. Lebensjahr am 6. Juli 1976. Im gleichen Jahr starben auch Zhou Enlai und Mao Zedong.

Zhu Kezhen 1890-1974 竺可楨

Um 1960

Zhu war der bekannteste Geograph Chinas. Er erwarb sich Verdienste um die Entwicklung der modernen Wissenschaften in China weit über sein Fachgebiet hinaus, das er für die Landwirtschaft der Volksrepublik China nutzbar machte.

Zhu Kezhen, der vor allem international auch unter dem Namen Coching Chu bekannt ist, wurde 1890 in Shaoxing, 40 km südöstlich von Hangzhou in der Provinz Zhejiang, geboren. Nach dem Besuch einer Ingenieurschule in Tangshan ging er zur Fortsetzung seiner Studien in die USA. Bis 1915 studierte er an der Universität von Illinois und anschließend an der Harvard-Universität, an der er 1918 den Doktorgrad im Fach Geographie erwarb.

Noch im gleichen Jahr kehrte er nach China zurück und erhielt eine Professur an der Lehreruniversität von Wuchang (heute Teil der Stadt Wuhan). Damals befand sich die moderne geographische Wissenschaft in China noch in den Anfängen. Während bis etwa ins 15. Jahrhundert hinein die chinesische Kartographie höher entwickelt war als die europäische und es in China schon im Altertum Seismographen und Hygrometer gab, war die traditionelle chinesische Geograpahie im 19. Jahrhundert längst der westlichen weit unterlegen. Es waren europäische Forscher wie v. Richthofen, Teilhard de Chardin und Sven Hedin, die auf Teilgebieten vom ausgehenden 19. Jahrhundert an wesentliche Beiträge zur Geographie Chinas leisteten und Impulse gaben für eine eigenständige geographische Forschung in China, die nicht vor 1934 in der Lage war, den ersten modernen Atlas Chinas zu veröffentlichen.

Als einer der wenigen chinesischen Wissenschaftler, die eine westliche Ausbildung erhalten hatten, wurde Zhu bereits 1925 zum Präsidenten der Chinesischen Wissenschaftsgesellschaft gewählt, des Dachverbandes für zahlreiche fachwissenschaftliche Vereinigungen. Zwei Jahre später wurde er Direktor des Meteorologischen Instituts der Akademie der Wissenschaften und blieb zehn Jahre auf diesem Posten. Im April 1937 wurde er zum Rektor der Zhejiang-Universität in Hangzhou ernannt. Nachdem wenig später der Chinesisch-Japanische Krieg ausgebrochen war, der u.a. die Evakuierung aller in der Kampfzone gelegenen Universitäten ins Landesinnere zur Folge hatte, führte Zhu seine Universität über mehrere Zwischenstationen nach Zunyi in der Provinz Guizhou. Dort blieb sie bis zum Ende des Krieges.

Wie alle chinesischen Wissenschaftler seiner Zeit war auch Zhu politisch engagiert. So stand Zhu 1941 an der Spitze einer Demonstration seiner Studenten gegen den Stellvertretenden Staatspräsidenten und gleichzei-

tigen Finanzminister Kong Xiangxi. Damals war der spätere Sieg der Kommunisten über die Guomindang noch nicht vorhersehbar.
Im Frühjahr 1949 führte Zhu seine Universität nach Hangzhou zurück. Als im Oktober desselben Jahres die Volksrepublik China gegründet wurde, ernannten ihn die neuen Führer zum Mitglied des Kultur- und Erziehungsrates der Regierung sowie zum Vizepräsidenten der Akademie der Wissenschaften. Außerdem übernahm er im folgenden Jahr die Leitung des Planungsbüros der Akademie, 1951 den Vorsitz in der Meteorologischen sowie 1953 in der Geographischen Gesellschaft. 1954 wurde er Leiter der Abteilung für Biologie, Geologie und Geographie bei der Akademie der Wissenschaften.
Daneben erhielt Zhu auch politische Posten. So wurde er 1954 zum Mitglied des Ständigen Komitees des Volkskongresses gewählt, was er bis zu seinem Tode bleiben sollte, sowie 1958 zum Vorsitzenden der China-DDR-Freundschaftsgesellschaft.
Im Gegensatz zu den meisten anderen Wissenschaftlern überdauerte Zhu die Kulturrevolution. Er starb am 7. Februar 1974.
Anläßlich einer Gedenkfeier zu seinem 10. Todestag würdigte die chinesische Presse 1984 seine Verdienste: Zhu leistete Pionierarbeit, indem er die geographische und meteorologische Forschung Chinas für die Landwirtschaft nutzbar machte. Zudem trug er zur Entdeckung zahlreicher Lagerstätten wichtiger Bodenschätze bei und leitete die Einrichtung von 40 meteorologischen Stationen in ganz China.

Schriften (Auswahl):
Die Verteilung des Regens, Chinas Beitrag zur Meteorologie, Die Temperaturen in China, Taifune des Pazifik, Die Verwandlung der Wüsten ist unsere historische Aufgabe, Charakteristika des chinesischen Klimas und deren Zusammenhang mit der Nahrungsmittelproduktion.

Glossar

Auslandsstudenten

Um die Mitte des 19. Jahrhunderts erfuhr China zum ersten Mal in seiner langen Geschichte die Konfrontation mit Gegnern, denen es nicht gewachsen war. Die westlichen Kolonialmächte und Rußland zwangen dem Land »ungleiche Verträge« auf, unter denen sie Gebiete an der Küste in Besitz nahmen und vor allem wirtschaftliche Konzessionen erzwangen. Die politische Ohnmacht wurde besonders von der Intelligenz des Landes als Schmach empfunden, die die Gründe für die Unterlegenheit im überlegenen westlichen Geist zu finden glaubte. Vereinfacht gesehen führte diese Erkenntnis zu dem Rezept: Wenn wir uns die westlichen Ideen aneignen, besitzen wir das Rüstzeug, um die Kolonialisten aus unserem Land zu vertreiben. Die Folge war ein Ansturm auf westliche Universitäten, der im ausgehenden 19. Jahrhundert einsetzte.
Das nächstgelegene Land mit Universitäten nach westlichem Muster war Japan, wo nach der Meiji-Restauration (1868) solche Universitäten errichtet worden waren. Dort studierten z.B. 1905 8000 und im folgenden Jahr 10000 chinesische Studenten. In den USA studierten von 1850 bis 1949 rund 19000. Eine Sonderstellung nahm Frankreich ein. Der Arbeitskräftemangel in der französischen Industrie während des 1. Weltkrieges veranlaßte die Regierung, rund 150000 chinesische Arbeiter ins Land zu holen. Etwa 30000 von ihnen benutzten die Gelegenheit auch zum Studium. Demgegenüber spielte Deutschland als Ziel für ein Auslandsstudium eine eher untergeordnete Rolle. Die Sowjetunion wurde seit den zwanziger Jahren unseres Jahrhunderts vor allem für die Kommunisten zum Ziel chinesischer Studenten.

Berichtigungsbewegung

Nach dem Langen Marsch begann für die Kommunistische Partei Chinas in Yan'an eine Phase der Konsolidierung nach den Vorstellungen → Mao Zedongs, der Anfang 1935 deren Führung übernommen hatte. Diese führte 1942 zu einer *Berichtigungsbewegung* (Zhengfeng yundong), die vornehmlich auf die Disziplinierung der Parteikader abzielte.
Die personelle Basis der KPCh waren zunächst die 10000 Überlebenden des Langen Marsches gewesen. Danach war die Mitgliederzahl bis 1942 auf etwa 700000 angewachsen. Für alle mußte endlich eine bindende Parteilinie festgelegt werden.
Mao übernahm von Lenin die Vorstellung von der Partei als einer disziplinierten Elite und hielt sich an die von der Komintern dafür

aufgestellten Kriterien: absolute Linientreue, Kontakt mit den Massen und Auszeichnung durch selbständige Arbeit. Zudem enthielten einige Reden Maos, in denen er u.a. die Anpassung der marxistischen Theorien an die Gegebenheiten Chinas forderte, programmatischen Charakter. Von der Mehrheit der Parteimitglieder wurde diese ideologische Basis bereitwillig akzeptiert. Aus den Reihen der Intellektuellen jedoch, die zu Hunderten nach Yan'an gekommen waren, weil sie von der KPCh ihre Ideale am besten vertreten glaubten, kam Widerspruch. Sie waren nicht bereit, ihre individuellen Ansichten einer Parteidoktrin unterzuordnen. Die Partei indessen war zu keinem Kompromiß bereit und erklärte den Schriftsteller Wang Shiwei 1942 zum »Trotzkisten«.

Bewegung des 4. Mai

Die Bewegung des 4. Mai wurde von Studenten ausgelöst. Anlaß war der Beschluß der in Versailles tagenden Siegermächte des Ersten Weltkrieges, das deutsche Pachtgebiet in der Provinz Shandong Japan zu übertragen. Dagegen demonstrierten am 4. Mai 1919 in Peking 3000 Studenten. Dies war der Beginn einer Welle nationaler Empörung, die bald das ganze Land erfaßte und zu Streiks und Boykottaktionen führte.
Über den unmittelbaren Anlaß hinaus war die Bewegung des 4. Mai Ausdruck des Unmuts über die ständige Demütigung Chinas durch die ausländischen Mächte und die Unfähigkeit der Herrschenden, diese zu beenden. Nach dem Sturz der Qing-Dynastie war besonders die junge Intelligenz Chinas, die sich radikal von den traditionellen Wertvorstellungen zu lösen versuchte, von der Hoffnung auf eine Erneuerung des Landes erfüllt. Die Bewegung des 4. Mai ist daher zugleich ein Symbol für das Erwachen der chinesischen Nation. So ist es gewiß kein Zufall, daß nur zwei Jahre später die Kommunistische Partei Chinas gegründet wurde, die vor allem eine jugendliche Elite in ihren Bann zog.

Bewegung des 30. Mai

Am 15. Mai 1925 hatten Wachen einer japanischen Textilfabrik in Shanghai einen chinesischen Arbeiter erschossen. Daraufhin demonstrierten am 30. Mai 2000 Studenten auf der Nanjing-Straße. Tausende von Arbeitern schlossen sich an. Als Polizisten unter dem Kommando eines Engländers das Feuer eröffneten und zehn Demonstranten töteten, kam es in Shanghai zum Streik von 160000 Arbeitern.
Wie schon die Bewegung des 4. Mai von 1919 führte auch die des 30. Mai von 1925 zu landesweiten Unruhen, in deren Verlauf am 23. Juni in

Guangzhou (Kanton) 52 Demonstranten von britischen und französischen Posten erschossen wurden. Die Streikwelle griff auch auf die britische Kronkolonie Hongkong über. Sie war die längste in der Geschichte der Republik China und war begleitet von einem Boykott ausländischer Waren.
Anders als 1919 gab es 1925 bereits eine gut organisierte, fast durchweg von Kommunisten gelenkte Gewerkschaftsbewegung, die es verstand, die Proteste zu kanalisieren. Obwohl mit Hilfe der Komintern organisiert, verfolgte sie in erster Linie patriotische Ziele.

Boxer-Aufstand

1887 war es im deutschen Pachtgebiet von Jiaozhou (Kiautschu) zu einem Zwischenfall gekommen, weil deutsche Missionare buddhistische Tempel zu katholischen Kirchen umgebaut hatten. Der Protest der örtlichen Bevölkerung führte schließlich zur Bildung einer Miliz, die sich »Faust der Pflaumenblüte« *(Meihuaquan)* nannte, was die Europäer mit »Boxer« übersetzten. Aus dieser Miliz entwickelte sich danach eine antichristliche Geheimgesellschaft, die sich ab 1898 »Schutzbund für Gerechtigkeit und Eintracht« *(Yihetuan)* nannte. Diesem schlossen sich bald die unterschiedlichsten Gruppen an. Die Mitglieder des Verbandes, von den Ausländern weiterhin Boxer genannt, machten diese für das herrschende Elend in China verantwortlich und forderten daher »Tod den Ausländern«.
Der Aufstand der Boxer begann im Mai 1900. Sie zerstörten christliche Missionsstationen, Eisenbahnlinien und Telegraphenleitungen. Am 11. Juni 1900 erreichten die Aufständischen Peking, wo sie Kirchen und Häuser chinesischer Christen niederbrannten und zahlreiche Christen töteten.
Die Kaiserinwitwe → Ci Xi, die in Peking die Herrschaft ausübte, stellte sich am 19. Juni hinter die Boxer und forderte die ausländischen Gesandten auf, die Stadt binnen 24 Stunden zu verlassen. Am nächsten Tag wurde der deutsche Gesandte von Ketteler auf dem Wege zum Kaiserpalast ermordet. Ci Xi erklärte am 21. Juni den ausländischen Mächten den Krieg und befahl ihren Truppen und den Boxern, die ausländischen Gesandtschaften anzugreifen. Ein alliierter Truppenverband nahm jedoch bereits am 14. August Peking ein, das drei Tage lang zur Plünderung durch alliierte Soldaten freigegeben wurde. Die Kaiserinwitwe, die inzwischen den Boxern offiziell die Alleinschuld an den Ausschreitungen zugeschoben hatte, floh aus der Hauptstadt.
Am 7. September 1901 mußte China das sogenannte »Boxer-Protokoll« unterschreiben, mit dem es sich zur Entsendung einer Sühnedelegation nach Deutschland und zur Zahlung von 450 Millionen Tael Silber

verpflichtete – eine Summe, deren Zahlung wesentlich zum finanziellen Bankrott des Landes beitragen sollte.
Der Boxer-Aufstand wird von den marxistischen Historikern der Volksrepublik China als der letzte große Bauernkrieg Chinas und als anti-imperialistische, patriotische Bewegung dargestellt.

Chinesisch-Japanischer Krieg

1931 hatten japanische Truppen die Mandschurei besetzt. Im folgenden Jahr wurde der Staat Manzhouguo ausgerufen, dessen Staatsoberhaupt ab 1934 → Aisin Giorro Puyi als Kind letzter Kaiser von China gewesen war. Von diesem Marionettenstaat aus erfolgte die weitere japanische Expansion: 1933 wurde die Provinz Rehe (Jehol) besetzt. Danach rückten japanische Kampfverbände in andere nordchinesische Provinzen und einige bis Shanghai vor. Nahe Peking kam es im Juli 1937 zum »Zwischenfall an der Marco-Polo-Brücke«, als chinesische Truppen den japanischen Invasoren ein Feuergefecht lieferten. Dieses mehr oder weniger willkürliche Datum bezeichnet den Beginn des Chinesisch-Japanischen Krieges, hatte doch ein Kriegszustand bereits seit langem bestanden. Eine offizielle Kriegserklärung erfolgte erst im Dezember 1941 nach dem japanischen Angriff auf Pearl Harbor.
Die chinesischen Truppen, die zumeist aus Söldnern bestanden, waren den japanischen vor allem waffenmäßig unterlegen, besonders was die Ausrüstung mit Panzern und Flugzeugen betraf. So konnten die Japaner relativ schnell nach Süden vorstoßen, wobei sie sich im wesentlichen auf die Eroberung der Eisenbahnlinien und Städte konzentrierten. Bis Ende 1938 kontrollierten sie praktisch Nord- und Mittelchina sowie die wichtigsten Städte Südchinas. Damit hatten sie die schließlich nach Chongqing (Chungking) in der Provinz Sichuan ausgewichene Nationalregierung nicht nur von den Industriezentren, sondern auch von den Überseeverbindungen abgeschnitten. Mit dem Eintritt der USA in den 2. Weltkrieg erhielt der chinesische Kriegsschauplatz globalstrategisch ein neues Gewicht, wurden dort doch erhebliche japanische Kräfte gebunden. Trotzdem gelang es diesen 1944 noch einmal, große Landgewinne sowohl in Zentral- als auch in Südwestchina zu erzielen, wo sie bis zur Grenze nach Indochina vorzustoßen vermochten.
Während des Krieges spielten die kommunistischen Streitkräfte eine Sonderrolle. Obzwar nominell dem Oberbefehl der nationalchinesischen Militärführung unterstellt, operierten sie – mit dem Schwerpunkt Nordchina – doch im wesentlichen unabhängig. Da sie noch schlechter ausgerüstet waren als die Truppen der Guomindang, waren sie gezwungen, ihre Kriegführung auf Guerillaunternehmen zu konzentrieren. Eine ihrer wenigen offenen Feldschlachten fand 1937 unter Führung von

→ Lin Biao am Pingxing-Paß statt. Die Kommunisten benutzten die Kriegszeit aber auch dazu, durch Rekrutierungen ihre Truppenstärke zu vermehren. Diese wuchs von etwa 20000 zu Beginn des Krieges auf 900000 an dessen Ende.
Am 14. August 1945 erfolgte die Kapitulation Japans. Nur fünf Tage zuvor hatte die Sowjetunion Japan noch den Krieg erklärt und war in die Mandschurei eingefallen. Nach der Kapitulation entwaffneten sowjetische Truppen die dort stationierten japanischen Verbände. Von den dabei erbeuteten Waffen profitierten auch die kommunistischen Streitkräfte Chinas, die eilig in die Mandschurei beordert worden waren.

Chinesische Sowjetrepublik

Am 7. November 1931 rief → Mao Zedong die Chinesische Sowjetrepublik aus. Das russische »Sowjet« bedeutet »Rat« oder »Komitee«. Kern dieser »Räterepublik« war der Jiangxi-Sowjet in der von Mao Zedong nach 1927 aufgebauten Guerillabasis. Ferner gehörten dazu weitere, z.T. Hunderte von Kilometern vom Kernsowjet entfernte kommunistische Guerillabasen.
Die Chinesische Sowjetrepublik verstand sich als demokratische Diktatur von Arbeitern, Bauern und Soldaten. Nach sowjetrussischem Vorbild basierte sie auf einer von unten nach oben gewählten Hierarchie von Delegierten. Ihre Hauptaufgaben waren die Landreform und – unter dem Zwang der Verhältnisse – die Kriegführung. Im Rahmen dieser Landreform wurden etwa 100000 ha Land umverteilt. Vorsitzender des Obersten Rates der Chinesischen Sowjetrepublik war Mao Zedong.
Das Programm der Chinesischen Sowjetrepublik konnte indessen nur ansatzweise verwirklicht werden, denn die ständige Bedrohung durch Truppen der Guomindang band die wesentlichen Kräfte. So zerbrach diese Republik bereits 1934 wieder, als die kommunistischen Verbände zum Langen Marsch aufbrechen mußten.
Zwei Jahrzehnte später sollte die Chinesische Sowjetrepublik zum Modell bei der Gründung der Volksrepublik China werden.

Einheitsfront von Guomindang und KPCh

Zu Beginn der zwanziger Jahre traten Guomindang und Kommunistische Partei Chinas mit unterschiedlichen Programmen für eine Erneuerung des Landes an. Während die von → Sun Yat-sen gegründete Guomindang nationalistische Ziele verfolgte, wurde die KPCh während des ersten Jahrzehnts ihres Bestehens von der Komintern gelenkt.
1917, zur Zeit der Russischen Oktoberrevolution, befand sich China,

wo kurz zuvor die Qing-Dynastie gestürzt worden war, auf der Suche nach einer neuen staatlichen Organisation. Fast zwangsläufig blickten die Erneuerer Chinas daher zur Sowjetunion. Sowjetische Berater kamen ins Land, die bei der Gründung der KPCh Pate standen, aber auch bei Sun Yat-sen Gehör fanden. 1923 schickte dieser → Chiang Kai-shek mit dem Auftrag nach Moskau, dort die zivile und militärische Organisation des jungen Staates zu studieren. Auf Anraten russischer Berater beschloß Sun noch im selben Jahr, eine Einheitsfront aus Guomindang und KPCh zu bilden, welche die Doppelmitgliedschaft in beiden Parteien ausdrücklich zuließ.

Nach dem Tod Sun Yat-sens 1925 empfanden seine Nachfolger die Einheitsfront mit der KPCh jedoch als Gefahr für die Guomindang. Chiang Kai-shek machte ihr 1927 mit der Ermordung und Inhaftierung von Tausenden von Kommunisten in Shanghai und Guangzhou (Kanton) gewaltsam ein Ende.

Eine zweite Einheitsfront kam 1937 durch den Xi'an-Zwischenfall zustande. Zum gemeinsamen Kampf gegen die Japaner unterstellten die Kommunisten ihre Verbände dem Oberbefehl der Nationalregierung, wenn auch nur nominell. Bereits 1941 aber zerbrach auch diese Einheitsfront, als mitten im Krieg gegen Japan Streitkräfte der Guomindang große Teile der kommunistischen Neuen 4. Armee in einem Überraschungsangriff vernichteten (→ Ye Ting).

Den Kommunisten hatte diese zweite Einheitsfront jedoch die Möglichkeit geboten, ihre Truppenstärke von 10000 im Jahre 1935 ungestört auf 900000 im Jahre 1945 zu erhöhen.

Gentry

Für diesen englischen Begriff gibt es auch im Chinesischen kein Äquivalent. Er bezeichnet eine soziale Klasse, deren Kern die meist mit Grundbesitz ausgestatteten Staatsbeamten bildeten. Voraussetzung für eine Beamtenkarriere waren im alten China Staatsexamen, die im wesentlichen auf literarischen Kenntnissen beruhten. Einmal in den Staatsdienst aufgenommen, genoß der Beamte Privilegien wie Steuerbefreiung, Straffreiheit, die Erlaubnis, einen Ahnentempel zu errichten u.a. mehr. Das offizielle Gehalt insbesondere der Lokalbeamten, die den Zusammenhalt des Reiches auf unterster Ebene gewährleisteten, war gering. Zum Besoldungssystem gehörten daher mannigfache Formen der Bereicherung, die westlichen Augen gemeinhin als Korruption erscheinen. Dies wird indessen der chinesischen Tradition nicht gerecht, in der die ungeschriebene Regel galt, daß ein Beamtenneuling wenigstens drei nachfolgende Generationen seiner Familie versorgen mußte. Dieses System verhinderte, daß sich in China ein Erbadel entwickelte, wie er etwa in den europäischen Feudalstaaten zur Elitebildung führte und zugleich dauerhafte Abhängigkeiten schuf.

Gesetzgebungs-Yuan

Mit der Eroberung Pekings im Juni 1928 durch die von → Chiang Kai-shek während des Nord-Feldzugs geführten Truppen der Guomindang war die Macht der Warlords gebrochen. Jetzt konnte die Verwirklichung der Staatsideen → Sun Yat-sens in Angriff genommen werden.
Im Oktober 1928 wurde daher in Nanjing eine Nationalregierung gegründet. Entsprechend der Drei-Stufen-These Suns verstand sie sich zunächst als »Vormundschaftsregierung«, denn Sun hatte gefordert, daß die Guomindang aus erzieherischen Gründen zunächst diktatorisch herrschen müsse. Die Partei wurde damit praktisch zum Souverän. Über ihren Politrat kontrollierte sie die Nationalregierung, die nach Suns Fünf-Gewalten-Theorie in fünf Exekutivorgane (Yuan) gegliedert wurde: den Gesetzgebungs-Yuan sowie den Rechts-, Exekutiv-, Prüfungs- und Kontroll-Yuan.

Großer Sprung Vorwärts

Der »Große Sprung Vorwärts« ist im engeren Sinne ein Teil der »Politik der Drei Roten Banner«. Die »Drei Roten Banner« sind der »Große Sprung Vorwärts«, die Volkskommunenbewegung sowie die »Generallinie zum Aufbau des Sozialismus«. Der Bildhaftigkeit des Ausdrucks wegen bezeichnet man als »Großen Sprung Vorwärts« jedoch im allgemeinen die gesamte Politik, mit der die Volksrepublik China neben dem sozialen Wandel ein schnelleres Wirtschaftswachstum erreichen sollte. Sie begann als Massenkampagne 1957 und wurde Mitte 1959 abgebrochen.
Initiator der Kampagne war → Mao Zedong. Ihre Grundidee entsprang seiner Unzufriedenheit mit dem sowjetischen Wirtschaftsmodell, das die Volksrepublik China bei ihrer Gründung gleichsam unbesehen übernommen hatte. Mit ihr griff er ein auf Improvisation basierendes Entwicklungsmodell wieder auf, das sich bewährt hatte, als es nach dem Langen Marsch in dem von der KPCh kontrollierten Gebiet in Nordchina eine autarke Wirtschaft aufzubauen galt.
In der Zeit des »Großen Sprungs Vorwärts« gab es Masseneinsätze vor allem bei Bewässerungsprojekten, in den Landwirtschaftsgebieten Nordchinas wurde aber auch das Tiefpflügen propagiert sowie in den

neugeschaffenen Volkskommunen die Einrichtung von Kleinsthochöfen. Dabei ging es Mao neben dem erhofften Wirtschaftsaufschwung auch um die Durchsetzung einer Kollektivierungspolitik.
Die Kampagne wurde jedoch ein Fehlschlag, wozu nicht zuletzt auch Naturkatastrophen beitrugen, die zu einer Hungersnot führten. Mao Zedong wurde von seinen Kollegen in der Führung der Partei für den Mißerfolg verantwortlich gemacht und Ende 1958 zum Rücktritt als Staatspräsident gezwungen.

Guomindang (GMD)

Die chinesische Schreibweise dieses Wortes setzt sich zusammen aus den Zeichen für Guo (Reich), Min (Volk) und Dang (Partei). Die Guomindang heißt also »Nationale Volkspartei«.
Die Guomindang war aus dem von → Sun Yat-sen gegründeten Revolutionsbund (Tongmenghui) hervorgegangen, als dieser sich 1912 mit anderen Parteien zusammenschloß. Die neue Partei wählte Sun zu ihrem Vorsitzenden. Sehr zu Suns Mißfallen verwässerte dieser Zusammenschluß jedoch dessen »Drei Grundlehren vom Volk« (Sanmin zhuyi), ein zuvor formuliertes politisches Programm, das den Nationalismus sowie die Rechte und die Lebensführung des Volkes definiert. Erst 1923 gelang es ihm, sich mit einem neuen Manifest als ideologischer Führer der Partei durchzusetzen.
Als Sun Yat-sen nur zwei Jahre später starb, verlor die Partei ihren geistigen Führer, dem wie nur wenigen seiner Zeitgenossen ausschließlich das Wohl seines Landes am Herzen gelegen hatte. Im Kampf um die Nachfolge in der Parteiführung wurden Suns Ziele zwangsläufig Machtinteressen geopfert. Als sich → Chiang Kai-shek 1938 endgültig durchgesetzt hatte, war inzwischen zudem der Chinesisch-Japanische Krieg ausgebrochen, so daß ohnehin kaum mehr Raum blieb für politische Ideale.
Seit ihrer Vertreibung vom Festland im Jahr 1949 ist die Guomindang Staatspartei der Republik China auf Taiwan. Parteiführer wurde 1975 nach dem Tode Chiang Kai-sheks dessen Sohn → Chiang Ching-kuo.

Hundert Blumen-Kampagne

Im Juli 1955 verkündete der Nationale Volkskongreß der Volksrepublik China den 1. Fünfjahresplan. Dessen hochgesteckte Ziele waren nicht ohne die Mitwirkung der akademisch gebildeten Fachkräfte zu erreichen, die die KP Chinas bis dahin eher mit Mißtrauen behandelt hatte. Deshalb gab → Mao Zedong am 2. Mai 1956 in einer zunächst

unveröffentlichten Rede die Parole aus: »Laßt hundert Blumen blühen, laßt hundert Schulen miteinander wetteifern«, womit er vor allem im Bereich der Geistes- und Naturwissenschaften einen größeren Freiraum als bisher versprach.
Da dies zunächst ohne Wirkung blieb, verstärkte Mao am 27. Februar 1957 mit seiner richtungweisenden Rede »Über die richtige Behandlung der Widersprüche im Volk« seine Bemühungen um die Intellektuellen. Erst jetzt – wohl auch unter dem Einfluß des Tauwetters in der Sowjetunion nach der Abrechnung Chruschtschows mit Stalin auf dem 20. Parteitag der KPdSU – kam die Diskussion in Gang. Sie dauerte allerdings nur sechs Wochen, denn sie führte zu heftiger Kritik vor allem am Dogmatismus und Bürokratismus der Partei.
Maos optimistische Annahme, die Intellektuellen hätten nach acht Jahren Herrschaft der KPCh deren marxistische Ideologie vorbehaltlos akzeptiert, hatte sich als Irrtum erwiesen. Er funktionierte daher die Hundert Blumen-Kampagne in eine Bewegung zur Berichtigung der Rechtsabweichler um. Zu den ersten, die daraufhin gemaßregelt wurden, gehörten zwei Minister.
Eine besondere Wirkung zeitigte die Kampagne im Bereich der Literatur, wo schon seit Jahren gegen die Gängelung durch die Parteiideologen protestiert worden war. Da die Kritik hier besonders scharf vorgetragen wurde, waren hier auch die Disziplinierungsmaßnahmen besonders hart (→ Ai Qing, → Ding Ling, → Wang Meng).

Jiangxi-Sowjet

Die von → Mao Zedong 1927 errichtete Guerillabasis im Jinggang-Gebirge in der Provinz Jiangxi hieß ab 1930 offiziell Jiangxi-Sowjet. »Sowjet« ist die russische Bezeichnung für »Rat« oder »Komitee«. Mit der Bildung chinesischer Sowjetgebiete, von denen der Jiangxi-Sowjet nur eines – wenngleich das größte – war, folgten die chinesischen Kommunisten Stalins Politik, der 1927 die Errichtung von Bauernräten proklamiert hatte. Diese hatten die Aufgabe, die Ländereien der Großgrundbesitzer aufzuteilen und Pachtminderungen zu erzwingen. Doch noch ehe Stalin in der Sowjetunion mit der Enteignung der Grundbesitzer beginnen sollte, hatte Mao Zedong in seiner Guerillabasis, in der etwas mehr als 2 Millionen Menschen wohnten, bereits nach eigenen Vorstellungen mit seiner Landreform begonnen: Die Grundbesitzer und Großbauern wurden enteignet und ihr Land an die Pächter verteilt. Obwohl diese Agrarrevolution einige zehntausend Menschen das Leben kostete, wurde sie doch von der Mehrheit der Landbevölkerung, die auf ihrem Pachtland kaum das Existenzminimum zu erwirtschaften vermochte, begrüßt. Diese verarmte Landbevölkerung war es dann auch, auf die Mao Zedong seine Revolutionsstrategie gründete und deren Unterstützung ihm schließlich zum Sieg verhalf. (s. auch Chinesische Sowjetrepublik)

Kommunistische Internationale (Komintern)

Die Komintern wurde 1919 auf Initiative Lenins gegründet. Ihr Schwergewicht lag auf der Propagandaarbeit bei kommunistischen Parteien außerhalb der Sowjetunion sowie bei nationalen Befreiungsbewegungen. Nach dem Tod Lenins (1924) kam es zwischen Stalin und Trotzki zu unterschiedlichen Auffassungen, was auch die Arbeit der Komintern beeinträchtigte. Nach der Ausschaltung Trotzkis geriet die Komintern in die vollständige Abhängigkeit von der KPdSU.
In China unterstützte die Komintern sowohl die Bewegung → Sun Yat-sens als auch die Kommunistische Partei. Hierzu dienten ihr eine Reihe von Beratern, die u. a. auch an der Gründung der KP Chinas wesentlichen Anteil hatten. Das der letzteren später von der Komintern aufoktroyierte Programm sah vor, durch bewaffnete Angriffe auf Städte deren Arbeiter zu Aufständen zu veranlassen. Obwohl keinem dieser Angriffe ein Erfolg beschieden war, hielt die Komintern entgegen den Vorstellungen der meisten chinesischen Kommunistenführer bis 1930 an dieser Politik fest. Im Rückblick erscheint es unfaßbar, daß unter Verkennung der tatsächlichen Lage in China die revolutionäre Methode der Komintern auf ein Industrieproletariat setzte, das kaum existierte. Diese Kominternpolitik der zwanziger Jahre, die den chinesischen Kommunisten einen hohen Blutzoll abverlangte, hat gewiß zur Trübung des Verhältnisses zwischen Peking und Moskau beigetragen, das 1958 schließlich zum Bruch führte.
Die Kongresse der Komintern wählten als höchstes Führungsorgan jeweils einen neuen Exekutivrat. Diesem internationalen Gremium gehörten auch Führer der KPCh an, so etwa dem im August 1935 vom 7. Komintern-Kongreß gewählten Exekutivrat → Mao Zedong, → Zhou Enlai, → Chen Shaoyu und → Zhang Guotao als Mitglieder sowie → Kang Sheng und Qin Bangxian als Kandidaten.
Die Komintern löste sich 1943 auf.

Kommunistische Partei Chinas (KPCh)

Die KPCh wurde am 1. Juli 1921 mit Hilfe von Agenten der Komintern in Shanghai gegründet. Von den Gründungsmitgliedern erlebten als noch immer amtierende Parteifunktionäre lediglich → Mao Zedong und → Dong Biwu 1949 die Ausrufung der Volksrepublik China. Die Organisation der KPCh erfolgte nach dem Vorbild der KPdSU.

Auf den Gründungskongreß folgten bis 1982 elf weitere Kongresse, die jeweils ein neues Zentralkomitee bestimmten. Das erste ZK wurde 1922 vom 2. Parteikongreß gewählt. Es hatte fünf Mitglieder und zwei Kandidaten. Mit wachsender Mitgliederzahl der Partei stieg auch die Zahl der ZK-Funktionäre, wie folgende Tabelle zeigt:

Kongreß	Jahr	Mitgliederstand	Zentralkomitee		Parteiführer als	
			Mitglieder	Kandidaten	Generalsekretär	Vorsitzender
1.	1921	57			Chen Duxiu*	
2.	1922	195	5	2		Chen Duxiu
3.	1923	420	9	4		Chen Duxiu
4.	1925	994	10	4	Chen Duxiu	
5.	1927	57900	33	12	Chen Duxiu	
6.	1928	40000	30	13	Xiang Zhongfa	
7.	1945	1210000	44	33		Mao Zedong
8.	1956	10000000	97	73		Mao Zedong
9.	1969	22000000	170	109		Mao Zedong
10.	1973	28000000	195	124		Mao Zedong
11.	1977	35000000	201	132		Hua Guofeng
12.	1982	40000000	210	138	Hu Yaobang	

Nach der Zerstörung der Einheitsfront von Guomindang und KPCh 1927 durch → Chiang Kai-shek, die auch zu einer Minderung des Mitgliederstandes der Partei führte, fand der 6. Parteikongreß 1928 als einziger im Ausland statt, und zwar in Moskau. Dies macht die Abhängigkeit der KPCh von der Komintern deutlich, die bis zur Zunyi-Konferenz 1935 dauerte, als Mao Zedong die Führung der Partei übernahm.

1927 richtete die KPCh – ebenfalls nach sowjetischem Vorbild – als höchstes Führungsorgan das Politbüro ein. Nachdem dessen Mitgliederzahl 1956 auf dem 8. Parteikongreß die zwanzig überschritten hatte, wurde mit dem Ständigen Komitee des Politbüros ein neues, »allerhöchstes« Führungsorgan geschaffen, das seither die Politik Chinas bestimmt.

* Sekretär

Konzessionen und Niederlassungen

Im Vertrag von Nanjing nach dem Opiumkrieg war China 1842 gezwungen worden, die Insel Hongkong als Kronkolonie an Großbritannien abzutreten und die Häfen Xiamen (Amoy), Shanghai, Ningbo und Guangzhou (Kanton) für den Opiumhandel zu öffnen. Auf dieser vertraglichen Grundlage dehnten die Engländer bis 1850 ihren Opiumhandel, mit dem sie vor allem ihre Seiden- und Tee-Einkäufe finanzierten, auf die Küstenorte der Provinzen Guangdong und Fujian aus. 1857 schlossen 5000 britische Soldaten Guangzhou ein, und im folgenden Jahr zerstörten britische und französische Kriegsschiffe das Fort Dagu bei Tianjin. Noch im selben Jahr kam es zum Vertrag von Tianjin, mit dem China gezwungen wurde, den Ausländern weitere zehn Städte zu öffnen, in der Hauptstadt Peking Konsulate zuzulassen und protestantischen und katholischen Missionaren zu erlauben, in ganz China zu siedeln und Land zu erwerben.
1860 besetzte ein 20000 Mann starkes britisch-französisches Expeditionskorps Peking. So kam es zur Pekinger Konvention von 1860, in der China u.a. gezwungen wurde, einen Teil der Hongkong gegenüberliegenden Halbinsel Kowloon an Großbritannien abzutreten.
Die Verträge von 1858 und 1860 zwangen China außerdem, auf unbegrenzte Zeit an ausländische Mächte sogenannte »Konzessionen« und »Niederlassungen« zu verpachten. Dabei handelte es sich um exterritoriale Gebiete, deren Unterschied im wesentlichen darin bestand, daß Chinesen in den Konzessionen kein Residenzrecht besaßen.
Die ersten drei Konzessionen waren die Großbritanniens, Frankreichs und der USA am Hai-Fluß, wobei die Amerikaner ihres jedoch nicht nutzten. Die Zahl der Pachtgebiete stieg danach auf 13, darunter auch Konzessionen Deutschlands, Japans, Österreichs, Italiens, Belgiens und Rußlands.
Die deutsche Konzession, die 1898 für 99 Jahre gepachtet wurde, lag an der Bucht von Jiaozhou (Kiautschu) in der Provinz Shandong. Sie umfaßte ein Gebiet von 500 qkm. Mit seinem Eintritt in den Ersten Weltkrieg kündigte China bereits 1917 den Pachtvertrag, vermochte jedoch nicht zu verhindern, daß 1919 im Vertrag von Versailles die ehemals deutschen Gebiete Japan übertragen wurden.
Die erste Niederlassung wurde 1843 von Großbritannien in Shanghai errichtet. Bis 1935 wuchs sie auf 22 qkm. Zu dieser Zeit zählte sie 28000 ausländische und mehr als eine Million chinesische Bewohner. Wie die Konzessionen hatten auch die Niederlassungen eine eigene Verwaltung, Polizei und Gerichtsbarkeit.

Kulturrevolution

Kulturrevolution nennt die offizielle chinesische Geschichtsschreibung die Ereignisse in der Zeit von 1966 bis 1976. Die heutige Führung distanziert sich von ihnen und lastet das Geschehen dieses Jahrzehnts der »Viererbande« an. Damit bestreitet sie eine kollektive Verantwortung der Kommunistischen Partei Chinas.
Zur Vorgeschichte der Kulturrevolution gehört, daß → Mao Zedong 1958 gegen heftigen Widerstand aus der Parteiführung seine Politik des »Großen Sprungs Vorwärts« durchsetzte, mit der er China innerhalb kürzester Zeit zu einer Industriemacht machen wollte. Etwa zur gleichen Zeit wurde die Landwirtschaft in Volkskommunen organisiert. Der »Große Sprung Vorwärts« endete jedoch in einer wirtschaftlichen Katastrophe. Etwa 16 Millionen Chinesen verhungerten. Daraufhin sah sich Mao zum ersten Mal, seit er 1935 die Parteiführung übernommen hatte, offener Kritik aus den eigenen Reihen ausgesetzt. Er wurde gezwungen, den Posten des Staatspräsidenten abzutreten. Seine Macht war geschmälert, sein Ansehen angeschlagen.
Zur Rückgewinnung der uneingeschränkten Macht begann Mao 1966 die Kulturrevolution. Nachdem er sich → Lin Biaos versichert hatte, die Armee also auf seiner Seite stand, entfesselte er einen Feldzug gegen alle Führungskader, die es gewagt hatten, ihn zu kritisieren. Seine Ehefrau → Jiang Qing übernahm dabei die Rolle der Agitatorin, während er selbst im Hintergrund blieb.
Für Mao war die Kulturrevolution ein voller Erfolg. Als der 9. Kongreß der KPCh 1969 sein neues Zentralkomitee wählte, war Mao Zedong wieder der unangefochtene Führer. Alle seine Gegner waren ausgeschaltet. Die Zahl derer, die in den Auseinandersetzungen ihr Leben ließen, ist kaum zu schätzen. Mit Sicherheit waren es Millionen.
Ab 1972 erfolgte auf Drängen → Zhou Enlais die Rehabilitierung zahlreicher seit 1966 entmachteter Funktionäre, deren Fachverstand für die praktische Politik unverzichtbar war. Den Schlußstrich unter die Zeit der Kulturrevolution setzte jedoch erst die Ausschaltung der »Viererbande« im Oktober 1976.

Landlord

»Landlords« nannte man seit dem ausgehenden 19. Jahrhundert in China Landeigentümer, die nicht gleichzeitig der Gentry angehörten und von Landverpachtung lebten. Häufig waren die Landlords, die meist nicht auf ihren Besitzungen lebten, jedoch Nachkommen von Angehörigen der Gentry. Die Anhäufung von Landbesitz in den Händen von Personen, die sich nicht durch Staatsprüfungen ausgezeichnet hatten, stand im Gegensatz zu den Elite-Prinzipien früherer Zeiten. Hier liegt einer der Gründe für die chinesische Agrarrevolution.

Langer Marsch

Der Lange Marsch war eine Absetzbewegung der kommunistischen Streitkräfte aus den zentralen Stützpunktgebieten in der Provinz Jiangxi sowie in Mittel- und Südostchina nach Nordwestchina in die Provinz Shaanxi. Der Beschluß zu dieser militärischen Operation wurde 1933 gefaßt, als den Führern der KP Chinas klargeworden war, daß sie den übermächtigen Guomindang-Streitkräften, die bereits drei »Vernichtungsfeldzüge« gegen die Kommunisten unternommen hatten, auf Dauer nicht würden standhalten können. Der Lange Marsch begann im Oktober 1934. Unterwegs kam es zu zwei bedeutsamen Ereignissen: Das erste war eine Parteikonferenz in Zunyi in der Provinz Guizhou im Januar 1935, auf der Mao de facto die Parteiführung übernahm, die er bis zu seinem Tode behalten sollte. Das zweite war das Zerwürfnis zwischen → Mao Zedong und → Zhang Guotao, der die 4. Rote Armee befehligte. Die kommunistischen Kräfte hatten sich in zwei Hauptkolonnen aus Zentralchina abgesetzt mit dem Ziel, sich später zu vereinigen. Diese Vereinigung erfolgte im Juni 1935 im Nordwesten der Provinz Sichuan. Da zwischen Mao und Zhang keine Einigung über die nun einzuschlagende Marschrichtung erzielt werden konnte, kam es bald darauf zu neuerlicher Trennung. Mao zog mit der östlichen Kolonne über die Provinz Gansu in die Provinz Shaanxi, wo er von einer kleinen intakten Guerillabasis unter Liu Zhidan aufgenommen wurde. Der Marsch dieser Kolonne endete im Oktober 1935, nachdem rund 10000 km zurückgelegt worden waren. Die westliche Kolonne unter Zhang Guotao zog über die Provinz Xikang nach Gansu, wo sich Teile abspalteten, um ebenfalls nach Shaanxi weiterzumarschieren. Die Hauptkräfte dieser Kolonne machten sich in Richtung Xinjiang (Sinkiang) auf und wurden auf dem Wege dorthin fast völlig aufgerieben. Lediglich Reste vermochten sich 1936 in die inzwischen von Mao Zedong gegründete neue Basis durchzuschlagen.

100000 kommunistische Soldaten waren zum Langen Marsch aufgebrochen, von denen lediglich 10000 Shaanxi erreichten. Diese aber sollten den Grundstock bilden für die spätere Volksbefreiungsarmee. Inzwischen ist der Lange Marsch als eines der legendären Ereignisse in die Geschichte der kommunistischen Revolution Chinas eingegangen. Seine Kämpfer wurden zu verehrten Helden. Als die KP Chinas 1982 ihr 12. Zentralkomitee und als dessen Führungsorgan ein neues, 28köpfiges Politbüro wählte, befanden sich darunter nicht weniger als 16 Teilnehmer des Langen Marsches.

Lushan-Konferenz

Lushan ist ein kleiner Ort am Fuße des gleichnamigen Berges, etwa 100 km nördlich von Nanchang, der Hauptstadt der Provinz Jiangxi. Dort fand im August 1959 die 8. ZK-Sitzung des 2. Plenums der KP Chinas statt, offiziell auch Lushan-Konferenz genannt.
Auf dieser Konferenz übte → Peng Dehuai, Verteidigungsminister und einer der zehn Marschälle der Volksbefreiungsarmee, Kritik an der Politik → Mao Zedongs. Er sprach für die Gruppe der Pragmatiker in der Parteiführung um → Liu Shaoqi, → Zhou Enlai und → Deng Xiaoping, die vor allem mit der Ideologisierung von Innen- und Wirtschaftspolitik nicht einverstanden waren. Überdies kritisierte er

Die Routen des Langen Marsches

den »Großen Sprung Vorwärts«, der sich inzwischen als katastrophaler Fehlschlag erwiesen und Mao Ende 1958 das Amt des Staatspräsidenten gekostet hatte, die Einführung der Volkskommunen sowie das Festhalten an einer veralteten Militärpolitik.
Peng Dehuai wurde daraufhin von → Lin Biao als Verteidigungsminister abgelöst, der bedingungslos Mao Zedongs Linie unterstützte.
Die historische Bedeutung der Lushan-Konferenz liegt darin, daß zum ersten Mal seit Bestehen der Volksrepublik China die Parteiführung nach einer Sitzung zerstritten auseinanderging. Mao vermochte die Kritik nicht zu verwinden: Mit der Kulturrevolution, die 1966 begann, entledigte er sich wenige Jahre später seiner Widersacher in der Partei.

8. Marscharmee

Nach dem Xi'an-Zwischenfall wurden im Rahmen der zwischen der Guomindang und KPCh ausgehandelten Einheitsfront die kommunistischen Streitkräfte in Nordchina, die aus den Resten der Verbände des Langen Marsches hervorgegangen waren, als 8. Marscharmee nominell dem Nationalen Militärrat der Nationalregierung unterstellt. In Wahrheit operierte die Armee jedoch unabhängig.
Die folgende Skizze veranschaulicht die Organisation der 8. Marscharmee:

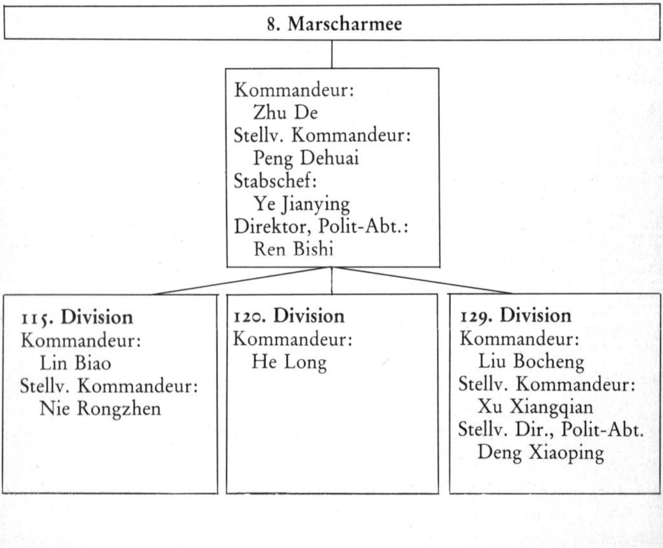

Nanchang-Aufstand

In Nanchang, der Hauptstadt der Provinz Jiangxi, kam es am 1. August 1927 zu einer Militärrevolte gegen → Chiang Kai-shek, den Oberbefehlshaber des Nord-Feldzuges. Sie wurde getragen von kommunistischen und anderen linksgerichteten Offizieren, die mit Chiangs auf die Eliminierung der Kommunisten zielenden Politik nicht einverstanden waren.

Hauptinitiator des Aufstandes war → Ye Ting, der eine Division der 11. Armee befehligte und sich mit der 20. Armee unter → He Long sowie einem kleineren Truppenverband unter → Zhu De zusammengeschlossen hatte. Zu den aufständischen Offizieren gehörten u.a. → Zhou Enlai, → Lin Biao, → Ye Jianying, → Liu Bocheng und → Nie Rongzhen. Die Streitmacht der Aufständischen betrug etwa 20000 Mann. Sie reichte aus, um Nanchang zu nehmen und sofort ein Revolutionskomitee zu gründen, in das nominell u.a. auch → Soong Ching Ling aufgenommen wurde.

Die Initiatoren des Aufstandes hatten gehofft, daß sich ihnen weitere mit Chiang Kai-shek unzufriedene Truppenführer anschließen würden. Dies war jedoch nicht der Fall. Der Aufstand brach daher nach nur fünf Tagen zusammen, und die Insurgenten mußten fliehen. Die meisten von ihnen gingen danach in den Untergrund.

Der 1. August wird in der Volksrepublik China in Erinnerung an den Nanchang-Aufstand als Gründungstag der Volksbefreiungsarmee gefeiert. 1955 wurden in dieser nach sowjetischem Vorbild Offiziersränge eingeführt. Von den zehn Militärführern, die den höchsten Grad eines Marschalls erhielten, hatten acht am Nanchang-Aufstand teilgenommen.

Nord-Feldzug

Der Nord-Feldzug war eine Expedition der 100000 Mann starken National-Revolutionären Armee der Nationalregierung in Nanjing. Er wurde zwischen 1926 und 1928 unternommen, um den beherrschenden Einfluß der Warlords zu brechen.

1926 gab es in China sechs Warlords:

1. → Zhang Zuolin herrschte über die Provinzen Hebei, Shandong, Rehe (Jehol), Chahar, Liaoning, Jilin und Heilongjiang mit 500000 Soldaten;
2. Wu Peifu herrschte über die Provinzen Henan, Hubei und Hunan mit 250000 Soldaten;
3. Sun Chuanfang herrschte über die Provinzen Anhui, Fujian, Jiangxi, Jiangsu und Zhejiang mit 200000 Soldaten;

4. Yan Xishan herrschte über die Provinz Shanxi mit 120000 Soldaten;
5. → Feng Yuxiang herrschte über die Provinzen Gansu, Ningxia und Suiyuan mit 100000 Soldaten;
6. Tang Jiyao herrschte über die Provinz Yunnan mit 60000 Soldaten.

Feng Yuxiang und Yan Xishan schlossen sich jedoch dem Nord-Feldzug an. Außerdem gingen manche lokale Truppenführer zur National-Armee über, die derart verstärkt im Juli 1928 Peking einnahm. Wenig später erklärte sich auch der Sohn Zhang Zuolins, des einem Mordanschlag zum Opfer gefallenen mächtigsten Warlords, mit der Regierungsarmee solidarisch.
Als Ergebnis des Nord-Feldzugs besaß China erstmals seit 1911 eine Zentralregierung. Da → Chiang Kai-shek, der Oberbefehlshaber der National-Revolutionären Armee, im April 1927 jedoch Tausende von Kommunisten hatte ermorden lassen, die bis dahin den Feldzug unterstützt hatten, war bereits die Grundlage für die erneute innere Spaltung Chinas gelegt.

Opiumkrieg

Durch einen kaiserlichen Erlaß im 18. Jahrhundert waren in China Verkauf und Gebrauch von Opium verboten worden, was jedoch den illegalen Handel nicht zu unterbinden vermochte, von dem auch bestechliche Beamte profitierten. Dies hatte schließlich dazu geführt, daß britische Kaufleute ihre Seiden-, Porzellan- und Tee-Einkäufe mit Opiumlieferungen zu bezahlen pflegten. Als zu Anfang des 19. Jahrhunderts die Opiumeinfuhren ständig zunahmen, beauftragte die chinesische Regierung schließlich einen ihrer fähigsten Beamten mit der Unterbindung der illegalen Importe. 1839 konfiszierte dieser auf vor Guangzhou (Kanton) vor Anker liegenden britischen Schiffen 20000 Kisten Opium als Konterbande und ließ sie vernichten.
Die Briten antworteten 1840 mit einer militärischen Expedition. Zunächst besetzten sie Guangzhou, danach weitere Hafenstädte. Dieser erste kriegerische Zusammenstoß Chinas mit einer europäischen Macht, deren Waffen die Chinesen nicht gewachsen waren, zwang die Regierung in Peking zu Konzessionen: 1841 trat China die Insel Hongkong als Kronkolonie an Großbritannien ab und verpflichtete sich zur Zahlung von Reparationen sowie zur Billigung der Opiumeinfuhren. Großbritannien gab sich damit jedoch nicht zufrieden, sondern besetzte neben anderen Orten an der Küste auch das wichtige Shanghai. Der Friedensvertrag von Nanjing beendete 1842 den Opiumkrieg. Er sollte als erster der »Ungleichen Verträge« mit China in die Geschichte eingehen.
Den Gesichtsverlust, den China damit erlitten hatte, wieder wettzuma-

chen, sollte eines der Hauptanliegen der chinesischen Reformer und Revolutionäre der folgenden Zeit werden. Erst mit der Rückkehr Hongkongs unter chinesische Oberhoheit im Jahr 1997 wird dieses Ziel ganz erreicht sein.

Politbüro

Das Politbüro der Kommunistischen Partei Chinas wurde 1927 nach dem Vorbild der KPdSU als oberstes Führungsorgan eingerichtet. Bis 1956 gehörten ihm jeweils höchstens 15 Mitglieder und Kandidaten an. Nach den Parteistatuten sind die Kandidaten bei Abstimmungen nicht stimmberechtigt. Da ein Führungsgremium, das über 20 Personen zählt, nicht mehr funktionsfähig ist, wählt es, sobald es die Größe erreicht hat, aus den eigenen Reihen ein neues und damit höchstes Organ. Dies geschah 1956 auf dem 8. Parteikongreß der KP Chinas, als ein 23köpfiges Politbüro gewählt und daher zusätzlich das Ständige Komitee des Politbüros geschaffen wurde. Dieses besteht bis heute. Bisher gehörten ihm jeweils weniger als zehn Personen an.
Nach den Parteistatuten wird das Politbüro vom Zentralkomitee gewählt. In Wirklichkeit jedoch bestimmen die Politbüromitglieder selbst, wer aufgenommen oder ausgeschlossen wird. Dem Zentralkomitee werden entsprechende »Vorschläge« unterbreitet, denen es in der Regel folgt. Dieses System führt einerseits zu einer extremen Machtkonzentration in den Händen eines kleinen Kreises von Funktionären, andererseits aber auch zu sehr langen Amtszeiten der Politbüromitglieder. So gehörten → Zhou Enlai und → Mao Zedong dem Politbüro 50 bzw. 45 Jahre lang an, und von den 1984 amtierenden 24 Politbüromitgliedern konnten nicht weniger als sechs auf eine Amtszeit von mehr als zwanzig Jahren zurückblicken.
Gleichwohl ist das Politbüro in den sozialistischen Staaten das einzige politische Organ, in dem nach westlichem Verständnis demokratische Verhältnisse herrschen. Hier werden Vorschläge eingebracht, über die diskutiert und dann abgestimmt wird. Danach wird das Sekretariat beauftragt, den Vollzug anzuordnen. Vollzugsorgan ist das Zentralkomitee der Partei, das 1984 in China 210 Mitglieder und 136 Kandidaten zählte. Dieser Personenkreis vereinigt auf sich alle Schlüsselpositionen in Partei, Regierung, Militär und Provinzverwaltung. Es ist ein im Grunde sehr einfaches System, nach dem in China knapp 30 Personen über die Politik bestimmen, die von knapp 350 Personen ausgeführt wird.

Politische Konsultativkonferenz des Chinesischen Volkes

Einen Monat vor Gründung der Volksrepublik China am 1. Oktober 1949 berief die KPCh in Peking als Mittel ihrer Volksfrontpolitik die 1. Politische Konsultativkonferenz des Chinesischen Volkes ein. Deshalb waren neben den kommunistischen Führern auch zahlreiche Vertreter anderer Parteien sowie namhafte Wissenschaftler und Künstler zur Teilnahme eingeladen. Das am 29. September 1949 verabschiedete Gemeinsame Programm war die Basis für die 60 Artikel, in denen danach die politischen Grundsätze des neuen Staates fixiert wurden.
Mit dieser Konsultativkonferenz wollte → Mao Zedong vielen bis dahin seiner Politik fernstehenden namhaften Persönlichkeiten eine Brücke zur Mitarbeit bauen und zugleich deren Fachwissen für die Ausarbeitung einer Verfassung nutzen, ohne ihnen mehr als nur eine beratende Funktion einzuräumen. Bestimmt wurde die Politik allein von der Führung der KPCh.
Als im September 1954 der 1. Nationale Volkskongreß einberufen wurde, der von nun an die Politik der Partei- und Staatsführung umsetzte, war die Politische Konsultativkonferenz, die gleichzeitig ihre 2. Konferenz abhielt, in ein Schattendasein abgedrängt. Die Konsultativkonferenzen fanden jedoch auch weiterhin noch parallel zu den Volkskongressen statt, bis sie in der Kulturrevolution ganz abgeschafft wurden. Erst nach dem Tode Maos und dem Sturz der »Viererbande« wurden sie wieder einberufen und setzen seither ihr vorheriges Schattendasein fort.
Die Vorsitzenden der Politischen Konsultativkonferenzen waren:

1.	1949–1954:	Mao Zedong
2.–4.	1954–Kulturrevolution:	Zhou Enlai
5.	1978–1983:	Deng Xiaoping
6.	1983–:	Deng Yingchao

Provinzen Chinas

In der Ming-Zeit (1368–1644) war China in 15 Provinzen gegliedert: Bei Zhili (auch hauptstädtische Provinz genannt), Fujian, Guangdong, Guangxi, Guizhou, Henan, Huguang, Jiangxi, Nan Zhili (auch Nanjing-Provinz genannt), Shaanxi, Shandong, Shanxi, Sichuan, Yunnan und Zhejiang.
In der Qing-Zeit (1644–1912) wuchs die Zahl der Provinzen durch die Teilung von Shaanxi in Shaanxi und Gansu, von Nan Zhili in Jiangsu und Anhui sowie von Huguang in Hubei und Hunan zunächst auf 18. 1884 kamen Xinjiang und 1887 Taiwan hinzu. 1907 schließlich wurden die

drei mandschurischen Provinzen Heilongjiang, Jilin und Liaoning (Fengtian) dem Chinesischen Reich eingegliedert.
In der Zeit der Republik (seit 1912) stieg die Zahl der Provinzen bis 1930 auf 28. Im Norden kamen hinzu Chahar, Rehe (Jehol), Suiyuan und Ningxia; im Westen Qinghai und Xikang.
1945 wurden die drei mandschurischen Provinzen neu gegliedert in: Andong, Heilongjiang, Hejiang, Jilin, Liaobei, Liaoning, Nunjiang, Rehe, Songjiang und Xing'an – eine Verwaltungsmaßnahme der Nationalregierung, die fiktiv blieb, weil die Mandschurei schon bald von den Kommunisten kontrolliert wurde. Tibet wurde bis dahin nicht als Provinz, sondern als »Gebiet« bezeichnet. 1945 unterstanden überdies 12 Städte unmittelbar der Kontrolle der Zentralregierung: Beiping (Peking), Chongqing, Dalian, Hankou, Guangzhou (Kanton), Harbin, Mukden (Shenyang), Nanjing, Qingdao, Shanghai, Tianjin und Xi'an.
Mit Gründung der Volksrepublik China 1949 wurde die bisher unter kommunistischer Verwaltung stehende Grenzregion Shanxi–Henan–Hebei zur Provinz Pingyuan umorganisiert (1952 aufgelöst), Chahar auf Hebei und Shanxi verteilt, und die Innere Mongolei und Tibet wurden Provinzen. 1954 kam Songjiang zu Heilongjiang, Liaodong und Liaoxi wurden zu Liaoning zusammengefaßt, und Ningxia kam zu Gansu, Suiyuan zur Inneren Mongolei. 1955 wurde Xikang auf Sichuan und Tibet verteilt und Rehe auf Hebei und Liaoning.
Nach weiteren Veränderungen war die Volksrepublik 1984 in 26 Provinzen (darunter 5 Autonome Regionen) und 3 Städte mit Provinzstatus gegliedert:

Anhui	Hubei	Shandong
Beijing	Hunan	Shanghai
Fujian	Innere Mongolei*	Shanxi
Gansu	Jiangsu	Sichuan
Guangdong	Jiangxi	Tianjin
Guangxi*	Jilin	Tibet*
Guizhou	Liaoning	Xinjiang*
Hebei	Ningxia*	Yunnan
Heilongjiang	Qinghai	Zhejiang
Henan	Shaanxi	

* Autonome Region

Prüfungssystem während der Kaiserzeit

Das bereits vor Beginn der christlichen Zeitrechnung eingeführte und später mehrfach modifizierte Prüfungssystem bot theoretisch jedem Chinesen die Möglichkeit, in höchste Staatsämter aufzusteigen. Regionale Quoten sorgten für eine landesweite Streuung der Amtsanwärter, das Verbot, Beamte in ihren Heimatprovinzen einzusetzen, sollte einer Vetternwirtschaft entgegenwirken. Zweck des Systems war die Auswahl staatskonformer, qualifizierter Beamtenanwärter. Die Beamtenstellen waren nicht vererbbar.

Im 19. Jahrhundert umfaßte das Prüfungssystem drei Stufen, für deren Bestehen drei Titel verliehen wurden. Der niedrigste war der eines Xiucai (auch Shengyuan), der durch ein Vorexamen in der Kreishauptstadt, danach eines in der Hauptstadt der Präfektur und schließlich vor der Prüfungskommission der Provinz erworben werden mußte. Der nächst höhere Titel eines Juren wurde nach Vorprüfungen in der Hauptstadt der Präfektur und in der Provinzhauptstadt von aus Peking entsandten Prüfungskommissaren verliehen. Der höchste Titel eines Jinshi wurde nach einer Vorprüfung durch Beamte des Ritenministeriums aufgrund eines Palastexamens unter Vorsitz des Kaisers vergeben. Die Xiucai-Prüfungen fanden zweimal in drei Jahren statt, die beiden höheren alle drei Jahre.

Alle Teilprüfungen bestanden aus mehreren, nach genau festgelegten Regeln zu verfassenden Aufsätzen in Prosa oder Versen zu Themen der konfuzianischen Klassiker und fanden in streng bewachten Gebäuden statt. Auf Provinzebene wurden die Kandidaten dazu für die mehrtägigen Arbeiten in nur vier Quadratmeter große Zellen eingeschlossen. Die Beurteilung der Arbeiten durch die Prüfungskommission erfolgte ohne Kenntnis ihrer Verfasser.

Zu den Xiucai-Prüfungen traten durchschnittlich zwei Millionen Kandi-

Prüfungszellen zu Beginn des 20. Jahrhunderts.

daten an, zu den Juren-Prüfungen 100000 und zu den Jinshi-Prüfungen 8000.

Die ersten beiden Prüfungen bestanden im 19. Jahrhundert ein bis zwei Prozent der Kandidaten, die letzte vier Prozent. Das Durchschnittsalter der Kandidaten betrug 24 Jahre beim Xiucai-, 30 beim Juren- und 35 beim Jinshi-Examen.

Dieses Prüfungssystem machte zwei Jahrtausende lang den Staatsdienst zum einzig erstrebenswerten Ziel der geistigen Elite Chinas.

Qing-Dynastie

Die Mandschu-Dynastie der Qing herrschte von 1644 bis 1912 über China. Die Mandschu sind weder ethnisch noch kulturell mit den Chinesen verwandt. Auch gehört das Mandschurische als Untergruppe des Tungusischen zur altaischen, nicht zur chinesischen Sprachfamilie.

In der ersten Hälfte des 17. Jahrhunderts rissen die Dschurdschen, die sich seit 1635 Mandschu nannten, in China die Macht an sich. 1644 nahmen sie Peking ein unter ihren Stammesfürsten Nurhaci Abahai und Shunzi aus dem Geschlecht der Aisin Giorro, stürzten die Ming-Dynastie (1368–1644) und nahmen analog zu den Ming – das chinesische Zeichen dafür bedeutet »klar« – den dynastischen Titel Qing an, geschrieben mit dem Zeichen für »rein«.

Die Mandschu ließen die traditionelle Verwaltungsstruktur Chinas unangetastet, herrschten als Krieger- und Amtsadel mit Unterstützung eines Teils der chinesischen Beamtenschaft und übernahmen die konfuzianische Tradition, die sie bald strenger befolgten als die chinesischen Kaiser vor ihnen. Besonders unter den Mandschu-Kaisern Kangxi (1662–1722), Yongzheng (1722–1736) und Qianlong (1736–1796) erlebte China eine neue Blüte, die die Europäer, die damals nach China kamen, so faszinierte, daß ihre Berichte in Europa geradezu eine Chinabegeisterung auslösten.

Die ersten Qing-Kaiser trugen überdies wesentlich zur territorialen Erweiterung Chinas bei. Die unter ihnen hinzugewonnenen Gebiete in Vietnam, Burma, Xinjiang, der Mongolei und der Mandschurei zusammen waren flächenmäßig größer als das Kernland, das sie bei ihrer Eroberung vorgefunden hatten. Die heutigen Grenzstreitigkeiten Chinas mit der Sowjetunion gehen mithin auf Grenzen zurück, die unter den Qing-Kaisern entstanden sind.

Die Gründe für den Zusammenbruch der Qing-Dynastie im Jahre 1912, der zugleich das Ende der traditionellen chinesischen Staats- und Sozialordnung bedeutete, sind vielfältig. Einer der wichtigsten ist gewiß das Anwachsen der Bevölkerung von etwa 100 Millionen zu Beginn des

17. Jahrhunderts auf etwa 400 Millionen zu Beginn des 20. Jahrhunderts, was zwangsläufig zu sozialer Unrast führte. Hinzu kam die Unfähigkeit zu tiefgreifenden Reformen angesichts der Bedrohung Chinas durch die militärisch und wirtschaftlich weit überlegenen Mächte Europas. Die Qing-Dynastie wurde zudem von den Chinesen seit Ende des 19. Jahrhunderts in einem erwachenden Nationalbewußtsein als Fremdherrschaft empfunden.

Rote Garden

»Rote Garden« wurden vom Beginn der Kulturrevolution im Jahre 1966 an jene Gruppen Jugendlicher genannt, deren sich die damaligen Parteiführer, die auf seiten → Mao Zedongs standen, zur Rückgewinnung der uneingeschränkten Macht des Vorsitzenden bedienten. Zum Kampf gegen die bestehende Ordnung aufgerufen, waren sie ein williges Werkzeug in den Händen der Gruppe um → Jiang Qing. Zu Hunderttausenden zogen die Roten Garden im Jahr 1966 nach Peking, um an Mao Zedong vorbeizumarschieren, den sie wie einen Gott verehrten. Gläubig folgten sie jedem Wink ihrer Führer und ließen sich so zu Ausschreitungen gegen Personen und Sachen mißbrauchen. Dies führte zum Tod oder zu jahrelanger Demütigung von Millionen – darunter viele hochstehende Persönlichkeiten –, aber auch zur Zerstörung zahlreicher chinesischer sowie nahezu aller tibetischer Kulturdenkmäler.
Nach dem Sturz der »Viererbande« 1976 wurden viele Roten Garden schwer bestraft für Taten, die die damalige Führung nicht nur gebilligt, sondern gefordert hatte.

Viererbande

Als »Viererbande« werden die offiziell für die Kulturrevolution Hauptverantwortlichen bezeichnet: → Jiang Qing, → Wang Hongwen, → Yao Wenyuan und → Zhang Chunqiao. Mit dieser Etikettierung wollten die Führer der Volksrepublik China nach dem Tode → Mao Zedongs nicht zuletzt dessen Mitverantwortung für die Ereignisse in der Kulturrevolution sowie die einiger heute noch amtierender höchster Parteifunktionäre kaschieren.
Die Mitglieder der »Viererbande« sowie weitere Rädelsführer der Kulturrevolution wurden am 6. Oktober 1976 verhaftet – knapp einen Monat nach dem Tod Maos. Der »Viererbande« wurde von Ende 1980 bis Januar 1981 der Prozeß gemacht: Jiang Qing und Zhang Chungqiao wurden zum Tode verurteilt – mit zweijährigem Aufschub der Vollstrekkung; Wang Hongwen erhielt eine lebenslängliche und Yao Wenyuan

Im Vordergrund von links: Zhang Chunqiao, Chen Boda, Wang Hongwen, Yao Wenyuan, Jiang Qing

eine zwanzigjährige Haftstrafe. Die Todesstrafen für Jiang Qing und Zhang wurden im Januar 1983 in lebenslängliche Haft umgewandelt.

Warlord

Unter diesem englischen Begriff sind die Militärmachthaber Chinas im ersten Viertel des 20. Jahrhunderts bekannt geworden. Er blieb daher in dem vorliegenden Lexikon unübersetzt.
Die Warlords begannen schon vor dem Sturz der Qing-Dynastie in China an Einfluß zu gewinnen, als deren schwindende Macht die in den Provinzen stationierten Militärführer immer weniger zu kontrollieren vermochte. Nach dem Sturz der Qing-Dynastie kam diesen Militärführern unvermutet eine ordnungspolitische Aufgabe zu, die sie jedoch bald für sich selbst nutzten. Aus den dem Kaiserhof verantwortlichen Militärs wurden so eigenständige Herrscher über einzelne Provinzen, die Wohl und Einheit Chinas ihren eigenen Interessen unterordneten.
Erst der von → Sun Yat-sen geplante und später von → Chiang Kai-shek ausgeführte Nord-Feldzug sollte die Macht der Warlords brechen.

Whampoa-Militärakademie

Whampoa ist die Umschrift der kantonesischen Aussprache des Namens einer östlichen Vorstadt von Guangzhou (Kanton), die in der dem Hochchinesischen entsprechenden Pinyin-Umschrift Huangpu geschrieben wird.

Die Akademie wurde im Mai 1924 von der Guomindang gegründet, nachdem → Chiang Kai-shek von einer im Auftrag → Sun Yat-sens unternommenen Reise in die Sowjetunion zurückgekehrt war. Ihre Zielsetzung war zum einen die Schulung in moderner Militärstrategie und -technik, zum anderen in Ideologie, worunter damals das Bewußtsein von der Notwendigkeit der Schaffung eines modernen chinesischen Staates verstanden wurde. In Halbjahreskursen wurden dort Offiziere ausgebildet, die später sowohl in der Guomindang als auch in der Roten Armee in höchste Positionen aufsteigen sollten. Die Ausrüstung der Akademie erfolgte mit Waffen, die die Sowjetunion zur Ausrüstung zweier Kadettenregimenter geliefert hatte. Kommandant der Akademie war Chiang Kai-shek, der Leiter ihrer Politabteilung → Zhou Enlai (zunächst kommissarisch, seit Ende 1925 hauptamtlich). Die Berater wurden von der Sowjetunion gestellt. Der namhafteste unter ihnen war General Galen, auch »Blücher« genannt.
Vor allem die ideologische Schulung der jungen Offiziere sollte die von diesen geführten Truppen den traditionellen Söldnerheeren überlegen machen.

Xi'an-Zwischenfall

→ Chiang Kai-shek hatte zahlreiche Gegner in den Reihen der Guomindang, weil ihm die Bekämpfung der chinesischen Kommunisten wichtiger war als der Kampf gegen die japanischen Aggressoren. Einer von ihnen war der in Xi'an, der Hauptstadt der Provinz Shaanxi, stationierte General Zhang Xueliang. Dieser Zhang hatte insgeheim den Kommunisten zugesagt, trotz anderslautender Befehle nichts gegen sie zu unternehmen: Yan'an, das Zentrum der Kommunisten nach dem Langen Marsch, befand sich nur 200 km nördlich von Xi'an.
Chiang Kai-shek, der von den geheimen Absprachen erfahren hatte, kam Anfang Dezember 1936 nach Xi'an, um ein Unternehmen gegen die kommunistische Basis zu überwachen. Als sich Zhang Xueliang der Operation widersetzte, enthob ihn Chiang am 10. Dezember seines Postens als stellvertretender Kommandeur der Streitkräfte zur Bekämpfung der Kommunisten in Nordwestchina. Zwei Tage später nahm Zhangs Leibgarde Chiang fest, was in China und in der westlichen Presse Schlagzeilen machte. Soong Mei-ling, die Frau Chiang Kai-sheks, eilte sofort per Flugzeug nach Xi'an, um ihm in der Haft beizustehen. Erst am 25. Dezember wurde er wieder freigelassen.
Bis dahin hatten Zhang Xueliang und → Zhou Enlai, der von Zhang zu den Verhandlungen hinzugezogen worden war, Chiang Kai-shek acht Zusagen abgerungen: 1. Beendigung des Bürgerkrieges; 2. Freilassung der politischen Häftlinge sowie der Führer patriotischer Organisationen

durch die Guomindang; 3. Garantie der politischen Freiheiten; 4. Unterstützung der patriotischen Volksbewegung; 5. Umbildung der Nationalregierung; 6. Verwirklichung des Vermächtnisses von → Sun Yatsen; 7. Einberufung einer Konferenz zur Rettung der Nation; 8. Bildung einer Einheitsfront aus Guomindang und KPCh zum gemeinsamen Kampf gegen die Japaner.
Chiang Kai-shek war beim Xi'an-Zwischenfall nur knapp dem Tode entgangen. Vor allem junge Guomindang-Offiziere hatten seine Hinrichtung gefordert. Seine Schonung verdankte er nicht zuletzt Zhou Enlai, der sich für ihn einsetzte.

Yan'an

Yan'an liegt 200 km nördlich der Provinzhauptstadt Xi'an in der Provinz Shaanxi. Hier endete im Herbst 1935 der Lange Marsch der Hauptkolonne unter Führung → Mao Zedongs, deren Überlebende in einer kleinen kommunistischen Guerillabasis in der Nähe der Stadt Zuflucht fanden.
Yan'an wurde so zum neuen Zentrum der kommunistischen Bewegung Chinas, das sich nicht zuletzt deshalb unbehindert entwickeln konnte, weil Guomindang und KPCh 1937 nach dem Xi'an-Zwischenfall eine neue Einheitsfront gegen die Japaner bildeten. Unter anfangs primitivsten Bedingungen richteten die Kommunisten hier Militär-, Polit- und Kunstschulen ein, in denen jene Führungselite herangebildet wurde, die nach Gründung der Volksrepublik 1949 China regieren sollte.

Zentraler Volksregierungsrat

Nach offizieller Darstellung der Volksrepublik China wählte die Politische Konsultativkonferenz des Chinesischen Volkes am 30. September 1949 – also am Vortag der Gründung der Volksrepublik – den Zentralen Volksregierungsrat. Tatsächlich folgte sie damit jedoch lediglich den Empfehlungen der KPCh. Der Zentrale Volksregierungsrat war bis 1954 oberstes Regierungsorgan. Ihm waren unterstellt der Staatsverwaltungsrat als höchstes ausführendes Organ der staatlichen Verwaltung, der Revolutionäre Militärrat als höchstes Militärorgan, die Oberste Volksstaatsanwaltschaft und der Oberste Volksgerichtshof. Mit Inkrafttreten der neuen Verfassung vom 20. September 1954, der die Wahl eines Nationalen Volkskongresses vorangegangen war, wurde der Zentrale Volksregierungsrat aufgelöst.

Zentralkomitee

Das Zentralkomitee ist das Führungsorgan der Kommunistischen Partei Chinas. Es hat die Aufgabe, die im Politbüro theoretisch konzipierte Politik in die Praxis umzusetzen. Hierbei fungiert das Sekretariat als Leit- und Koordinierungsstelle. Das folgende Organigramm zeigt die Organisationsstränge:

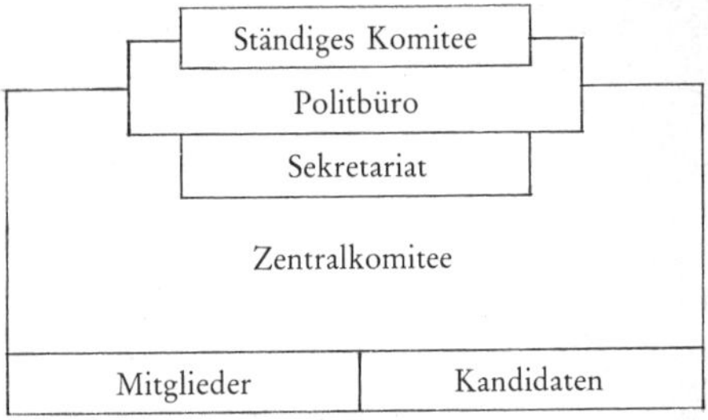

Die Mitglieder und Kandidaten des Zentralkomitees halten alle Schlüsselpositionen in Regierung, Militär, Parlament, Provinzverwaltung und im Wissenschaftsapparat besetzt.
Das erste Zentralkomitee der KPCh wurde 1922 vom 2. Parteikongreß gewählt. Es hatte fünf Mitglieder und zwei Kandidaten. Jeder folgende Parteikongreß bestimmte die Mitglieder des Zentralkomitees neu. Das letzte, das 1982 vom 12. Parteikongreß gewählt wurde, zählt 210 Mitglieder und 138 Kandidaten.

Zunyi-Konferenz

Zunyi ist eine Stadt im Norden der Provinz Guizhou. Hier legte im Januar 1935 die Hauptkolonne der kommunistischen Streitkräfte unter → Mao Zedong auf dem Langen Marsch die erste längere Rast ein, die sie zu einer Konferenz des Zentralkomitees der KPCh nutzte. Diese Konferenz erlangte deswegen politische Bedeutung, weil auf ihr Mao erstmals de facto als Führer der Partei anerkannt und die Abhängigkeit der KPCh von der Komintern beendet wurde.
Die Beschlußfähigkeit dieser Konferenz, die sich außerdem für die von Mao seit langem geforderte Guerillataktik entschied, ist insofern zweifelhaft, als an ihr nicht einmal ein Drittel aller Mitglieder des Politbüros und Zentralkomitees teilnahmen. Der weitere Verlauf des Langen Marsches sollte jedoch Mao Zedongs Stellung festigen. Von 1936 an war

er der anerkannte Führer der Partei, auch wenn dies erst 1945 vom 7. Parteikongreß formell bestätigt werden sollte.

An der Zunyi-Konferenz nahm auch der Deutsche Otto Braun als Berater der Komintern teil. Er sollte Mao danach in der Hauptkolonne bis in die Provinz Shaanxi folgen.

Anhang

Alphabetisches Verzeichnis der Kurzbiographien

Alphabetisches Verzeichnis des Glossars

Tabelle für die Umwandlung älterer eingebürgerter Schreibweisen in ins alphabetische Verzeichnis der Kurzbiographien aufgenommener Umschriften

Ai Ch'ing	Ai Qing
Aisin Giorro Puyi	Aisin Giorro Puyi
Chang Ch'un-chiao	Zhang Chunqiao
Chang Kuo-t'ao	Zhang Guotao
Chang Ta-ch'ien	Zhang Daqian
Chang Tso-lin	Zhang Zuolin
Chao Chung-yao	Zhao Zhongyao
Chao Tzu-yang	Zhao Ziyang
Ch'en Po-ta	Chen Boda
Ch'en Shao-yü	Chen Shaoyu
Ch'en Tu-hsiu	Chen Duxiu
Ch'en Yi	Chen Yi
Ch'en Yung-kuei	Chen Yonggui
Ch'en Yün	Chen Yun
Ch'i Pai-shih	Qi Baishi
Chiang Ch'ing	Jiang Qing
Chiang Ching-kuo	Jiang Jingguo
Chiang Kai-shek	Jiang Jieshi
Ch'ien Hsüeh-sen	Qian Xuesen
Ch'ien San-ch'iang	Qian Sanqiang
Chou En-lai	Zhou Enlai
Chou Yang	Zhou Yang
Chu K'e-chen	Zhu Kezhen
Chu Te	Zhu De
Ch'ü Ch'iu-pai	Qu Qiubai
Dalai Lama	Dalai Lama
Fan Wen-lan	Fan Wenlan
Fei Hsiao-t'ung	Fei Xiaotong
Feng Yu-lan	Feng Youlan
Feng Yü-hsiang	Feng Yuxiang
Fu Tso-yi	Fu Zuoyi
Ho Lung	He Long
Hsia Nai	Xia Nai
Hsia Yen	Xia Yan
Hsü Hsiang-ch'ien	Xu Xiangqian
Hsü Pei-hung	Xu Beihong
Hsüeh Mu-ch'iao	Xue Muqiao
Hu Ch'iao-mu	Hu Qiaomu

Hu Feng	Hu Feng
Hu Shih	Hu Shi
Hu Yao-pang	Hu Yaobang
Hua Kuo-feng	Hua Guofeng
Huang Pin-hung	Huang Binhong
Jen Pi-shih	Ren Bishi
K'ang Sheng	Kang Sheng
K'ang Yu-wei	Kang Youwei
Kuo Mo-jo	Guo Moruo
Lao She	Lao She
Li Hsien-nien	Li Xiannian
Li K'e-jan	Li Keran
Li Li-san	Li Lisan
Li Szu-kuang	Li Siguang
Li Ta-chao	Li Dazhao
Liao Ch'eng-chih	Liao Chengzhi
Lin Piao	Lin Biao
Lin Po-ch'ü	Lin Boqu
Lin Yü-t'ang	Lin Yutang
Liu Hai-su	Liu Haisu
Liu Po-ch'eng	Liu Bocheng
Liu Shao-ch'i	Liu Shaoqi
Lu Hsün	Lu Xun
Lu Ting-yi	Lu Dingyi
Ma Yin-ch'u	Ma Yinchu
Mao Tse-tung	Mao Zedong
Mao Tun	Mao Dun
Mei Lan-fang	Mei Lanfang
Ngapo Ngawang-Jigme	Ngapoi Ngawang Jigme
Nieh Jung-chen	Nie Rongzhen
Pa Chin	Ba Jin
Panchen Lama	Panchen Lama
P'eng Chen	Peng Zhen
P'eng P'ai	Peng Pai
P'eng Te-huai	Peng Dehuai
Saifudin	Seypidin
Shen Ts'ung-wen	Shen Congwen
Shih Liang	Shi Liang
Sun Yat-sen	Sun Yixian
Sung Ch'ing-ling	Soong Ching Ling
T'ang P'ei-sung	Tang Peisong
Teng Hsiao-p'ing	Deng Xiaoping
Teng Ying-ch'ao	Deng Yingchao
T'ien Han	Tian Han

Ting Ling	Ding Ling
Ts'ai Ch'ang	Cai Chang
Ts'ao Yü	Cao Yu
Tung Pi-wu	Dong Biwu
Tz'u Hsi	Ci Xi
Ulanfu	Ulanhu
Wang Ching-wei	Wang Jingwei
Wang Hung-wen	Wang Hongwen
Wang Kan-ch'ang	Wang Ganchang
Wang Meng	Wang Meng
Wu Han	Wu Han
Wu Tso-jen	Wu Zuoren
Yao Wen-yüan	Yao Wenyuan
Yeh Chien-ying	Ye Jianying
Yeh Sheng-t'ao	Ye Shengtao
Yeh T'ing	Ye Ting
Yü Ta-fu	Yu Dafu
Yüan Shih-k'ai	Yuan Shikai

77/1/2.85

China
im Insel und Suhrkamp Verlag

Granet, Marcel: Das chinesische Denken. Inhalt-Form-Charakter. Übersetzt und eingeleitet von Manfred Porkert. Mit einem Vorwort von Herbert Frank. stw 519

– Die chinesische Zivilisation. Familie-Gesellschaft-Herrschaft. Von den Anfängen bis zur Kaiserzeit. Übersetzt und eingeleitet von Claudius C. Müller. Mit einem Vorwort von Wolfgang Bauer. stw 518

Guo Moruo: Kindheit. Autobiographie, erster Teil. Aus dem Chinesischen von Ingo Schäfer. Gebunden

– Jugend. Autobiographie, zweiter Teil. Aus dem Chinesischen von Ingo Schäfer. Gebunden

Hsia, Adrian: Hermann Hesse und China. Darstellung, Materialien, Interpretationen. Gebunden und st 673

Kaltenmark, Max: Lao-tzu und der Taoismus. Aus dem Französischen von Manfred Porkert. es 1055

King Ping Meh oder die abenteuerliche Geschichte von Hsi Men und seinen sechs Frauen. Aus dem Chinesischen und mit einem Nachwort von Franz Kuhn. Lederausgabe, Geschenkausgabe und it 253

Konfuzius: Die Weisheit des Konfuzius. Übersetzt und eingeleitet von O. H. Stange. IB 830

Lao She: Die Stadt der Katzen. Phantastischer Roman. Aus dem Chinesischen von Volker Klöpsch. st 1154

– Das Teehaus. Mit Aufführungsfotos und Materialien. Herausgegeben von Uwe Kräuter und Huo Yong. es 1054

Lao Tse: Die Bahn und der rechte Weg. Der chinesischen Urschrift nachgedacht von Alexander Ular. IB 991

– Führung und Kraft aus der Ewigkeit. Aus dem Chinesischen von Erwin Rousselle. it 849

Lorenz, Richard (Hg.): Umwälzung und Gesellschaft. Zur Sozialgeschichte der chinesischen Revolution (1911-1949). es 870

Lu Xun: Die wahre Geschichte des Ah. Q. Erzählung. Übertragen von J. Kalmer, bearbeitet von O. v. Törne. BS 777

Mäding, Klaus: Strafrecht und Massenerziehung in der Volksrepublik China. es 978

Mao Dun: Schanghai im Zwielicht. Roman. Mit einem Geleitwort von Mao Dun. Aus dem Chinesischen von Franz Kuhn. Revidiert von Ingrid und Wolfgang Kubin. Mit einem Nachwort von Wolfgang Kubin. st 920

77/2/2.85

77/3/2.85